HISTOIRE D'HÉRODOTE

TRADUITE DU GREC

PAR LARCHER

AVEC DES NOTES

DE BOCHARD, WESSELING, SCALIGER, CASAUBON
BARTHÉLEMY, BELLANGER, LARCHER, ETC.

TOME DEUXIÈME

PARIS

CHARPENTIER, LIBRAIRE-ÉDITEUR
19, RUE DE LILLE-SAINT-GERMAIN

1850

HISTOIRE

D'HÉRODOTE

Poitiers.—Typ. de A. DUPRÉ

HISTOIRE D'HÉRODOTE

LIVRE SIXIÈME.

ÉRATO.

DARIUS S'EMPARE DE MILET — LE POETE PHRYNICUS. — DARIUS ENVOIE DEMANDER LA TERRE ET L'EAU AUX PEUPLES DE LA GRÈCE. — PRÉROGATIVES DES ROIS DE SPARTE. — PRISE D'ÉRÉTRIE PAR LES PERSES. — CLÉOMÈNE. — SA MORT. — LES PERSES ATTAQUENT ATHÈNES. — BATAILLE DE MARATHON. — MILTIADE. — LES SPARTIATES N'ARRIVENT QU'APRÈS LA VICTOIRE. — MILTIADE DEVANT PAROS. — IL ÉCHOUE DANS SON EXPÉDITION. — CONDAMNÉ A UNE AMENDE. — LES PÉLASGES. — LEMNOS.

I. Ainsi périt Aristagoras, l'auteur de la révolte de l'Ionie. Quant à Histiée, tyran de Milet, Darius ne l'eut pas plutôt renvoyé, qu'il partit de Suses, et se rendit à Sardes. A son arrivée en cette ville, Artapherne, qui en était gouverneur, lui demanda quelles raisons pouvaient, à son avis, avoir engagé les Ioniens à se révolter. Histiée lui répondit, comme s'il n'eût pas été instruit de l'état actuel des affaires, qu'il était étonné de ce qui s'était passé, et qu'il en ignorait le sujet. Mais Artapherne s'aperçut qu'il usait d'artifice et de dissimulation. « Histiée, lui dit-il en homme » qui avait connaissance de la vraie cause de la révolte, » vous avez cousu le soulier, et Aristagoras l'a chaussé. »

II. Histiée, alarmé de ce discours, qui prouvait qu'Artapherne était instruit de ses menées, s'enfuit vers la mer à l'entrée de la nuit, et trompa Darius. Quoiqu'il eût promis à ce prince de lui soumettre la grande île de Sardaigne, il prit le commandement des Ioniens dans la guerre qu'ils soutenaient contre lui, et passa dans l'île de Chios, où il fut arrêté sur ce qu'on l'accusa d'y être venu de la part de ce prince pour y exciter des troubles. Mais on lui rendit la liberté quand on eut appris la vérité, et qu'il était ennemi du roi.

III. Les Ioniens lui demandèrent ensuite pourquoi il avait ordonné avec tant d'empressement à Aristagoras de faire révolter l'Ionie, et leur avait causé par là tant de maux. Mais, au lieu de leur en dire la vraie raison, il leur répondit qu'il avait envoyé ces ordres parce que Darius avait résolu de transporter les Phéniciens en Ionie, et les Ioniens en Phénicie, quoique ce prince n'eût jamais eu un pareil dessein; mais il cherchait à effrayer les Ioniens.

IV. Il écrivit après cela à des Perses établis à Sardes, avec qui il s'était entretenu de révolte, et confia ses lettres à Hermippus d'Atarnée; mais celui-ci, au lieu de les porter à leur adresse, les remit à Artapherne. Ce seigneur, sachant par cette voie tout ce qui se tramait, ordonna à Hermippus de rendre ces lettres à ceux à qui elles étaient adressées, et de lui remettre à lui-même leurs réponses. Cette conspiration découverte, il fit mourir beaucoup de Perses qui y avaient trempé.

V. Il y eut à cette occasion des troubles à Sardes. Histiée étant déchu de ses espérances, les habitants de Chios le menèrent à Milet, comme il les en avait priés. Les Milésiens, charmés d'être délivrés d'Aristagoras, étaient d'autant moins portés à recevoir dans leur pays un autre tyran, qu'ils avaient déjà goûté les douceurs de la liberté. Il tenta, la nuit, de rentrer de force dans la ville; mais il fut blessé à la cuisse par un citoyen de Milet. Repoussé de sa patrie, il revint en Chios; et comme il ne put engager les habitants de cette île à lui donner des vaisseaux, il passa de là à Mytilène, et en obtint des Lesbiens. Ceux-ci équipèrent huit trirèmes avec lesquelles il fit voile vers Byzance, où, ayant établi sa croisière, il intercepta tous les vaisseaux venant du Pont-Euxin, excepté ceux qui l'assuraient de leur disposition à lui obéir.

VI. Tandis qu'Histiée et les Mytiléniens s'occupaient ainsi, on attendait à Milet même une flotte considérable, avec une nombreuse armée de terre. Les généraux des Perses, ayant rassemblé leurs forces éparses, et les ayant réunies en un seul corps, allèrent droit à la capitale, sans s'occuper des petites villes, dont ils faisaient moins de cas. Parmi les troupes navales, les Phéniciens témoignaient le plus d'ardeur : les Cypriens nouvellement subjugués les accompagnaient avec les Ciliciens et les Égyptiens.

VII. Sur la nouvelle que ces troupes venaient attaquer Milet et le reste de l'Ionie, les Ioniens envoyèrent des députés au Panionium. L'affaire mise en délibération après leur arrivée, il fut décidé qu'on n'opposerait point d'armée de terre aux Perses, que les Milésiens défendraient eux-mêmes leur ville, que l'on compléterait les équipages de tous les vaisseaux, sans en excepter un seul, et que, lorsqu'ils seraient complets, la flotte s'assemblerait au plus tôt à Lada pour y combattre en faveur de Milet. Lada est une petite île située devant la ville de Milet.

VIII. Cette résolution prise, lorsque les équipages des vaisseaux furent complets, les Ioniens vinrent au rendez-vous avec tous les Éoliens de l'île de Lesbos. Voici quel était leur ordre de bataille. Les Milésiens occupaient l'aile à l'est avec quatre-vingts vaisseaux. Immédiatement après eux étaient les Priéniens avec douze vaisseaux. Venaient ensuite ceux de Myonte avec trois vaisseaux, et après eux les Téiens avec dix-sept. Ceux-ci étaient suivis par cent voiles de Chios. Près d'eux étaient les Érythréens et les Phocéens ; ceux-ci avec trois vaisseaux, ceux-là avec huit. Les Lesbiens, placés immédiatement après eux, avaient soixante-dix voiles. Enfin les Samiens occupaient l'autre aile à l'ouest avec soixante vaisseaux. Cela faisait en tout trois cent cinquante-trois trirèmes du côté des Ioniens.

IX. La flotte des Barbares était de six cents voiles. Lorsqu'elle fut aussi arrivée sur la côte de Milet, et que toute l'armée de terre se trouva sur le territoire de cette place, les généraux perses ayant eu avis du grand nombre de vaisseaux ioniens, craignirent dès ce moment de n'être point assez forts pour les vaincre, et que, faute d'avoir la

supériorité sur mer, ils ne pussent prendre Milet, et qu'ils ne s'attirassent quelque punition de la part de Darius. Après en avoir conféré ensemble, ils convoquèrent les tyrans ioniens, qu'Aristagoras de Milet avait privés de leurs États, et qui, s'étant réfugiés chez les Mèdes, se trouvaient alors à l'armée destinée contre Milet. Quand ils les eurent assemblés, ils leur adressèrent ce discours : « Ioniens, voici
» le moment de montrer votre zèle pour le service du roi;
» que chacun de vous essaye de détacher ses concitoyens
» du reste des alliés. Promettez-leur qu'ils ne seront point
» punis de leur révolte, qu'on ne mettra point le feu à
» leurs édifices, tant sacrés que profanes; enfin qu'ils se-
» ront traités avec la même douceur qu'ils l'ont été jus-
» qu'ici. Mais s'ils rejettent vos propositions, s'ils veulent
» en venir absolument à un combat, menacez-les de tous
» les malheurs qui ne manqueront pas de fondre sur eux,
» en cas qu'ils soient vaincus; assurez-les qu'ils seront ré-
» duits en esclavage, que leurs enfants mâles seront faits
» eunuques, que leurs filles seront transportées à Bactres,
» et qu'on donnera leur pays à d'autres peuples. »

X. Ainsi parlèrent les Perses. Dès que la nuit fut venue, les tyrans d'Ionie envoyèrent chacun vers ses propres concitoyens, pour leur faire part des résolutions du conseil. Mais ceux à qui ils s'adressèrent, s'imaginant que les Perses ne faisaient ces propositions qu'à eux seuls, les rejetèrent avec mépris, et ne voulurent point trahir la cause commune. Ces choses se passèrent aussitôt après l'arrivée des Perses à Milet.

XI. Les Ioniens tinrent ensuite conseil à l'île de Lada, où ils s'étaient assemblés. On y ouvrit plusieurs avis, et Denys entre autres, commandant des Phocéens, y proposa le sien en ces termes : « Nos affaires, Ioniens, sont sus-
» pendues sur le tranchant du rasoir. Il n'y a point de mi-
» lieu pour nous entre la liberté et l'esclavage, et même
» l'esclavage le plus dur, celui où gémissent les esclaves
» fugitifs. Maintenant donc, si vous voulez supporter les
» travaux et la fatigue, les commencements vous paraîtront
» pénibles; mais, lorsque vous aurez vaincu vos ennemis,
» vous pourrez jouir tranquillement de la liberté. Si, au

» contraire, vous vous abandonnez à la mollesse, et si vous
» n'observez aucun ordre, je n'espère point que vous puis-
» siez vous soustraire à la punition de votre révolte. Sui-
» vez mes conseils, remettez-vous entre mes mains, et je
» vous réponds que, si les dieux tiennent la balance égale,
» les Perses n'en viendront point aux mains avec nous, ou
» que, s'ils nous attaquent, ils seront battus. »

XII. Ce discours fit une telle impression sur les Ioniens, qu'ils déférèrent à Denys le commandement de la flotte. Celui-ci faisait avancer tous les jours les vaisseaux, présentant un front étroit sur beaucoup de profondeur, et les faisait passer entre les rangs, et se retirer ensuite promptement pour revenir après, afin d'exèrcer les rameurs et de tenir en haleine les soldats. Le reste du jour il tenait les vaisseaux à l'ancre [1], sans donner aux Ioniens, dans toute la journée, un seul moment de relâche. Les Ioniens obéirent exactement pendant sept jours ; mais le jour après ceux-ci, accablés par la fatigue et l'ardeur du soleil, comme des gens qui n'étaient pas accoutumés à tant de travaux : « Quel dieu, se disaient-ils l'un à l'autre, avons-
» nous donc offensé, pour essuyer tant de fatigues ? Avons-
» nous donc perdu le sens et la raison, pour nous remettre
» entre les mains d'un Phocéen présomptueux qui nous
» maîtrise, quoiqu'il n'ait fourni que trois vaisseaux, et
» qui nous accable de travaux insupportables ? Déjà plu-
» sieurs d'entre nous ont éprouvé des maladies, beaucoup
» d'autres en sont menacés. Tout autre mal est préférable
» à ceux-ci. La servitude qui nous attend serait moins
» rude que celle que nous éprouvons actuellement. Allons,
» Ioniens, ne lui obéissons plus. » Ils dirent, et sur-le-

---

[1] Les Grecs étaient dans l'usage de ranger leurs vaisseaux près de la côte, et de se tenir eux-mêmes à terre. Lorsque les sentinelles apercevaient les vaisseaux ennemis, ils en donnaient avis, et sur-le-champ on montait sur les vaisseaux. On ne saurait faire un pas dans l'Histoire hellénique de Xénophon, sans trouver des exemples de cette coutume, qui fut cause de la destruction de la flotte athénienne à Ægos-Potamos. Les Ioniens, à qui le général ne permettait pas d'aller à terre, devaient trouver ce service très-rude ; et, comme ils n'étaient point accoutumés à la discipline militaire, il n'est point étonnant qu'ils l'aient regardée comme une servitude dont ils s'empressèrent de secouer le joug. (L.)

champ personne ne voulut plus obéir. Ils dressèrent des tentes dans l'île de Lada, comme une armée de terre, et se tinrent à l'ombre, sans vouloir ni rentrer dans leurs vaisseaux, ni reprendre les exercices militaires.

XIII. Les généraux samiens, instruits de la conduite des Ioniens, et témoins oculaires du désordre qui régnait parmi eux, acceptèrent les offres d'Æacès, fils de Syloson, qui les avait déjà fait prier de la part des Perses de renoncer à la confédération des Ioniens. Ils le firent d'autant plus volontiers, qu'il leur paraissait impossible de l'emporter sur un prince aussi puissant que Darius, et qu'ils étaient bien assurés que si la flotte des Perses était battue, il en viendrait une autre cinq fois plus forte. Aussitôt, dis-je, qu'ils eurent remarqué la mauvaise conduite des Ioniens, ils saisirent ce prétexte pour les abandonner, et regardèrent la conservation de leurs édifices sacrés et profanes comme un très-grand avantage. Cet Æacès, dont ils avaient accepté les propositions, était fils de Syloson et petit-fils d'Æacès. Il était tyran de Samos, lorsque Aristagoras de Milet le dépouilla de sa souveraineté, ainsi que les autres tyrans d'Ionie.

XIV. Lorsque les Phéniciens firent avancer leurs vaisseaux contre les Ioniens, ceux-ci allèrent aussi à leur rencontre, leurs vaisseaux en ligne et sur un front étroit. Les deux flottes s'étant approchées, la mêlée commença; mais depuis ce moment je ne puis assurer quels furent ceux d'entre les Ioniens qui dans ce combat se déshonorèrent par leur lâcheté, ou qui se signalèrent par leur valeur : car ils s'accusent réciproquement, et rejettent le blâme de leur défaite les uns sur les autres. Mais on dit que les Samiens, ayant déployé leurs voiles, quittèrent leurs rangs, comme ils en étaient convenus avec Æacès, et cinglèrent vers Samos, excepté onze vaisseaux, dont les capitaines, refusant d'obéir à leurs chefs, restèrent et se battirent. Le conseil général des Samiens ordonna qu'en mémoire de cette action on élèverait une colonne où seraient gravés leurs noms avec ceux de leurs ancêtres, comme un témoignage de leur valeur. Cette colonne est dans la place publique. Les Lesbiens, voyant prendre la fuite aux Samiens;

qui étaient près d'eux, s'enfuirent aussi, et leur exemple fut suivit par un grand nombre d'Ioniens.

XV. Parmi ceux qui soutinrent le combat, les habitants de Chios furent les plus maltraités, parce qu'au lieu de se conduire en lâches, ils firent des actions très-éclatantes. Ils avaient fourni, comme on l'a dit précédemment, cent vaisseaux, montés chacun de quarante combattants choisis parmi les plus braves citoyens. Ils s'aperçurent de la trahison de la plupart des alliés; mais, ne voulant pas imiter leur lâcheté, ils livrèrent le combat avec le petit nombre de ceux qui ne les quittèrent point, et passèrent et repassèrent entre les vaisseaux ennemis, pour revenir de nouveau à la charge, jusqu'à ce qu'après en avoir pris un grand nombre, ils eussent perdu la plupart des leurs. Ils s'enfuirent alors dans leur île avec ceux qui leur restaient.

XVI. Mais les vaisseaux qui avaient beaucoup souffert ne pouvant les suivre, et se voyant poursuivis, s'enfuirent vers Mycale, où ils se firent échouer; et les ayant laissés en cet endroit, ils firent le voyage par terre. Lorsqu'ils furent sur le territoire d'Éphèse, ils s'avancèrent, à l'entrée de la nuit, vers la ville où les femmes célébraient alors les Thesmophories [1]. Les Éphésiens n'étaient pas encore instruits de ce qui était arrivé à ceux de Chios. Voyant ces troupes entrer sur leurs terres, ils s'imaginèrent que c'étaient des brigands qui venaient enlever leurs femmes, et, courant tous à leur secours, ils massacrèrent ces malheureux. Tel fut leur sort.

XVII. Denys de Phocée, voyant les affaires des Ioniens ruinées, prit trois vaisseaux aux ennemis, et alla, sans perdre un moment, et dans l'état où il était, non pas vers Phocée, sachant bien que cette ville serait réduite en esclavage avec le reste de l'Ionie, mais droit en Phénicie, où il coula à fond quelques vaisseaux marchands, et fit voile en Sicile avec beaucoup d'argent qu'il leur avait enlevé. De là il exerçait ses brigandages sur les Carthaginois et les Tyrrhéniens, en épargnant les Grecs.

---

[1] Les Thesmophories étaient une fête que les femmes célébraient en l'honneur de Cérès, parce qu'elle était supposée avoir la première donné des lois aux hommes. Cette fête durait cinq jours. (*Voyez* Meursius, *Græcia feriata*.)

XVIII. Après la défaite de la flotte ionienne, les Perses assiégèrent Milet par terre et par mer. Ils battirent cette place avec toutes sortes de machines de guerre ; et ayant poussé des mines sous ses murs, ils la prirent d'assaut, la sixième année après la révolte d'Aristagoras, et réduisirent ses habitants en servitude : en sorte que ce malheur s'accorde avec l'oracle rendu au sujet de Milet.

XIX. Les Argiens étant allés à Delphes consulter l'oracle sur le salut de leur ville, le dieu leur fit une réponse dont une partie les regardait, et l'autre, par forme d'addition, concernait les Milésiens. Je ferai mention de celle qui intéresse les Argiens, lorsque j'en serai à cet endroit de mon Histoire. Quant à la partie de l'oracle touchant les Milésiens qui étaient absents, elle était conçue en ces termes : « Et alors, ô ville de Milet, qui machines de perni-
» cieux desseins, tu seras une riche proie pour beaucoup
» de gens. Tes femmes laveront les pieds à beaucoup
» d'hommes à longue chevelure, et d'autres prendront soin
» de notre temple de Didymes [1]. » Cet oracle s'accomplit à l'égard des Milésiens. La plupart furent tués par les Perses, qui portent les cheveux fort longs ; leurs femmes et leurs enfants furent réduits en esclavage ; l'enceinte sacrée, le temple et l'oracle de Didymes furent pillés et brûlés. Quant aux richesses de ce temple, j'en ai fait plusieurs fois mention en d'autres endroits de mon Histoire.

XX. On mena à Suses les prisonniers qu'on fit sur les Milésiens. Darius les envoya habiter sur la mer Érythrée (golfe Persique), à Ampé, où le Tigre se jette dans la mer, et ne leur fit point d'autre mal. Les Perses se réservèrent les environs de Milet et la plaine, et donnèrent les montagnes en propriété aux Cariens de Pédases.

XXI. Les Sybarites, qui habitaient Laos et Scidros depuis qu'ils avaient été chassés de leur ville, n'avaient pas témoigné autant de sensibilité pour les maux que les Milésiens avaient éprouvés de la part des Perses, que les Milésiens en avaient montré à leur égard. En effet, à la prise de Sybaris par les Crotoniates, les Milésiens de tout âge

[1] Didymes était le nom d'un lieu du territoire de Milet. Il y avait en cet endroit un temple dédié à Apollon surnommé Didyméen. (L.)

s'étaient rasé la tête, et avaient témoigné leur affliction par toutes les marques extérieures de deuil. Aussi jamais union n'avait été plus intime que celle qui avait régné entre ces deux villes. Les Athéniens n'imitèrent pas les Sybarites. Ils furent excessivement affligés de la prise de Milet, et ils manifestèrent leur douleur de mille manières. Le théâtre fondit en larmes à la représentation de la tragédie de Phrynichus [1], dont le sujet était la prise de cette ville ; et même ils condamnèrent ce poëte à une amende de mille drachmes [2], parce qu'il leur avait rappelé la mémoire de leurs malheurs domestiques : de plus, ils défendirent à qui que ce fût de jouer désormais cette pièce. Milet perdit ainsi ses anciens habitants.

XXII. Ceux d'entre les Samiens qui étaient riches ne furent pas contents de la conduite de leurs généraux à l'égard des Mèdes. Ils résolurent, dans un conseil tenu aussitôt après le combat naval, de s'aller établir ailleurs avant l'arrivée d'Æacès, de crainte qu'en restant dans leur patrie, ils ne retombassent sous son joug et sous celui des Mèdes. Vers ce même temps, les Zancléens de Sicile envoyèrent en Ionie pour inviter les Ioniens à se rendre à Calacté, où ils avaient dessein de bâtir une ville ionienne. Ce lieu appartient aux Sicules, et se trouve dans la partie de la Sicile qui regarde la Tyrrhénie. Les Samiens furent les seuls qui se rendirent à cette invitation. Ils partirent avec quelques Milésiens qui avaient échappé à la ruine de leur patrie.

XXIII. Pendant que les Samiens, qui allaient en Sicile, étaient sur les côtes des Locriens-Épizéphyriens, les Zancléens faisaient avec Scythès, leur roi [3], le siége d'une ville de Sicile qu'ils voulaient détruire. Sur cette nou-

---

[1] Les anciens parlent de trois Phrynichus, tous trois Athéniens, tous trois poëtes dramatiques. Ils étaient antérieurs à Eschyle. Celui dont il est question ici fut le premier qui mit sur la scène un rôle de femme.

[2] Environ 900 francs de notre monnaie.

[3] Périzonius pense que ce Scythe était père de Cadmus, tyran de Cos. Mais il n'est pas vraisemblable que le père de Cadmus ait laissé sa souveraineté de Cos, pour en aller chercher une autre à Zancle. Il est plus naturel de croire qu'il mourut à Cos, laissant à son fils la tyrannie en bon état, comme le dit Hérodote, liv. VII. (L.)

velle, Anaxilas [1], tyran de Rhégium, qui avait alors des démêlés avec les Zancléens, vint les trouver, et leur conseilla d'abandonner leur projet d'établissement à Calacté, et de se rendre maîtres de Zancle [2], qui était dépourvue de défenseurs. Les Samiens, s'étant laissé persuader, s'emparèrent de cette ville. Aussitôt que les Zancléens en eurent connaissance, ils accoururent, et appelèrent à leur secours Hippocrates, tyran de Géla, qui était leur allié. Ce prince vint avec une armée; mais il fit mettre aux fers Scythès, tyran des Zancléens, qui venait de perdre ses États, et Pythogénès son frère, et les envoya tous deux à Inycum. Quant au reste des Zancléens, il les remit aux Samiens, après s'être entre-donné mutuellement leur foi dans une conférence qu'il eut avec eux. Il y fut convenu que les Samiens lui donneraient la moitié des meubles et des esclaves qu'on trouverait dans la ville, et qu'Hippocrates aurait, pour sa part, tout ce qui serait dans les campagnes. Il mit aux fers la plupart des Zancléens, qu'il traita en esclaves, et en livra trois cents des plus considérables aux Samiens pour les faire mourir; mais ceux-ci les épargnèrent.

XXIV. Scythès, le monarque des Zancléens, s'enfuit d'Inycum à Himère; de là il passa en Asie, et se rendit auprès de Darius. Ce prince le regarda comme le plus honnête homme de tous les Grecs qui étaient venus à sa cour; car il y retourna après avoir été en Sicile avec sa permission, et il mourut de vieillesse chez les Perses, après avoir joui toute sa vie d'un très-grand bonheur.

XXV. Les Samiens qui avaient secoué le joug des Mèdes se mirent sans peine en possession de la belle ville de Zancle. Après le combat naval, dont l'objet était de re-

---

[1] Cet Anaxilas, tyran de Rhégium, vivait du temps de la prise de Milet, comme on le voit par Hérodote, c'est-à-dire la troisième année de la soixante-dixième olympiade, ou 498 ans avant notre ère. Il était fils de Crétines, et avait épousé Cydippe, fille de Térille, tyran d'Himère. Il descendait des anciens Messéniens. Il abolit à Rhégium le gouvernement démocratique, et s'empara de la tyrannie, comme nous l'apprend Aristote. (L.)

[2] Zancle a pris depuis le nom de Messine. On croit que ce nom de Zancle vient d'un ancien mot de la langue sicilienne qui signifiait une faux. La ville, dit-on, prit ce nom de la forme de l'emplacement où elle est bâtie. (Miot.)

couvrer Milet, les Perses firent remener à Samos, par les Phéniciens, Æacès, fils de Syloson, qu'ils estimaient beaucoup, et qui leur avait rendu de grands services. Il n'y eut que les Samiens dont la révolte ne fut point punie par la destruction de leur ville et l'incendie de leurs temples, parce que leurs vaisseaux s'étaient retirés pendant le combat naval. Aussitôt après la prise de Milet, les Perses se rendirent maîtres de la Carie, dont une partie des villes reçut volontairement le joug, et l'autre le subit par force.

XXVI. Tandis qu'Histiée de Milet interceptait aux environs de Byzance les vaisseaux marchands ioniens qui sortaient du Pont-Euxin, on vint lui apprendre les malheurs arrivés à Milet. Aussitôt il remit à Bisaltes, fils d'Apollophanes, d'Abydos, les affaires de l'Hellespont, et fit voile à Chios avec les Lesbiens. Mais la garnison n'ayant pas voulu le recevoir, il lui livra bataille à l'endroit appelé Cœles, en tua un grand nombre ; et partant de Polichna, dont il s'était emparé, il subjugua, à l'aide des Lesbiens, le reste des habitants de l'île, d'autant plus aisément qu'ils avaient été fort maltraités dans le combat naval.

XXVII. Lorsqu'une nation ou une ville doit éprouver quelque grand malheur, ce malheur est ordinairement précédé de quelques signes. Aussi ceux de Chios eurent-ils des présages avant-coureurs de leur désastre. D'un chœur de cent jeunes garçons qu'ils avaient envoyé à Delphes, il n'en revint que deux ; les quatre-vingt-dix-huit autres périrent de la peste. Vers le même temps, et un peu avant le combat naval, le toit d'une école de la ville tomba sur des enfants à qui on enseignait les lettres ; de cent vingt qu'ils étaient, il n'en réchappa qu'un seul. Tels furent les signes avant-coureurs que la Divinité leur envoya. Ils furent suivis de la perte de la bataille navale qui fit tomber leur ville sur le genou. Survint ensuite Histiée avec les Lesbiens, qui eut d'autant moins de peine à les subjuguer qu'ils étaient déjà épuisés.

XXVIII. Histiée alla de l'île de Chios à celle de Thasos avec un grand nombre d'Ioniens et d'Éoliens. Tandis qu'il en formait le siége, il apprit que les Phéniciens étaient sortis du port de Milet pour attaquer par mer les autres places de l'Ionie. Sur cette nouvelle, il leva le siége de Thasos, et se rendit précipitamment dans l'île de Lesbos avec toute son armée. Mais n'ayant plus de provisions, et la faim se faisant sentir, il passa sur le continent pour moissonner le blé de l'Atarnée et de la plaine du Caïque, dont la récolte appartenait aux Mysiens. Harpage, Perse de naissance, qui commandait dans ce canton des forces considérables, lui livra bataille aussitôt qu'il fut à terre, tailla en pièces la plus grande partie de ses troupes, et le fit prisonnier de la manière que je vais le raconter.

XXIX. La bataille se donna à Malène dans l'Atarnée : les Grecs tinrent ferme pendant longtemps ; mais, la cavalerie perse étant tombée sur eux, ils furent mis en fuite. Les Perses furent redevables de cette victoire à leur cavalerie. L'espoir du pardon, dont se flattait Histiée, lui inspira un tel désir de la vie, que, se voyant arrêté dans sa fuite par un soldat prêt à lui passer son épée à travers le corps, il se fit connaître, et lui dit en perse qu'il était Histiée de Milet.

XXX. Si on l'eût mené à Darius dès qu'il fut fait prisonnier, je pense que, loin d'éprouver aucun fâcheux traitement, ce prince lui aurait pardonné sa révolte. Ce fut aussi par cette raison, et de crainte qu'au lieu d'être puni il ne reprît son ancienne faveur auprès de Darius, qu'Artapherne, gouverneur de Sardes, et Harpage, dont il était prisonnier, le firent mettre en croix aussitôt après qu'on l'eut amené à Sardes. On sala ensuite sa tête, et on l'envoya à Suses à Darius. Ce prince, ayant appris ce qui s'était passé, s'en plaignit amèrement aux auteurs de cette action, et fut très-fâché de ce qu'on ne le lui avait pas amené vivant. Après avoir fait laver cette tête, il voulut qu'on l'ensevelît honorablement et qu'on lui donnât la sépulture, comme étant celle d'un homme qui avait rendu de grands services aux Perses et à lui-même. Tel fut le sort d'Histiée.

XXXI. La flotte des Perses, qui avait passé l'hiver aux environs de Milet, ayant remis à la voile la seconde année, prit aisément les îles voisines du continent, celles de Chios, de Lesbos, de Ténédos. Quand ils voulaient en prendre une, ils en enveloppaient les habitants comme dans un filet, de manière qu'ils ne pouvaient leur échapper. Voici comment cela se pratique. Ils se tiennent les uns les autres par la main, et, étendant leur ligne depuis la partie de la mer qui est au nord jusqu'à celle qui regarde le sud, ils parcourent l'île entière, et vont ainsi à la chasse des hommes. Ils s'emparèrent aussi avec la même facilité des villes ioniennes de la terre ferme ; mais ils n'en prenaient pas de même les habitants, cela n'était pas possible.

XXXII. Les généraux perses effectuèrent alors les menaces qu'ils avaient faites aux Ioniens, lorsque les deux armées étaient en présence. En effet, ils ne se furent pas plutôt rendus maîtres de leurs villes, qu'ils choisirent les plus beaux enfants pour en faire des eunuques, qu'ils arrachèrent les plus belles filles des bras de leurs mères pour les envoyer au roi, et que, non contents de cela, ils mirent le feu à leurs villes et à leurs temples. Les Ioniens furent ainsi subjugués pour la troisième fois ; ils l'avaient été la première par les Lydiens, et dans la suite ils le furent deux fois par les Perses.

XXXIII. La flotte passa des côtes de l'Ionie à celles de l'Hellespont, et soumit tout ce qui s'y trouve à gauche. Les pays à droite sur le continent l'avaient été auparavant par les Perses. Elle s'empara, dans la partie de l'Hellespont qui est en Europe, de la Chersonèse et de ses villes, de Périnthe, des châteaux qui sont en Thrace, de Sélybrie et de Byzance. Les Byzantins et les Chalcédoniens, qui habitent sur le rivage opposé, n'attendirent pas la flotte phénicienne ; ils quittèrent leurs villes, et s'enfuirent sur les côtes du Pont-Euxin, où ils fondèrent la ville de Mésembria. Les Phéniciens, ayant parcouru ces pays la flamme à la main, tournèrent du côté de Proconnèse et d'Artacé, et les brûlèrent aussi. Ils revinrent ensuite dans la Chersonèse, pour détruire toutes les villes qu'ils avaient épargnées à leur premier abord. Mais ils n'allèrent point à Cyzique. Ses habitants avaient prévenu leur arrivée, en rentrant dans l'obéissance du roi par un traité qu'ils firent avec OEbarès, fils de Mégabyse, gouverneur de Dascylium.

Quant à la Chersonèse, les Phéniciens en subjuguèrent toutes les villes, excepté Cardia.

XXXIV. Miltiade, fils de Cimon et petit-fils de Stésagoras, était alors tyran de ces villes; il les tenait de Miltiade, fils de Cypsélus, qui en avait acquis précédemment la souveraineté de la manière que je vais le raconter. Les Dolonces, peuple de Thrace, étaient en possession de cette Chersonèse. Vexés par les Apsinthiens, avec qui ils étaient en guerre, ils envoyèrent leurs rois à Delphes pour consulter l'oracle. La Pythie leur répondit d'engager à mener une colonie dans leur pays le premier homme qui, au sortir du temple, les inviterait à loger dans sa maison. Les Dolonces s'en retournèrent par la voie Sacrée, traversèrent la Phocide et la Béotie[1]; et comme personne ne leur offrait l'hospitalité, ils tournèrent du côté d'Athènes.

XXXV. Pisistrate jouissait alors à Athènes de la souveraine puissance. Miltiade y avait aussi quelque autorité. Il était d'une maison où l'on entretenait quatre chevaux pour les jeux olympiques[2]; sa naissance était illustre. Il remontait à Æacus[3] et à Ægine; mais, dans les temps plus récents, cette famille s'était naturalisée à Athènes depuis Philée, fils d'Ajax, le premier de cette famille qui soit devenu citoyen de cette ville. Miltiade, étant un jour assis devant sa porte, vit passer les Dolonces. Il reconnut, à leur habit et à leurs piques, qu'ils étaient étrangers. Il les appela, et, lorsqu'ils se furent approchés, il leur offrit sa maison, et les présents qu'on a coutume de faire à des hôtes. Les Dolonces ayant accepté ses offres, et se voyant bien traités, lui découvrirent l'oracle, et le prièrent d'o-

---

[1] Il y avait un chemin sacré très-célèbre qui conduisait d'Athènes à Éleusis; ce ne pouvait être celui-là. Mais c'était peut-être celui par où les Athéniens accompagnaient à Delphes la pompe sacrée. (WESSELING.)

[2] C'est-à-dire qu'il était fort riche. L'Attique étant un pays stérile et peu propre aux pâturages, l'entretien des chevaux y était très-coûteux, et il fallait être riche pour en avoir. (L.)

[3] « Océanus et Téthys eurent un fils nommé Asopus; celui-ci eut une fille appelée Ægine, qui fut enlevée de Phliunte par Jupiter, et transportée dans l'île d'Ægine, où elle lui donna un fils nommé Æacus, qui fut roi de cette île. Æacus eut deux fils, Pélée et Télamon. Pélée alla à Phthie en Thessalie. Il y fut roi, et eut Achille. Télamon se retira en Salamine. » (*Diodore de Sicile*, iv. iv.)

béir au dieu. Ce discours le persuada d'autant plus aisément, qu'il était affligé de la domination de Pisistrate, et qu'il souhaitait s'éloigner de sa patrie. Il alla sur-le-champ à Delphes demander à l'oracle s'il se rendrait aux prières des Dolonces.

XXXVI. La Pythie le lui ayant aussi ordonné, Miltiade, fils de Cypsélus, qui auparavant avait remporté aux jeux olympiques le prix de la course du char à quatre chevaux, prit avec lui tous les Athéniens qui voulurent avoir part à cette expédition; et, s'étant embarqué avec eux et avec les Dolonces, il s'empara du pays, et fut mis en possession de la tyrannie par ceux qui l'avaient amené. Il commença par fermer d'un mur l'isthme de la Chersonèse, depuis la ville de Cardia jusqu'à celle de Pactye, afin d'en interdire l'entrée aux Apsinthiens, et de les empêcher de la ravager. L'isthme, en cet endroit, a trente-six stades; et la longueur de la Chersonèse entière, à compter de l'isthme, est de quatre cent vingt.

XXXVII. Après avoir fermé le col de la Chersonèse par un mur qui la mettait à l'abri des incursions des Apsinthiens, les Lampsacéniens furent les premiers que Miltiade attaqua. Mais ils le firent prisonnier dans une embuscade qu'ils lui dressèrent. Crésus, roi de Lydie, dont il était aimé, ne l'eut pas plutôt appris, qu'il envoya ordre à ceux de Lampsaque de le relâcher, avec menaces de les détruire comme des pins, s'ils ne le faisaient pas. Les Lampsacéniens, incertains, ne comprenaient rien à la menace de ce prince[1]; mais un vieillard qui en saisit enfin le sens, quoique avec bien de la peine, leur en donna l'explication. De tous les arbres, dit-il, le pin est le seul qui, étant une fois coupé, ne pousse plus de rejetons et périt tout à fait[2].

---

[1] Les Lampsacéniens comprenaient très-bien en général la menace de Crésus, mais ils étaient embarrassés sur la manière dont elle était énoncée. Pourquoi, se demandaient-ils sans doute, Crésus nomme-t-il le pin plutôt que tout autre arbre? La difficulté ne consistait qu'en cela, et c'est cette difficulté que résout, quoique avec peine, le vieillard de Lampsaque. (L.)

[2] Ce vieillard de Lampsaque se trompait assurément. Le pin n'est pas le seul arbre qui meure lorsqu'on l'a coupé. Aulu-Gelle avait fait un chapitre exprès là-dessus; mais nous n'en avons plus que le sommaire. Quoi qu'il en soit, cette expression était passée en proverbe. (L.)

Sur cette menace, les Lampsacéniens, qui redoutaient la puissance de Crésus, le remirent en liberté.

XXXVIII. Miltiade en eut obligation à ce prince. Il mourut dans la suite sans enfants, laissant sa principauté et ses richesses à son neveu Stésagoras, fils de Cimon son frère utérin. Depuis sa mort, les habitants de la Chersonèse lui offrent des sacrifices, comme c'est l'usage d'en faire à un fondateur ; et ils ont institué en son honneur des courses de chars et des jeux gymniques, où il n'est point permis aux Lampsacéniens de disputer le prix. On était encore en guerre contre ceux de Lampsaque, lorsque Stésagoras mourut aussi sans enfants, d'un coup de hache à la tête, que lui donna, dans le Prytanée, un homme qui passait pour un transfuge, mais qui au fond était un ennemi violent.

XXXIX. Stésagoras ayant péri de cette manière, les Pisistratides envoyèrent sur une trirème, dans la Chersonèse, Miltiade, fils de Cimon, et frère de Stésagoras qui venait de mourir, afin qu'il prît en main les rênes du gouvernement. Ils l'avaient déjà traité avec bienveillance à Athènes, comme s'ils n'eussent point eu part au meurtre de son père Cimon, dont je rapporterai ailleurs les circonstances. Miltiade, étant arrivé dans la Chersonèse, se tint renfermé dans son palais, sous prétexte d'honorer la mémoire de son frère. Sur cette nouvelle, tous ceux qui jouissaient de quelque autorité dans la Chersonèse s'étant rassemblés de toutes les villes, et étant venus ensemble le trouver pour prendre part à sa douleur, il les fit arrêter : par ce moyen, et en entretenant une garde de cinq cents hommes, il devint maître absolu dans la Chersonèse. Il épousa Hégésipyle, fille d'Olorus, roi de Thrace.

XL. Il y avait peu de temps que Miltiade, fils de Cimon, était arrivé, lorsqu'il lui survint des affaires encore plus fâcheuses que celles qui l'occupaient alors. En effet, trois ans après ces événements, il s'enfuit à l'approche des Scythes nomades. Irrités de l'invasion de Darius, ils s'étaient réunis en un corps d'armée, et s'étaient avancés jusqu'à cette Chersonèse. Miltiade, n'ayant pas osé les attendre, s'enfuit à leur approche ; mais, après leur retraite, les Dolonces le ramenèrent. Ces événements arrivèrent trois ans avant les affaires présentes, dont il était alors fort occupé.

XLI. Miltiade, ayant appris, sur ces entrefaites, que les Phéniciens étaient à Ténédos, fit charger cinq trirèmes de ses effets, et mit à la voile pour Athènes. Il partit de la ville de Cardia, traversa le golfe Mélas ; et tandis qu'il longeait la côte de la Chersonèse, les Phéniciens tombèrent sur lui. Miltiade se sauva avec quatre vaisseaux à Imbros ; mais Métiochus, son fils aîné, qui commandait le cinquième, fut poursuivi par les Phéniciens et pris avec son vaisseau. Il était né d'une autre femme que de la fille d'Olorus, roi de Thrace. Les Phéniciens, ayant appris qu'il était fils de Miltiade, le menèrent au roi, s'imaginant que ce prince leur en saurait d'autant plus de gré que, dans le conseil des Ioniens, Miltiade avait été d'avis d'écouter les Scythes, qui les priaient de rompre le pont de bateaux, et de se retirer ensuite dans leur pays. Quand on le lui eut amené, il le combla de biens, au lieu de lui faire du mal, lui donna une maison et des terres, et lui fit épouser une Perse, dont il eut des enfants qui jouirent des priviléges des Perses.

XLII. D'Imbros, Miltiade vint à Athènes. Les Perses cessèrent cette année les hostilités contre les Ioniens, et s'appliquèrent à leur donner des règlements utiles. Artapherne, gouverneur de Sardes, manda les députés des villes ioniennes, et les obligea à s'engager par un traité à recourir réciproquement à la justice quand ils se croiraient lésés, sans user désormais de voies de fait. Il fit ensuite mesurer leurs terres par parasanges, mesure usitée en Perse, qui équivaut à trente stades, et régla en conséquence les impôts que chaque ville devait payer. Ces impôts ont toujours continué à se percevoir depuis ce temps-là jusqu'à présent, selon la répartition qui en fut faite par Artapherne, et qui était à peu près la même que celle qui était établie auparavant. Ces règlements tendaient à pacifier les troubles.

XLIII. Le roi, ayant ôté le commandement des armées aux généraux précédents, nomma en leur place Mardonius, fils de Gobryas. Celui-ci partit au commencement du printemps, et se rendit sur les bords de la mer avec une armée nombreuse de terre, et des forces considérables destinées à monter sur les vaisseaux. Il était jeune, et venait d'épouser Artozostra, fille de Darius. Lorsqu'il fut arrivé en Cilicie avec l'armée, il s'embarqua, et partit avec le reste de la flotte, tandis que l'armée de terre s'avançait vers l'Hellespont, sous la conduite d'autres généraux. Après avoir côtoyé l'Asie, il vint en Ionie, et je vais rapporter une chose qui paraîtra fort surprenante à ceux d'entre les Grecs qui ne peuvent se persuader que, dans l'assemblée des sept Perses, Otanes ait été d'avis d'établir en Perse le gouvernement démocratique, comme étant le plus avantageux. Il déposa en effet les tyrans des Ioniens, et établit dans les villes la démocratie. Cela fait, il marcha en diligence vers l'Hellespont; et lorsqu'il y eut rassemblé une très-grande quantité de vaisseaux, ainsi qu'une nombreuse armée de terre, il fit traverser à ses troupes l'Hellespont, et prit avec elles son chemin par l'Europe pour se rendre à Érétrie et à Athènes.

XLIV. Ces deux places étaient l'objet apparent de l'expédition des Perses ; mais ils avaient réellement intention de subjuguer le plus grand nombre de villes grecques qu'ils pourraient. D'un côté, la flotte soumit les Thasiens, sans la moindre résistance de leur part. D'un autre, l'armée de terre réduisit en esclavage ceux d'entre les Macédoniens qui ne l'avaient pas encore été ; car tous les peuples qui habitent en deçà de la Macédoine étaient déjà asservis. De Thasos la flotte passa sous le continent opposé, et le côtoya jusqu'à Acanthe, d'où elle partit pour doubler le mont Athos. Tandis qu'elle le doublait, il s'éleva un vent du nord violent et impétueux, qui maltraita beaucoup de vaisseaux, et les poussa contre le mont Athos. On dit qu'il y en périt trois cents, et plus de vingt mille hommes. Les uns furent enlevés par les monstres marins qui se trouvent en très-grand nombre dans la mer aux environs de cette montagne, les autres furent écrasés contre les rochers; quelques-uns périrent de froid, et quelques autres parce qu'ils ne savaient pas nager. Tel fut le sort de l'armée navale.

XLV. Pendant que Mardonius était campé en Macédoine avec l'armée de terre, les Thraces-Bryges l'attaquèrent la nuit, lui tuèrent beaucoup de monde, et le blessèrent lui-même. Cependant ils n'évitèrent point l'esclavage. Mardonius en effet ne quitta point ce pays qu'il ne les eût subjugués. Ce peuple soumis, il s'en retourna en Perse avec les débris de ses armées, dont l'une avait essuyé un rude échec de la part des Bryges, et l'autre avait été fort maltraitée par la tempête auprès du mont Athos. Ainsi Mardonius fut obligé de repasser honteusement en Asie avec son armée.

XLVI. La seconde année après ces événements, les Thasiens furent accusés par leurs voisins de tramer une révolte. Darius leur ordonna d'abattre leurs murs, et d'envoyer leurs vaisseaux à Abdère. Comme les Thasiens avaient été assiégés par Histiée de Milet, et qu'ils jouissaient d'un revenu considérable, ils faisaient servir leurs richesses à construire des vaisseaux de guerre, et à entourer leur ville d'une muraille plus forte que la précédente. Ces richesses provenaient du continent et des mines de leur île. Les mines d'or de Scapté-Hylé rapportaient ordinairement au moins quatre-vingts talents. Celles de l'île ne rendaient pas autant. Le produit en était cependant si considérable, que les Thasiens étant la plupart du temps exempts de payer des impôts sur les denrées, les revenus du continent et des mines de l'île allaient, année commune, à deux cents talents[1], et même à trois cents[2] lorsqu'elles étaient du plus grand rapport.

XLVII. J'ai vu aussi ces mines. Les plus admirables de beaucoup étaient celles que découvrirent les Phéniciens qui fondèrent avec Thasos cette île, à laquelle il donna son nom. Les mines de cette île, découvertes par les Phéniciens, sont entre Cœnyres et le lieu nommé Ænyres. Vis-à-vis de l'île de Samothrace est une grande montagne que les fouilles précédentes ont détruite. Tel est l'état actuel des choses.

XLVIII. Les Thasiens, dociles aux ordres du roi, abat-

---

[1] 1,080,000 livres de notre monnaie.
[2] 1,620,000 livres.

tirent leurs murs, et conduisirent tous leurs vaisseaux à Abdère. Darius sonda ensuite les Grecs, afin de savoir s'ils avaient intention de lui faire la guerre, ou de se soumettre. Il envoya donc des hérauts de côté et d'autre en Grèce, avec ordre de demander en son nom la terre et l'eau. Il en dépêcha d'autres dans les villes maritimes qui lui payaient tribut, pour leur ordonner de construire des vaisseaux de guerre, et des bateaux pour le transport des chevaux.

XLIX. Les hérauts étant arrivés en Grèce pendant ces préparatifs, plusieurs peuples du continent accordèrent au roi la terre et l'eau, ainsi que tous les insulaires chez qui ces hérauts se transportèrent. Cet exemple fut suivi par les autres insulaires chez qui ils ne se rendirent pas, et entre autres par les Éginètes. Ceux-ci ne les eurent pas plutôt donnés, que les Athéniens, choqués de cette conduite, et persuadés qu'ils ne l'avaient tenue que par haine contre eux, et dans le dessein de leur faire la guerre de concert avec les Perses, saisirent avidement ce prétexte pour les accuser à Sparte de trahir la Grèce.

L. Sur cette accusation, Cléomène, fils d'Anaxandrides, roi de Sparte, passa en Égine pour arrêter les plus coupables. Comme il se disposait à le faire, des Éginètes s'y opposèrent, et entre autres Crios, fils de Polycrite, qui montra en cette occasion le plus de chaleur, et lui dit qu'il n'emmènerait point impunément aucun habitant d'Égine; qu'il agissait ainsi sans l'aveu de la république de Sparte, et seulement à l'instigation des Athéniens, qui l'avaient gagné avec de l'argent; qu'autrement il serait venu avec l'autre roi pour les arrêter. En tenant ce langage, Crios suivait les ordres qu'il avait reçus de Démarate. Cléomène, repoussé de l'île d'Égine, lui demanda son nom. Celui-ci le lui ayant dit : Eh bien ! Crios (bélier), repartit alors Cléomène, arme bien tes cornes, car tu auras à lutter contre un rude adversaire.

LI. Démarate, fils d'Ariston, qui était resté pendant ce temps à la ville, et qui était aussi roi de Sparte, quoique d'une branche inférieure, accusait Cléomène son collègue. Comme ces deux princes avaient la même origine, cette branche n'était inférieure que parce qu'elle était la cadette;

celle d'Eurysthènes, en qualité d'aînée, jouissait d'une plus grande considération.

LII. Les Lacédémoniens [1], qui ne sont en cela nullement d'accord avec les poëtes, prétendent qu'ils n'ont pas été conduits dans le pays dont ils sont actuellement en possession par les fils d'Aristodémus, mais par Aristodémus lui-même, qui régnait alors, et qui était fils d'Aristomachus, petit-fils de Cléodéus, et arrière-petit-fils d'Hyllus; que, peu de temps après, Argia, femme d'Aristodémus, qui était fille d'Autésion, petite-fille de Tisamènes, et qui avait Thersandre pour bisaïeul et Polynice pour trisaïeul, accoucha de deux fils jumeaux. Aristodémus mourut de maladie, après avoir vu ces deux enfants. Les Lacédémoniens d'alors, continuent-ils, résolurent dans un conseil de donner la couronne, selon la loi, à l'aîné; mais, ne sachant sur lequel des deux faire tomber leur choix, parce qu'ils se ressemblaient parfaitement, et ne pouvant pas plus qu'auparavant distinguer l'aîné du cadet, ils interrogèrent la mère, qui leur répondit qu'elle l'ignorait elle même. Elle soutint cette réponse, non que cela fût vrai, mais parce qu'elle désirait que tous deux fussent rois. Dans cette incertitude, les Lacédémoniens envoyèrent demander à l'oracle de Delphes de quelle manière ils se conduiraient. La Pythie leur ordonna de regarder ces deux enfants comme leurs rois, mais de rendre plus d'honneur à l'aîné. Les Lacédémoniens ne se trouvant pas moins embarrassés pour reconnaître l'aîné, un Messénien, nommé Panitès, leur conseilla d'observer la conduite de la mère à l'égard de ses deux enfants; que si elle lavait et allaitait l'un avant l'autre, ils auraient tout ce qu'ils cherchaient et ce qu'ils voulaient découvrir; mais que si elle donnait ses soins indistinctement tantôt à l'un et tantôt à l'autre, il serait évident qu'elle n'en savait pas plus qu'eux, et que dans ce cas ils prendraient d'autres mesures. Les Spartiates ayant, suivant le conseil du Messénien, observé la mère sans qu'elle en sût le motif, remarquèrent celui qu'elle honorait toujours de ses premiers soins. Ils le regardèrent comme l'aîné,

---

[1] Hérodote interrompt sa narration pour parler de l'antiquité des rois de Lacédémone. Il la reprend ensuite § LXXIII.

parce qu'elle lui témoignait plus de considération qu'à l'autre, le firent élever en public, et lui donnèrent le nom d'Eurysthènes, et à son frère cadet celui de Proclès. On dit que ces deux princes, étant devenus grands, ne purent jamais s'accorder, quoique frères, et que cette division subsiste pareillement parmi leurs descendants.

LIII. Tel est le récit des Lacédémoniens; mais comme ils sont seuls de ce sentiment, je vais aussi rapporter les choses de la manière que le racontent les Grecs. Ceux-ci font une énumération exacte des ancêtres de ces rois doriens jusqu'à Persée, fils de Danaé, sans y comprendre le dieu [1], et ils prouvent qu'ils sont Grecs; car, dès ces premiers temps, on les comptait déjà au nombre des Grecs. J'ai dit que ces princes doriens remontaient jusqu'à Persée, sans reprendre les choses de plus haut, parce que ce héros n'a point de père mortel de qui il ait pu emprunter un surnom, et tel qu'Amphitryon l'était à l'égard d'Hercule. J'ai donc eu raison de faire remonter seulement ces deux princes jusqu'à Persée. Mais si, à compter de Danaé, fille d'Acrisius, on veut parler de leurs ancêtres, on trouvera que les chefs des Doriens sont originaires d'Égypte. Telle est, au rapport des Grecs, leur généalogie.

LIV. Mais, selon les traditions des Perses, Persée était lui-même Assyrien, et devint Grec, quoique ses pères ne le fussent pas. Ils conviennent aussi qu'il n'y avait aucune sorte de parenté entre Persée et les ancêtres d'Acrisius, ceux-ci étant Égyptiens, comme le disent les Grecs. En voilà assez sur ce sujet.

LV. Je ne raconterai point comment, étant Égyptiens, ils parvinrent à être rois des Doriens; d'autres l'ont dit avant moi : mais je ferai mention des choses que les autres n'ont pas touchées.

LVI. Les Spartiates ont accordé à leurs rois les prérogatives suivantes : deux sacerdoces, celui de Jupiter Lacédémonien, et celui de Jupiter Uranien [2]; le privilége de porter la guerre partout où ils le souhaiteraient, sans qu'aucun Spartiate puisse y apporter d'obstacle, sinon il

---

[1] Jupiter, dont Persée passait pour le fils.
[2] Céleste.

encourt l'anathème. Lorsque l'armée se met en campagne, les rois marchent à la tête des troupes, et lorsqu'elle se retire, leur poste est au dernier rang. Ils ont à l'armée cent hommes d'élite pour leur garde ; dans leurs expéditions, ils prennent autant de bétail qu'ils en veulent, et ils ont pour eux les peaux et le dos de tous les animaux qu'on immole. Tels sont les priviléges dont ils jouissent en temps de guerre.

LVII. Voici maintenant ceux qu'ils ont en temps de paix. S'il se fait un sacrifice au nom de la ville, les rois sont assis au festin à la première place, on les sert les premiers, et on leur donne à chacun le double de ce qu'ont les autres convives. Ils font aussi les premiers les libations, et les peaux des animaux qu'on immole leur appartiennent. On leur donne à chacun tous les mois, le 1er et le 7, aux frais publics, une victime parfaite, qu'ils sacrifient dans le temple d'Apollon. On y joint aussi une médimne de farine d'orge et une quarte de vin, mesure de Lacédémone. Dans tous les jeux ils ont la place d'honneur [1], et ils nomment à la dignité de proxènes [2] qui bon leur semble parmi les citoyens. C'est une de leurs prérogatives. Ils choisissent aussi chacun deux Pythiens, qui sont nourris avec eux aux dépens de l'État. Tel est le nom qu'on donne aux députés qu'on envoie à Delphes consulter le dieu. Lorsque les rois ne se trouvent point au repas public, on leur envoie à chacun deux chénices de farine d'orge avec une cotyle de vin. Lorsqu'ils y vont, on leur sert une double portion. Si un particulier les invite à un repas, il leur rend les mêmes honneurs [3]. Ils sont les dépositaires des

---

[1] Lorsque le roi venait quelque part, tout le monde se levait par honneur, excepté les éphores, dont la magistrature était en quelque sorte supérieure à la dignité royale, puisqu'elle avait été instituée pour lui donner des bornes. (L.)

[2] Ξένος est un homme qui reçoit dans sa maison un ami, etc., qui est en voyage, ou qui en est reçu lorsqu'il voyage lui-même. Πρόξενος est celui qui est chargé par l'État de recevoir les ambassadeurs et les députés des princes ou des villes. (*Voyez* Eustathe, sur Homère, t. III, pag. 405, lig. 36.) — Les États de la Grèce avaient aussi, dans les villes où ils envoyaient souvent des députés, des hommes attitrés chez qui ces députés allaient loger. On les appelait pareillement proxènes. Ce mot se rencontre fréquemment dans les harangues de Démosthène, et surtout dans celle pour la couronne. (L.)

[3] C'est-à-dire qu'il leur fait servir une double portion.

oracles rendus; mais les Pythiens doivent en avoir aussi communication. Les affaires suivantes sont les seules qui soient soumises à la décision des rois, et ils sont les seuls qui puissent les juger. Si une héritière n'a point encore été fiancée par son père, ils décident à qui elle doit être mariée. Les chemins publics les regardent; et si quelqu'un veut adopter un enfant, il ne peut le faire qu'en leur présence. Ils assistent aux délibérations du sénat, qui est composé de vingt-huit sénateurs. S'ils n'y vont point, ceux d'entre les sénateurs qui sont leurs plus proches parents y jouissent des prérogatives des rois; c'est-à-dire qu'ils ont deux voix, sans compter la leur.

LVIII. Tels sont les honneurs que la république de Sparte rend à ses rois pendant leur vie. Passons maintenant à ceux qu'elle leur rend après leur mort. A peine ont-ils terminé leurs jours, qu'on dépêche des cavaliers par toute la Laconie, pour annoncer cette nouvelle; et des femmes à Sparte parcourent la ville en frappant sur des chaudrons. A ce signal, deux personnes de condition libre, un homme et une femme, prennent dans chaque maison un extérieur sale et malpropre. Ils ne peuvent s'en dispenser, et s'ils y manquaient, ils seraient punis très-grièvement.

Les usages que pratiquent les Lacédémoniens à la mort de leurs rois ressemblent à ceux des barbares de l'Asie. La plupart de ceux-ci observent en effet les mêmes cérémonies en pareille occasion. Lorsqu'un roi de Lacédémone est mort, un certain nombre de Lacédémoniens, indépendamment des Spartiates, est obligé de se rendre à ses funérailles de toutes les parties de la Laconie. Lorsqu'ils se sont assemblés dans le même endroit avec les Ilotes et les Spartiates eux-mêmes, au nombre de plusieurs milliers, ils se frappent le front à grands coups, hommes et femmes ensemble, en poussant des cris lamentables, et ne manquent jamais de dire que le dernier mort des rois était le meilleur. Si l'un des rois meurt à la guerre, on en fait faire une figure qu'on porte au lieu de la sépulture, sur un lit richement orné. Quand on l'a mis en terre, le peuple cesse ses assemblées, les tribunaux vaquent pendant dix jours, et durant ce temps le deuil est universel.

LIX. Ils ont encore ceci de commun avec les Perses. Le successeur du roi mort remet, à son avénement au trône, tout ce que les Spartiates devaient à ce prince ou à la république. Il en est de même chez les Perses : celui qui succède au dernier roi remet à toutes les villes les impôts qu'elles devaient à la mort de ce prince.

LX. Les Lacédémoniens s'accordent pareillement en ceci avec les Égyptiens. Chez eux, les hérauts, les joueurs de flûte, les cuisiniers, succèdent au métier de leurs pères. Les fils d'un joueur de flûte, d'un cuisinier ou d'un héraut, sont joueurs de flûte, cuisiniers ou hérauts. Ils exercent toujours la profession de leurs pères ; et s'il se trouvait quelqu'un qui eût la voix plus sonore que le fils d'un héraut, ce talent ne ferait pas donner à celui-ci l'exclusion. Tels sont les usages qui s'observent à Lacédémone.

LXI. Tandis que Cléomène s'occupait dans l'île d'Égine non-seulement des intérêts de sa patrie, mais encore du bien général de la Grèce, Démarate l'accusait, moins par égard pour les Éginètes que par envie et par jalousie. Mais Cléomène résolut, à son retour d'Égine, de le renverser du trône, en lui intentant une action pour la chose que je vais rapporter.

Ariston, roi de Sparte, n'avait point eu d'enfants de deux femmes qu'il avait épousées. Comme il était persuadé que c'était plutôt la faute de ses femmes que la sienne, il en prit une troisième ; et voici comment se fit ce mariage. Il était intime ami d'un citoyen de Sparte dont la femme, après avoir été très-laide dans son enfance, était devenue, sans contredit, la plus belle personne de la ville. Sa nourrice la voyant extrêmement laide, et que ses parents, gens très-riches[1], en étaient fort affligés, s'avisa de la porter tous les jours au temple d'Hélène, qui est dans le lieu

---

[1] Les terres de la Laconie ayant été partagées également entre tous les citoyens, et l'or et l'argent proscrits de la république de Sparte sous peine de mort, comment pouvait-il y avoir à Sparte des gens riches ? La cupidité, plus forte que toutes les lois, avait déjà fait fermer les yeux sur un grand nombre d'abus. (L.)

appelé Thérapné, au-dessus du temple de Phœbeum. Toutes les fois qu'elle l'y portait, elle se tenait debout devant la statue de la déesse, et la priait de donner de la beauté à cet enfant. On raconte qu'un jour, cette nourrice revenant du temple, une femme lui apparut, et lui demanda ce qu'elle portait entre les bras ; que lui ayant répondu que c'était un enfant, cette femme la pria instamment de le lui montrer ; qu'elle le refusa, parce que les parents de l'enfant lui avaient absolument défendu de le laisser voir à qui que ce fût ; mais que cette femme l'ayant priée avec beaucoup d'instances de le lui montrer, elle le fit d'autant plus volontiers qu'elle remarquait en elle un désir extrême de se satisfaire. On ajoute que cette femme flatta cet enfant de la main en disant qu'elle serait la plus belle personne de Sparte, et que depuis ce jour elle changea de figure. Lorsqu'elle fut en âge d'être mariée, elle épousa Agétus, fils d'Alcidas, cet ami d'Ariston dont je viens de parler.

LXII. Comme Ariston en était vivement épris, il eut recours à cet artifice. Il promit à son ami, qui en était le mari, de lui donner ce qui lui plairait le plus parmi toutes les choses qui étaient en sa possession, à condition qu'il en agirait de même à son égard. Agétus, qui ne craignait rien pour sa femme, parce qu'il voyait qu'Ariston en avait une aussi, y consentit, et ils ratifièrent leurs promesses par des serments mutuels. Après quoi Ariston donna à Agétus ce que celui-ci avait trouvé le plus de son goût parmi ses trésors, dans l'espoir d'être traité de même. Il voulut ensuite emmener la femme de son ami ; mais celui-ci lui dit que, ce point seul excepté, il consentait au reste. Cependant Agétus, contraint par son serment et par la surprise frauduleuse d'Ariston, la lui laissa emmener.

LXIII. Ainsi Ariston renvoya sa seconde femme, et épousa cette troisième, qui accoucha de Démarate à un temps trop court, et avant que les dix mois fussent accomplis[1]. Ariston siégeait avec les éphores, lorsqu'un de ses

---

[1] Le terme de la grossesse des femmes est ordinairement de neuf mois ; quelquefois il passe, et quelquefois il ne va qu'à sept mois. Les anciens

officiers vint lui annoncer qu'il lui était né un fils. Comme il savait en quel temps il avait épousé cette femme, il calcula les mois sur ses doigts [1], et dit ensuite avec serment : Cet enfant ne peut être à moi. Les éphores l'entendirent ; mais, dans le moment, ils n'y firent aucune attention. L'enfant grandit, et Ariston se repentit de ce mot imprudent ; car il fut intimement persuadé qu'il était son fils. Il le nomma Démarate [2], parce qu'avant sa naissance tout le peuple de Sparte avait demandé aux dieux, avec d'instantes prières, qu'il naquît un fils à Ariston, le plus estimé de tous les rois qui avaient jusqu'alors régné dans cette ville ; et ce fut par cette raison qu'on lui donna le nom de Démarate.

LXIV. Dans la suite Ariston mourut, et Démarate lui succéda. Mais les destins avaient sans doute résolu que le mot qu'on avait entendu dire au père fît perdre la couronne au fils. Cléomène l'avait pris en aversion, d'abord lorsqu'il ramena l'armée d'Éleusis, et dans cette occasion-ci, lorsque Cléomène passa en Égine pour y arrêter ceux des Éginètes qui avaient pris le parti des Mèdes.

LXV. Cléomène, brûlant de se venger, fit promettre à Léotychides, fils de Ménarès, petit-fils d'Agésilaüs, et de la même branche que Démarate, de le suivre en Égine, s'il pouvait l'établir roi à la place de celui-ci, et transigea avec lui à cette condition. Léotychides haïssait mortellement Démarate, parce qu'étant fiancé avec Percale, fille

---

comptaient ordinairement dix mois, parce que leur année était lunaire Les neuf mois de notre année étant solaires font 274 jours ; neuf mois lunaires font 265 jours. Ainsi, pour qu'une femme parvienne à son terme, il faut neuf jours sur son dixième mois ; ce qui fait que les anciens comptent presque toujours dix mois pour le temps de la grossesse. (L.)

[1] Tous les calculs se faisaient, parmi les anciens, par le secours seul des doigts. On n'en peut douter, d'après les passages des auteurs où il en est fait mention. Je n'entreprendrai point cependant d'expliquer comment cela se pratiquait. Je me contenterai de dire que tous les nombres, jusqu'à cent, se mettaient sur la main gauche ; que le centième commençait sur la main droite, et que le deux-centième revenait sur la gauche. Cet usage existait encore du temps de saint Augustin, comme le témoigne un passage de la *Cité de Dieu*, liv. XVIII, chap. 53. (L.)

[2] Démarate est un mot composé de δῆμος, peuple, et d'ἀράομαι, je prie, et signifie *populi precibus et votis expetitus*. Ce nom revient à peu près à Dieudonné. (L.)

de Chilon et petite-fille de Démarmène, il l'avait privé de ce mariage par ses artifices, et parce qu'il l'avait prévenu en l'enlevant et en la prenant pour sa femme. Telle était la cause de la haine que portait Léotychides à Démarate. Il soutint alors avec serment, à la sollicitation de Cléomène, que, Démarate n'étant point fils d'Ariston, la couronne de Sparte ne lui appartenait pas légitimement. Après ce serment, il ne cessa de le poursuivre, et de répéter le propos qu'avait tenu Ariston lorsqu'un de ses officiers étant venu lui annoncer la naissance de son fils, il supputa les mois, et jura que cet enfant n'était point à lui. Léotychides, insistant sur ce propos, prouvait que Démarate n'était ni fils d'Ariston, ni roi légitime de Sparte; et il prenait à témoin les éphores qui siégeaient alors avec ce prince, et qui lui avaient entendu tenir ce langage.

LXVI. Enfin, des disputes s'étant élevées à ce sujet, les Spartiates résolurent de demander à l'oracle de Delphes si Démarate était véritablement fils d'Ariston. Cette affaire ayant été déférée à la Pythie par les soins de Cléomène, celui-ci mit dans ses intérêts Cobon, fils d'Aristophante, qui jouissait à Delphes d'un très-grand crédit. Cobon persuada Périalle, grande prêtresse d'Apollon, de dire ce que souhaitait d'elle Cléomène. Ainsi, lorsque les députés de Sparte interrogèrent la Pythie, elle décida que Démarate n'était point fils d'Ariston. Mais, dans la suite, ces intrigues ayant été découvertes, Cobon fut banni de Delphes, et Périalle déposée.

LXVII. Ce fut ainsi qu'on s'y prit pour détrôner Démarate. Mais un autre affront le força de se sauver de Sparte, et de chercher un asile chez les Mèdes. Il avait été élu, après être descendu du trône, pour exercer un emploi dans la magistrature. Un jour qu'il assistait aux Gymnopédies[1], Léotychides, qui était déjà roi en sa place, lui en-

---

[1] Les gymnopédies étaient à Sparte une fête où les enfants chantaient nus des hymnes en l'honneur d'Apollon, et des trois cents Lacédémoniens qui avaient péri au combat des Thermopyles. Ces fêtes se célébraient au mois d'hécatombéon, vers le 7 ou le 8, qui répondent au 20 et au 21 juillet. En effet, la bataille de Leuctres se donna le 5 de ce mois, et la nouvelle en vint à Sparte le dernier jour des jeux. On était alors au théâtre occupé à les voir, et le chœur des hommes était déjà entré. Ces jeux duraient par consé-

voya demander, par dérision et pour l'insulter, comment il trouvait une place de magistrat après avoir été roi. Piqué de cette question, Démarate répondit qu'il connaissait par expérience l'un et l'autre état; mais que Léotychides n'était pas dans le même cas. Qu'au reste cette question serait un jour pour les Lacédémoniens la source de mille maux, ou de biens infinis. Cela dit, il sortit du théâtre en se couvrant le visage, et se retira dans sa maison. Il n'y fut pas plutôt, qu'ils fit les préparatifs d'un sacrifice, et qu'il immola un bœuf à Jupiter. Le sacrifice achevé, il envoya prier sa mère de se rendre auprès de lui.

LXVIII. Lorsqu'elle fut venue, il lui mit entre les mains une partie des entrailles de la victime, et lui tint ce discours d'une manière suppliante : « Je vous conjure, ma
» mère, et par Jupiter Hercéen[1], et par les autres dieux
» que je prends à témoin, de me dire sans aucun déguisement qui est mon père; car Léotychides m'a reproché,
» dans une querelle, que vous étiez enceinte de votre premier mari lorsque vous passâtes dans la maison d'Ariston. D'autres tiennent des propos encore plus téméraires :
» ils prétendent que vous vous êtes abandonnée à un muletier qui était à votre service, et que je suis son fils. Je
» vous conjure donc, au nom des dieux, ma mère, de me
» dire la vérité. Si vous avez commis quelqu'une des fautes
» que l'on vous impute, vous n'êtes point la seule, et vous
» avez beaucoup de compagnes. Il court même un bruit
» dans Sparte qu'Ariston ne pouvait avoir d'enfants[2], et
» qu'autrement il en aurait eu de ses premières femmes. »

« LXIX. Mon fils, lui répondit-elle, puisque vous me
» pressez avec tant d'instances de vous dire la vérité, je
» vais vous la déclarer sans le moindre déguisement. La
» troisième nuit après mon mariage avec Ariston, un

---

quent plusieurs jours, et les hommes y étaient pareillement admis, et non les enfants seuls. (L.)

[1] Jupiter gardien de l'enceinte de la maison. On regardait comme ayant droit de cité tous ceux qui avaient dans leur maison un autel consacré à Jupiter Hercéen. On peut croire, en effet, que c'est à Jupiter que Démarate offre le sacrifice dans lequel il invoque le témoignage de sa mère. (Miot.)

[2] Il y a dans le grec : *Et multus in urbe Sparta sermo est, negantium Aristoni fuisse semen procreando aptum*. (L.)

» spectre qui lui ressemblait vint me trouver. Lorsqu'il
» eut couché avec moi, il me mit sur la tête les couronnes
» qu'il portait, et se retira. Ariston entra ensuite, et,
» ayant aperçu ces couronnes, il me demanda qui me les
» avait données. Je lui répondis que c'était lui. Il le nia ;
» mais j'assurai ce fait avec serment, et je lui dis qu'il
» était indécent à lui de le nier ; qu'il était venu peu aupa-
» ravant, et qu'après avoir couché avec moi il m'avait
» donné ces couronnes. Quand il me vit soutenir ce fait
» avec serment, il reconnut qu'il y avait là quelque chose
» de divin. D'un côté, il parut que ces couronnes avaient
» été prises de la chapelle du héros Astrabacus, qui est
» près de la porte de la cour du palais ; d'un autre, les
» devins répondirent que c'était ce héros qui était venu lui-
» même me trouver. Voilà, mon fils, tout ce que vous dési-
» riez savoir. Le héros Astrabacus est votre père, et vous
» êtes son fils, ou celui d'Ariston ; car je vous conçus cette
» nuit. Vos ennemis insistent principalement sur ce qu'A-
» riston, ayant reçu la nouvelle de votre naissance, dit
» lui-même, en présence de plusieurs personnes, que vous
» n'étiez pas son fils, parce que le terme de dix mois n'était
» pas encore passé ; mais cette parole lui échappa, parce
» qu'il n'était pas instruit à cet égard : car les femmes
» accouchent à neuf mois, à sept, et ne vont pas toutes
» jusqu'à la fin du dixième mois. Quant à moi, mon fils,
» je vous mis au monde au bout de sept mois ; et Ariston
» reconnut lui-même, peu de temps après, son impru-
» dence. N'ajoutez donc point foi aux propos qu'on tient
» sur votre naissance. Je vous ai dit la vérité entière :
» puisse la femme de Léotychides, puissent celles des gens
» qui tiennent un tel langage, donner à leurs maris des
» enfants de muletier ! »

LXX. Démarate, ayant appris ce qu'il voulait savoir, se munit de provisions pour un voyage, et partit pour l'Élide, sous prétexte d'aller consulter l'oracle de Delphes. Sur un soupçon qu'il avait dessein de prendre la fuite, les Lacédémoniens le poursuivirent ; mais il les prévint, et passa d'Élide dans l'île de Zacynthe. Les Lacédémoniens y passèrent après lui, enlevèrent ses esclaves, et voulurent se saisir de sa personne; mais, les Zacynthiens n'ayant pas voulu le leur livrer, il se retira en Asie auprès du roi Darius. Ce prince le reçut magnifiquement, et lui donna des terres et des villes. Ce fut ainsi que Démarate se retira en Asie, après avoir éprouvé un tel sort. Il s'était souvent distingué parmi ses concitoyens par ses actions et par sa prudence, et surtout par le prix de la course du char à quatre chevaux, qu'il remporta aux jeux olympiques, honneur qu'il ne partagea avec aucun autre roi de Sparte.

LXXI. Démarate ayant été déposé, Léotychides, fils de Ménarès, lui succéda. Zeuxidamus, que quelques Spartiates appelaient Cyniscus (petit chien), était son fils. Il ne régna point à Sparte, et mourut avant son père, laissant un fils nommé Archidamus. Cette perte engagea Léotychides à se remarier : il épousa Eurydamé, sœur de Ménius, et fille de Diactorides. Il n'en eut point d'enfants mâles, mais une fille nommée Lampito, qu'épousa de son consentement Archidamus, fils de Zeuxidamus.

LXXII. Léotychides ne passa pas non plus sa vieillesse à Sparte, et Démarate fut en quelque sorte vengé, comme je vais le dire. Il commandait en Thessalie l'armée de Lacédémone, et il lui était aisé de se rendre maître de tout le pays; mais il accepta une grande somme d'argent, et fut pris sur le fait dans le camp même, assis sur un sac d'argent. Ayant été déféré en justice, il fut banni de Sparte, et sa maison rasée. Il se retira à Tégée, où il mourut; mais ces choses n'arrivèrent que longtemps après.

LXXIII. Cléomène[1], ayant réussi dans son entreprise contre Démarate, prit aussitôt avec lui Léotychides, et alla attaquer les Éginètes, contre lesquels il était violemment irrité, à cause de l'insulte qu'ils lui avaient faite. Les Éginètes, voyant les deux rois venir contre eux, ne crurent pas devoir faire une plus longue résistance. On en choisit dix des plus distingués par leur naissance et par leurs richesses, et entre autres Crios, fils de Polycrite, et Casambus, fils d'Aristocrates, qui avaient le plus d'autorité dans l'île; et on les mena dans l'Attique, où ils furent

---

[1] Hérodote reprend ici la narration interrompue § LII.

mis en dépôt entre les mains des Athéniens, leurs plus grands ennemis.

LXXIV. Après cette expédition, Cléomène, s'étant aperçu que ses intrigues contre Démarate étaient découvertes, redouta la colère des Spartiates ; et, pour se soustraire à leur jugement, il se retira secrètement en Thessalie. De là il vint en Arcadie, où il chercha à exciter des troubles, animant les Arcadiens contre Sparte ; et, entre autres serments qu'il exigea d'eux, il leur fit promettre de le suivre partout où il voudrait les mener. Il désirait ardemment conduire les principaux du pays à la ville de Nonacris, pour les y faire jurer par les eaux du Styx, que l'on dit être en cette ville d'Arcadie. Ce qui paraît de cette eau est en petite quantité, et coule goutte à goutte d'un rocher dans un vallon environné de tous côtés d'une muraille. Nonacris, où se trouve cette fontaine, est une ville d'Arcadie près de Phénée.

LXXV. Les intrigues de Cléomène étant venues à la connaissance des Lacédémoniens, la crainte le leur fit rappeler à Sparte aux mêmes conditions qu'il était monté sur le trône auparavant. Mais à peine y fut-il arrivé, qu'il tomba dans une frénésie, mal dont il avait déjà eu précédemment quelques légères attaques. En effet, s'il rencontrait un Spartiate en son chemin, il le frappait au visage de son sceptre. Ses parents, témoins de ses extravagances, l'avaient fait lier dans des entraves de bois. Mais un jour, se voyant seul avec un garde, il lui demanda un couteau : celui-ci le lui refusa d'abord ; mais, d'autant plus intimidé par ses menaces que c'était un Ilote [1], il lui en donna un. Cléomène ne l'eut pas plutôt reçu, qu'il commença à se

---

[1] Les Ilotes étaient, à proprement parler, les habitants de la ville d'Hélos, dans la Laconie. Lorsque les Héraclides eurent fait la conquête d'une partie du Péloponnèse, voulant s'attacher leurs nouveaux sujets, ils leur accordèrent de grands priviléges, et même ils partagèrent avec eux les places de la magistrature. Agis, prince ambitieux, non content de leur enlever ces prérogatives, leur imposa encore un tribut. La plupart des villes, n'osant point s'exposer au sort de la guerre, se soumirent. La seule ville d'Hélos prit les armes. Agis l'attaqua, et, après une guerre opiniâtre, il la subjugua et en réduisit les habitants en esclavage. Les Messéniens reçurent dans la suite un pareil traitement, et ne firent plus qu'un corps avec les Ilotes. (L.)

déchirer les jambes dans toute leur longueur, et à en couper les chairs. Des jambes il passa aux cuisses, des cuisses aux hanches, aux côtés ; enfin, étant parvenu au ventre, il se le découpa, et mourut de la sorte. La plupart des Grecs prétendent que ce fut un châtiment de ce qu'il avait engagé la Pythie à prononcer contre Démarate. Les Athéniens assurent, au contraire, que ce fut en punition de ce qu'étant entré sur le territoire d'Eleusis, il avait coupé le bois consacré aux déesses ; mais ils sont les seuls de ce sentiment. Les Argiens disent, de leur côté, que ce fut parce qu'après avoir fait arracher du bois consacré à Argos les Argiens qui s'y étaient réfugiés après la bataille, il les avait fait passer au fil de l'épée, et parce que, sans aucun égard pour les choses saintes, il y avait fait mettre le feu.

LXXVI. Cléomène étant un jour allé consulter l'oracle de Delphes, la Pythie lui avait répondu qu'il prendrait Argos. Il se mit à la tête des Spartiates, et les mena sur les bords du fleuve Érasinus, qui coule, à ce qu'on prétend, du lac Stymphale ; car on assure que ce lac, après avoir disparu dans un gouffre où il s'est précipité, reparaît dans le territoire d'Argos ; et depuis cet endroit les Argiens l'appellent Érasinus. Lorsque Cléomène fut arrivé sur les bords de ce fleuve, il lui fit des sacrifices : mais comme les entrailles des victimes ne lui annonçaient rien de favorable en cas qu'il le traversât, il dit qu'il savait gré à Érasinus de ne pas trahir ses concitoyens ; mais que les Argiens n'auraient pas pour cela sujet de se réjouir. Aussitôt il fit rebrousser chemin à son armée, et la mena à Thyrée, où il immola un taureau à la mer ; après quoi il la fit embarquer et la conduisit dans la Tirynthie, et de là à Nauplie.

LXXVII. Aussitôt que les Argiens en eurent connaissance, ils se portèrent en forces sur le bord de la mer. Lorsqu'ils furent près de Tiryns, et dans la partie de son territoire où est Sépia, ils assirent leur camp vis-à-vis des Lacédémoniens, et à une très-petite distance de leur armée. Ils ne craignaient pas une bataille dans un lieu découvert, mais la surprise et les embûches ; et c'était le sens de la réponse que la Pythie leur avait rendue en commun

à eux et aux Milésiens [1]. Elle était conçue en ces termes :
« Lorsque la femelle victorieuse aura repoussé le mâle, et
» qu'elle se sera acquis de la gloire parmi les Argiens,
» alors grand nombre d'Argiennes se déchireront le visage ;
» de sorte qu'un jour les races futures diront : Un serpent
» effroyable, dont le corps faisait trois replis, a été tué à
» coups de pique [2]. »

Le concours de toutes ces circonstances inspirait de la frayeur aux Argiens. Ils résolurent par cette raison de régler leurs mouvements sur le héraut des ennemis. Cette résolution prise, toutes les fois que le héraut de Sparte signifiait un ordre aux Lacédémoniens, ils exécutaient de leur côté la même chose.

LXXVIII. Cléomène, ayant remarqué que les Argiens se réglaient sur le héraut de Sparte, ordonna à ses troupes de prendre les armes quand le héraut leur donnerait le signal du repos, et d'aller droit à eux. Les Lacédémoniens exécutèrent cet ordre, et fondirent sur les Argiens tandis qu'ils se reposaient, suivant le signal du héraut. Il y en eut beaucoup de tués ; mais ils se réfugièrent en beaucoup plus grand nombre dans le bois consacré à Argos, où ils furent aussitôt investis.

LXXIX. Voici de quelle manière Cléomène se conduisit après cela. Ayant appris, par des transfuges qu'il avait dans son camp, les noms de ceux qui étaient renfermés dans le lieu sacré, il envoya un héraut qui les appela cha-

[1] La première partie de cet oracle, qui concernait les Milésiens, se trouve ci-dessus, § xix.

[2] Cet oracle est très-obscur, et le récit d'Hérodote n'y répand aucun jour. La première partie s'explique très-bien par ce que rapporte Pausanias : « Lorsque Cléomène mena ses troupes contre la ville d'Argos, qu'il croyait dépourvue de défenseurs, Télésilla fit monter sur les murailles les esclaves, et tous ceux qui, à cause de leur jeunesse ou de leur grand âge, ne pouvaient pas porter les armes. Elle rassembla ensuite toutes les armes qui restaient dans les maisons et dans les temples ; elle en arma toutes les femmes qui étaient à la fleur de l'âge, et les plaça dans l'endroit par où elle savait que les ennemis devaient venir. Sans être effrayées ni de l'approche des Lacédémoniens, ni de leurs cris de guerre, ces femmes reçurent leur choc avec courage ; mais les Lacédémoniens faisant réflexion que s'ils les tuaient, cette victoire ne leur ferait aucun honneur, et que s'ils étaient défaits, ce serait une tache pour eux, ils aimèrent mieux se retirer. » Quant à la seconde partie, elle est restée inintelligible. (L.)

cun par son nom, et leur dit qu'il avait leur rançon. Or la rançon est fixée par les Péloponnésiens à deux mines [1] par prisonnier. Environ cinquante Argiens sortirent à la voix du héraut, et Cléomène les fit massacrer [2]. L'épaisseur du bois ne permettant pas de voir ce qui se passait au dehors, ces meurtres échappèrent à la connaissance de ceux qui s'y étaient retirés; mais l'un d'entre eux, étant monté sur un arbre, s'aperçut de la manière dont on les avait traités. Depuis ce moment on eut beau les appeler, ils ne voulurent plus sortir.

LXXX. Alors Cléomène ordonna à tous les Ilotes d'entasser des matières combustibles autour du bois sacré ; et dès qu'ils eurent obéi, il y fit mettre le feu. Tandis qu'il brûlait, il demanda à un transfuge à quel dieu ce bois était consacré. Celui-ci lui répondit que c'était à Argos. A ces mots, il s'écria, en poussant un grand soupir : « O » Apollon, vous m'avez bien trompé par votre réponse, » en me disant que je prendrais Argos [3] ! Je conjecture » que l'oracle est accompli. »

LXXXI. Cléomène permit ensuite à la plus grande partie de ses troupes de retourner à Sparte, et, ne gardant avec lui que mille hommes des plus braves, il alla à l'Héræum [4] pour y faire un sacrifice. Comme il se disposait à l'offrir lui-même sur l'autel, le prêtre lui dit qu'il n'était pas permis à un étranger de sacrifier en ce temple, et le lui défendit en conséquence. Mais Cléomène ordonna aux Ilotes d'éloigner le prêtre de l'autel, et de le battre de verges; après quoi il sacrifia lui-même, et, le service fini, il s'en retourna à Sparte.

LXXXII. Il n'y fut pas plutôt arrivé, que ses ennemis lui intentèrent une affaire devant les éphores, et l'accusèrent de ne s'être point emparé d'Argos, dont la prise était facile, parce qu'il s'était laissé corrompre. Je ne puis dire

---

[1] 180 livres de notre monnaie.

[2] Tout moyen qui pouvait faire triompher les Lacédémoniens leur paraissait bon et légitime. La perfidie et le manque de foi ne leur coûtaient rien.

[3] Le héros Argus s'appelle en grec *Argos*. Cette équivoque avait trompé Cléomène.

[4] C'était un temple de Junon. Cette déesse s'appelait en grec ῞Ηρα, et son temple ῾Ηραῖον.

avec certitude si ce qu'il avança dans sa défense était vrai ou faux. Quoi qu'il en soit, il répondit qu'il avait cru l'oracle accompli par la prise du bois consacré à Argos, et qu'ainsi il ne devait rien tenter contre la ville qu'il n'eût du moins appris par les sacrifices si le dieu la lui livrerait, ou s'il s'opposerait à son entreprise : que les sacrifices dans l'Héræum [1] ayant été favorables, il était sorti une flamme de la poitrine de la statue ; qu'il avait connu à ces marques certaines qu'il ne prendrait point la ville d'Argos : car si cette flamme fût sortie de la tête de la statue, il l'aurait prise d'assaut ; au lieu qu'étant sortie de la poitrine, il était clair qu'il avait fait tout ce que le dieu voulait qu'il fît. Cette défense parut aux Spartiates si plausible et si vraisemblable, qu'il fut absous à la très-grande pluralité des voix.

LXXXIII. La ville d'Argos fut tellement dépeuplée par cette défaite, que les esclaves prirent en main le timon de l'État, et remplirent les différentes magistratures. Mais les enfants de ceux qui avaient perdu la vie, étant parvenus à l'âge de puberté, remirent la ville en leur puissance, et les chassèrent. Les esclaves, se voyant chassés, s'emparèrent de Tiryns après une bataille. La concorde fut quelque temps rétablie entre eux et leurs maîtres ; mais dans la suite un devin, nommé Cléandre, de Phigalia en Arcadie, leur persuada d'attaquer leurs maîtres : cela occasionna une guerre très-longue, et qui ne fut terminée que par les avantages que remportèrent enfin et avec beaucoup de peine les Argiens.

LXXXIV. Les Argiens prétendent que ce fut pour cette cause que Cléomène perdit la raison, et périt misérablement. Mais les Spartiates assurent eux-mêmes que sa fureur ne vint pas des dieux, mais de l'abus du vin, auquel il s'était accoutumé en fréquentant des Scythes.

Les Scythes nomades, persistant dans le dessein de se venger de l'invasion de Darius, envoyèrent des ambassadeurs à Sparte pour contracter alliance avec les Lacédémoniens. Il fut convenu entre eux que les Scythes tâche-

---

[1] Temple de Junon.

raient de pénétrer du côté du Phase dans la Médie, et que les Spartiates partiraient d'Éphèse, se rendraient dans l'Asie supérieure, et que les deux armées se joindraient au même endroit. Les Lacédémoniens disent que Cléomène eut avec les Scythes, qui étaient venus à Sparte pour cette négociation, une très-grande liaison, et même plus intime qu'il ne convenait, et qu'il contracta avec eux l'habitude de boire du vin pur. Telle fut, selon les Spartiates, la cause qui le rendit furieux ; ils ajoutent que depuis ce temps, quand ils veulent boire du vin pur, ils se disent l'un à l'autre : Imitons les Scythes. C'est ainsi que les Spartiates parlent de la frénésie de Cléomène ; mais je pense qu'elle fut un effet de la colère des dieux, qui voulaient venger Démarate.

LXXXV. Les Éginètes n'eurent pas plutôt appris la mort de Cléomène, qu'ils envoyèrent à Sparte des députés pour accuser Léotychides au sujet de la détention de leurs otages à Athènes. Les juges, s'étant assemblés, décidèrent que les Éginètes avaient été traités indignement par Léotychides, et le condamnèrent à être remis entre leurs mains, pour qu'ils l'emmenassent en Égine, en la place des hommes qu'on leur retenait à Athènes. Les Éginètes se disposaient à exécuter cet arrêt, lorsque Théasides, fils de Léoprépès, citoyen distingué de Sparte, leur parla en ces termes : « Que voulez-vous faire, Éginètes ? Allez-vous donc
» emmener le roi de Sparte que vous ont livré ses conci-
» toyens ? Si les Spartiates ont dans leur colère prononcé
» un tel jugement, ne craignez-vous pas, si vous le mettez à
» exécution, qu'ils n'entrent quelque jour dans votre pays,
» et qu'ils ne le détruisent entièrement ? » Là-dessus les Éginètes se désistèrent de leur entreprise ; mais ce fut à condition que Léotychides les suivrait à Athènes pour se faire rendre leurs citoyens.

LXXXVI. Ce prince, étant arrivé à Athènes, redemanda les otages qu'il y avait mis en dépôt. Les Athéniens, qui ne voulaient pas les remettre, temporisaient, sous prétexte que les deux rois les leur ayant confiés, il n'était pas juste de les rendre à l'un en l'absence de l'autre. Sur ce refus, Léotychides leur parla en ces termes : « Athéniens, prenez

» le parti que vous voudrez. Si vous rendez les otages,
» cette action sera juste ; et si vous les retenez, vous en
» ferez une injuste. Mais je veux vous raconter un fait
» arrivé à Sparte au sujet d'un dépôt.

» Nous disons, nous autres Spartiates, que, la troisième
» génération avant moi, Glaucus, fils d'Épicydes, s'était
» distingué à Lacédémone entre tous ses compatriotes par
» plusieurs excellentes qualités, et surtout par sa probité.
» Mais voici, ajoutons-nous, ce qui lui arriva dans un
» temps déterminé. Il vint à Sparte un Milésien pour con-
» férer avec lui sur une proposition qu'il voulait lui faire.
» Je suis de Milet, lui dit-il, et je viens pour goûter les
» fruits de votre probité, dont la renommée est aussi
» répandue en Ionie que dans le reste de la Grèce. Les
» réflexions que j'ai faites sur l'état précaire de l'Ionie,
» toujours exposée à des dangers, sur la tranquillité et la
» sûreté du Péloponnèse, et sur l'instabilité des fortunes de
» mon pays, qu'on ne voit jamais entre les mains des
» mêmes personnes, m'ont fait prendre la résolution de
» convertir en argent la moitié de tous mes biens, et de le
» déposer entre vos mains, persuadé qu'il y sera en sû-
» reté. Chargez-vous donc de cet argent, et gardez en
» même temps cette marque-ci ; vous le remettrez à celui
» qui vous représentera la pareille. Ainsi parla le Milésien,
» et Glaucus reçut le dépôt à cette condition.

» Longtemps après, les enfants de celui qui avait mis
» cet argent en dépôt étant venus trouver à Sparte Glau-
» cus, et lui ayant présenté la marque, ils lui redemandè-
» rent la somme que lui avait remise leur père. Glaucus
» chercha à éluder leur demande par sa réponse. Je ne
» me souviens point de cette affaire, leur dit-il, et je ne
» me la rappelle en aucune manière. Si cependant elle me
» revient à la mémoire, je ferai tout ce qui sera juste. Si
» j'ai reçu quelque chose, il convient de le rendre ; mais
» si je n'ai rien reçu du tout, je me servirai contre vous
» des lois des Grecs. Je remets donc la décision de cette
» affaire au quatrième mois, à compter de ce jour.

» Les Milésiens s'en retournèrent chez eux d'autant plus
» affligés, qu'ils croyaient leur argent perdu. Cependant

» Glaucus alla à Delphes consulter l'oracle, et demanda
» au dieu s'il lui était permis de s'emparer de cet argent
» par un serment. La Pythie lui fit cette réponse : Glaucus,
» fils d'Épicydes, la victoire que tu remporteras par un
» serment, et les richesses qui en seront le prix, auront
» sur-le-champ pour toi quelque chose d'agréable. Jure,
» puisque la mort n'épargne pas celui même qui est fidèle
» à ses engagements ; mais songe que du serment naît un
» fils sans nom, sans mains et sans pieds, qui d'un vol
» rapide fond sur celui qui se parjure, et ne le quitte point
» qu'il ne l'ait détruit, lui, sa maison et sa race entière ;
» au lieu qu'on voit prospérer les descendants de celui
» qui a religieusement observé sa parole.
» Glaucus, touché de cette réponse, pria le dieu de lui
» pardonner ce qu'il avait dit. Tenter les dieux, répondit
» la Pythie, ou commettre l'injustice, c'est la même chose.
» Alors Glaucus envoya chercher les Milésiens, et leur
» rendit le dépôt.
» Voici maintenant, Athéniens, le but que je me suis
» proposé en vous racontant cette histoire. Il ne subsiste
» plus actuellement à Sparte ni descendant de Glaucus, ni
» aucune maison qu'on croie lui avoir appartenu. Cette
» race est éteinte jusque dans ses derniers rejetons, et ses
» maisons ont été détruites jusque dans les fondements ;
» tant il est avantageux de n'envisager un dépôt que comme
» un effet qu'il faut rendre à celui qui l'a confié. »

Ainsi parla Léotychides ; mais ne remarquant dans les Athéniens, même après son histoire, aucune disposition à lui accorder sa demande, il se retira.

LXXXVII. Voici comment en agirent les Éginètes, avant qu'ils eussent reçu la punition des premières insultes qu'ils avaient faites aux Athéniens, dans la vue d'obliger les Thébains. Irrités contre les Athéniens, dont ils croyaient avoir sujet de se plaindre, ils se disposèrent à s'en venger. S'étant mis en embuscade, il enlevèrent le *Théoris*, vaisseau athénien à cinq rangs de rames, qui était au promontoire Sunium, et mirent aux fers les citoyens les plus distingués d'Athènes qui montaient ce vaisseau. Les Athéniens, outrés d'une telle violence, ne différèrent plus à prendre toutes sortes de mesures pour les punir.

LXXXVIII. Nicodrome, fils de Cnœthus, homme de distinction à Égine, mécontent de ses compatriotes, s'était d'abord banni lui-même de sa patrie ; mais ayant appris en ce temps que les Athéniens se disposaient à se venger des Éginètes, il leur promit de leur livrer Égine, et convint avec eux qu'il tenterait son entreprise un certain jour, et qu'ils viendraient à son secours ce jour-là même. Nicodrome s'empara, suivant l'accord fait entre eux, de cette partie d'Égine qu'on appelle la vieille ville.

LXXXIX. Mais les Athéniens n'arrivèrent pas au temps marqué, parce que leur flotte n'était pas assez forte pour livrer bataille à celle des Éginètes, et l'entreprise échoua pendant qu'ils priaient les Corinthiens de leur prêter des vaisseaux. Les Corinthiens, qui étaient alors liés avec eux de l'amitié la plus étroite, se rendirent à leurs prières, et leur donnèrent vingt vaisseaux, moyennant cinq drachmes par vaisseau ; car la loi leur défendait de les fournir gratuitement. Avec ce renfort, la flotte athénienne allait à soixante-dix vaisseaux en tout. Les Athéniens les montèrent aussitôt, et firent voile du côté d'Égine ; mais ils arrivèrent le lendemain du jour convenu.

XC. Ce contre-temps de la part des Athéniens força Nicodrome à s'enfuir d'Égine sur une barque, avec quelques Éginètes de son parti. On leur assigna Sunium pour le lieu de leur retraite, et de là ils faisaient des incursions dans l'île et la mettaient au pillage ; mais cela n'arriva que dans la suite.

XCI. Les riches ayant eu à Égine l'avantage sur le peuple, qui s'était soulevé avec Nicodrome, ils envoyèrent au supplice ceux qui tombèrent entre leurs mains. Mais ils commirent en cette occasion un sacrilège qu'ils ne purent jamais trouver moyen d'expier par aucun sacrifice, et ils furent chassés de l'île avant que d'avoir apaisé la colère de la déesse (Cérès). Comme on conduisait au supplice sept cents hommes du peuple qui avaient été faits prisonniers, un d'entre eux s'échappa des liens qui le retenaient, et se réfugia dans le vestibule de Cérès Thesmophore (législatrice). Il saisit le marteau de la porte, et s'y tint fortement attaché. Les exécuteurs firent tous leurs efforts pour lui faire lâcher prise ; mais, n'ayant pu réussir, ils lui coupèrent les mains, qui restèrent attachées à la poignée de la porte, et le menèrent en cet état au supplice.

XCII. Ce fut ainsi que les Éginètes traitèrent les rebelles. Ils furent ensuite attaqués par les Athéniens avec soixante-dix vaisseaux ; ayant été vaincus, ils implorèrent le secours des Argiens, à qui ils s'étaient adressés précédemment. Mais ceux-ci ne voulurent plus leur en donner. Ils se plaignirent de ce que les vaisseaux d'Égine, que Cléomène avait enlevés par force, étaient abordés aux côtes de l'Argolide, que leurs troupes étaient descendues à terre avec celles des Lacédémoniens, et que des vaisseaux de Sicyone s'étaient joints aux leurs dans cette même invasion. Les Argiens avaient condamné les Éginètes et les Sicyoniens à une amende de mille talents[1], c'est-à-dire à cinq cents[2] pour chacun de ces deux peuples. Les Sicyoniens étaient convenus de leur tort ; et, moyennant cent talents[3], les Argiens leur avaient remis le reste de l'amende, suivant l'accord fait entre eux. Mais les Éginètes, qui étaient plus fiers, n'avaient pas même voulu reconnaître leur faute. Aussi, quand ils prièrent les Argiens de leur donner du secours, l'État ne leur en accorda point en son nom ; mais mille volontaires passèrent à leur service. Ils avaient à leur tête Eurybates, qui s'était exercé au pentathle[4]. Ils furent défaits en Égine par les Athéniens, et périrent pour la plupart avec leur commandant. Comme il s'était exercé aux combats d'homme à homme, il tua trois ennemis dans autant de combats ; mais il périt dans le quatrième, de la main de Sophanès de Décélée.

XCIII. La flotte d'Égine, profitant du désordre de celle

[1] 5,400,000 livres.
[2] 2,700,000 livres.
[3] 540,000 livres.
[4] Pentathle, les cinq combats en usage aux jeux olympiques, savoir : le saut, la course, le disque, le javelot et la lutte. Il y avait peu de combattants en état de disputer le prix dans les cinq combats, et ceux qui avaient obtenu le prix jouissaient d'une grande célébrité en Grèce. (Miot.)

des Athéniens pour l'attaquer, remporta la victoire, et prit quatre vaisseaux avec les troupes qui les montaient.

XCIV. Tandis que ces deux peuples se faisaient ainsi la guerre, Darius oubliait d'autant moins l'insulte des Athéniens, qu'un de ses officiers la lui rappelait continuellement, et que les Pisistratides ne cessaient de l'assiéger de leurs calomnies. Ce prince, qui désirait subjuguer tous les peuples de la Grèce qui lui avaient refusé la terre et l'eau, saisit ce prétexte. Il ôta le commandement de l'armée à Mardonius, qui n'avait pas été heureux sur mer, le donna à Datis, Mède d'extraction, et à son neveu Artapherne, fils d'Artapherne[1], et les envoya contre Athènes et Érétrie, avec ordre d'en réduire tous les habitants en esclavage, et de les lui amener.

XCV. Ces deux généraux n'eurent pas plutôt été nommés, qu'ils prirent congé du roi, et se mirent en marche. Étant arrivés en Cilicie avec une nombreuse armée de terre bien pourvue de tout, ils campèrent dans la plaine Aléienne. Tandis qu'ils y étaient, ils furent joints par toute l'armée navale, dont chaque nation avait reçu ordre de fournir son contingent. Les vaisseaux de transport pour la cavalerie, que Darius avait commandés l'année précédente aux peuples qui lui payaient tribut, se rendirent aussi au même endroit, et l'on y fit embarquer les chevaux. L'armée de terre s'embarqua aussi, et se rendit en Ionie avec six cents trirèmes. De là les Perses ne voguèrent pas droit vers l'Hellespont et la Thrace en côtoyant le continent ; mais ils partirent de Samos, et prirent par la mer Icarienne à travers les îles, afin d'éviter, à mon avis, le mont Athos, que la perte considérable qu'ils avaient essuyée l'année précédente, en voulant le doubler, leur faisait beaucoup redouter. D'ailleurs l'île de Naxos, dont auparavant ils n'avaient pu se rendre maîtres, les forçait à prendre cette route.

XCVI. Au sortir de la mer Icarienne, on aborda à Naxos. Le souvenir de l'affront que les Perses avaient reçu précédemment devant cette place leur faisait désirer ar-

---

[1] Artapherne, gouverneur de Sardes, était frère de Darius ; liv. v, xxv. xxx, lxxiii, etc.

demment de l'attaquer la première. Les Naxiens s'enfuirent dans les montagnes, sans les attendre ; les Perses mirent le feu aux temples et à la ville ; et, après avoir réduit en esclavage tous ceux qui tombèrent entre leurs mains, ils se remirent en mer pour aller aux autres îles.

XCVII. Sur ces entrefaites, les Déliens s'enfuirent aussi de leur île, et se réfugièrent à Ténos. Les Perses prirent la route de Délos ; mais Datis, dont le vaisseau devançait la flotte, leur défendit d'y aborder, et leur ordonna de se rendre à l'île de Rhénée, qui est au delà. Quand il eut appris le lieu de la retraite des Déliens, il leur envoya un héraut, qui leur parla ainsi en son nom : « Hommes sacrés, » pourquoi fuyez-vous ? Pourquoi concevoir de moi une » opinion peu favorable ? Je suis naturellement porté à » épargner le pays qui a vu naître Apollon et Diane, et à » ne faire aucun mal à ses habitants ; et d'ailleurs j'en ai » reçu l'ordre du roi. Retournez donc dans vos maisons, » et cultivez vos terres en paix. » Tel est le discours que tint de sa part le héraut aux Déliens. Il fit ensuite brûler trois cents talents [1] d'encens qu'il avait fait entasser sur l'autel.

XCVIII. Cela fait, Datis s'avança d'abord avec l'armée navale vers Érétrie, accompagné des Ioniens et des Éoliens. Quand il fut parti de Délos, on y éprouva un tremblement de terre, à ce que disent les Déliens ; et jusqu'à mon temps c'est la seule fois que cette île en ait jamais essuyé. Mais le dieu voulut par ce prodige faire connaître aux hommes les maux qui allaient fondre sur eux ; car la Grèce en éprouva plus sous les trois règnes consécutifs de Darius fils d'Hystaspes, de Xerxès fils de Darius, et d'Artaxerxès fils de Xerxès, que pendant les vingt générations qui ont précédé le premier de ces princes. Ces maux lui sont venus en partie des Perses, et en partie des plus puissants de ses peuples [2] qui se sont disputé, les armes à la main, le commandement sur le reste du pays. Il

---

[1] Le talent attique pesait 51 livres 6 onces 7 gros 24 grains. Ainsi les 300 talents équivalent à 15,429 livres 7 onces 2 gros 48 grains. (L.)
[2] Il veut parler de la guerre du Péloponnèse, dont il a vu le commencement. (L.)

n'est donc point contre la vraisemblance que cette île, qui avait été jusqu'à ce temps-là immobile, ait alors tremblé. L'oracle avait annoncé cet événement. « J'ébranlerai aussi, » avait-il dit, l'île de Délos, quelque immobile qu'elle » soit. » Darius signifie en grec celui qui réprime, Xerxès un guerrier, et Artaxerxès un grand guerrier. On ne se tromperait point, en appelant ainsi ces princes en notre langue.

XCIX. Les barbares, étant partis de Délos, levèrent des troupes dans les îles où ils abordèrent, et y prirent pour otages les enfants des insulaires. Après avoir navigué autour de ces îles, ils abordèrent à Caryste (ville d'Eubée), dont les habitants ne voulaient ni leur donner d'otages, ni marcher contre les Érétriens et les Athéniens leurs voisins. On les assiégea, et on ne cessa pas de ravager leur territoire qu'ils ne se fussent rendus aux Perses.

C. Les Érétriens, ayant eu avis que la flotte des Perses s'avançait contre eux, prièrent les Athéniens de leur donner du secours. Ceux-ci, bien loin de leur en refuser, leur envoyèrent les quatre mille hommes à qui l'on avait distribué au sort les terres de ceux qu'on appelait Hippobotes, chez les Chalcidiens. Mais les Érétriens n'étaient pas sincères ; ils faisaient venir les Athéniens, et n'étaient pas d'accord. Les uns étaient d'avis d'abandonner la ville pour se retirer parmi les écueils de l'Eubée ; les autres, ne considérant que leur avantage particulier et les récompenses qu'ils attendaient des Perses, se préparaient à trahir leur patrie [1]. Eschine, fils de Nothon, homme de distinction parmi les Érétriens, fit part aux Athéniens, à leur arrivée, de l'état où se trouvaient les affaires, et les pria de se retirer chez eux, afin de n'être pas enveloppés dans une commune ruine avec ceux d'Érétrie. Les Athéniens suivirent le conseil d'Eschine, et se mirent à couvert du danger en passant à Orope.

[1] Gongyle, le seul Érétrien qui eût pris les intérêts des Perses, à ce que dit Xénophon, eut pour sa récompense les villes de Gambrium, de Palægambrium, de Myrine et de Grynia. Gorgion et Gongyle, ses descendants, en étaient encore en possession en la quatre-vingt-quinzième olympiade, c'est-à-dire 90 ans après, lorsque Thymbron, général lacédémonien, passa dans l'Asie Mineure pour faire la guerre aux Perses. (L.)

CI. Les Perses abordèrent avec leur flotte sur les côtes d'Érétrie, vers Tamynes, Chœrées et Ægilies. Dès qu'ils y furent arrivés, ils mirent à terre leur cavalerie, et se disposèrent à attaquer les ennemis. Les Érétriens avaient résolu de ne point livrer de combat, et de ne faire aucune sortie, mais de s'occuper seulement de la défense des murs, depuis qu'avait prévalu l'avis de ne point abandonner la ville. L'attaque des murs fut très-vive, et pendant six jours qu'elle dura, il périt beaucoup de monde de part et d'autre. Mais, le septième jour, Euphorbe, fils d'Alcimachus, et Philagrus, fils de Cynéas, tous deux hommes de distinction, livrèrent la ville aux Perses. Ceux-ci n'y furent pas plutôt entrés, qu'ils pillèrent les temples, y mirent le feu, afin de se venger de l'incendie de ceux de Sardes, et réduisirent les habitants en esclavage, selon les ordres de Darius.

CII. Ils s'arrêtèrent quelques jours à Érétrie, après s'en être emparés; et, ayant remis à la voile pour se rendre dans l'Attique, ils serrèrent de près les Athéniens, pensant les traiter comme ils avaient traité les Érétriens. Hippias, fils de Pisistrate, les fit débarquer à Marathon, le lieu de l'Attique le plus commode pour les évolutions de la cavalerie, et le plus proche d'Érétrie.

CIII. Sur cette nouvelle, les Athéniens se rendirent aussi à Marathon. Ils étaient commandés par dix généraux; Miltiade, fils de Cimon et petit-fils de Stésagoras, était le dixième. Cimon s'était expatrié pour se soustraire aux desseins pernicieux de Pisistrate, fils d'Hippocrates. Il lui était arrivé pendant son exil de remporter aux jeux olympiques le prix de la course du char à quatre chevaux; et quoique cette victoire lui appartînt, il l'avait transférée à Miltiade, son frère utérin. L'olympiade suivante, il remporta la victoire avec les mêmes cavales. Mais il fit proclamer Pisistrate en sa place, et, par cette condescendance, il se réconcilia avec le tyran, et retourna dans sa patrie. Il avait encore remporté une autre victoire aux jeux olympiques avec les mêmes chevaux; mais les enfants de Pisistrate, qui ne vivait plus pour lors, le firent tuer la nuit, rès du Prytanée, par des assassins qu'ils envoyèrent secrètement à ce dessein. Cimon fut enterré devant la ville, au delà du chemin qui traverse Cœlé ; et vis-à-vis de lui sont enterrés ses chevaux, qui avaient gagné trois fois le prix aux jeux olympiques. Les chevaux d'Évagoras de Lacédémone avaient eu aussi le même avantage ; mais il n'y en a point qui aient remporté un plus grand nombre de victoires que ceux de Cimon. Stésagoras, l'aîné des enfants de Cimon, était pour lors dans la Chersonèse chez Miltiade, son oncle paternel ; et le plus jeune, nommé Miltiade, du nom de celui qui avait mené une colonie dans la Chersonèse, était à Athènes auprès de Cimon son père.

CIV. Ce Miltiade, qui était alors revenu de la Chersonèse, était un des généraux. Il avait évité deux fois la mort : la première, lorsque les Phéniciens le poursuivirent jusqu'à Imbros, se faisant une affaire capitale de le prendre et de le mener au roi ; la seconde, lorsqu'au sortir de ce péril, et se croyant en sûreté dans sa patrie, il fut, à son arrivée, attaqué par des ennemis, qui l'accusèrent en justice de s'être emparé de la tyrannie dans la Chersonèse. S'étant aussi justifié contre leurs accusations, il fut élu général des Athéniens par les suffrages du peuple.

CV. Avant de sortir de la ville, les généraux envoyèrent d'abord à Sparte, en qualité de héraut, Phidippides, Athénien de naissance, et hémérodrome (courrier de jour) de profession. S'il faut en croire le rapport que fit à son retour Phidippides lui-même, Pan lui apparut près du mont Parthénion, au-dessus de Tégée, l'appela à haute voix par son nom, et lui ordonna de demander aux Athéniens pourquoi ils ne lui rendaient aucun culte, à lui qui avait pour eux de la bienveillance, qui leur avait déjà été utile en plusieurs occasions, et qui le serait encore dans la suite. Les Athéniens ajoutèrent foi au rapport de Phidippides ; et, lorsqu'ils virent leurs affaires prospérer, ils bâtirent une chapelle à Pan au-dessous de la citadelle. Depuis cette époque, ils se rendent ce dieu propice par des sacrifices annuels, et par la course des flambeaux [1].

[1] Voici en quoi consistait cette course. Un homme, une torche à la main, courait, de l'autel du dieu en l'honneur de qui se célébrait cette course, jusqu'à un certain but, sans éteindre son flambeau. Si le flambeau de celui qui

CVI. Ce même Phidippides, que les généraux athéniens avaient envoyé à Sparte, et qui raconta, à son retour, que Pan lui était apparu, arriva en cette ville le lendemain de son départ d'Athènes[1]. Aussitôt il se présenta devant les magistrats, et leur dit : « Lacédémoniens, les Athéniens » vous prient de leur donner du secours, et de ne pas per- » mettre qu'une des plus anciennes villes de Grèce soit ré- » duite en esclavage par des barbares. Érétrie a déjà subi » leur joug, et la Grèce se trouve affaiblie par la perte de » cette ville célèbre. » Là-dessus, les Lacédémoniens résolurent de donner du secours aux Athéniens; mais il leur était impossible de le faire partir sur-le-champ, parce qu'ils ne voulaient point enfreindre la loi qui leur défendait de se mettre en marche avant la pleine lune; et l'on n'était alors qu'au 9 du mois[2].

CVII. Pendant qu'ils attendaient la pleine lune, Hippias, fils de Pisistrate, faisait aborder les barbares à Marathon. La nuit précédente, il avait eu une vision pendant son sommeil, et s'était imaginé qu'il était couché avec sa mère. Ce songe[3] lui faisait conjecturer qu'il retournerait à

court le premier s'éteint, il le cède au second, et celui-ci au troisième, si le même accident lui arrive. Si le troisième est aussi malheureux, le prix n'est adjugé à personne. Cette fête se célébrait en l'honneur de plusieurs divinités, comme Minerve, Vulcain, Prométhée, Pan, Esculape, etc. Dans les Panathénées, ou fêtes de Minerve, les lampadophores partaient du Pirée; et du Céramique, ou de l'Académie, dans celle de Vulcain et de Prométhée. Il y avait dans l'Académie une statue de l'Amour, consacrée par Pisistrate, où l'on allumait le flambeau sacré dans les courses que l'on faisait en l'honneur de ces dieux. (L.)

[1] C'est-à-dire qu'il fit en deux jours onze cent quarante stades, qui est la distance d'Athènes à Sparte. Cela parut une course considérable, jusqu'à ce qu'Anystis, courrier de Lacédémone, et Philonides, courrier d'Alexandre, firent en un jour, au rapport de Pline le naturaliste, le chemin de Sicyone à Élis, c'est-à-dire douze cents stades.

[2] Les mois étant lunaires, la pleine lune arrivait vers le 15. Les Lacédémoniens ne se mettaient point en marche avant la pleine lune. Cela est confirmé par le témoignage de Pausanias, liv. I, chap. XXVIII, et de Lucien, sur l'Astrologie, ch. XXV, t. II, p. 371, qui attribue ce règlement à Lycurgue. (L.)

[3] Le songe dont il est ici question était regardé comme heureux. « Il est avantageux, dit Artémidore, au principal magistrat, ou chef de l'État, de coucher avec sa mère. La mère désigne en effet la patrie. De même donc que le corps de celle qui couche avec quelqu'un est volontairement en la puissance de celui qui en jouit, de même celui qui a eu une pareille vision se rendra le maître de l'État. » (L.)

Athènes, et qu'après avoir recouvré l'autorité souveraine, il mourrait de vieillesse en son palais. Telles étaient les inductions qu'il tirait d'après le songe qu'il avait eu. Mais alors il s'acquittait du devoir de général ; on transportait par son ordre les prisonniers d'Érétrie dans l'île d'Ægilia, qui était de la dépendance des Styréens ; il faisait placer les vaisseaux à la rade de Marathon à mesure qu'ils abordaient, et rangeait en bataille les barbares qui étaient descendus à terre. Pendant qu'il était occupé de ces fonctions, il lui survint un éternument, et une toux plus forte qu'à l'ordinaire. Comme la plupart de ses dents étaient ébranlées par l'âge, la violence de la toux lui en fit sortir une de la bouche, qui tomba sur le sable. Ayant donné, mais en vain, tous ses soins pour la retrouver, il dit en soupirant à ceux qui se trouvaient auprès de lui : Cette terre n'est pas à nous, et nous ne pourrons point l'assujettir ; ma dent occupe tout ce qui m'en revenait. Cet accident lui fit conjecturer que son songe était accompli.

CVIII. Pendant que les Athéniens étaient en ordre de bataille dans un champ consacré à Hercule, les Platéens arrivèrent à leur secours avec toutes leurs forces. Ces peuples s'étaient donnés aux Athéniens, et ceux-ci avaient déjà essuyé bien des travaux à leur sujet. Voici à quelle occasion ils s'étaient mis sous leur protection. Les Platéens, accablés par les Thébains, avaient d'abord voulu se mettre sous la sauvegarde de Cléomène, fils d'Anaxandrides, et des Lacédémoniens qui se trouvaient sur les lieux. Mais ceux-ci, sans accepter leurs offres, leur dirent : « Nous sommes si éloignés de vous, que le secours que » nous pourrions vous donner serait trop précaire ; et vous » seriez souvent réduits en servitude avant qu'aucun de » nous l'eût seulement appris. Nous vous conseillons donc » de vous remettre entre les mains des Athéniens ; ils » sont vos voisins, et en état, par leur courage, de vous » protéger. » Au reste, les Lacédémoniens donnaient ce conseil aux Platéens, moins par bienveillance pour eux que parce qu'ils souhaitaient fatiguer les Athéniens, en les mettant aux prises avec les Béotiens. Les Platéens suivirent le conseil des Lacédémoniens ; et, tandis qu'on faisait à

Athènes un sacrifice aux douze dieux, ils s'assirent près de l'autel en posture de suppliants, et se donnèrent aux Athéniens. Sur cette nouvelle, les Thébains marchèrent contre les Platéens, et les Athéniens volèrent à leur secours. Les deux armées étaient sur le point d'en venir aux mains, mais les Corinthiens ne le souffrirent pas ; ils accoururent en diligence, les réconcilièrent, et réglèrent les limites, de l'aveu des deux parties, à condition que les Thébains laisseraient tranquilles ceux d'entre les peuples de Béotie qui ne voudraient pas être mis au rang des Béotiens. Les Corinthiens se retirèrent chez eux après cette décision, les Athéniens en firent autant de leur côté ; mais les Béotiens les ayant attaqués dans leur marche, ils fondirent sur eux et remportèrent la victoire. Ils passèrent les limites que les Corinthiens avaient fixées au territoire de Platée, et mirent pour bornes entre les Béotiens et les Platéens l'Asope même et Hysies. Les Platéens s'étant donc donnés aux Athéniens de la manière que nous venons de dire, ils vinrent alors à leur secours à Marathon.

CIX. Les généraux athéniens n'étaient point d'accord ; les uns ne voulant pas qu'on combattît, parce qu'ils étaient en trop petit nombre ; les autres, et surtout Miltiade, étant d'avis qu'on donnât la bataille. Les généraux étaient donc partagés, et le pire des deux avis allait prendre le dessus, lorsque Miltiade s'adressa au polémarque. Le polémarque[1] s'élit par le suffrage des fèves ; il donne sa voix le onzième, et, suivant un ancien règlement, elle est d'un poids égal à celle des généraux. Callimaque d'Aphidnes était alors revêtu de cette dignité. Miltiade s'adressa donc à lui. « Callimaque, lui dit-il, le sort d'Athènes est actuellement entre
» vos mains ; il dépend de vous de la mettre dans les fers,
» ou d'assurer sa liberté en acquérant une gloire immor-
» telle, et telle que n'en a jamais approché celle d'Har-

---

[1] Le polémarque était le troisième des neuf archontes. Il offrait des sacrifices à Diane Agrotera, c'est-à-dire la chasseuse, et à Mars. Ces sacrifices se faisaient tous les ans, en mémoire de la victoire remportée à Marathon. Il réglait les jeux funèbres qu'on célébrait en l'honneur de ceux qui étaient morts à la guerre. Il faisait des sacrifices funèbres à Harmodius et à Aristogiton. Il jugeait les métœques, ou étrangers domiciliés, et exerçait à leur égard la même autorité que l'archonte éponyme envers les citoyens. (L.)

» modius et d'Aristogiton. Les Athéniens n'ont jamais
» couru un si grand danger depuis la fondation de leur
» ville. S'ils succombent sous la puissance des Mèdes,
» livrés à Hippias, leur supplice est résolu ; s'ils sont vic-
» torieux, cette ville pourra devenir la première de la
» Grèce. Mais, comment ces choses peuvent-elles se faire;
» comment le bonheur ou le malheur de la république
» dépendent-ils absolument de vous, c'est ce que je vais
» développer. Nous autres généraux, nous sommes par-
» tagés de sentiments : les uns veulent la bataille, les autres
» sont d'un avis contraire. Si nous différons de combattre,
» il est à craindre qu'il ne s'élève entre les Athéniens des
» dissensions qui les disposent à favoriser les Mèdes. Mais
» si nous livrons le combat avant que d'aussi lâches pen-
» sées entrent dans l'esprit de quelques-uns d'entre nous,
» j'espère qu'avec l'aide des dieux nous remporterons la
» victoire. Ces choses vous regardent donc actuellement, et
» dépendent absolument de vous. Si vous joignez votre suf-
» frage au mien, notre patrie sera libre, et notre république
» la première de la Grèce. Si vous vous rangez du parti de
» ceux qui ne veulent point de bataille, vous aurez en par-
» tage le contraire des biens dont je viens de vous faire
» l'énumération. »

CX. Le polémarque, gagné par ce discours, joignit sa voix à celle de Miltiade, et la bataille fut résolue. Après cela, les généraux qui avaient été d'avis de combattre remirent à Miltiade le commandement, quand ce fut leur tour de commander. Il l'accepta ; cependant il ne voulut en faire usage que lorsque son tour fut arrivé.

CXI. Quand il fut venu, les Athéniens se rangèrent en bataille en cet ordre : Callimaque se mit à la tête de l'aile droite[1], en vertu d'une loi qui ordonne chez les Athéniens que le polémarque occupe cette aile. Après le polémarque,

---

[1] La tribu Æantide était à l'aile droite, et le polémarque Callimaque était de cette tribu. Plutarque prouve ce fait par les élégies d'Eschyle, qui s'était distingué à cette bataille. Lorsque les Athéniens tinrent conseil pour marcher contre les barbares, et qu'on fit le décret pour se mettre en campagne, ajoute Plutarque, la tribu Æantide était en tour de présider aux assemblées. Cette même tribu se distingua aussi à la bataille de Platée. (L.)

les tribus se suivaient, chacune suivant le rang qu'elle tenait dans l'État, et sans laisser d'intervalle entre elles. Les Platéens étaient les derniers, et à l'aile gauche. Depuis cette bataille, lorsque les Athéniens offrent des sacrifices dans les fêtes qu'ils célèbrent tous les cinq ans [1], le héraut comprend aussi les Platéens dans les vœux qu'il fait pour la prospérité des Athéniens. Suivant cet ordre de bataille, le front de l'armée athénienne se trouvait égal à celui des Mèdes. Il n'y avait au centre [2] qu'un petit nombre de rangs, et de ce côté l'armée était très-faible ; mais les deux ailes étaient nombreuses et fortes.

CXII. Les Athéniens étaient rangés en bataille [3], et les victimes n'annonçaient rien que de favorable. Un intervalle de huit stades [4] séparait les deux armées. Au premier signal, les Athéniens franchirent en courant cet espace. Les Perses, les voyant accourir, se disposèrent à les recevoir ; mais remarquant que, malgré leur petit nombre et le défaut de cavalerie [5] et de gens de trait, ils se pressaient dans leur marche, ils les prirent pour des insensés qui couraient à une mort certaine. Les barbares s'en faisaient cette idée ; mais les Athéniens les ayant joints, leurs rangs serrés, firent des actions mémorables. Ce sont, autant que nous avons pu le savoir, les premiers de tous les Grecs qui aient été à l'ennemi en courant, qui aient envisagé sans

[1] Les Délies et les Panathénées se célébraient tous les cinq ans. Il est probable qu'Hérodote parle ici des Panathénées, qui avaient plus de célébrité que les Délies. (*Voyez* Meursius, *Panathenœa*, cap. XXVI.)

[2] Le centre, ou corps de bataille, n'était composé que des tribus Léontide et Antiochide. Thémistocle commandait la première, et Aristide la seconde. (L.)

[3] Xénophon rapporte que les Athéniens firent vœu d'immoler à Diane autant de chèvres qu'ils tueraient d'ennemis ; et que, n'en pouvant trouver un nombre suffisant, ils résolurent d'en sacrifier tous les ans cinq cents. Élien raconte le même fait, avec quelque légère différence. Ce fut, selon lui, Miltiade qui fit vœu d'immoler trois cents chèvres. (L.)

[4] Il y a grande apparence qu'Hérodote ne veut parler ici que du plus petit stade, qui est d'environ cinquante toises, et qu'il entend par course non une course véritable, mais le pas redoublé.

[5] L'Attique n'avait point de pâturages, et par conséquent les Athéniens n'entretenaient point de cavalerie ; ils prenaient à leur solde de la cavalerie de Thessalie. Mais ce pays était alors entre les mains des Perses, et d'ailleurs il paraît que les Thessaliens étaient attachés aux Pisistratides. (L.)

effroi l'habillement des Mèdes, et qui aient soutenu la vue de leurs soldats, quoique jusqu'alors le seul nom de Mèdes eût inspiré de la terreur aux Grecs.

CXIII. Après un combat long et opiniâtre, les Perses et les Saces, qui composaient le centre de l'armée ennemie, enfoncèrent celui des Athéniens, et, profitant de leur avantage, ils poursuivirent les vaincus du côté des terres. Cependant les Athéniens et les Platéens remportèrent la victoire aux deux ailes[1] ; mais, laissant fuir les barbares, ils réunirent en un seul corps l'une et l'autre aile, attaquèrent les Perses et les Saces, qui avaient rompu le centre de leur armée, et les battirent. Les Perses ayant pris la fuite, les Athéniens les poursuivirent, tuant et taillant en pièces tous ceux qu'ils rencontrèrent, jusqu'à ce qu'étant arrivés sur les bords de la mer, ils demandèrent du feu, et s'emparèrent de quelques vaisseaux[2].

CXIV. Le polémarque Callimaque fut tué à cette bataille, après des prodiges de valeur. Stésilée, fils de Thrasylée, l'un des généraux, y périt aussi. Cynégire, fils d'Euphorion[3], ayant saisi un vaisseau par la partie élevé de

[1] Il est bien étonnant qu'Hérodote n'ait point parlé en cette occasion des exploits d'Aristide. Plutarque va suppléer à son silence. Aristide était l'un des dix généraux, ainsi que Thémistocle. Il opina, dans le conseil de guerre, à livrer bataille. Quand son jour de commander arriva, il céda son droit à Miltiade, et son exemple fut suivi des autres généraux. Thémistocle et Aristide, le premier à la tête de la tribu Léontide, et l'autre à celle de la tribu Antiochide, dont ils étaient, enfoncèrent les Perses, et les poussèrent jusqu'à leurs vaisseaux. Les Athéniens, craignant ensuite pour leur ville, s'y rendirent avec neuf tribus. On laissa Aristide à Marathon avec la sienne, pour garder les prisonniers et le butin. Il ne trompa point la bonne opinion qu'on avait de lui ; car, l'or et l'argent étant semés çà et là, et les tentes et les vaisseaux qu'on avait pris étant pleins de hardes magnifiques et de richesses sans nombre, non-seulement il ne fut pas tenté d'y toucher, mais il empêcha les autres de le faire. Il y eut cependant des gens qui s'en approprièrent à son insu, entre autres Callias le porte-flambeau. (PLUTARQUE, *Vie d'Aristide*.)

[2] La bataille de Marathon se donna vers le 6 métageitnion, c'est-à-dire vers le 17 août, 490 ans avant notre ère. (FRÉRET, *Mémoires de l'Académie des belles-lettres*, t. XVIII, Hist., p. 149.)

[3] Cynégire était frère d'Eschyle, célèbre poëte tragique. Il se distingua à la bataille de Marathon ; mais il ne parait point qu'il y eût aucun commandement, non plus qu'Épizélus, comme le prétend l'auteur des *Parallèles des Grecs et des Romains*, faussement attribués à Plutarque. (L.

la poupe, eut la main coupée d'un coup de hache, et fut tué, ainsi que beaucoup d'autres Athéniens de distinction.

CXV. Ce fut ainsi que les Athéniens s'emparèrent de sept vaisseaux ennemis. Les barbares se retirèrent avec le reste de leur flotte, sans revirer de bord; et, ayant repris les esclaves d'Érétrie dans l'île[1] où ils les avaient laissés, ils doublèrent le promontoire Sunium, dans le dessein de prévenir les Athéniens, et d'arriver dans leur ville avant eux. On prétend à Athènes qu'ils conçurent ce projet par l'artifice des Alcméonides, qui, selon les conventions faites avec eux, leur montrèrent un bouclier tandis qu'ils étaient déjà sur leurs vaisseaux.

CXVI. Pendant que les Perses doublaient le promontoire Sunium, les Athéniens accoururent à toutes jambes au secours de leur ville, et prévinrent l'arrivée des barbares. Ils partirent d'un lieu consacré à Hercule à Marathon, et campèrent dans un autre consacré au même dieu à Cynosarges. Les Perses jetèrent l'ancre au-dessus de Phalère, qui servait alors de port aux Athéniens, et, après y être restés quelque temps, ils reprirent la route d'Asie.

CXVII. Il périt à la journée de Marathon environ six mille quatre cents hommes du côté des barbares, et cent quatre-vingt-douze de celui des Athéniens. Telle est au juste la perte des uns et des autres[2]. Il arriva en cette bataille une chose bien étonnante à un Athénien nommé Épizélus, fils de Cuphagoras. Pendant qu'il était aux prises avec l'ennemi, et qu'il se conduisait en homme de cœur, il perdit la vue sans avoir été frappé en aucune partie du corps, ni de près ni de loin, et depuis ce moment il de-

---

[1] L'île d'Ægilia.

[2] Cette bataille fut peinte dans le Portique, auquel la variété de ses peintures avait fait donner le nom de Pœcile, et qui s'appelait proprement le Pisanactée. Les Platéens, et tous les Athéniens qui combattirent contre les Perses, y étaient représentés. Au commencement de la bataille, la victoire ne penche pas plus d'un côté que d'un autre; mais, lorsqu'elle est plus avancée, vous voyez les barbares fuir et se pousser les uns les autres dans un marais. A l'extrémité du tableau vous apercevez les vaisseaux phéniciens, et les Grecs qui massacrent les Perses qui veulent s'y jeter. Pline rapporte que la peinture était déjà à un haut point de perfection, et que Miltiade, Callimaque, Cynégire, du côté des Athéniens, Datis et Artapherne, de celui des barbares, y étaient peints d'après nature. (L.)

meura aveugle le reste de sa vie. On m'a assuré qu'en parlant de cet accident, il disait qu'il avait cru voir devant lui un grand homme pesamment armé, dont la barbe ombrageait tout son bouclier ; que ce spectre le passa, et alla tuer celui qui combattait à ses côtés. Telle est l'histoire que raconte Épizélus, suivant le récit qu'on m'en a fait.

CXVIII. Datis eut à Mycone, en retournant en Asie avec l'armée, une vision pendant son sommeil ; mais on ne dit point ce que c'était que cette vision. Dès que le jour parut, il fit faire des perquisitions sur toute la flotte ; et, ayant trouvé sur un vaisseau phénicien une statue dorée d'Apollon, il demanda dans quel temple on l'avait pillée. Lorsqu'il l'eut appris, il se rendit lui-même sur son vaisseau à Délos, mit en dépôt la statue dans le temple, et enjoignit aux Déliens, qui étaient alors de retour dans leur île, de la reporter au Délium[1] des Thébains, qui est sur le bord de la mer, vis-à-vis de Chalcis. Cet ordre donné, Datis remit à la voile pour rejoindre sa flotte. Les Déliens ne reportèrent point la statue ; mais, au bout de vingt ans, les Thébains la transportèrent eux-mêmes à Délium, en vertu d'un oracle.

CXIX. Datis et Artapherne n'eurent pas plutôt abordé en Asie, qu'ils menèrent à Suses les Érétriens qu'ils avaient réduits en esclavage[2]. Darius était très-irrité contre les Érétriens avant qu'ils eussent été faits prisonniers, parce qu'ils l'avaient attaqué les premiers, sans qu'il leur en eût donné aucun juste sujet. Mais dès qu'on les lui eut amenés, et qu'il les vit en son pouvoir, il ne leur fit point de mal, et les envoya à Ardericca, stathme de la Cissie, qui lui appartenait en propre. Ce stathme est à deux cent dix stades de Suses[3], et à quarante du puits qui fournit trois

---

[1] Temple d'Apollon dans la ville de Délium.

[2] Il y eut sept cent quatre-vingts prisonniers faits à Érétrie, parmi lesquels il y avait des femmes, des vieillards et des enfants. La plupart des Érétriens se réfugièrent parmi les écueils de l'Eubée. Il y en eut quatre cents qui furent menés à Suses, au nombre desquels il y avait dix femmes. Le reste périt en Ionie et en Lydie. (L.)

[3] Si l'on s'en rapporte au témoignage de Damis, cette bourgade était dans la Médie, à une grande journée de Babylone. Il n'y a point de villes, dit-il, en Cissie ; on n'y voit que des bourgs. Les habitants en sont nomades, et quit-

sortes de substances, du bitume, du sel et de l'huile, qu'on puise de la manière que je vais dire. On a une bascule ou machine propre à tirer de l'eau ; on y attache, au lieu de seau, la moitié d'une outre, qu'on baisse sous ces substances, et avec laquelle on les puise. On les verse ensuite dans un réservoir, et de là elles se répandent dans un autre, où elles prennent trois formes différentes. Le bitume s'épaissit, le sel se cristallise sur-le-champ, et l'on ramasse l'huile dans des vases. Les Perses appellent cette huile rhadinacé. Elle est noire, et d'une odeur forte. Darius envoya les Érétriens habiter dans ce lieu. Ils l'occupaient encore de mon temps, et ils avaient conservé leur ancienne langue. Tel fut le traitement qu'éprouvèrent les Érétriens.

CXX. Deux mille Lacédémoniens arrivèrent à Athènes après la pleine lune. Ils avaient une si grande ardeur de joindre les ennemis, qu'ils ne mirent que trois jours pour venir de Sparte dans l'Attique. Quoiqu'ils fussent arrivés après le combat, ils avaient un tel désir de voir les Mèdes, qu'ils se transportèrent à Marathon pour les contempler. Ils complimentèrent ensuite les Athéniens sur leur victoire, et s'en retournèrent dans leur pays.

CXXI. On fit courir contre les Alcméonides le bruit que, d'intelligence avec les Perses, ils leur avaient montré un bouclier, comme s'ils eussent voulu réduire Athènes sous le joug des barbares et celui d'Hippias : j'en suis étonné, et je ne puis y ajouter foi. Il paraît en effet qu'ils ont eu plus d'aversion pour les tyrans que Callias, fils de Phénippe et père d'Hipponicus, ou que du moins elle a été aussi grande. Or Callias fut le seul homme à Athènes qui osât acheter les biens de Pisistrate lorsque la république les fit mettre en vente après qu'elle l'eut banni, et d'ailleurs il fit bien d'autre chose qui attestait la haine qu'il lui portait.

---

tent rarement leurs chevaux. Celui des Érétriens est au centre du pays. Ils se sont mis à couvert des surprises des barbares, en conduisant autour de leur demeure une rivière qui leur tient lieu de rempart. La terre, imprégnée de bitume, a une amertume innée. Ils vivent peu, à cause de la mauvaise qualité des eaux pleines de bitume qui s'attache aux intestins. Près du bourg est un tertre de terre assez mauvaise, qui sert à leur nourriture. (L.)

[CXXII. Ce Callias mérite qu'on en parle souvent, tant à cause de l'ardeur qu'il témoigna pour la liberté de sa patrie, que parce qu'à Olympie il fut vainqueur à la course du cheval, qu'il fut le second au combat du char à quatre chevaux, et qu'ayant été victorieux aux jeux pythiques, il l'emporta en cette occasion sur tous les Grecs par sa magnificence. Il le mérite aussi par la conduite qu'il tint avec ses trois filles : car, lorsqu'elles furent en âge d'être mariées, il leur donna une riche dot ; et leur ayant permis de se choisir des époux dans toute la nation, il les maria à ceux dont elles avaient fait choix.]

CXXIII. Les Alcméonides ne haïssaient pas moins les tyrans que ce Callias. Aussi suis-je étonné de cette accusation, et je ne puis croire qu'ils aient montré un bouclier aux Perses, eux qui avaient vécu loin de leur patrie tout le temps de la domination des tyrans, qui avaient forcé par leurs trames les Pisistratides à abandonner la tyrannie, et qui par cette conduite avaient plus contribué, à mon avis, à la liberté d'Athènes qu'Armodius et Aristogiton. Ceux-ci en effet, bien loin de faire cesser la tyrannie des Pisistratides, ne firent, en tuant Hipparque, qu'aigrir de plus en plus les tyrans ; au lieu que les Alcméonides ont évidemment rendu la liberté à leurs concitoyens, si du moins il est vrai qu'ils aient engagé la Pythie, comme je l'ai dit précédemment, à ordonner aux Lacédémoniens de remettre Athènes en liberté.

CXXIV. Peut-être trahirent-ils leur patrie pour se venger de quelque mécontentement qu'ils avaient reçu du peuple. Mais il n'y avait personne, du moins à Athènes, qui fût plus estimé et plus comblé d'honneurs. Il est donc contre toute vraisemblance qu'ils aient montré par ce motif un bouclier aux Perses. Cependant un bouclier servit de signal ; c'est un fait certain ; on ne peut le révoquer en doute. Mais par qui ce signal fut-il donné ? je n'en puis rien dire de plus certain que ce qu'on vient de lire.

CXXV. Les Alcméonides se sont toujours distingués à Athènes dès les plus anciens temps et dès leur première origine. Mais ils ont encore tiré un plus grand lustre d'Alcméon, et de Mégaclès après lui. Alcméon, fils de Mégaclès, rendit aux Lydiens que Crésus avait envoyés pour consulter l'oracle de Delphes tous les services qui dépendaient de lui. Ce prince, instruit de l'accueil qu'il avait fait à ses députés, le manda à Sardes, et lui fit présent, à son arrivée, d'autant d'or qu'il en pourrait emporter en une seule fois. Alcméon mit en usage toute son industrie, afin de tirer le plus d'avantage possible d'un tel don. Ayant pris un habit des plus amples et les plus larges brodequins qu'il put trouver, il alla au trésor, conduit par les officiers du prince. Il se jeta sur un tas de paillettes d'or, en entassa premièrement le long de ses jambes autant qu'il en pouvait tenir dans ses brodequins; il en remplit ensuite toute l'ampleur de son habit, en poudra ses cheveux; et en ayant empli sa bouche, il sortit du trésor les joues bouffies, le corps bossu, traînant à peine ses brodequins, et ressemblant moins à un homme qu'à toute autre chose. Crésus se mit à rire en le voyant. Non-seulement il lui fit présent de cet or, mais il y ajouta d'autres dons qui n'étaient pas moins considérables. Cette maison étant ainsi devenue très-riche, Alcméon nourrit des chevaux [1], et fut victorieux à Olympie à la course du char à quatre chevaux.

CXXVI. La seconde génération après, Clisthène, tyran de Sicyone, éleva encore plus haut cette maison, et lui donna parmi les Grecs un éclat qu'elle n'avait point eu jusqu'alors. Clisthène, fils d'Aristonymus, petit-fils de Myron et arrière-petit-fils d'Andréas, avait une fille nommée Agariste, qu'il ne voulait marier qu'au plus accompli de tous les Grecs. Pendant la célébration des jeux olympiques, Clisthène, qui avait été vainqueur à la course du char à quatre chevaux, fit proclamer par un héraut que quiconque d'entre les Grecs se croirait digne de devenir son gendre vînt à Sicyone dans soixante jours, ou même plus tôt, parce qu'il avait fixé le mariage de sa fille un an après le soixantième jour commencé. Tous ceux qui, fiers de leur mérite personnel et de la célébrité de leur ville, aspiraient à l'honneur d'épouser Agariste, se rendirent à Sicyone, où les retint Clisthène, qui leur avait fait pré-

---

[1] L'Attique étant sans pâturages, les chevaux y étaient fort chers.

parer un stade et une palestre, dans l'intention de les y éprouver.

CXXVII. Smindyrides, fils d'Hippocrates, y vint d'Italie. Il était de Sybaris, ville alors très-florissante, et avait porté le luxe et la mollesse au plus haut degré[1]. Damasus de Siris y arriva aussi ; il était fils d'Amyris, surnommé le Sage. Ceux-là vinrent d'Italie. Amphimnestus, d'Épidamne, fils d'Épistrophus, y vint du golfe Ionien. Celui-là vint du golfe Ionien. On y vit aussi un Étolien, frère de Titormus[2], qui surpassait les Grecs par sa force extraordinaire, et qui, fuyant le commerce des hommes, s'était retiré jusqu'à l'extrémité de l'Étolie. Ce frère de Titormus s'appelait Malès. Léocèdes, fils de Phidon, y vint du Péloponnèse ; il descendait de Phidon, tyran d'Argos, qui établit les mesures dans le Péloponnèse, et qui, de tous les Grecs, se conduisit de la manière la plus insolente, en chassant les agonothètes des Éléens[3], et en réglant lui-même en leur place les jeux olympiques : Amyantus, fils de Lycurgue, de Trapézunte en Arcadie ; Laphanès Azanien, du bourg de Pæos, fils de cet Euphorion qui reçut dans sa maison les Dioscures, suivant la tradition des Arcadiens, et qui depuis ce temps-là exerça l'hospitalité envers tous les

[1] Ce Sybarite partit d'Italie avec mille oiseleurs et cuisiniers. Dans le repas que donna Clisthène à ses hôtes après leur arrivée, Smindyrides ne voulut pas permettre que personne se mît à table près de lui, disant qu'il n'y souffrirait que la princesse pour laquelle il était venu. M. Blanchard, qui rapporte ce trait historique d'après Suidas, est fâché que l'histoire ne nous ait pas instruit du succès de cette prétention. S'il eût lu Hérodote, il aurait vu que Smindyrides n'eut pas la princesse. (L.)

[2] Ce Titormus d'Étolie était, au rapport d'Alexandre d'Étolie, extrêmement vorace. Il disputa un jour avec Milon de Crotone à qui aurait plus tôt mangé un bœuf entier. Cela paraît incroyable. On conte cependant de ce dernier qu'il chargea sur ses épaules un taureau de quatre ans, le porta d'un bout à l'autre du stade, le tua ensuite, le coupa par morceaux, et le mangea lui seul en un jour. Théodore d'Hiérapolis raconte encore que Milon mangeait par jour vingt mines de viande et autant de pain, et qu'il buvait trois conges de vin ; c'est-à-dire qu'il mangeait un peu plus de 17 livres de viande et autant de pain. Ce dernier trait choque moins la vraisemblance, et rend incroyables les deux premiers. (L.)

[3] Juges qui présidaient aux jeux olympiques. On les prenait parmi les Éléens, qui plus tard furent privés de ces fonctions honorables par les intrigues des Piséens ; ce qui amena une guerre sanglante entre les deux peuples. (Miot.)

étrangers, et Onomastus Éléen, fils d'Agæus. Ces quatre vinrent du Péloponnèse même. Il s'y rendit d'Athènes Mégaclès, fils de cet Alcméon qui avait été à la cour de Crésus[1] ; Hippoclide, fils de Tisandre, l'homme le plus riche et le mieux fait qu'il y eût à Athènes ; et Lysanias d'Érétrie, ville alors florissante. Ce fut le seul de toute l'Eubée. Il y vint de Thessalie Diactorides Cranonien, de la maison des Scopades, et Alcon, du pays des Molosses. Tel est le nombre de ceux qui recherchèrent Agariste.

CXXVIII. Lorsqu'ils furent arrivés au jour marqué, Clisthène s'informa d'abord de leur pays et de leur naissance ; puis il les retint un an près de lui, afin d'éprouver pendant ce temps-là leur mérite, leurs inclinations, leurs mœurs et leurs connaissances, dans les entretiens qu'il avait avec eux en particulier, ou dans les conversations générales, dans les exercices où il engageait les plus jeunes d'entre eux, et surtout dans les festins où il les invitait. Il agit de cette manière tant qu'ils furent chez lui, et les traita toujours avec magnificence. Mais, de tous ces amants, ceux qui étaient venus d'Athènes étaient le plus de son goût ; et surtout Hippoclide, fils de Tisandre, qu'il distinguait tant à cause de son mérite particulier, que parce que ses ancêtres étaient parents des Cypsélides de Corinthe.

CXXIX. Le jour fixé par Clisthène pour déclarer celui qu'il choisissait pour gendre, et pour célébrer le mariage, étant venu, ce prince immola cent bœufs, et régala non-seulement les amants de sa fille, mais encore tous les Sicyoniens. Le repas fini, les aspirants s'entretinrent de musique à l'envi l'un de l'autre, et de tout ce qui fait le sujet ordinaire des conversations. Pendant qu'on était occupé à boire[2], Hippoclide, qui attirait l'attention de toute la compagnie, dit au joueur de flûte de lui jouer

---

[1] Il descendait d'Ajax, qui se distingua à la guerre de Troie, et fut bisaïeul de Miltiade, fondateur de la Chersonèse.

[2] En Grèce, on ne buvait point pendant le repas, mais après qu'on avait cessé de manger. On en voit un exemple dans la retraite des dix mille. Lorsqu'on apporta à boire à Aristus à la table de Seuthès, il répondit qu'il n'avait point encore achevé de dîner, et qu'on pouvait s'adresser à Xénophon, qui ne mangeait plus. (L.)

l'emmélie[1]. Le joueur de flûte obéit, et Hippoclide se mit à danser. Il était fort content de sa danse ; mais Clisthène, qui était l'un des spectateurs, le regardait d'un œil irrité. Hippoclide, s'étant reposé quelque temps, se fit ensuite apporter une table sur laquelle il dansa d'abord des danses à la manière de Lacédémone, ensuite à celle d'Athènes ; enfin, s'appuyant la tête sur la table, il gesticula avec les jambes comme on gesticule avec les mains. Quoique l'immodestie et l'impudence des deux premières danses eussent inspiré de l'aversion à Clisthène, et qu'il fût éloigné de le choisir pour gendre, cependant il se retenait, et ne voulait point faire d'éclat. Mais ne pouvant plus se contenir quand il le vit gesticuler avec les jambes comme on fait avec les mains : « Fils de Tisandre, lui dit-il, votre danse a détruit » votre mariage. — Peu s'en soucie Hippoclide, reprit » l'Athénien. » Cette réponse passa depuis en proverbe[2].

CXXX. Alors Clisthène, ayant fait faire silence, parla ainsi à l'assemblée : « Jeunes aspirants au mariage de ma
» fille, j'ai pour vous la plus grande estime, et je vous
» obligerais tous, si je le pouvais. L'on ne me verrait pas
» en effet, par le choix d'un d'entre vous, exclure tous les
» autres. Mais comme je ne puis combler les vœux de tant
» de personnes, n'ayant qu'une fille à marier, je donne
» un talent d'argent[3] à chacun de ceux sur qui mon choix
» ne peut tomber, afin de reconnaître l'honneur qu'il m'a
» fait en recherchant mon alliance, et la peine qu'il a prise
» en s'absentant de chez lui. Je fiance ma fille Agariste,
» suivant les lois d'Athènes, à Mégaclès, fils d'Alcméon. »
Mégaclès accepta l'alliance, et le mariage fut ratifié par Clisthène.

---

[1] Les danses se partageaient en deux espèces : les danses guerrières et les danses de paix. Les premières s'appelaient pyrrhiques, les autres emmélies. Celles-ci se subdivisaient. Il y en avait qui, quoique gaies, étaient décentes, modestes. Platon en fait l'éloge dans ses Lois. Il y avait une autre sorte d'emmélie bien différente de celle-là. Elle était indécente, immodeste et bouffonne. (L.)

[2] On en trouve un exemple dans Lucien ; c'est par ces mots qu'il termine son apologie pour les gens qui se mettent aux gages des grands. (MIOT)

[3] 5,400 livres. Ces prétendants à la main d'Agariste étant au nombre de treize, la somme que Clisthène leur distribua montait à 70,200 livres.

CXXXI. Ce fut ainsi que ce prince s'y prit pour choisir un gendre parmi tant de prétendants, et ce fut ainsi que les Alcméonides acquirent en Grèce une si grande célébrité. Le premier enfant qu'eut Mégaclès de ce mariage fut appelé Clisthène, du nom de son aïeul maternel, le tyran de Sicyone. Ce fut lui qui partagea le peuple en dix tribus, et qui établit le gouvernement démocratique. Il eut ensuite Hippocrates. D'Hippocrates naquit un autre Mégaclès et une autre Agariste, ainsi nommée d'Agariste, fille de Clisthène. Elle épousa Xanthippe, fils d'Ariphron. Tandis qu'elle était enceinte, elle crut en songe qu'elle enfantait un lion; et, quelques jours après, elle accoucha de Périclès.

CXXXII. La défaite des Perses à Marathon augmenta la considération qu'on avait déjà à Athènes pour Miltiade. Il demanda au peuple soixante-dix vaisseaux, des troupes et de l'argent. Il ne leur dit point où il avait dessein de porter la guerre; mais il leur promit de les enrichir, s'ils voulaient le suivre, et de les mener dans un pays d'où ils rapporteraient sans peine une quantité prodigieuse d'or. Flattés de cet espoir, les Athéniens lui accordèrent les vaisseaux qu'il demandait.

CXXXIII. Miltiade fit voile à Paros avec les troupes qu'on lui donna; il colora son expédition du prétexte de punir les Pariens parce qu'ils avaient accompagné les Perses à Marathon, et leur avaient fait les premiers la guerre. Mais il y était porté par la haine qu'il avait contre eux depuis que Lysagoras, fils de Tisias, Parien de naissance, l'avait voulu rendre odieux au Perse Hydarnes[1]. Lorsqu'il fut arrivé à Paros avec ses troupes, il fit le siége de la ville, où les Pariens s'étaient renfermés, et leur envoya ensuite demander cent talents[2] par un héraut, avec menace, en cas de refus, de ne point retirer ses troupes qu'il ne les eût subjugués. Les Pariens, bien loin de songer à lui donner de l'argent, ne pensèrent qu'à la sûreté de leur ville; et entre autres choses qu'ils imaginèrent, ils

---

[1] Il paraît que c'est le même Hydarnes qui était gouverneur de la côte d'Asie. *Voyez* liv. VII, § CXXXV.

[2] 540,000 livres.

élevèrent pendant la nuit le mur, dans les endroits les plus faibles, une fois plus haut qu'il ne l'était anciennement.

CXXXIV. Tous les Grecs sont jusqu'ici d'accord; mais les Pariens racontent eux seuls les événements suivants, comme je vais moi-même les raconter. Tandis que Miltiade était embarrassé sur les suites du siége, Timo, prêtresse des dieux infernaux, qui était de Paros et sa prisonnière, vint le trouver. Lorsqu'elle fut seule avec lui, elle lui conseilla de suivre les avis qu'elle allait lui donner, s'il avait envie de prendre la ville. Il les écouta ; il se rendit en conséquence à la colline qui est devant la ville, et comme il ne pouvait pas ouvrir les portes du lieu consacré à Cérès Thesmophore, il sauta par-dessus le mur d'enclos, et marcha droit au temple; mais l'on ignore s'il avait dessein d'emporter quelqu'une des choses sacrées qu'il n'est pas permis de toucher, ou s'il avait quelque autre intention. Lorsqu'il fut à la porte, il se sentit tout à coup saisi d'une si grande frayeur, qu'il retourna sur ses pas; mais en sautant par-dessus le mur, il se démit la cuisse, ou se blessa au genou, suivant d'autres.

CXXXV. Ce fâcheux accident le força de remettre à la voile sans porter d'argent aux Athéniens, et sans s'être rendu maître de Paros. Il avait tenu cette place assiégée vingt-six jours, et avait ravagé pendant tout ce temps l'île entière. Les Pariens, instruits que Timo, prêtresse des dieux infernaux, avait servi de guide à Miltiade, voulurent la punir de trahison. Ils envoyèrent des députés à Delphes dès que la levée du siége leur eut rendu leur première tranquillité, afin de demander au dieu s'ils feraient mourir la prêtresse des dieux infernaux, pour avoir enseigné aux ennemis les moyens de s'emparer de sa patrie, et pour avoir révélé à Miltiade des mystères interdits aux hommes. La Pythie leur défendit de faire mourir Timo. Elle ajouta qu'elle n'était point coupable; mais que Miltiade devant faire une fin malheureuse, elle lui avait servi de guide pour le conduire à son malheur.

CXXXVI. Miltiade étant de retour de l'île de Paros, les Athéniens ne s'entretenaient que de sa malheureuse expédition, et surtout Xanthippe, fils d'Ariphron. Celui-ci lui intenta une affaire capitale devant le peuple, et l'accusa d'avoir trompé la nation. Miltiade ne comparut point en personne pour se défendre. La gangrène, qui s'était mise à sa cuisse, le retenait au lit, et le mettait dans l'impossibilité de le faire ; mais ses amis prirent en main sa défense, et, rappelant souvent la gloire dont il s'était couvert à la journée de Marathon et à la prise de Lemnos, qu'il avait livrée aux Athéniens après les avoir vengés des Pélasges, ils mirent le peuple dans ses intérêts. Il fut déchargé de la peine de mort, mais condamné pour sa faute à une amende de cinquante talents[1]. La gangrène ayant fait des progrès, il mourut quelque temps après; et Cimon, son fils, paya les cinquante talents.

CXXXVII. Voici comment Miltiade, fils de Cimon, se rendit maître de l'île de Lemnos. Les Athéniens chassèrent anciennement les Pélasges de l'Attique. S'ils eurent raison, ou s'ils commirent en cela une injustice, c'est ce que je n'entreprendrai point de décider. Je me contente de rapporter ce que l'on en dit. Hécatée, fils d'Hégésandre, raconte dans son Histoire que ce fut injustement. Les Athéniens, dit-il, voyant que le terrain qu'ils avaient cédé aux Pélasges au pied du mont Hymette, pour les récompenser d'avoir élevé le mur qui environne la citadelle, était bien cultivé, quoique auparavant il fût mauvais et de nulle valeur, ils les en chassèrent, sans autre prétexte que leur jalousie et le désir de s'en remettre en possession. Mais les Athéniens prétendent qu'ils le firent justement. Les Pélasges, disent-ils, faisaient du pied du mont Hymette, où ils demeuraient, des incursions sur leurs terres, et insultaient les jeunes filles des Athéniens qui allaient puiser de l'eau à la fontaine appelée Ennéacrounos : car il n'y avait point alors d'esclaves à Athènes, ni dans le reste de la Grèce. Toutes les fois, dis-je, que ces jeunes filles venaient à la fontaine, les Pélasges leur faisaient violence de la manière la plus insultante et la plus méprisante ; et, non contents de ces outrages, ils formèrent le projet de se rendre maîtres de l'État, et ils en furent pleinement con-

---

[1] 270,000 livres.

vaincus. Les Athéniens ajoutent qu'ils firent paraître d'autant plus de générosité, qu'étant en droit de les faire mourir, puisqu'ils les avaient surpris machinant contre eux, ils ne voulurent pas le faire, et se contentèrent de leur ordonner de sortir du pays. Les Pélasges, forcés d'abandonner l'Attique, se dispersèrent en différents lieux, et une partie alla à Lemnos. Ce récit est celui des Athéniens; le premier vient d'Hécatée.

CXXXVIII. Ceux de ces Pélasges qui étaient alors établis à Lemnos cherchèrent les moyens de se venger des Athéniens. Comme ils connaissaient très-bien leurs jours de fêtes, ils équipèrent des vaisseaux à cinquante rames, et, s'étant mis en embuscade, ils enlevèrent un grand nombre d'Athéniennes qui célébraient la fête de Diane dans le bourg de Brauron. Ils remirent ensuite à la voile et les menèrent à Lemnos, où ils les prirent pour leurs concubines. Elles en eurent beaucoup d'enfants, à qui elles apprirent la langue et les usages d'Athènes. Ces enfants ne voulaient, par cette raison, avoir aucun commerce avec ceux des femmes des Pélasges ; et si quelqu'un d'entre eux venait à en être frappé, ils accouraient tous à son secours, et se défendaient les uns les autres. Ils se croyaient même en droit d'être leurs maîtres, et ils étaient bien plus forts. Le courage et l'union de ces enfants firent faire de sérieuses réflexions aux Pélasges. Quoi donc, se disaient-ils dans leur indignation, s'ils sont déjà d'accord pour se donner du secours contre les enfants des femmes que nous avons épousées vierges, s'ils tâchent dès à présent de dominer sur eux, que ne feront-ils pas quand ils auront atteint l'âge viril ! Ayant pris là-dessus la résolution de tuer tous les enfants qu'ils avaient eus des Athéniennes, ils exécutèrent ce projet, et massacrèrent aussi les mères en même temps. Depuis cette action, et une autre précédemment arrivée, où les femmes de Lemnos égorgèrent en une nuit tous leurs maris, avec leur roi Thoas, l'usage s'établit en Grèce d'appeler actions lemniennes toutes les actions atroces [1].

[1] Voici le sujet qui porta les femmes de Lemnos à massacrer leurs maris. Les Lemniennes célébraient tous les ans une fête en l'honneur de Vénus mais, ayant abandonné cette coutume, la déesse se vengea de ce mépris en

CXXXIX. Après que les Pélasges eurent massacré leurs concubines et les enfants qu'ils en avaient eus, la terre cessa de produire des fruits, et les femmes et les troupeaux devinrent stériles. Affligés par la famine et par la stérilité de leurs femmes, ils envoyèrent à Delphes prier le dieu de les délivrer de leurs maux. La Pythie leur commanda de donner aux Athéniens la satisfaction que ceux-ci jugeraient à propos d'exiger. Les Pélasges se rendirent à Athènes, et promirent de subir la peine qu'on leur imposerait en réparation de leur crime. Les Athéniens dressèrent un lit [1] dans le Prytanée avec toute la magnificence possible, et, ayant couvert une table de toutes sortes de viandes et de fruits, ils dirent aux Pélasges de leur livrer l'île de Lemnos dans le même état où était cette table. Nous vous la livrerons, reprirent les Pélasges, lorsqu'un de vos vaisseaux arrivera par un vent de nord-est de votre pays à Lemnos en un seul jour. Ils firent cette réponse parce que l'Attique étant située au midi de Lemnos, et à une distance considérable de cette île, il leur paraissait impossible de faire un si long trajet en un jour par un vent de nord-est.

CXL. Les choses en restèrent là. Mais, après bien des années, la Chersonèse sur l'Hellespont ayant été conquise par les Athéniens, Miltiade, fils de Cimon, passa en un jour, à la faveur des vents étésiens, de la ville d'Éléonte, port de la Chersonèse, dans l'île de Lemnos. Il rappela aux Pélasges l'oracle, dont ils ne croyaient jamais voir l'accomplissement, et leur commanda de sortir de l'île. Les habitants d'Héphæstia obéirent; mais ceux de Myrine ayant répondu à Miltiade qu'ils ne reconnaissaient point la Chersonèse pour l'Attique, ils soutinrent le siège jusqu'à ce qu'ils se vissent forcés de se rendre. Telle fut la manière dont les Athéniens s'emparèrent de l'île de Lemnos, sous la conduite de Miltiade.

leur donnant une odeur désagréable qui empêchait leurs maris de les approcher. Ces femmes, se voyant méprisées de leurs maris, les tuèrent tous. (L.)

[1] Les anciens mangeaient couchés sur des lits.

FIN DU SIXIÈME LIVRE.

LIVRE SEPTIÈME.

POLYMNIE.

MORT DE DARIUS. — XERXÈS LUI SUCCÈDE. — IL SOUMET L'ÉGYPTE. — IL VEUT SE VENGER DES GRECS ET FAIRE DE LA TERRE UN SEUL EMPIRE. — SONGE DE XERXÈS. — IL TIENT CONSEIL. — LA GUERRE CONTRE LA GRÈCE EST RÉSOLUE. — IL FAIT PERCER LE MONT ATHOS. — PYTHIUS. — PONT JETÉ SUR LA MER. — L'ARMÉE DÉFILE DEVANT XERXÈS PENDANT SEPT JOURS ET SEPT NUITS SANS REPOS. — DÉNOMBREMENT A LA MANIÈRE D'HOMÈRE. — REVUE DE LA FLOTTE. — XERXÈS CONSULTE DÉMARATE. — LE HÉRAUT DE SPARTE DEVANT XERXÈS. — THÉMISTOCLE. — AMBASSADE A GELON. — LES THERMOPYLES. — LÉONIDAS. — DIÉNECÈS. — INSCRIPTION AUX THERMOPYLES.

I. L'invasion des Sardes avait déjà fort irrité Darius, fils d'Hystaspes, contre les Athéniens; mais la nouvelle de la bataille de Marathon l'aigrit encore davantage, et il n'en fut que plus animé à porter la guerre en Grèce. Incontinent il envoya ordre à toutes les villes de ses États de lever un plus grand nombre de troupes et de fournir une plus grande quantité de chevaux, de vivres, et de vaisseaux de guerre et de transport, qu'elles n'en avaient donné pour la première expédition. Ces ordres ayant été portés de tous côtés, l'Asie entière fut dans une agitation continuelle pendant trois ans. Mais tandis qu'on levait, pour cette guerre, les hommes les plus braves, et qu'on était occupé de ces préparatifs, on apprit, la quatrième année, que les Égyptiens, qui avaient été subjugués par Cambyse, s'étaient révoltés contre les Perses. Darius n'en fut que plus ardent à marcher contre ces deux peuples.

II. Lorsque ce prince fut prêt à partir pour aller attaquer les Égyptiens et les Athéniens, il s'éleva entre les princes ses fils de grandes contestations au sujet de la couronne, parce que les lois défendent en Perse au prince d'entreprendre une expédition sans avoir désigné son successeur. Darius avait, avant que d'être roi, trois enfants d'une première femme, fille de Gobryas; mais, depuis qu'il était monté sur le trône, il en avait eu quatre autres d'Atosse, fille de Cyrus. Artobazanes [1] était l'aîné des enfants de la première femme, et Xerxès de ceux de la seconde. Comme ils n'avaient pas la même mère, ils se disputaient la couronne. Artobazanes croyait y avoir droit parce qu'il était l'aîné de tous les enfants, et que c'était un usage reçu partout que l'empire appartenait à l'aîné. Xerxès, de son côté, appuyait le sien sur ce que sa mère Atosse était fille de Cyrus, et sur l'obligation que les Perses avaient à ce prince de la liberté dont ils jouissaient.

III. Darius n'avait point encore prononcé, lorsque arriva à Suses Démarate, fils d'Ariston [2], qui s'était sauvé de Lacédémone après avoir été dépouillé de ses États. Ayant entendu parler du différend qui partageait les fils de ce prince, il conseilla à Xerxès, suivant ce qu'en a publié la renommée, d'ajouter aux raisons qu'il avait déjà données, qu'il était né depuis que Darius était monté sur le trône, au lieu qu'Artobazanes était venu au monde tandis que Darius n'était encore qu'un homme privé; que, par conséquent, il n'était ni juste ni naturel de le lui préférer. Démarate, qui lui donnait ce conseil, ajouta que c'était aussi l'usage à Sparte qu'un fils né après l'avénement du père à la couronne succédât au trône, quand même le père en aurait eu d'autres avant que d'être roi. Xerxès s'étant servi des raisons que lui avait suggérées Démarate, Darius les trouva justes, et le nomma son successeur. Au

[1] Je crois qu'il n'est plus fait mention dans l'histoire d'Artobazanes. Je conjecture cependant que Mithridate, ce célèbre roi de Pont, qui résista pendant quarante ans aux Romains, et qui ne fut battu que par Pompée, était était un de ses descendants. Diodore de Sicile, Polybe et d'autres auteurs font remonter ce dernier prince à un des sept Perses qui conjurèrent contre le mage Smerdis, sans cependant en désigner un en particulier. (L.)

[2] Xerxès donna à Démarate les villes de Pergame, de Teuthranie et d'Halisarnie, à cause qu'il l'avait accompagné dans son expédition contre la Grèce. Eurysthènes et Proclès ses descendants en jouissaient encore vers la fin de la première année de la quatre-vingt-quinzième olympiade, c'est-à-dire 79 ans après, lorsqu'il se joignit à Thimbron, général lacédémonien.

reste, le crédit et l'autorité d'Atosse [1] me persuadent qu'il n'en aurait pas moins régné, quand même il n'aurait pas fait usage du conseil de Démarate.

IV. Darius ayant déclaré Xerxès son successeur, et voyant que tout était prêt, se disposa à se mettre en marche. Mais il mourut l'année qui suivit la révolte de l'Égypte, après avoir régné trente-six ans entiers [2], et sans avoir eu la satisfaction de punir la révolte des Égyptiens et de se venger des Athéniens.

V. Darius étant mort, son fils Xerxès lui succéda. Les levées que faisait ce jeune prince étaient destinées contre l'Égypte, et dans les commencements il n'avait aucune envie de porter la guerre en Grèce. Mais Mardonius, fils de Gobryas et d'une sœur de Darius, et par conséquent cousin germain de Xerxès, et qui de tous les Perses avait le plus d'ascendant sur son esprit, lui parla en ces termes : « Seigneur, il n'est pas naturel de laisser impunies les » insultes des Athéniens. Ne vous occupez donc mainte- » nant que des affaires que vous avez sur les bras ; mais » lorsque vous aurez châtié l'insolence des Égyptiens, » marchez avec toutes vos forces contre Athènes : par là » vous acquerrez de la célébrité, et personne n'osera dés- » ormais entrer à main armée dans vos États. » A ces motifs de vengeance, il ajouta que l'Europe était un pays très-beau, d'un excellent rapport, où l'on trouvait toutes sortes d'arbres fruitiers, et que le roi seul méritait de l'avoir en sa possession.

VI. Mardonius tenait ce langage, parce qu'il était avide de nouveautés, et qu'il convoitait le gouvernement de la

---

[1] Cette princesse était fille de Cyrus, et fut femme de son frère Cambyse. Elle épousa ensuite le mage Smerdis, et après sa mort le roi Darius, auprès de qui elle eut beaucoup de crédit. Elle et, au rapport d'Hellanicus, la première qui ait écrit des lettres. Cette princesse finit ses jours d'une manière bien tragique, si l'on peut en croire Aspasius. Son fils Xerxès la mit en pièces dans un accès de fureur, et la mangea.

[2] Ce prince mourut la quatrième année de la soixante-treizième olympiade, quatre cent quatre-vingt-cinq ans avant notre ère. La bataille de Marathon se donna la troisième année de la soixante-douzième olympiade. Darius fit faire des préparatifs pendant trois ans, la quatrième année l'Égypte se révolta, et ce prince mourut l'année suivante, comme nous l'apprenons d'Hérodote. (L.)

Grèce. Il réussit avec le temps à engager Xerxès dans cette expédition ; car il survint d'autres événements qui contribuèrent à persuader ce prince. D'un côté, il vint de Thessalie des ambassadeurs qui invitèrent Xerxès de la part des Aleuades à marcher contre la Grèce, et qui s'employèrent avec tout le zèle possible pour l'y déterminer. Les Aleuades étaient rois de Thessalie. D'un autre côté, ceux d'entre les Pisistratides qui s'étaient rendus à Suses tenaient le même langage que les Aleuades ; et même ils y ajoutaient encore d'autres raisons, parce qu'ils avaient avec eux Onomacrite d'Athènes, devin célèbre, qui faisait commerce des oracles de Musée. Ils s'étaient réconciliés avec lui avant que d'aller à Suses. Car il avait été chassé d'Athènes par Hipparque, fils de Pisistrate, parce que Lasus[1] d'Hermione l'avait pris sur le fait, comme il insérait parmi les vers de Musée un oracle qui prédisait que les îles voisines de Lemnos disparaîtraient de la mer. Hipparque l'avait, dis-je, chassé par cette raison, quoique auparavant il eût été lié avec lui de la plus étroite amitié. Mais étant allé en ce temps-là à Suses avec les Pisistratides, comme ceux-ci en parlaient au roi d'une manière honorable, toutes les fois qu'il se présentait devant ce prince, il lui récitait des oracles. S'il y en avait qui annonçassent un malheur au barbare, il les passait sous silence ; mais, faisant choix de ceux qui prédisaient d'heureux événements, il lui disait, en parlant du passage de son armée en Grèce, qu'il était écrit dans les destinées qu'un Perse joindrait les deux bords de l'Hellespont par un pont.

VII. Ce fut ainsi qu'Onomacrite, par ses oracles, et les Pisistratides et les Aleuades par leurs conseils persuasifs, portèrent Xerxès à faire la guerre aux Grecs. Cette résolution prise, ce prince commença par les Égyptiens, qui s'étaient révoltés. Il les attaqua la seconde année après la

---

[1] Lasus était musicien, poëte, et même un des sept sages de la Grèce, selon quelques-uns. On dit qu'il était fils de Charmantides, ou de Sysymbrinus, ou même de Chabrinus, selon Aristoxène. Il naquit à Hermione, ville de l'Argolide. Il fleurissait dans la soixante-huitième olympiade, et était contemporain de Darius, fils d'Hystaspes. Il institua les chœurs cycliques, et inventa le dithyrambe. (L.)

mort de Darius. Lorsqu'il les eut subjugués, et qu'il eut appesanti leurs chaînes beaucoup plus que n'avait fait son père, il leur donna pour gouverneur Achéménès, son frère et fils de Darius. Ce prince fut tué dans la suite par Inaros, fils de Psammitichus, roi de Libye.

VIII. L'Égypte ayant été soumise, et Xerxès étant sur le point de marcher contre Athènes, ce prince convoqua les principaux d'entre les Perses, tant pour avoir leurs avis que pour les instruire de ses volontés. Lorsqu'ils furent assemblés, il leur parla en ces termes : « Perses, je
» ne prétends pas introduire parmi vous un nouvel usage,
» mais suivre celui que nous ont transmis nos ancêtres.
» Depuis que Cyrus a arraché la couronne à Astyages, et
» que nous avons enlevé cet empire aux Mèdes, nous ne
» sommes jamais restés dans l'inaction, comme je l'ai ap-
» pris de nos anciens. Un dieu nous conduit, et sous ses
» auspices nous marchons de succès en succès. Il est in-
» utile de vous parler des exploits de Cyrus, de Cambyse,
» de Darius mon père, et des provinces qu'ils ont ajoutées
» à notre empire, vous en êtes assez instruits. Quant à
» moi, du moment où je suis monté sur le trône, jaloux
» de ne point dégénérer de mes ancêtres, je songe com-
» ment je pourrai procurer aux Perses une puissance non
» moins considérable que celle qu'ils m'ont laissée. En y
» réfléchissant, je trouve que nous pouvons illustrer de
» plus en plus notre nom, acquérir un pays qui n'est pas
» inférieur au nôtre, qui même est plus fertile, et que
» nous aurons en même temps la satisfaction de punir les
» auteurs des injures que nous avons reçues, et de nous
» en venger. Je vous ai donc convoqués pour vous faire
» part de mes intentions. Après avoir construit un pont
» sur l'Hellespont, je traverserai l'Europe pour me rendre
» en Grèce, afin de venger et les Perses et mon père des
» insultes des Athéniens. Vous n'ignorez point que Darius
» avait résolu de marcher contre ce peuple. Mais la mort
» ne lui a pas permis de satisfaire son ressentiment. C'est
» à moi à venger et mon père et les Perses, et je ne me
» désisterai point de mon entreprise que je ne me sois
» rendu maître d'Athènes, et que je ne l'aie réduite en

» cendres. Ses habitants, vous le savez, ont commencé les
» premières hostilités contre mon père et contre moi. Pre-
» mièrement, ils sont venus à Sardes avec Aristagoras de
» Milet, notre esclave, et ils ont mis le feu aux temples et
» aux bois sacrés. Que ne vous ont-ils pas fait ensuite à
» vous-mêmes, quand vous êtes allés dans leur pays sous
» la conduite de Datis et d'Artapherne? Personne d'entre
» vous ne l'ignore. Voilà ce qui m'anime à marcher contre
» les Athéniens. Mais, en y réfléchissant, je trouve un
» grand avantage à cette expédition. Si nous venons à les
» subjuguer eux et leurs voisins, les habitants du pays de
» Pélops[1] le Phrygien, la Perse n'aura plus d'autres bor-
» nes que le ciel, le soleil n'éclairera point de pays qui ne
» nous touche ; je parcourrai toute l'Europe, et avec votre
» secours je ne ferai de la terre entière qu'un seul empire.
» Car on m'assure que, les Grecs une fois réduits, il n'y
» aura plus de ville ni de nation qui puissent nous résis-
» ter. Ainsi, coupables ou non, tous subiront également
» notre joug. En vous conduisant ainsi, vous m'obligerez
» sensiblement. Que chacun de vous se hâte de venir au
» rendez-vous que j'indiquerai. Celui qui s'y trouvera avec
» les plus belles troupes, je lui ferai présent des choses
» que l'on estime le plus dans ma maison. Telle est ma
» résolution. Mais, afin qu'il ne paraisse pas que je veuille
» régler tout par mon seul sentiment, je vous permets de
» délibérer sur cette affaire, et j'ordonne à chacun de
» vous de m'en dire son avis. »

IX. Xerxès ayant cessé de parler, Mardonius prit la parole : « Seigneur, vous êtes non-seulement le plus grand
» des Perses qui aient paru jusqu'ici, mais encore de tous
» ceux qui naîtront dans la suite. J'en atteste les choses
» vraies et excellentes que vous venez de dire, et cette gran-
» deur d'âme qui ne souffrira point que les Ioniens (les
» Athéniens) d'Europe, ce peuple vil et méprisable, nous
» insultent impunément. Si, dans la seule vue d'étendre

---

[1] Hérodote s'est servi à dessein de cette tournure, afin de faire sentir que Pélops étant Phrygien, et par conséquent esclave des Perses (*voyez* ci-dessous, § XI), le pays où domina ensuite ce Phrygien devait lui appartenir, à lui qui était son maître.

» notre empire, nous avons soumis les Saces, les Indiens,
» les Éthiopiens, les Assyriens, et plusieurs autres nations
» puissantes et nombreuses, qui n'avaient commis contre
» nous aucune hostilité, ne serait-il pas honteux que nous
» laissassions impunie l'insolence des Grecs, qui ont été
» les premiers à nous insulter? Qu'avons-nous à craindre?
» serait-ce la multitude de leurs troupes, la grandeur de
» leurs richesses? Nous n'ignorons ni leur manière de
» combattre ni leur faiblesse; nous avons subjugué ceux
» de leurs enfants qui habitent notre pays, et qui sont
» connus sous les noms d'Ioniens, d'Éoliens et de Doriens.
» Je connais par moi-même les forces des Grecs; j'en fis
» l'épreuve lorsque je marchai contre eux par ordre du
» roi, votre père. Je pénétrai en Macédoine; peu s'en
» fallut même que je n'allasse jusqu'à Athènes, et cepen-
» dant personne ne vint me combattre. L'ignorance et la
» sottise des Grecs ne leur permettent pas ordinairement,
» comme je l'ai ouï dire, de consulter la prudence dans
» les guerres qu'ils se font. Car, lorsqu'ils se la sont dé-
» clarée, ils cherchent, pour se battre, la plaine la plus
» belle et la plus unie. Ainsi les vainqueurs ne se retirent
» qu'avec de grandes pertes : comme les vaincus sont
» entièrement détruits, je n'en puis absolument rien dire.

» Puisqu'ils parlent tous la même langue, ne devraient-ils
» pas s'envoyer des hérauts et des ambassadeurs pour termi-
» ner leurs différends? ne devraient-ils pas tenter toutes les
» voies de pacification plutôt que d'en venir aux mains? ou,
» s'il était absolument nécessaire de se battre, ne devraient-
» ils pas chercher les uns et les autres un terrain fortifié par
» la nature, où il fut difficile d'être vaincu, et tenter en cet
» endroit le sort des armes? Par une suite de ce mauvais
» usage, les Grecs n'osèrent pas m'offrir la bataille lors-
» que j'allai jusqu'en Macédoine. Y a-t-il donc quelqu'un
» parmi eux qui s'oppose à vous, et vous présente le
» combat, à vous, seigneur, qui conduisez toutes les forces
» de terre et de mer de l'Asie? Je ne pense pas que les
» Grecs portent l'audace jusque-là. Si cependant je me
» trompais, si leur folie les poussait à en venir aux mains
» avec nous, qu'ils apprennent alors que de tous les

» hommes nous sommes les plus braves et les plus habiles
» dans l'art de la guerre. Il faut donc tenter toutes les
» voies possibles ; rien ne s'exécute de soi-même, et ce
» n'est ordinairement qu'à force de tentatives qu'on réus-
» sit. » Ce fut ainsi que Mardonius adoucit ce que le discours
de Xerxès pouvait avoir de trop dur ; après quoi il cessa de
parler.

X. Comme les Perses gardaient tous le silence, et que
pas un n'osait proposer un avis contraire, Artabane, fils
d'Hystaspes, oncle paternel de Xerxès, s'appuyant sur cette
qualité, ouvrit le sien en ces termes : « Seigneur, lorsque
» dans un conseil les sentiments ne sont pas partagés, on
» ne peut choisir le meilleur ; il faut s'en tenir à celui qu'on
» a proposé. Mais, quand ils le sont, on discerne le plus
» avantageux, de même qu'on ne distingue point l'or pur
» par lui-même, mais en le comparant avec d'autre or. Je
» conseillai au roi Darius, votre père et mon frère, de ne
» point faire la guerre aux Scythes[1], qui n'habitent point
» des villes. Flatté de l'espérance de subjuguer ces peuples
» nomades, il ne suivit pas mes conseils ; il revint de son
» expédition après avoir perdu ses meilleures troupes. Et
» vous, seigneur, vous vous disposez à marcher contre
» des hommes plus braves que les Scythes, et qui passent
» pour être très-habiles et sur terre et sur mer. Il est donc
» juste que je vous avertisse des dangers que vous aurez à
» essuyer.

» Vous dites qu'après avoir jeté un pont sur l'Helles-
» pont vous traverserez l'Europe avec votre armée pour
» vous rendre en Grèce. Mais il peut arriver que nous
» soyons battus sur terre ou sur mer, ou même sur l'un et
» l'autre élément ; car ces peuples ont la réputation d'être
» braves, et l'on peut conjecturer que cette réputation
» n'est pas mal fondée, puisque les Athéniens seuls ont
» défait cette puissante armée qui était entrée dans
» l'Attique sous la conduite de Datis et d'Artapherne.
» Mais supposons qu'ils ne réussissent pas à nous battre
» sur terre et sur mer à la fois ; s'ils nous attaquent seule-

---

[1] *Voyez* liv. IV, § LXXXIII.

» ment sur ce dernier élément, et qu'après nous avoir
» battus ils aillent rompre le pont que nous aurons construit
» sur l'Hellespont, nous serons alors, seigneur, dans un
» grand danger.

» Je ne fonde point cette conjecture sur ma prudence,
» mais sur le malheur qui pensa nous arriver lorsque le
» roi, votre père, ayant fait jeter un pont sur le Bosphore
» de Thrace et un autre sur l'Ister, passa dans la Scythie.
» Alors les Scythes firent mille instances aux Ioniens, à
» qui l'on avait confié la garde du pont de l'Ister, pour
» les engager à le rompre. Si, dans ce temps-là, Histiée,
» tyran de Milet, ne se fût point opposé à l'avis des autres
» tyrans, c'en était fait des Perses et de leur empire. On ne
» peut même entendre sans frémir que la fortune et le
» salut du roi aient dépendu d'un seul homme.

» Ne vous exposez donc point, je vous prie, seigneur,
» à de si grands périls, puisqu'il n'y a point de nécessité.
» Suivez plutôt mes conseils, congédiez maintenant cette
» assemblée, faites de nouvelles réflexions, et, quand vous
» le jugerez à propos, donnez les ordres qui vous paraîtront
» les plus utiles. Je trouve en effet qu'il y a un grand avan-
» tage à ne se déterminer qu'après une mûre délibération.
» Car quand même l'événement ne répondrait pas à notre
» attente, on a du moins la satisfaction qu'on s'est décidé
» avec sagesse, et que c'est la fortune qui a triomphé de
» la prudence. Mais lorsqu'on a suivi des conseils peu
» sages, si la fortune les seconde, nous[1] ne devons nos
» succès qu'au hasard, et la honte, suite de ces mauvais
» conseils, ne nous en reste pas moins.

» Ne voyez-vous pas que le dieu lance sa foudre sur les
» plus grands animaux, et qu'il les fait disparaître, tandis
» que les petits ne lui causent pas même la plus légère
» inquiétude? ne voyez-vous pas qu'elle tombe toujours
» sur les plus grands édifices et sur les arbres les plus
» élevés? car Dieu se plaît à abaisser[2] tout ce qui s'élève
» trop haut. Ainsi une grande armée est souvent taillée en
» pièces par une petite. Dieu, dans sa jalousie, lui envoie

[1] Dans le grec : *vous avez fait une trouvaille.*
[2] Dans le grec : *à mutiler.*

» des terreurs, ou la frappe d'aveuglement, et conséquem-
» ment elle périt d'une manière indigne de sa première
» fortune. Car il ne permet pas qu'un autre que lui s'élève
» et se glorifie. La précipitation produit des fautes qui
» occasionnent des disgrâces éclatantes. Ce qu'on fait, au
» contraire, lentement, procure de grands avantages. Si
» on ne les aperçoit pas sur-le-champ, on les reconnaît du
» moins avec le temps.

» Voilà, seigneur, les conseils que j'ai à vous donner.
» Et vous, Mardonius, fils de Gobryas, cessez de tenir sur
» les Grecs de vains propos; ils ne méritent pas qu'on en
» parle avec mépris. C'est en les calomniant que vous
» excitez le roi à marcher en personne contre ces peuples;
» c'est du moins à quoi me paraissent tendre toutes vos
» vues, tout votre zèle. Au nom des dieux, ne vous per-
» mettez plus la calomnie; c'est le plus odieux des vices :
» c'est une injustice de deux personnes contre une troi-
» sième. Le calomniateur viole toutes les règles de l'équité,
» en ce qu'il accuse un absent. L'autre n'est pas moins
» coupable, en ce qu'il ajoute foi au calomniateur avant
» que d'être bien instruit. Enfin[1] l'absent reçoit une
» double injure, en ce que l'un le dépeint sous de noires
» couleurs, et que l'autre le croit tel qu'on le lui repré-
» sente.

» Mais, s'il faut absolument porter la guerre chez les
» Grecs, que le roi du moins reste en Perse, que nos en-
» fants lui répondent de nos conseils. Quant à vous, Mar-
» donius, prenez avec vous les meilleures troupes, et en
» aussi grand nombre que vous voudrez; mettez-vous à
» leur tête, et, si les affaires du roi prospèrent de la ma-
» nière que vous le dites, qu'on m'ôte la vie à moi et à mes
» enfants. Mais, si elles ont le succès que je prédis, que les
» vôtres éprouvent le même traitement, et vous-même
» aussi, si vous revenez de cette expédition. Si vous ne
» voulez pas accepter cette condition, et que vous soyez
» absolument déterminé à marcher en Grèce, je ne crains
» point d'assurer que quelqu'un de ceux qui seront restés

---

[1] Le grec ajoute : *de la conversation.*

» ici, connaissant la valeur des peuples contre lesquels vous
» conseillez au roi de faire la guerre, apprendra incessam-
» ment que Mardonius, après avoir causé aux Perses quel-
» que grande calamité, aura servi de pâture aux chiens
» et aux oiseaux sur les terres des Athéniens, ou sur cel-
» les des Lacédémoniens, à moins que ce malheur ne lui
» arrive même en chemin, avant que d'être entré en
» Grèce. »

XI. Ce discours mit Xerxès en fureur : « Si vous n'é-
» tiez point, lui répondit-il, frère de mon père, vous rece-
» vriez le salaire que méritent vos discours insensés. Mais
» comme vous êtes un lâche, un homme sans cœur, je
» vous ferai l'affront de ne vous point mener en Grèce, et
» je vous laisserai ici avec les femmes. J'exécuterai, et
» même sans vous, tous mes projets. Qu'on ne me regarde
» plus comme fils de Darius, qui comptait parmi ses an-
» cêtres Hystaspes, Arsamès, Armnès, Teispès, Cyrus,
» Cambyse, Teispès et Achéménès, si je ne me venge pas
» des Athéniens. Je sais bien que si nous nous tenions tran-
» quilles, ils ne s'y tiendraient pas, et que bientôt ils vien-
» draient en armes sur nos terres, comme on peut le
» conjecturer par leurs premières entreprises, par l'incendie
» de Sardes, et par les courses qu'ils ont faites en Asie. Il
» n'est donc plus possible ni aux uns ni aux autres de re-
» culer; la lice est ouverte: il faut que nous les attaquions
» ou qu'ils nous attaquent, que toutes ces contrées passent
» sous la domination des Grecs, ou que la Grèce entière
» passe sous la nôtre. Il n'y a point de milieu, l'inimitié
» des deux nations ne le permet pas. Il est beau de venger
» les injures que ces peuples nous ont faites les premiers,
» afin que j'apprenne quel si grand danger je dois re-
» douter d'une nation que Pélops le Phrygien[1], qui était
» esclave de mes ancêtres, a tellement subjuguée, que le
» pays et ses habitants s'appellent encore aujourd'hui de
» son nom. »

---

[1] Pélops et son père Tantale étaient originaires de Sipyle, petite ville sur les frontières de la Phrygie et de la Lydie. Telle est l'opinion d'Euripide, dans l'*Iphigénie en Aulide*, vers 953. Apollodore dit que Niobé, ayant quitté la ville de Thèbes, vint trouver son père Tantale à Sipyle. (L.)

XII. Tel fut le discours de Xerxès; mais, quand la nuit fut venue, l'avis d'Artabane commençant à l'inquiéter, il y fit de sérieuses réflexions, et comprit enfin qu'il ne lui était pas avantageux d'entreprendre une expédition contre la Grèce. Cette nouvelle résolution prise, il s'endormit, et, comme le disent les Perses, cette même nuit il eut une vision dans laquelle il lui sembla voir un homme d'une grande taille et d'une belle figure se présenter devant lui, et lui tenir ce discours: « Quoi donc, roi de Perse, tu ne
» veux plus porter la guerre en Grèce, après avoir ordonné
» à tes sujets de lever une armée! Tu as tort de changer
» ainsi de résolution, personne ne t'approuvera. Si tu m'en
» crois, tu suivras la route que tu t'étais proposé de tenir
» dans le jour. » Ces paroles achevées, il lui sembla voir disparaître ce fantôme.

XIII. Le jour venu, Xerxès, loin d'avoir égard à ce songe, convoqua les mêmes personnes qu'il avait assemblées la veille, et leur parla en ces termes: « Si vous me voyez
» changer si subitement de résolution, je vous prie de me
» le pardonner. Je ne suis point encore arrivé à ce point
» de prudence où je dois un jour parvenir; d'ailleurs je
» suis continuellement obsédé par ceux qui m'exhortent à
» l'entreprise dont je vous entretins hier. Lorsque j'ai en-
» tendu l'avis d'Artabane, je me suis laissé tout à coup em-
» porter aux saillies d'une bouillante jeunesse, jusqu'à
» parler d'une manière moins convenable que je ne l'aurais
» dû à un homme de son âge. Mais je reconnais maintenant
» ma faute, et je veux suivre son conseil. Demeurez donc
» tranquilles, puisque j'ai changé de résolution et que j'ai
» renoncé à porter la guerre en Grèce. »

XIV. Ravis de ce discours, les Perses se prosternèrent devant le roi. La nuit suivante, le même fantôme se présenta de nouveau à Xerxès pendant son sommeil, et lui parla ainsi : « Fils de Darius, tu as donc renoncé dans l'as-
» semblée des Perses à l'expédition de Grèce, et tu ne
» tiens pas plus de compte de mes discours que si tu ne les
» avais jamais entendus. Mais si tu ne te mets incessam-
» ment en marche, apprends quelles seront les suites de
» ton obstination; de grand et de puissant que tu es de-

» venu en peu de temps, tu deviendras petit en aussi peu
» de temps. »

XV. Effrayé de cette vision, Xerxès s'élance de son lit, mande Artabane. « Artabane, lui dit-il dès qu'il fut arrivé,
» je n'étais pas en mon bon sens, lorsque je répondis à vos
» conseils salutaires par des paroles injurieuses. Mais bien-
» tôt après je m'en repentis, et je reconnus que je devais
» suivre vos avis. Je ne le puis cependant, quelque désir
» que j'en aie. Car, depuis mon changement de résolution
» et mon repentir, un fantôme m'apparaît, et m'en dissuade,
» et même à l'instant il vient de disparaître après m'avoir
» fait de grandes menaces. Si c'est un dieu qui me l'en-
» voie, et qu'il veuille absolument que je porte la guerre
» en Grèce, le même fantôme vous apparaîtra aussi, et
» vous donnera les mêmes ordres qu'à moi. Cela pourra
» bien arriver de la sorte, comme je le conjecture, si vous
» vous revêtez de mes habits royaux, et qu'après vous être
» assis sur mon trône, vous alliez ensuite dormir dans
» mon lit. »

XVI. Ainsi parla Xerxès. Artabane ne se rendit pas d'abord à sa première invitation, parce qu'il ne se croyait pas digne de s'asseoir sur le trône royal. Mais enfin, se voyant pressé par le roi, il exécuta ses ordres après lui avoir tenu ce discours : « Grand roi, il est aussi glorieux, à mon avis,
» de suivre un bon conseil que de bien penser soi-même.
» Vous excellez dans l'un et dans l'autre ; mais la compa-
» gnie des méchants vous fait tort, et l'on peut vous ap-
» pliquer ce qu'on dit de la mer. Rien de plus utile aux
» hommes ; mais le souffle impétueux des vents ne lui per-
» met pas de suivre sa bonté naturelle. Quant à vos dis-
» cours injurieux, j'en ai été moins affligé que de voir
» que, de deux avis dont l'un tendait à augmenter l'inso-
» lence des Perses, et l'autre à la réprimer, en montrant
» combien il est pernicieux d'apprendre aux hommes à ne
» point mettre de bornes à leurs désirs, vous ayez suivi
» celui qui est le plus dangereux, et pour vous-même,
» et pour toute la nation. Mais aujourd'hui qu'après avoir
» embrassé le meilleur parti, vous renoncez à l'expédition
» contre la Grèce, vous dites qu'un songe, envoyé par un

» dieu, vous défend de congédier votre armée. Ces songes
» n'ont rien de divin, mon fils; ils errent de côté et d'au-
» tre, et sont tels que je vais vous l'apprendre, moi qui
» suis beaucoup plus âgé que vous. Les songes proviennent
» ordinairement des objets dont la pensée s'est occupée
» pendant le jour. Or vous savez que, le jour d'auparavant,
» l'expédition contre la Grèce fut fortement agitée dans le
» conseil.

» Au reste, si ce songe n'est pas tel que je l'assure, s'il
» a quelque chose de divin, vous avez tout dit en peu de
» mots, ce fantôme m'apparaîtra, et me donnera les mêmes
» ordres qu'à vous. S'il veut encore se montrer, il ne le
» fera pas moins, soit que j'aie mes habits où les vôtres, et
» je ne le verrai pas plus en reposant dans votre lit que si
» j'étais dans le mien. Car enfin celui qui vous est apparu
» en dormant, quel qu'il puisse être, n'est pas assez sim-
» ple pour s'imaginer, en me voyant avec vos habits, que
» je sois le roi. S'il n'a aucun égard pour moi, s'il ne dai-
» gne pas se montrer, soit que je porte mes habits ou les
» vôtres, mais qu'il aille vous trouver, il faut alors faire
» attention à ses avertissements : car, s'il continue à se pré-
» senter à vous, je conviendrai moi-même qu'il y a là
» quelque chose de divin. Quant à votre résolution, si vous
» y persistez, et que rien ne puisse vous en faire changer,
» j'obéis, et je vais de ce pas coucher dans votre lit. Que
» ce fantôme m'apparaisse alors; mais jusqu'à ce moment
» je persisterai dans mon sentiment. »

XVII. Artabane, ayant ainsi parlé, exécuta les ordres du roi, dans l'espérance de lui prouver que ce songe n'était rien. Il se revêtit des habits de Xerxès, s'assit sur son trône, et se coucha ensuite dans le lit de ce prince. Quand il fut endormi, le même fantôme qu'avait vu Xerxès le vint aussi trouver, et lui adressa ces paroles : « C'est donc
» toi qui détournes Xerxès de son expédition contre la
» Grèce, comme si tu étais chargé de sa conduite. C'est
» toi qui t'opposes aux destins. Mais tu en seras puni et dans
» la suite et pour le présent. Quant à Xerxès, on lui a fait
» voir les malheurs auxquels il est destiné s'il désobéit. »

XVIII. Telles furent les menaces qu'Artabane crut en-

tendre; il lui sembla aussi que ce fantôme [1] voulait lui brûler les yeux avec un fer ardent. A cette vue, il pousse un grand cri, se lève avec précipitation, va trouver Xerxès, et, après lui avoir rapporté sa vision, il lui parle en ces termes : « Comme j'ai déjà vu, seigneur, des puissances
» considérables détruites par d'autres qui leur étaient très-
» inférieures, je vous dissuadais d'autant plus de vous
» abandonner à l'ardeur de votre jeunesse, que je savais
» combien il est dangereux de désirer beaucoup de choses.
» Venant donc à me rappeler quel fut le succès des expé-
» ditions de Cyrus contre les Massagètes, de Cambyse con-
» tre les Éthiopiens, et de Darius contre les Scythes, où
» je me trouvai; sachant cela, je pensais qu'en demeurant
» tranquille vous seriez le plus heureux de tous les hom-
» mes. Mais puisque les dieux vous excitent à cette entre-
» prise, et qu'ils paraissent menacer les Grecs de quelque
» grand malheur, je me rends moi-même et je change
» d'avis. Faites donc part aux Perses du songe que le dieu
» vous a envoyé, faites leur savoir qu'ils aient à continuer
» les préparatifs nécessaires en conséquence des ordres
» précédents. Et vous, seigneur, conduisez-vous avec tant
» de sagesse, qu'avec le secours de dieu vous ne manquiez
» à rien de ce que vous devez faire. »

Ce discours fini, encouragés l'un et l'autre par ce songe, Xerxès le communiqua aux Perses aussitôt que le jour parut, et Artabane, qui lui seul auparavant le détournait de cette expédition, la pressait alors ouvertement.

XIX. Tandis que Xerxès se disposait à marcher, il eut pendant son sommeil une troisième vision. Les mages, à qui il en fit part, jugèrent qu'elle regardait toute la terre, et que tous les hommes lui seraient assujettis. Il lui sembla avoir la tête ceinte du jet d'un olivier, dont les branches couvraient toute la terre, et que peu après cette couronne avait disparu. Aussitôt après cette interprétation des mages, les Perses qui avaient assisté au conseil se

---

[1] Il y a dans le grec : *que ce songe.* Il ne faut pas perdre de vue que ce songe est un être réel, qui parle, qui agit, comme celui que Jupiter envoie à Agamemnon au commencement du second livre de l'*Iliade;* c'est par cette raison que j'ai traduit ce mot par fantôme.

rendirent chacun dans son gouvernement, et exécutèrent avec toute l'ardeur imaginable les ordres du roi, afin de recevoir les récompenses promises.

XX. Ce fut ainsi que Xerxès leva des troupes, et sur le continent il n'y eut point d'endroit à l'abri de ses perquisitions. On employa, après la réduction de l'Égypte, quatre années entières [1] à faire des levées et à amasser des provisions; enfin il se mit en marche dans le courant de la cinquième à la tête de forces immenses. Car, de toutes les expéditions dont nous ayons connaissance, celle-ci fut sans contredit de beaucoup la plus considérable. On ne peut lui comparer ni celle de Darius contre les Scythes, ni celle des Scythes qui, poursuivant les Cimmériens, entrèrent en Médie, et subjuguèrent presque toute l'Asie supérieure, raison qui porta dans la suite Darius à chercher à se venger d'eux. Il faut penser de même de l'expédition des Atrides contre Troie, et de celle des Mysiens et des Teucriens, qui, avant le temps de la guerre de Troie, passèrent le Bosphore pour se jeter dans l'Europe, subjuguèrent tous les Thraces, et, descendant vers la mer Ionienne, s'avancèrent jusqu'au Pénée, qui coule vers le midi.

XXI. Ces expéditions et toutes celles dont je n'ai point parlé ne peuvent être mises en parallèle avec celle-ci. En effet, quelle nation de l'Asie Xerxès ne mena-t-il pas contre la Grèce? quelles rivières ne furent pas épuisées, si l'on en excepte les grands fleuves? Parmi ces peuples, les uns fournirent des vaisseaux, les autres de l'infanterie, d'autres de la cavalerie : ceux-ci des vaisseaux de transport pour les chevaux et des troupes, ceux-là des vaisseaux longs

---

[1] Darius fut trois ans à faire les préparatifs nécessaires pour la guerre de Grèce; la quatrième année, l'Égypte se révolta, et ce prince mourut l'année suivante, qui était la cinquième année depuis la bataille de Marathon. Xerxès employa quatre ans aux préparatifs qu'il fit, et dans le courant de la cinquième année il se mit en chemin. Enfin, après une marche très-longue, il arriva à Sardes, où il séjourna pendant l'hiver. Au commencement du printemps, il passa à Abydos, et de là en Grèce. Il s'ensuit de ce calcul que Xerxès ne passa en Grèce que la onzième année après la bataille de Marathon. Cela s'accorde bien avec ce que dit Thucydide, que ce prince entreprit son expédition la dixième année après cette bataille. (WESSELING.)

pour servir à la construction des ponts ; d'autres enfin donnèrent des vivres et des vaisseaux pour les transporter. On avait fait aussi des préparatifs environ trois ans d'avance pour le mont Athos, parce que dans la première expédition la flotte des Perses avait essuyé une perte considérable en doublant cette montagne. Il y avait des trirèmes à la rade d'Éléonte dans la Chersonèse. De là partaient des détachements de tous les corps de l'armée, que l'on contraignait à coups de fouet [1] de percer le mont Athos, et qui se succédaient les uns aux autres. Les habitants de cette montagne aidaient aussi à la percer. Bubarès, fils de Mégabyse, et Artachéès, fils d'Artée, tous deux Perses de nation, présidaient à cet ouvrage.

XXII. L'Athos est une montagne vaste, célèbre et peuplée, qui avance dans la mer, et se termine du côté du continent en forme de péninsule, dont l'isthme a environ douze stades. Ce lieu consiste en une plaine avec de petites collines qui vont de la mer des Acanthiens jusqu'à celle de Torone, qui est vis-à-vis. Dans cet isthme, où se termine le mont Athos, est une ville grecque nommée Sané. En deçà de Sané, et dans l'enceinte de cette montagne, on trouve les villes de Dium, d'Olophyxos, d'Acrothoon, de Thyssos et de Cléones. Le roi de Perse entreprit alors de les séparer du continent.

XXIII. Voici comment on perça cette montagne. On aligna au cordeau le terrain près de la ville de Sané, et les barbares se le partagèrent par nations. Lorsque le canal se trouva à une certaine profondeur, ceux qui étaient au fond continuaient à creuser, les autres remettaient la terre à ceux qui étaient sur des échelles. Ceux-ci se la passaient de main en main, jusqu'à ce qu'on fût venu à ceux qui étaient tout au haut du canal ; alors ces derniers la transportaient et la jetaient ailleurs. Les bords du canal s'éboulèrent, excepté dans la partie confiée aux Phéniciens, et donnèrent aux travailleurs une double peine. Cela devait arriver nécessairement, parce que le canal était sans talus,

---

[1] Telle était la discipline militaire chez les Perses, dont on voit plusieurs autres exemples dans Hérodote et dans Xénophon. Un soldat ainsi traité ne pouvait être sensible à l'honneur. (L.)

et aussi large par haut que par bas. Si les Phéniciens ont fait paraître du talent dans tous leurs ouvrages, ce fut surtout en cette occasion. Pour creuser la partie qui leur était échue, ils donnèrent à l'ouverture une fois plus de largeur que le canal ne devait en avoir, et, à mesure que l'ouvrage avançait, ils allaient toujours en étrécissant, de sorte que le fond se trouva égal à l'ouvrage des autres nations. Il y avait en ce lieu une prairie, dont ils firent leur place publique et leur marché, et où l'on transportait de l'Asie une grande quantité de farine.

XXIV. Xerxès, comme je le pense sur de forts indices, fit percer le mont Athos[1] par orgueil, pour faire montre de sa puissance, et pour en laisser un monument. On aurait pu, sans aucune peine, transporter les vaisseaux d'une mer à l'autre par-dessus l'isthme; mais il aima mieux faire creuser un canal de communication avec la mer, qui fût assez large pour que deux trirèmes pussent y voguer de front. Les troupes chargées de creuser ce canal avaient aussi ordre de construire des ponts sur le Strymon.

XXV. Ce prince fit préparer pour ces ponts des cordages de lin et d'écorce de byblos, et l'on commanda de sa part aux Phéniciens et aux Égyptiens d'apporter des vivres pour l'armée, afin que les troupes et les bêtes de charge qu'il menait en Grèce ne souffrissent point de la faim. S'étant fait instruire de la situation des pays, il avait ordonné de transporter de toutes les parties de l'Asie des farines sur des vaisseaux de charge et propres à faire la traversée, et de les déposer dans les lieux les plus commodes, partie en un endroit, et partie en d'autres. La plupart de ces farines furent portées sur la côte de Thrace appelée Leucé Acté; on en envoya à Tyrodyze sur les terres des

---

[1] Xerxès, s'il faut en croire Plutarque, écrivit au mont Athos une lettre pleine d'extravagance, que voici : « Divin Athos, qui portes ta cime jusqu'au ciel, ne va pas opposer à mes travailleurs de grandes pierres difficiles à travailler, autrement je te ferai couper et précipiter dans la mer. » On commença à creuser le canal un peu au-dessus de Sané, de sorte que cette ville était renfermée elle-même dans l'île, qui, avant les travaux entrepris par les ordres de Xerxès, était une péninsule. Thucydide le dit positivement (*Voyez* liv. IV, § 109.)

Périnthiens, à Dorisque, à Éion sur le Strymon, et enfin en Macédoine.

XXVI. Tandis qu'on était occupé de ces travaux, Xerxès partit avec toute son armée de terre de Critales en Cappadoce, où s'étaient rendues, suivant ses ordres, toutes les troupes qui devaient l'accompagner par terre, et se mit en marche pour Sardes. Quel fut le général qui reçut la récompense promise par le roi à celui qui amènerait les plus belles troupes? je ne puis le dire, et même j'ignore absolument s'il en fut question. Les Perses, ayant passé l'Halys, entrèrent en Phrygie. Ils traversèrent ce pays, et arrivèrent à Célènes, où sont les sources du Méandre, et celles d'une autre rivière qui n'est pas moins grande que le Méandre, et que l'on appelle Catarractès. Le Catarractès prend sa source dans la place publique même de Célènes, et se jette dans le Méandre. On voit dans la citadelle la peau du Silène Marsyas[1]; elle y fut suspendue par Apollon en forme d'outre, à ce que disent les Phrygiens, après que ce dieu l'eut écorché.

XXVII. Pythius, fils d'Atys, Lydien de nation, demeurait en cette ville. Il reçut Xerxès et toute son armée avec la plus grande magnificence, et lui offrit de l'argent pour les frais de la guerre. Là-dessus le roi demanda aux Perses qui étaient présents quel était ce Pythius, et quelles étaient ses richesses pour faire de pareilles offres. « Seigneur, lui dirent-ils, c'est celui-là même qui fit présent à Darius votre père du plane et de la vigne d'or[2]. C'est,

---

[1] Hyagnis, Phrygien, inventa à Célènes la flûte. Il fleurissait en même temps qu'Érichthonius, roi d'Athènes, l'an 1506 avant notre ère. Marsyas son fils lui succéda dans l'art de jouer de cet instrument. Il le perfectionna, et, fier de sa découverte, il entra en lice avec Apollon et fut vaincu. Ce dieu l'écorcha. (Diodore de Sicile, liv. III.)

[2] Cette vigne fut dans la suite enlevée de la citadelle de Suses par Antigonus, la première année de la cent seizième olympiade, trois cent seize ans avant notre ère, et environ cent soixante-cinq ans après l'entrevue de Xerxès avec Pythius. Quant au plane d'or, ce n'était pas quelque chose de si merveilleux. Il était si petit, selon Antiochus, qu'il ne pouvait donner de l'ombre à une cigale. Mais il faut faire attention que cet Antiochus était député des Arcadiens auprès du grand roi, et que, piqué du peu de cas que ce prince avait fait paraître pour sa nation, il tâche de le rabaisser, et qu'ainsi il n'est pas croyable.

» après vous, l'homme le plus riche dont nous ayons au-
» jourd'hui connaissance. »

XXVIII. Surpris de ces dernières paroles, Xerxès demanda ensuite lui-même à Pythius quelles étaient ses richesses. « Je ne prétexterai point, grand roi, que j'en
» ignore le compte ; je vais vous le dire sans rien déguiser.
» Car aussitôt que j'eus appris que vous veniez vers la mer
» grecque, comme j'avais dessein de vous donner de l'ar-
» gent pour la guerre, je trouvai, par le calcul que j'en
» fis, que j'avais deux mille talents en argent[1], et en or
» quatre millions de statères dariques moins sept mille. Je
» vous fais présent de ces richesses, et ne me réserve que
» mes esclaves et mes terres, qui fournissent suffisamment
» à ma subsistance. »

XXIX. Xerxès, ravi de ces offres, lui dit : « Mon hôte,
» depuis mon départ de Perse, je n'ai encore rencontré
» personne qui ait voulu exercer l'hospitalité envers mon
» armée, ou qui soit venu de lui-même m'offrir ses biens
» pour contribuer aux frais de la guerre. Non content de
» recevoir mon armée avec la plus grande magnificence,
» vous me faites encore les offres les plus généreuses. Re-
» cevez donc en échange mon amitié ; et, pour qu'il ne
» manque rien à vos quatre millions, je vous donne les
» sept mille statères[2] que vous n'avez pas, et votre compte
» sera complet. Jouissez donc vous seul du bien que vous
» avez acquis, et ayez soin d'être toujours tel que vous vous
» êtes montré ; car, tant que vous en agirez de la sorte,
» vous ne vous en repentirez ni pour le présent ni pour
» l'avenir. »

XXX. Ce prince exécuta sa promesse, et se remit en marche. Il passa près d'Anaua, ville de Phrygie, et près d'un étang d'où l'on tire du sel, et arriva à Colosses, grande ville de Phrygie. Le Lycus y disparaît et se précipite dans un gouffre, d'où il sort environ à cinq stades de

---

[1] Le talent vaut 5,400 livres ; les 2,000 talents valent par conséquent 10,800,000 livres, les 4.000,000 de statères d'or équivalent à 14,000 talents en argent, c'est-à-dire à 75,600,000 livres. Ainsi le total des richesses de Pythius montait à 86,400,000 livres. (L.)

[2] 12,600 livres de notre monnaie.

cette ville pour se jeter ensuite dans le Méandre. L'armée, étant partie de Colosses, arriva à Cydrara, sur les frontières de la Phrygie et de la Lydie, où une inscription gravée sur une colonne érigée par ordre de Crésus indiquait les bornes des deux pays.

XXXI. Au sortir de la Phrygie, il entra en Lydie. Dans cet endroit le chemin se partage en deux : l'un, à gauche, mène en Carie ; l'autre, à droite, conduit à Sardes. Quand on prend celui-ci, il faut nécessairement traverser le Méandre et passer le long de la ville de Callatébos, où des confiseurs font du miel avec du myrica[1] et du blé. En suivant cette route, Xerxès trouva un plane qui lui parut si beau, qu'il le fit orner de colliers et de bracelets d'or, et qu'il en confia la garde à un Immortel. Enfin le deuxième jour il arriva à la ville capitale des Lydiens.

XXXII. A peine fut-il arrivé à Sardes, qu'il envoya des hérauts dans la Grèce, excepté à Athènes et à Lacédémone, pour demander la terre et l'eau et pour ordonner que dans toutes les villes on eût soin de lui préparer des repas. Il les envoya sommer cette seconde fois de lui donner la terre et l'eau, parce qu'il pensait que ceux qui les avaient autrefois refusées à Darius, effrayés de sa marche, ne manqueraient pas de les lui offrir. Ce fut pour être instruit exactement de leurs intentions qu'il fit partir ces hérauts.

XXXIII. Pendant qu'il se disposait à partir pour Abydos, on travaillait à construire le pont sur l'Hellespont, afin de passer d'Asie en Europe. Dans la Chersonèse de l'Hellespont, entre les villes de Sestos et de Madytos, est une côte fort rude, qui s'avance dans la mer vis-à-vis d'Abydos. Ce fut en ce lieu que Xanthippe, fils d'Ariphron, général des Athéniens, prit, peu de temps après, Artayctès, Perse de nation et gouverneur de Sestos. On le mit en croix, parce qu'il avait mené des femmes dans le temple de Protésilas à Éléonte, et qu'il en avait joui dans le lieu saint, action détestable et condamnée par toutes les lois.

XXXIV. Ceux que le roi avait chargés de ces ponts les

---

[1] Le myrica des anciens est certainement notre tamarix, plante qui croît spontanément en France, en Italie, en Espagne et dans le Levant. (Miot.)

commencèrent du côté d'Abydos, et les continuèrent jusqu'à cette côte, les Phéniciens en attachant des vaisseaux avec des cordages de lin, et les Égyptiens en se servant pour le même effet de cordages d'écorce de byblos. Or, depuis Abydos jusqu'à la côte opposée, il y a un trajet de sept stades. Ces ponts achevés, il s'éleva une affreuse tempête qui rompit les cordages et brisa les vaisseaux.

XXXV. A cette nouvelle, Xerxès, indigné, fit donner, dans sa colère, trois cents coups de fouet à l'Hellespont, et y fit jeter une paire de ceps. J'ai ouï dire qu'il avait aussi envoyé avec les exécuteurs de cet ordre des gens pour en marquer les eaux d'un fer ardent [1]. Mais il est certain qu'il commanda qu'en les frappant à coups de fouet, on leur tînt ce discours barbare et insensé : « Eau amère et » salée, ton maître te punit ainsi parce que tu l'as offensé » sans qu'il t'en ait donné sujet. Le roi Xerxès te passera » de force ou de gré. C'est avec raison que personne ne » t'offre des sacrifices, puisque tu es un fleuve [2] trompeur » et salé. » Il fit ainsi châtier la mer, et l'on coupa par son ordre la tête à ceux qui avaient présidé à la construction des ponts.

XXXVI. Ceux qu'il avait chargés de cet ordre barbare

---

[1] Les traits avec lesquels les historiens grecs nous représentent Xerxès paraissent bien chargés. Je suis persuadé qu'ils ont prêté à ce prince une conduite si extravagante, à cause de la haine que leur avait inspirée l'expédition qu'il fit contre eux. On connaît d'ailleurs ce mot de Juvénal, *Græcia mendax*. Si l'on avait l'histoire de Perse écrite par les Perses mêmes, on pourrait reconnaître la vérité, même à travers les déguisements dont ils auraient tâché de l'envelopper. (L.)

[2] Il paraît fort étrange qu'Hérodote donne à l'Hellespont le nom de fleuve ; mais on peut en voir la raison dans le passage suivant de Wood : « Quand je naviguais dans la mer Égée, dans l'Hellespont, nous étions obligés de faire route contre un courant vif et constant, lequel, sans l'assistance d'un vent du nord, fait ordinairement trois nœuds par heure. Nous étions en même temps enfermés de tous côtés par les terres. Rien ne s'offrait à notre vue que des scènes champêtres, et tous les objets nous présentaient l'idée d'une belle rivière qui traverse un pays. Dans cette situation, je pouvais à peine me persuader que j'étais en mer, et il était tout aussi naturel de parler de la grande largeur comparative de l'Hellespont, que de faire mention de son embouchure, de son courant agréable, de ses bords couverts de bois, et de toutes les autres circonstances qui n'appartiennent qu'aux rivières. (Wood, *Description de la Troade*, p. 300.)

l'ayant exécuté, il employa d'autres entrepreneurs à ce même ouvrage. Voici comment ils s'y prirent. Ils attachèrent ensemble trois cent soixante vaisseaux de cinquante rames et des trirèmes, et de l'autre côté trois cent quatorze. Les premiers présentaient le flanc au Pont-Euxin, et les autres, du côté de l'Hellespont, répondaient au courant de l'eau, afin de tenir les cordages encore plus tendus. Les vaisseaux ainsi disposés, ils jetèrent de grosses ancres, partie du côté du Pont-Euxin pour résister aux vents qui soufflent de cette mer, partie du côté de l'occident et de la mer Égée, à cause des vents qui viennent du sud et du sud-est. Ils laissèrent aussi en trois endroits différents un passage libre entre les vaisseaux à cinquante rames pour les petits bâtiments qui voudraient entrer dans le Pont-Euxin ou en sortir.

Ce travail fini, on tendit les câbles avec des machines de bois qui étaient à terre. On ne se servit pas de cordages simples, comme on avait fait la première fois, mais on les entortilla, ceux de lin blanc deux à deux, et ceux d'écorce de byblos quatre à quatre. Ces câbles étaient également beaux et d'une égale épaisseur, mais ceux de lin étaient à proportion plus forts, et chaque coudée pesait un talent [1]. Le pont achevé, on scia de grosses pièces de bois suivant la largeur du pont, et on les plaça l'une à côté de l'autre dessus les câbles qui étaient bien tendus. On les joignit ensuite ensemble, et lorsque cela fut fait, on posa dessus des planches bien jointes les unes avec les autres, et puis on les couvrit de terre qu'on aplanit. Tout étant fini, on pratiqua de chaque côté une barrière, de crainte que les chevaux et autres bêtes de charge ne fussent effrayés en voyant la mer.

XXXVII. Les ponts achevés, ainsi que les digues qu'on avait faites aux embouchures du canal du mont Athos, afin d'empêcher le flux d'en combler l'entrée, le canal même étant tout à fait fini, on en porta la nouvelle à Sardes, et Xerxès se mit en marche. Il partit au commencement du printemps de cette ville, où il avait passé l'hiver, et prit

---

[1] 51 livres 6 onces 7 gros 24 grains.

la route d'Abydos avec son armée qui était en bon ordre. Tandis qu'il était en route, le soleil, quittant la place qu'il occupait dans le ciel, disparut, quoiqu'il n'y eût point alors de nuages et que l'air fût très-serein, et la nuit prit la place du jour. Xerxès, inquiet de ce prodige, consulta les mages sur ce qu'il pouvait signifier. Les mages lui répondirent que le dieu présageait aux Grecs la ruine de leurs villes, parce que le soleil annonçait l'avenir à cette nation, et la lune à la leur. Xerxès, charmé de cette réponse, se remit en marche.

XXXVIII. Tandis qu'il continuait sa route avec son armée, le Lydien Pythius, effrayé du prodige qui avait paru dans le ciel, vint le trouver. Les présents qu'il avait faits à ce prince et ceux qu'il en avait reçus l'ayant enhardi, il lui parla ainsi : « Seigneur, je souhaiterais une grâce ;
» daignerez-vous me l'accorder? c'est peu pour vous, c'est
» beaucoup pour moi. » Xerxès, s'attendant à des demandes bien différentes de celles qu'il lui fit, lui promit de lui tout accorder, et lui ordonna de dire ce qu'il souhaitait. Alors Pythius, plein de confiance, lui répondit : « Grand
» roi, j'ai cinq fils. Les conjonctures présentes les obligent
» à vous accompagner tous dans votre expédition contre la
» Grèce. Mais, seigneur, ayez pitié de mon grand âge.
» Exemptez seulement l'aîné de mes fils de servir dans
» cette guerre, afin qu'il ait soin de moi, et qu'il prenne
» l'administration de mon bien. Quant aux quatre autres,
» menez-les avec vous, et puissiez-vous revenir dans peu,
» après avoir réussi selon vos désirs. »

XXXIX. « Méchant que tu es, lui répondit Xerxès indigné, je marche moi-même contre la Grèce, et je mène
» à cette expédition mes enfants, mes frères, mes proches,
» mes amis, et tu oses me parler de ton fils, toi qui es
» mon esclave, et qui aurais dû me suivre avec ta femme
» et toute ta maison? Apprends aujourd'hui que l'esprit
» de l'homme réside dans ses oreilles. Quand il entend des
» choses agréables, il s'en réjouit, et sa joie se répand dans
» tout le corps; mais, lorsqu'il en entend de contraires, il
» s'irrite. Si tu t'es d'abord bien conduit, si tes promesses
» n'ont pas été moins belles, tu ne pourras pas cependant

» te vanter d'avoir surpassé un roi en libéralité. Ainsi,
» quoique aujourd'hui tu portes l'impudence à son com-
» ble, tu ne recevras pas le salaire qui t'est dû, et je te
» traiterai moins rigoureusement que tu ne le mérites. Ta
» générosité à mon égard te sauve la vie à toi et à quatre
» de tes fils; mais je te punirai par la perte de celui-là seul
» que tu aimes uniquement. » Après avoir fait cette réponse, il commanda sur-le-champ à ceux qui étaient chargés de pareils ordres de chercher l'aîné des fils de Pythius, de le couper en deux par le milieu du corps, et d'en mettre une moitié à la droite du chemin par où devait passer l'armée, et l'autre moitié à la gauche.

XL. Les ordres du roi exécutés, l'armée passa entre les deux parties de ce corps ; le bagage et les bêtes de charge les premiers, suivis de troupes de toutes sortes de nations, pêle-mêle, sans distinction, et faisant plus de la moitié de l'armée. Elles ne se trouvaient pas avec le corps d'armée où était le roi ; un intervalle considérable les en séparait. A la tête de celui-ci étaient mille cavaliers choisis entre tous les Perses, suivis de mille hommes de pied armés de piques, la pointe en bas; troupe d'élite, comme la précédente. Venaient ensuite dix chevaux sacrés niséens, avec des harnois superbes. On leur donne le nom de niséens parce qu'ils viennent de la vaste plaine Niséenne en Médie [1] qui en produit de grands. Derrière ces dix chevaux paraissait le char sacré de Jupiter, traîné par huit chevaux blancs, et derrière ceux ci marchait à pied un conducteur qui tenait les rênes : car il n'est permis à personne de monter sur ce siége. On voyait ensuite Xerxès sur un char [2] attelé de chevaux niséens. Le conducteur allait à côté; il était Perse, et s'appelait Patiramphès, fils d'Otanes.

XLI. Xerxès partit ainsi de Sardes, et, selon son goût [3],

---

[1] Il y avait dans cette plaine de superbes haras de cent cinquante mille chevaux. Alexandre eut, à son retour de l'Inde, la curiosité de les aller voir. Il n'y en avait plus alors que cinquante mille, les autres ayant été enlevés par des brigands. (L.)

[2] *Voyez* Brisson, *De regno Persarum*, lib. 1, § cxxii, p. 174, etc.; lib. iii, § xxix, p. 667, etc.

[3] *Voyez* livre ii, § xxxiii.

il passait de ce char sur un harmamaxe [1]. Il était suivi de mille hommes armés de piques, la pointe en haut, suivant l'usage. C'étaient les plus nobles et les plus braves d'entre les Perses. Après eux marchaient mille cavaliers d'élite, suivis de dix mille hommes de pied, choisis parmi le reste des Perses. De ces dix mille hommes, il y en avait mille qui avaient des grenades d'or à la place de la pointe par où l'on enfonce la pique en terre. Ils renfermaient au milieu d'eux les neuf mille autres; ceux-ci portaient à l'extrémité [2] de leurs piques des grenades d'argent. Ceux qui marchaient la pique baissée en avaient aussi d'or; mais ceux qui venaient immédiatement après Xerxès portaient des pommes d'or. Ces dix mille hommes étaient suivis de dix mille Perses à cheval. Entre ce corps de cavalerie et le reste des troupes qui marchaient pêle-mêle et sans observer aucun ordre, il y avait un intervalle de deux stades.

XLII. Au sortir de la Lydie, l'armée fit route vers le Caïque, entra en Mysie, et, laissant ensuite à main gauche le mont Cané, elle alla du Caïque par l'Atarnée à la ville de Carène. De cette ville, elle prit sa marche par la plaine de Thèbes, passa près d'Adramyttium et d'Antandros, ville pélasgique, d'où, laissant à gauche le mont Ida, elle pénétra dans la Troade. L'armée campa la nuit au pied de cette montagne. Il survint un grand orage accompagné de tonnerre et d'éclairs si affreux, qu'il périt en cet endroit beaucoup de monde. De là, l'armée vint camper sur les bords du Scamandre. Ce fut la première rivière, depuis le départ de Sardes, qui fut mise à sec, et dont l'eau ne put suffire aux hommes et aux bêtes de charge.

XLIII. Dès que Xerxès fut arrivé sur les bords de cette rivière, il monta à Pergame de Priam [3], qu'il désirait fort de voir. Lorsqu'il l'eut examinée, et qu'il en eut appris toutes les particularités, il immola mille bœufs à Minerve

---

[1] Cette sorte de voiture était commode et particulière aux femmes. Il en est parlé dans l'Histoire des amours de Chéréas et de Callirrhoé.

[2] L'extrémité de la pique qui pose à terre.

[3] Pergame était le nom de la citadelle de Troie. Hérodote ajoute de Priam pour distinguer cette citadelle de la ville de Pergame en Mysie, qui fut depuis la capitale d'un royaume, et de Pergame ville des Pières (L.)

de Troie, et les mages firent des libations à l'honneur des héros du pays. Ces choses achevées, une terreur *panique* se répandit dans le camp la nuit suivante. Le roi partit de là à la pointe du jour, ayant à sa gauche les villes de Rhœtium, d'Ophrynium et de Dardanus, qui est voisine de celle d'Abydos, et à sa droite les Gergithes-Teucriens.

XLIV. Lorsqu'on fut arrivé à Abydos, Xerxès voulut voir toutes ses troupes. On lui avait élevé sur un tertre un tribunal de marbre blanc [2], suivant les ordres que les Abydéniens en avaient reçus auparavant. De là, portant ses regards sur le rivage, il contempla ses armées de terre et de mer. Après avoir joui de ce spectacle, il souhaita voir un combat naval. On lui donna cette satisfaction. Les Phéniciens de Sidon remportèrent la victoire. Xerxès prit beaucoup de plaisir à ce combat, et son armée ne lui en fit pas moins.

XLV. En voyant l'Hellespont couvert de vaisseaux, le rivage entier et les plaines d'Abydos remplis de gens de guerre, il se félicita lui-même sur son bonheur; mais peu après il versa des larmes.

XLVI. Artabane, son oncle paternel, qui d'abord lui avait parlé librement sur la guerre de Grèce, et qui avait voulu l'en dissuader, s'étant aperçu de ses pleurs, lui tint ce discours : « Seigneur, votre conduite actuelle est bien
» différente de celle que vous teniez peu auparavant. Vous
» vous regardiez comme heureux, et maintenant vous ver-
» sez des larmes. — Lorsque je réfléchis, répondit Xerxès,
» sur la brièveté de la vie humaine, et que de tant de mil-
» liers d'hommes il n'en restera pas un seul dans cent ans,
» je suis ému de compassion. — Nous éprouvons, dit Ar-
» tabane, dans le cours de notre vie, des choses bien plus
» tristes que la mort même. Car, malgré sa brièveté, il n'y
» a point d'homme si heureux, soit parmi cette multitude,

---

[1]. Minerve *Iliade* dans le grec. Elle avait son temple dans la citadelle comme on le voit dans Homère. Elle était en grande vénération dans le pays. Alexandre le Grand, étant allé à Troie, lui fit des sacrifices. (L.)

[2] On avait placé sur ce tertre, ou colline, des sièges pour les seigneurs qui devaient accompagner Xerxès, et un autre beaucoup plus élevé, de marbre blanc, destiné au roi. C'est ce que signifie proprement προέξεδρη ; ce que ma traduction ne fait pas assez sentir. (L.)

» soit dans tout l'univers, à qui il ne vienne dans l'esprit,
» je ne dis pas une fois, mais souvent, de souhaiter de
» mourir. Les malheurs qui surviennent, les maladies
» qui nous troublent, font paraître la vie bien longue, quel-
» que courte qu'elle soit. Dans une existence si malheu-
» reuse, l'homme soupire après la mort, et la regarde
» comme un port assuré. En assaisonnant notre vie de
» quelques plaisirs, le dieu fait bien voir sa jalousie.

XLVII. » — Artabane, reprit Xerxès, la vie de l'homme
» est telle que vous la présentez. Mais finissons un entre-
» tien si triste, lorsque nous avons devant nous tant de
» choses agréables. Dites-moi, je vous prie, si la vision que
» vous avez eue n'eût point été si claire, persisteriez-vous
» dans votre ancien sentiment? me dissuaderiez-vous en-
» core de porter la guerre en Grèce, ou changeriez-vous
» d'avis? parlez sans rien déguiser. — Seigneur, dit Arta-
» bane, puisse la vision que nous avons eue avoir l'heu-
» reux accomplissement que nous désirons l'un et l'autre!
» Mais encore à présent je suis extrêmement effrayé, et je
» ne me sens pas maître de moi-même, lorsque entre autres
» choses sur lesquelles je réfléchis j'en vois deux de la plus
» grande conséquence qui vous sont contraires.

XLVIII. » — Quelles sont donc ces deux choses, reprit
» Xerxès, qui, à votre avis, me sont si contraires? Peut-on
» reprocher à l'armée de terre de n'être point assez nom-
» breuse, et croyez-vous que les Grecs puissent nous en
» opposer une plus forte? trouvez-vous notre flotte infé-
» rieure à la leur? serait-ce enfin l'une et l'autre? Si nos
» armées vous paraissent trop peu considérables, on peut
» faire au plus tôt de nouvelles levées.

XLIX. » — Seigneur, reprit Artabane, il n'y a point
» d'homme, du moins en son bon sens, qui puisse repro-
» cher à vos armées de terre et de mer de n'être point
» assez nombreuses. Si vous faites de nouvelles levées, les
» deux choses dont je parle vous seront encore beaucoup
» plus contraires. Ces deux choses sont la terre et la mer.
» En effet, s'il s'élève une tempête, il n'y a point, comme
» je le conjecture, de port au monde assez vaste pour con-
» tenir votre flotte, et pour la mettre en sûreté. Mais il ne

» suffit pas qu'il y ait un seul port, il faut encore qu'il y
» en ait de pareils dans tous les pays où vous irez. Or,
» comme vous n'avez point de ports commodes, sachez,
» seigneur, que nous sommes à la merci des événements
» fortuits, et que nous ne leur commandons point.

» Voilà donc une des deux choses qui vous sont enne-
» mies. Passons à l'autre. La terre ne vous le sera pas
» moins que la mer ; en voici la preuve. Si rien ne s'op-
» pose à vos conquêtes, elle vous sera d'autant plus con-
» traire que vous irez plus en avant, et que vous avancerez
» toujours insensiblement et sans vous en apercevoir. Car
» les hommes ne sont jamais rassasiés d'heureux succès.
» Ainsi, quand même vous ne trouveriez point d'obstacle
» à vos conquêtes, leur étendue et le temps qu'il vous y
» faudra employer amèneront la famine. Le sage craint
» dans ses délibérations, et réfléchit sur tous les événe-
» ments, fâcheux qui peuvent survenir ; mais, dans l'exé-
» cution, il est hardi et intrépide.

L. » — Artabane, reprit Xerxès, ce que vous venez de
» dire est vraisemblable. Mais il ne faut ni tout craindre,
» ni tout examiner avec une égale circonspection. Si, dans
» toutes les affaires qui se succèdent les unes aux autres,
» on délibérait avec le même scrupule, on n'exécuterait
» jamais rien. Il vaut mieux, en entreprenant tout avec
» hardiesse, éprouver la moitié des maux qui surviennent
» à la suite de pareilles entreprises, que de s'exposer à
» aucun, en se laissant enchaîner par des frayeurs préma-
» turées. Si vous combattez toutes les opinions, sans pro-
» poser en la place quelque chose de certain, vous échouerez
» comme celui qui a été d'un avis contraire au vôtre, et
» en cela les choses vont de pair. Or je pense qu'un homme
» ne peut jamais avoir de connaissances certaines. Les
» gens hardis réussissent ordinairement ; tandis que ceux
» qui agissent avec trop de lenteur et de circonspection,
» sont rarement couronnés par le succès. A quel degré de
» puissance les Perses ne sont-ils pas parvenus ! Si les rois
» mes devanciers avaient pensé comme vous, ou si, sans
» être de votre avis, ils avaient eu des conseillers tels que
» vous, on ne verrait point ce peuple élevé à ce haut point

» de gloire. C'est en se précipitant dans les dangers qu'ils
» ont agrandi leur empire. Car on ne réussit ordinairement
» dans les grandes entreprises qu'en courant de grands
» dangers. Jaloux de leur ressembler, nous nous sommes
» mis en campagne dans la plus belle saison de l'année ;
» et, après avoir subjugué l'Europe entière, nous retour-
» nerons en Perse sans avoir éprouvé nulle part ni la
» famine ni rien autre chose de fâcheux. Nous avons en
» effet avec nous beaucoup de vivres, et toutes les nations
» où nous allons porter les armes cultivant la terre, et
» n'étant point nomades, nous trouverons dans leur pays
» du blé que nous pourrons nous approprier.

LI. » — Puisque vous ne nous permettez pas, seigneur,
» reprit alors Artabane, de rien craindre, recevez du moins
» favorablement le conseil que je vais vous donner. Quand
» on a beaucoup à discuter, on est forcé d'étendre son dis-
» cours.

» Cyrus, fils de Cambyse, subjugua toute l'Ionie, excepté
» Athènes, et la rendit tributaire des Perses. Je vous con-
» seille donc de ne pas mener les Ioniens contre leurs
» pères. Nous n'en avons pas besoin pour être supérieurs
» aux ennemis. S'ils nous accompagnent, il faut qu'ils
» soient ou les plus injustes de tous les hommes, en con-
» tribuant à mettre sous le joug leur métropole, ou les plus
» justes, en l'aidant à défendre sa liberté. Leur injustice
» ne peut pas nous être d'un grand avantage, mais leur
» justice peut nous porter un grand préjudice. Réfléchissez
» donc, seigneur, sur la justesse de ce mot ancien : En com-
» mençant une entreprise, on ne voit pas toujours quelle
» en sera l'issue.

LII. » — Artabane, reprit Xerxès, vous vous trompez
» dans vos avis, et surtout en craignant le changement des
» Ioniens. Nous avons des preuves de leur fidélité[1]. Vous-
» même vous en avez été témoin, et tous ceux qui se sont
» trouvés à l'expédition de Darius contre les Scythes. Il
» dépendait d'eux de sauver l'armée ou de la faire périr,
» et cependant ils se sont montrés justes envers nous, et

[1] Il est bien étonnant que Xerxès ne se soit pas rappelé leur révolte sous Darius.

» nous ont gardé la foi sans nous causer aucun mal. D'ail-
» leurs je ne dois craindre aucune entreprise de la part
» d'un peuple qui m'a laissé pour gages, dans mes États,
» ses biens, ses femmes et ses enfants. Soyez donc tran-
» quille, prenez courage ; veillez à la conservation de ma
» maison et de mon empire ; c'est à vous, à vous seul que
» je confie mon sceptre et ma couronne. »

LIII. Après ce discours, Xerxès renvoya Artabane à Suses, et manda près de lui les plus illustres d'entre les Perses. Lorsqu'ils furent assemblés, il leur parla ainsi : « Perses, je vous ai convoqués pour vous exhorter à vous
» conduire en gens de cœur, et à ne point ternir l'éclat
» des exploits à jamais mémorables de nos ancêtres. Que
» tous en général, que chacun de vous en particulier
» montre une égale ardeur. Travaillez avec zèle à l'in-
» térêt commun. Cette expédition est de la dernière
» conséquence. Occupez-vous-en fortement ; je vous le
» recommande avec d'autant plus de raison, que nous
» marchons, à ce que j'apprends, contre des peuples bel-
» liqueux. Si nous les battons, nous ne trouverons point
» ailleurs de résistance. Passons donc actuellement en
» Europe, après avoir adressé nos prières aux dieux tuté-
» laires de la Perse. »

LIV. Ce même jour les Perses se préparèrent à passer. Le lendeman, ils attendirent quelque temps pour voir lever le soleil. En attendant qu'il se levât, ils brûlèrent sur le pont toutes sortes de parfums, et le chemin fut jonché de myrte. Dès qu'il parut, Xerxès fit avec une coupe d'or des libations dans la mer, et pria le soleil de détourner les accidents qui pourraient l'empêcher de subjuguer l'Europe avant que d'être arrivé à ses extrémités. Sa prière finie, il jeta la coupe dans l'Hellespont avec un cratère d'or, et un sabre à la façon des Perses, qu'ils appellent *acinacès*. Je ne puis décider avec certitude si, en jetant ces choses dans la mer, il en faisait un don au soleil, ou si, se repentant d'avoir fait fustiger l'Hellespont, il cherchait à l'apaiser par ses offrandes.

LV. Cette cérémonie achevée, on fit passer sur le pont qui était du côté du Pont-Euxin toute l'infanterie et toute la cavalerie ; et sur l'autre qui regardait la mer Egée, les bêtes de somme et les valets. Les dix mille Perses marchèrent les premiers, ayant tous une couronne sur la tête. Après eux venait le corps de troupes composé de toutes sortes de nations. Il n'en passa pas davantage ce jour-là.

Le lendemain les cavaliers, et ceux qui portaient leurs piques la pointe en bas, passèrent les premiers : ils étaient aussi couronnés. Après eux venaient les chevaux sacrés et le char sacré, puis Xerxès lui-même, les piquiers et les mille cavaliers. Ils étaient suivis du reste de l'armée, et en même temps les vaisseaux se rendirent au rivage opposé. J'ai ouï dire aussi que le roi passa le dernier.

LVI. Quand Xerxès fut en Europe, il regarda défiler son armée sous les coups de fouet[1], ce qui dura pendant sept jours et sept nuits sans aucun relâche. Le roi ayant déjà traversé l'Héllespont, on prétend qu'un habitant[2] de cette côte s'écria : « O Jupiter! pourquoi, sous la forme » d'un Perse et le nom de Xerxès, traînes-tu à ta suite » tous les hommes pour détruire la Grèce? il te serait aisé » de le faire sans leur secours. »

LVII. Les troupes ayant toutes défilé et étant en marche, il parut un grand prodige, dont Xerxès ne tint aucun compte, quoiqu'il fût facile à expliquer. Une cavale enfanta un lièvre. Il était aisé de conjecturer par ce prodige que Xerxès mènerait en Grèce avec beaucoup de faste et d'ostentation une armée nombreuse, mais qu'il retournerait au même lieu d'où il était parti, en courant pour lui-même les plus grands dangers. Il lui arriva aussi un autre prodige tandis qu'il était encore à Sardes : une mule fit un poulain avec les parties qui caractérisaient les deux sexes : celles du mâle étaient au-dessus.

[1] Chez les Perses, on faisait aller les troupes à l'ennemi sous les coups de fouet. *Voyez* XÉNOPHON, *Cyri expedit.*, lib. III, cap. IV, § XVI.)
[2] Lorsque vous trouvez, avec cet Hellespontien, Xerxès heureux dans le temps qu'il traverse la mer sur un pont de vaisseaux, jetez les yeux sur ceux qui percent le mont Athos sous les coups de fouet, et sur ceux à qui on a coupé le nez et les oreilles à cause que la tempête a détruit ce pont de vaisseaux ; et considérez que c'est votre vie, que c'est votre état que ces gens trouvent heureux. (PLUTARQUE, *De animi tranquillitate*, p. 470.)

LVIII. Xerxès, sans aucun égard pour ces deux prodiges, alla en avant avec son armée de terre, tandis que sa flotte sortait de l'Hellespont et côtoyait le rivage, tenant une route opposée à celle de l'armée de terre ; car la flotte allait vers le couchant pour se rendre au promontoire Sarpédon, où elle avait ordre de séjourner. L'armée de terre, au contraire, marchant vers l'aurore et le lever du soleil par la Chersonèse, traversa la ville d'Agora par le milieu, ayant à droite le tombeau d'Hellé, fille d'Athamas, et à gauche la ville de Cardia. De là, tournant le golfe Mélas, elle traversa un fleuve du même nom, dont les eaux furent épuisées et ne purent alors lui suffire. Après avoir passé ce fleuve, qui donne son nom au golfe, l'armée alla vers l'occident, passa le long d'Ænos, ville éolienne, et du lac Stentoris, d'où elle arriva enfin à Dorisque.

LIX. Le Dorisque est un rivage et une grande plaine de la Thrace. Cette plaine est arrosée par l'Hèbre, fleuve considérable, et l'on y a bâti un château royal appelé Dorisque, où les Perses entretiennent une garnison depuis le temps que Darius y en mit une lorsqu'il marcha contre les Scythes. Ce lieu paraissant à Xerxès commode pour ranger ses troupes et pour en faire le dénombrement, il donna ses ordres en conséquence. Les vaisseaux étant tous arrivés à la côte de Dorisque, leurs capitaines les rangèrent, par l'ordre de ce prince, sur le rivage qui touche à ce château où sont Sala, ville des Samothraces, et Zona, et à l'extrémité un célèbre promontoire appelé Serrhium. Ce pays appartenait autrefois aux Ciconiens. Lorsqu'ils eurent tiré à terre leurs vaisseaux, ils se reposèrent, et pendant ce temps-là Xerxès fit, dans la plaine de Dorisque, le dénombrement de son armée.

LX. Je ne puis assurer ce que chaque nation fournit de troupes : personne ne le dit. Mais l'armée de terre montait en total à dix-sept cent mille hommes. Voici comment se fit ce dénombrement. On assembla un corps de dix mille hommes dans un même espace, et, les ayant fait serrer autant qu'on le put, l'on traça un cercle à l'entour. On fit ensuite sortir ce corps de troupes, et l'on environna ce cercle d'un mur à hauteur du nombril. Cet ouvrage achevé, on fit entrer d'autres troupes dans l'enceinte, et puis d'autres, jusqu'à ce que par ce moyen on les eût toutes comptées. Le dénombrement fait, on les rangea par nations.

LXI. Voici celles qui se trouvèrent à cette expédition. Premièrement, les Perses. Ils avaient des bonnets de feutre bien foulé qu'on appelle tiares, des tuniques de diverses couleurs et garnies de manches, des cuirasses de fer, travaillées en écailles de poissons, et de longs hauts-de-chausses [1] qui leur couvraient les jambes. Ils portaient une espèce de bouclier qu'on appelle gerrhes [2] avec un carquois au-dessous [3], de courts javelots, de grands arcs, des flèches de canne, et outre cela un poignard suspendu à la ceinture et portant sur la cuisse droite. Ils étaient commandés par Otanes, père d'Amestris, femme de Xerxès. Les Grecs leur donnaient autrefois le nom de Céphènes, et leurs voisins celui d'Artéens [4], qu'eux-mêmes prenaient aussi. Mais Persée, fils de Jupiter et de Danaé, étant allé chez Céphée, fils de Bélus, épousa Andromède sa fille, et en eut un fils qu'il nomma Persès. Il le laissa à la cour de Céphée ; et comme celui-ci n'avait point d'enfants mâles, toute la nation prit de ce Persès le nom de Perses.

LXII. Les Mèdes marchaient vêtus et armés de même. Cette manière de s'habiller et de s'armer est propre aux Mèdes, et non aux Perses. Ils avaient à leur tête Tigranes, de la maison des Achéménides. Tout le monde les appelait anciennement Ariens ; mais, Médée de Colchos ayant passé d'Athènes dans leur pays, ils changèrent aussi de nom suivant les Mèdes eux-mêmes. Les Cissiens étaient habillés et armés comme les Perses ; mais au lieu de tiares ils portaient des mitres. Anaphès, fils d'Otanes, les commandait.

---

[1] Les Perses n'étaient pas les seuls peuples qui portassent des hauts-de-chausses. Les Gaulois en portaient aussi, d'après le témoignage de Diodore, ainsi que les Scythes, si l'on en croit Ovide.

[2] Espèce de bouclier d'osier qui a la forme d'un rhombe.

[3] Hérodote dit que les Perses avaient le carquois au-dessous du bouclier, parce que dans la marche ils ne portaient pas le bouclier à la main, mais suspendu aux épaules. (L.)

[4] Les Grecs appelaient anciennement les Perses Céphènes, et les peuples voisins des Perses les nommaient Artéens (L.)

Les Hyrcaniens avaient aussi la même armure que les Perses, et reconnaissaient pour général Mégapane, qui eut depuis le gouvernement de Babylone.

LXIII. Les Assyriens avaient des casques d'airain tissus et entrelacés d'une façon extraordinaire et difficile à décrire. Leurs boucliers, leurs javelots et leurs poignards ressemblaient à peu près à ceux des Égyptiens. Outre cela, ils portaient des massues de bois hérissées de nœuds de fer et des cuirasses de lin [1]. Les Grecs leur donnaient le nom de Syriens, et les Barbares celui d'Assyriens. Les Chaldéens faisaient corps avec eux. Les uns et les autres étaient commandés par Otaspès, fils d'Artachée.

LXIV. Le casque des Bactriens approchait beaucoup de celui des Mèdes. Leurs arcs étaient de canne, à la mode de leur pays, et leurs dards fort courts. Les Saces, qui sont Scythes, avaient des bonnets foulés et terminés en pointe droite, des hauts-de-chausses, des arcs à la mode de leur pays, des poignards, et outre cela des haches appelées sagaris [2]. Quoique Scythes Amyrgiens, on leur donnait le nom de Saces ; car c'est ainsi que les Perses appellent tous les Scythes. Hystaspes, fils de Darius et d'Atosse, fille de Cyrus, commandait les Bactriens et les Saces.

LXV. Les Indiens portaient des habits de coton, des arcs de canne, et des flèches aussi de canne armées d'une pointe de fer. Ces peuples ainsi équipés servaient sous Pharnazathrès, fils d'Artabates. Les arcs des Ariens ressemblaient à ceux des Mèdes, et le reste de leur armure à celle des Bactriens. Ils étaient commandés par Sisamnès, fils d'Hydarnes.

LXVI. Les Parthes, les Chorasmiens, les Sogdiens, les Gandariens et les Dadices étaient armés comme les Bactriens. Artabaze, fils de Pharnaces, commandait les Parthes et les Chorasmiens ; Azanes, fils d'Artée, les Sogdiens,

---

[1] Le lin résiste au tranchant du fer : *hi casses (nempè è lino) vel ferri aciem vincunt*. Mais comment acquérait-il cette force ? On faisait macérer le lin dans du vin dur avec une certaine quantité de sel. On foulait et on collait jusqu'à dix-huit couches de ce lin les unes sur les autres, comme on fait le feutre. Il n'y avait point de trait qui pût percer une cuirasse faite de la sorte.

[2] Sagaris, sorte de hache particulière aux Amazones, qui coupait d'un côté seulement.

et Artyphius, fils d'Artabane, les Gandariens et les Dadices.

LXVII. Les Caspiens étaient vêtus d'une saie de peaux de chèvres. Ils avaient des arcs et des flèches de canne, à la mode de leur pays, et des cimeterres. Ariomarde, frère d'Artyphius, les commandait. Les Sarangéens avaient des habits de couleur éclatante ; leur chaussure, en forme de bottines, montait jusqu'aux genoux. Leurs arcs et leurs javelots étaient à la façon des Mèdes. Phérendates, fils de Mégabaze, était leur commandant. Les Pactyices avaient aussi une saie de peaux de chèvres, et pour armes des arcs à la façon de leur pays, et des poignards. Ils étaient commandés par Artyntès, fils d'Ithamatrès.

LXVIII. Les Outiens, les Myciens et les Paricaniens étaient armés comme les Pactyices. Arsamènès, fils de Darius, commandait les Outiens et les Myciens, et Siromitrès fils d'OEbasus, les Paricaniens.

LXIX. Les habits des Arabes étaient amples et retroussés avec des ceintures. Ils portaient au côté droit de longs arcs qui se bandaient dans l'un et l'autre sens. Les Éthiopiens, vêtus de peaux de léopard et de lion, avaient des arcs de branches de palmier de quatre coudées de long au moins, et de longues flèches de canne à l'extrémité desquelles était, au lieu de fer, une pierre pointue dont ils se servent aussi pour graver leurs cachets[1]. Outre cela, ils portaient des javelots armés de cornes de chevreuil pointues et travaillées comme un fer de lance, des massues pleines de nœuds. Quand ils vont au combat, ils se frottent la moitié du corps avec du plâtre, et l'autre moitié avec du vermillon. Les Éthiopiens qui habitent au-dessus de l'Égypte et les Arabes étaient sous les ordres d'Arsamès, fils de Darius et d'Artystone, fille de Cyrus, que Darius avait aimée plus que toutes ses autres femmes, et dont il avait fait faire la statue en or, et travaillée au marteau.

---

[1] Cette pierre est le smiris de Dioscorides Σμίρις λίθος ἐστὶν, ἥ τὰς ψήφους οἱ δακτυλιογλύφοι σμήχουσι. « Le smiris est une pierre dont les joailliers se servent pour donner le poli aux pierres précieuses. » C'est notre émeri ; les ouvriers en font usage, les uns pour polir les ouvrages de fer, les autres pour tailler et couper les verres, marbres et pierres précieuses. (L.)

Arsamès commandait donc aux Éthiopiens qui sont au-dessus de l'Égypte et aux Arabes.

LXX. Les Éthiopiens orientaux (car il y avait deux sortes d'Éthiopiens à cette expédition) servaient avec les Indiens. Ils ressemblaient aux autres Éthiopiens, et n'en différaient que par le langage et la chevelure. Les Éthiopiens orientaux ont en effet les cheveux droits, au lieu que ceux de Libye les ont plus crépus que tous les autres hommes. Ils étaient armés à peu près comme les Indiens, et ils avaient sur la tête des peaux de front de cheval enlevées avec la crinière et les oreilles. Les oreilles se tenaient droites, et la crinière leur servait d'aigrette. Des peaux de grues leur tenaient lieu de boucliers.

LXXI. Les Libyens avaient des habits de peaux, et des javelots durcis au feu. Ils étaient commandés par Massagès, fils d'Oarizus.

LXXII. Les casques des Paphlagoniens étaient tissus[1]; leurs boucliers petits, ainsi que leurs piques. Outre cela, ils avaient des dards et des poignards. La chaussure à la mode de leur pays allait à mi-jambe.

Les Ligyens, les Matianiens, les Mariandyniens et les Syriens, que les Perses appellent Cappadociens, étaient armés comme les Paphlagoniens. Dotus, fils de Mégasidrès, commandait les Paphlagoniens et les Matianiens; et Gobryas, fils de Darius et d'Arystone, les Mariandyniens, les Ligyens et les Syriens.

LXXIII. L'armure des Phrygiens approchait beaucoup de celle des Paphlagoniens; la différence était fort petite. Les Phrygiens s'appelèrent Briges, suivant les Macédoniens, tant que ces peuples restèrent en Europe et demeurèrent avec eux; mais, étant passés en Asie, ils changèrent de nom en changeant de pays, et prirent celui de Phrygiens.

Les Arméniens étaient armés comme les Phrygiens, dont ils sont une colonie. Les uns et les autres étaient

---

[1] La description des casques des Paphlagoniens est assez obscure. Xénophon en donne une plus claire et plus détaillée, en parlant de ceux des Mosynœques. « Ils ont sur la tête un casque de cuir tel que ceux des Paphlagoniens, du centre duquel sort une touffe de cheveux tressée, qui s'élève en pointe comme une tiare » (L.)

commandés par Artochmès, qui avait épousé une fille de Darius.

LXXIV. L'armure des Lydiens ressemblait à peu de chose près à celle des Grecs. On appelait autrefois ces peuples Méoniens, mais dans la suite ils changèrent de nom, et prirent celui qu'ils portent de Lydus, fils d'Atys. Les Mysiens avaient des casques à la façon de leur pays, avec de petits boucliers et des javelots durcis au feu ; ils sont une colonie des Lydiens, et prennent le nom d'Olympiéniens du mont Olympe. Les uns et les autres avaient pour commandant Artapherne, fils d'Artapherne qui avait fait une invasion à Marathon avec Datis.

LXXV. Les Thraces (d'Asie) avaient sur la tête des peaux de renards, et pour habillement des tuniques, et par-dessus une robe de diverses couleurs, très-ample, avec des brodequins de peaux de jeunes chevreuils. Ils avaient outre cela des javelots, des boucliers légers et de petits poignards. Ces peuples passèrent en Asie, où ils prirent le nom de Bithyniens. Ils s'appelaient auparavant Strymoniens, comme ils en conviennent eux-mêmes, dans le temps qu'ils habitaient sur les bords du Strymon, d'où les chassèrent, suivant eux, les Teucriens et les Mysiens.

LXXVI. Bassacès, fils d'Artabane, commandait les Thraces asiatiques..... Ils portaient de petits boucliers de peaux de bœufs crues, chacun deux épieux à la lycienne, des casques d'airain, et, outre ces casques, des oreilles et des cornes de bœufs en airain avec des aigrettes. Des bandes d'étoffe rouge enveloppaient leurs jambes. Il y a chez ces peuples un oracle de Mars.

LXXVII. Les Cabaliens-Méoniens et les Lasoniens étaient armés et vêtus comme les Ciliciens. J'en parlerai lorsque j'en serai aux troupes ciliciennes. Les Milyens avaient de courtes piques, des habits attachés avec des agrafes, des casques de peaux, et quelques-uns avaient des arcs à la lycienne. Badrès, fils d'Hystanès, commandait toutes ces nations. Les Mosches portaient des casques de bois, de petits boucliers, et des piques dont la hampe était petite et le fer grand.

LXXVIII. Les Tibaréniens, les Macrons et les Mosynœques étaient armés à la façon des Mosches. Ariomarde, fils de Darius et de Parmys, fille de Smerdis et petite-fille de Cyrus, commandait les Mosches. Les Macrons et les Mosynœques étaient sous les ordres d'Artayctès, fils de Chérasmis, gouverneur de Sestos sur l'Hellespont.

LXXIX. Les Mares portaient des casques tissus à la façon de leur pays, et de petits boucliers de cuir avec des javelots. Les habitants de la Colchide avaient des casques de bois, de petits boucliers de peaux de bœufs crues, de courtes piques, et outre cela des épées. Pharandates, fils de Tésapis, commandait les Mares et les Colchidiens. Les Alarodiens et les Sapires, armés à la façon des Colchidiens, recevaient l'ordre de Masistius, fils de Siromitrès.

LXXX. Les insulaires de la mer Érythrée[1], qui venaient des îles où le roi fait transporter ceux qu'il exile, se trouvaient à cette expédition ; leur habillement et leur armure approchaient beaucoup de ceux des Mèdes. Ces insulaires reconnaissaient pour leur chef Mardontès, fils de Bagée, qui fut tué deux ans après à la journée de Mycale, où il commandait.

LXXXI. Tels étaient les peuples qui allaient en Grèce par le continent, et qui composaient l'infanterie. Ils étaient commandés par les chefs dont je viens de parler. Ce furent eux qui formèrent leurs rangs, et qui en firent le dénombrement. Ils établirent sous eux des commandants de dix mille hommes et de mille hommes ; et les commandants de dix mille hommes créèrent des capitaines de cent hommes et des dizeniers. Ainsi les différents corps de troupes et de nations avaient à leur tête des officiers subalternes ; mais ceux que j'ai nommés commandaient en chef.

LXXXII. Ces chefs reconnaissaient pour leurs généraux, ainsi que toute l'infanterie, Mardonius, fils de Gobryas ; Tritantæchmès, fils de cet Artabane qui avait

[1] Ce sont les habitants des îles du golfe Persique. Ces îles, qui étaient en grand nombre, étaient soumises aux Perses. Elles longeaient la Carmanie et la Perse. Il y en avait très-peu dans la mer Érythrée, et elles se trouvaient à une trop grande distance de la Perse pour avoir jamais été conquises par les rois de Perse. (L.)

conseillé au roi de ne point porter la guerre en Grèce; Smerdomènès, fils d'Otanes, tous deux neveux de Darius et cousins germains de Xerxès; Masiste, fils de Darius et d'Atosse; Gergis, fils d'Arize; et Mégabyse, fils de Zopyre.

LXXXIII. Toute l'infanterie les reconnaissait pour ses généraux, excepté les dix mille, corps de troupes choisi parmi tous les Perses, qui était commandé par Hydarnès, fils d'Hydarnès. On les appelait Immortels, parce que si quelqu'un d'entre eux venait à manquer pour cause de mort ou de maladie, on en élisait un autre à sa place, et parce qu'ils n'étaient jamais ni plus ni moins de dix mille. Les Perses surpassaient toutes les autres troupes par leur magnificence et par leur courage. Leur armure et leur habillement étaient tels que nous les avons décrits. Mais, indépendamment de cela, ils brillaient par la multitude des ornements en or dont ils étaient décorés. Ils menaient avec eux des harmamaxes pour leurs concubines, et un grand nombre de domestiques superbement vêtus. Des chameaux et d'autres bêtes de charge leur portaient des vivres, sans compter ceux qui étaient destinés au reste de l'armée.

LXXXIV. Toutes ces nations ont de la cavalerie; cependant il n'y avait que celles-ci qui en eussent amené. La cavalerie perse était armée comme l'infanterie, excepté un petit nombre qui portait sur la tête des ornements d'airain et de fer travaillés au marteau.

LXXXV. Les Sagartiens, peuples nomades, sont originaires de Perse, et parlent la même langue. Leur habillement ressemble en partie à celui des Perses, et en partie à celui des Pactyices. Ils fournirent huit mille hommes de cavalerie. Ces peuples ne sont point dans l'usage de porter des armes d'airain et de fer, excepté des poignards; mais ils se servent à la guerre de cordes tissues avec des lanières, dans lesquelles ils mettent toute leur confiance. Voici leur façon de combattre. Dans la mêlée, ils jettent ces cordes, à l'extrémité desquelles sont des rets; s'ils en ont enveloppé un cheval ou un homme, ils le tirent à eux et, le tenant enlacé dans leurs filets, ils le tuent. Telle est leur manière de combattre. Ils faisaient corps avec les Perses.

LXXXVI. La cavalerie mède était armée comme leur infanterie, ainsi que celle des Cissiens. Les cavaliers indiens avaient les mêmes armes que leur infanterie; mais, indépendamment des chevaux de main, ils avaient des chars armés en guerre, traînés par des chevaux et des zèbres. La cavalerie bactrienne était armée comme leurs gens de pied. Il en était de même de celle des Caspiens et des Libyens; mais ces derniers menaient tous aussi des chariots. Les........ et les Paricaniens étaient armés comme leur infanterie. Les cavaliers arabes avaient aussi le même habillement et la même armure que leurs gens de pied; mais ils avaient tous des chameaux dont la vitesse n'était pas moindre que celle des chevaux.

LXXXVII. Ces nations seules avaient fourni de la cavalerie. Elle montait à quatre-vingt mille chevaux, sans compter les chameaux et les chariots. Toutes ces nations, rangées par escadrons, marchaient chacune à son rang; mais les Arabes occupaient le dernier, afin de ne point effrayer les chevaux, parce que cet animal ne peut souffrir le chameau.

LXXXVIII. Hermamithrès et Tithée, tous deux fils de Datis, commandaient la cavalerie. Pharnuchès, leur collègue, était retenu à Sardes par une maladie que lui avait occasionnée un accident fâcheux dans le temps que l'armée partait de cette ville. Son cheval, effrayé d'un chien qui se jeta à l'improviste entre ses jambes, se dressa et le jeta par terre. Pharnuchès vomit le sang, et tomba dans une maladie qui dégénéra en phthisie. Ses gens exécutèrent sur-le-champ l'ordre qu'il leur avait donné dès le commencement au sujet de son cheval. Ils conduisirent cet animal à l'endroit où il avait jeté par terre son maître, et lui coupèrent les jambes aux genoux. Cet accident fit perdre à Pharnuchès sa place de général.

LXXXIX. Le nombre des trirèmes montait à douze cent sept. Voici les nations qui les avaient fournies. Les Phéniciens et les Syriens de la Palestine en avaient donné trois cents. Ces peuples portaient des casques à peu près semblables à ceux des Grecs, des cuirasses de lin, des javelots, et des boucliers dont le bord n'était pas garni de fer [1]. Les Phéniciens habitaient autrefois sur les bords de la mer Érythrée, comme ils le disent eux-mêmes ; mais étant passés de là sur les côtes de Syrie, ils s'y établirent. Cette partie de la Syrie, avec tout le pays qui s'étend jusqu'aux frontières d'Égypte, s'appelle Palestine.

Les Égyptiens avaient fourni deux cents vaisseaux. Ils avaient pour armure de tête des casques de jonc tissu. Ils portaient des boucliers convexes dont les bords étaient garnis d'une large bande de fer, des piques propres aux combats de mer, et de grandes haches. La multitude avait des cuirasses et de grandes épées. Telle était l'armure de ces peuples.

XC. Les Cypriens avaient cent cinquante vaisseaux. Voici comment ces peuples étaient armés. Leurs rois avaient la tête couverte d'une mitre, et leurs sujets d'une citare ; le reste de l'habillement et de l'armure ressemblait à celui des Grecs. Les Cypriens sont un mélange de nations différentes. Les uns viennent de Salamine et d'Athènes, les autres d'Arcadie, de Cythnos, de Phénicie et d'Éthiopie, comme ils le disent eux-mêmes.

XCI. Les Ciliciens amenèrent cent vaisseaux. Ils avaient des casques à la façon de leurs pays, de petits boucliers de peaux de bœufs crues avec le poil, et des tuniques de laine, et chacun deux javelots, avec une épée à peu près semblable à celle des Égyptiens. Anciennement on les appelait Hypachéens ; mais Cilix, fils d'Agénor, qui était Phénicien, leur donna son nom.

Les Pamphyliens fournirent trente vaisseaux. Ils étaient armés et équipés à la façon des Grecs. Ces peuples descendent de ceux qui, au retour de l'expédition de Troie, furent dispersés par la tempête avec Amphilochus et Calchas [2].

---

[1] C'était cette espèce de bouclier, échancré comme celui des Amazones, qu'on appelait pelte.

[2] Tout le monde connaît Calchas ; mais peu de personnes savent peut-être quelle fut sa fin. Mopsus, fils de Manto et d'Apollon, eut à la mort de sa mère, par droit de succession, l'oracle d'Apollon à Clarus. Vers le même

XCII. Les Lyciens contribuèrent de cinquante vaisseaux. Ils avaient des cuirasses, des grêvières, des arcs de bois de cornouiller, des flèches de canne qui n'étaient point empennées, des javelots, une peau de chèvre sur les épaules, et des bonnets ailés sur la tête. Ils portaient aussi des poignards et des faux. Les Lyciens viennent de Crète et s'appelaient Termiles; mais Lycus, fils de Pandion, qui était d'Athènes, leur donna son nom.

XCIII. Les Doriens-Asiatiques donnèrent trente vaisseaux. Ils portaient des armes à la façon des Grecs, comme étant originaires du Péloponnèse. Les Cariens avaient soixante-dix vaisseaux. Ils étaient habillés et armés comme les Grecs. Ils avaient aussi des faux et des poignards. On dit dans le premier livre quel nom on leur donnait autrefois.

XCIV. Les Ioniens amenèrent cent vaisseaux. Ils étaient armés comme les Grecs. Ils s'appelèrent Pélasges-Ægialéens, comme le disent les Grecs, tout le temps qu'ils habitèrent la partie du Péloponnèse connue aujourd'hui sous le nom d'Achaïe, et avant l'arrivée de Danaüs et de Xuthus dans le Péloponnèse. Mais dans la suite ils furent nommés Ioniens, d'Ion, fils de Xuthus.

XCV. Les Insulaires, armés comme les Grecs, donnèrent dix-sept vaisseaux. Ils étaient Pélasges; mais dans la suite ils furent appelés Ioniens, par la même raison que les douze villes ioniennes fondées par les Athéniens. Les Éoliens amenèrent soixante vaisseaux. Leur armure était la même que celle des Grecs. On les appelait anciennement Pélasges, au rapport des Grecs. Les Hellespontiens, excepté ceux d'Abydos, qui avaient ordre du roi de rester dans le pays à la garde des ponts, et le reste des peuples du Pont, équipèrent cent vaisseaux. Ces peuples, qui étaient des colonies d'Ioniens et de Doriens, étaient armés comme les Grecs.

temps arriva à Colophon Calchas, qui errait depuis la prise de Troie, et rendait des oracles. Les deux devins se disputèrent longtemps; mais enfin Amphimachus, roi de Lycie, termina leur différend : car Mopsus lui défendit de partir pour la guerre, lui prédisant qu'il serait battu; Calchas au contraire l'exhorta à y aller, et lui annonça la victoire. Amphimachus ayant été vaincu, Mopsus reçut encore de plus grands honneurs que par le passé, et Calchas se tua. (L.)

XCVI. Les Perses, les Mèdes et les Saces combattaient sur tous ces vaisseaux, dont les meilleurs voiliers étaient phéniciens, et principalement ceux de Sidon. Toutes ces troupes, ainsi que celles de terre, avaient chacune des commandants de son pays. Mais, n'étant point obligé à faire la recherche de leurs noms, je les passerai sous silence. Ils méritent en effet d'autant moins qu'on en parle, que non-seulement chaque peuple, mais encore toutes les villes ayant leurs commandants particuliers, les officiers ne suivaient pas en qualité de généraux, mais comme les autres esclaves qui marchaient à cette expédition, et que j'ai nommé les généraux qui avaient toute l'autorité, et les Perses qui commandaient en chef chaque nation.

XCVII. L'armée navale avait pour généraux Ariabignès, fils de Darius; Prexaspes, fils d'Aspathinès; Mégabaze, fils de Mégabates, et Achéménès, fils de Darius. Les Ioniens et les Cariens étaient commandés par Ariabignès, fils de Darius et de la fille de Gobryas; et les Égyptiens par Achéménès, frère de père et de mère de Xerxès. Les deux autres généraux commandaient le reste de la flotte, les vaisseaux à trente et à cinquante rames, les cercures [1], ceux qui servaient au transport des chevaux, et les vaisseaux longs, qui allaient à trois mille.

XCVIII. Entre les officiers de la flotte, les plus célèbres, du moins après les généraux, étaient Tétramneste, fils d'Anysus, de Sidon; Mapen, fils de Siromus, de Tyr; Merbal, fils d'Agbal, d'Arados; Syennésis, fils d'Oromédon, de Cilicie; Cybernisque, fils de Sicas, de Lycie; Gorgus, fils de Chersis, et Timonax, fils de Timagoras, tous deux de l'île de Cypre; Histiée, fils de Tymnès; Pigrès, fils de Seldome, et Damasithyme, fils de Candaules, de Carie.

XCIX. Je ne vois aucune nécessité de parler des autres principaux officiers. Je ne passerai pas cependant sous silence Artémise. Cette princesse me paraît d'autant plus admirable, que, malgré son sexe, elle voulait être de cette expédition. Son fils se trouvant encore en bas âge à la mort de son mari, elle prit les rênes du gouvernement, et sa

---

[1] Sorte de vaisseau fort long dont les Cypriens étaient les inventeurs.

grandeur d'âme et son courage la portèrent à suivre les Perses, quoiqu'elle n'y fût contrainte par aucune nécessité. Elle s'appelait Artémise[1], était fille de Lygdamis, originaire d'Halicarnasse du côté de son père, et de Crète du côté de sa mère. Elle commandait ceux d'Halicarnasse, de Cos, de Nisyros et de Calydnes. Elle vint trouver Xerxès avec cinq vaisseaux les mieux équipés de toute la flotte, du moins après ceux des Sidoniens; et parmi les alliés, personne ne donna au roi de meilleurs conseils. Les peuples soumis à Artémise, dont je viens de parler, sont tous Doriens, comme je le pense. Ceux d'Halicarnasse sont originaires de Trézen, et les autres d'Épidaure. Mais c'en est assez sur l'armée navale.

C. Le dénombrement achevé, et l'armée rangée en bataille, Xerxès eut envie de se transporter dans tous les rangs, et d'en faire la revue. Monté sur son char, il parcourut l'une après l'autre toutes les nations, depuis les premiers rangs de la cavalerie et de l'infanterie jusqu'aux derniers, fit à tous des questions, et ses secrétaires écrivaient les réponses. La revue des troupes de terre finie, et les vaisseaux mis en mer, il passa de son char sur un vaisseau sidonien, où il s'assit sous un pavillon d'étoffe d'or. Il vogua le long des proues des vaisseaux, faisant aux capitaines les mêmes questions qu'aux officiers de l'armée de terre, et fit écrire leurs réponses. Les capitaines avaient mis leurs vaisseaux à l'ancre environ à quatre plèthres du rivage, les proues tournées vers la terre, sur une même ligne, et les soldats sous les armes, comme si on eût eu dessein de livrer bataille. Le roi les examinait en passant entre les proues et le rivage.

CI. La revue finie, il descendit de son vaisseau, et envoya chercher Démarate, fils d'Ariston, qui l'accompagnait dans son expédition contre la Grèce. Lorsqu'il fut arrivé,

[1] Si l'on en croit Ptolémée, écrivain qui a mêlé beaucoup de fables parmi quelques vérités, Artémise, fille de Lygdamis, qui accompagna Xerxès dans son expédition contre la Grèce, devint amoureuse de Dardanus d'Abydos; mais, s'en voyant méprisée, elle lui creva les yeux pendant qu'il dormait. Son amour n'ayant fait que croître par un effet de la colère des dieux, elle se rendit à Leucas par l'ordre de l'oracle, et, s'étant précipitée du haut du rocher, elle fut tuée et on l'enterra. (Ptolémée, *apud Phot.*, 492.)

« Démarate, lui dit-il, je désire vous faire quelques ques-
» tions ; vous êtes Grec, et même, comme je l'apprends et
» de vous-même et des autres Grecs avec qui je m'entre-
» tiens, vous êtes d'une des plus grandes et des plus puis-
» santes villes de la Grèce. Dites-moi donc maintenant si
» les Grecs oseront lever les mains contre moi. Pour moi,
» je pense que tous les Grecs et le reste des peuples de
» l'Occident réunis en un seul corps seraient d'autant
» moins en état de soutenir mes attaques, qu'ils ne sont
» point d'accord entre eux. Mais je veux savoir ce que vous
» en pensez. »

« Seigneur, répondit Démarate, vous dirai-je la vérité,
» ou des choses flatteuses? » Le roi lui ordonna de dire la
vérité, et l'assura qu'il ne lui en serait pas moins agréable
que par le passé.

CII. « Seigneur, répliqua Démarate, puisque vous le
» voulez absolument, je vous dirai la vérité, et jamais vous
» ne pourrez dans la suite convaincre de fausseté quicon-
» que vous tiendra le même langage. La Grèce a toujours
» été élevée à l'école de la pauvreté ; la vertu n'est point
» née avec elle, elle est l'ouvrage de la tempérance et de la
» sévérité de nos lois, et c'est elle qui nous donne des armes
» contre la pauvreté et la tyrannie. Les Grecs qui habi-
» tent aux environs des Doriens méritent tous des louan-
» ges. Je ne parlerai pas cependant de tous ces peuples,
» mais seulement des Lacédémoniens. J'ose, seigneur,
» vous assurer premièrement qu'ils n'écouteront jamais
» vos propositions, parce qu'elles tendent à asservir la
» Grèce ; secondement, qu'ils iront à votre rencontre, et
» qu'ils vous présenteront la bataille, quand même tout le
» reste des Grecs prendrait votre parti. Quant à leur nom-
» bre, seigneur, ne me demandez pas combien ils sont
» pour pouvoir exécuter ces choses. Leur armée ne fût-elle
» que de mille hommes, fût-elle de plus, ou même de
» moins, ils vous combattront. »

CIII. « Que me dites-vous, Démarate ! lui répondit Xer-
» xès en riant : mille hommes livreraient bataille à une
» armée si nombreuse ! Dites-moi, je vous prie, vous avez
» été leur roi : voudriez-vous donc sur-le-champ combattre

» seul contre dix hommes? Si vos concitoyens sont tels que
» vous l'avancez, vous, qui êtes leur roi, vous devez, selon
» vos lois, entrer en lice contre le double; car si un seul
» Lacédémonien vaut dix hommes de mon armée, vous en
» pouvez combattre vingt, et vos discours seront alors con-
» séquents. Mais si ces Grecs que vous me vantez tant vous
» ressemblent, si leur taille n'est pas plus avantageuse
» que la vôtre ou celle des Grecs avec qui je me suis en-
» tretenu, j'ai bien peur qu'il n'y ait dans ce propos beau-
» coup de vaine gloire et de jactance. Faites-moi donc
» voir d'une manière probable comment mille hommes,
» ou dix mille, ou cinquante mille, du moins tous égale-
» ment libres et ne dépendant point d'un maître, pour-
» raient résister à une si forte armée. Car enfin s'ils sont
» cinq mille hommes, nous sommes plus de mille contre
» un. S'ils avaient, selon nos usages, un maître, la crainte
» leur inspirerait un courage qui n'est pas dans leur ca-
» ractère, et, contraints par les coups de fouet, ils marche-
» raient, quoiqu'en petit nombre, contre des troupes plus
» nombreuses. Mais, étant libres et ne dépendant que d'eux-
» mêmes, ils n'auront [1] jamais plus de courage que la na-
» ture ne leur en a donné, et ils n'attaqueront point des
» forces plus considérables que les leurs. Je pense même
» que s'ils nous étaient égaux en nombre, il ne leur serait
» pas aisé de combattre contre les seuls Perses. En effet,
» c'est parmi nous qu'on trouve des exemples de cette va-
» leur; encore y sont-ils rares et en petit nombre. Car il
» y a parmi mes gardes des Perses qui se battraient con-
» tre trois Grecs à la fois [2]; et vous ne débitez à leur sujet
» tant de sottises que parce que vous ne les avez jamais
» éprouvés. »

CIV. « Seigneur, répliqua Démarate, je savais bien, en
» commençant ce discours, que la vérité ne vous plairait

---

[1] Il y a seulement dans le grec : *Ils ne feraient ni l'un ni l'autre.*

[2] Cette fanfaronnade de Xerxès fut dans la suite punie par Polydamas. Darius, fils naturel d'Artaxerxès, et qui monta sur le trône par la faveur des Perses, avait entendu parler de sa force extraordinaire. L'ayant attiré à Suses par ses promesses, Polydamas défia trois de ces hommes que les Perses appellent Immortels, combattit seul contre ces trois hommes, et les tua. (L.)

» pas ; mais, forcé de vous la dire, je vous ai représenté les
» Spartiates tels qu'ils sont. Vous n'ignorez pas, seigneur,
» à quel point je les aime actuellement, eux qui, non con-
» tents de m'enlever les honneurs et les prérogatives que
» je tenais de mes pères, m'ont encore banni. Votre père
» m'accueillit, me donna une maison et une fortune con-
» sidérable[1]. Il n'est pas croyable qu'un homme sage re-
» pousse la main bienfaisante de son protecteur, au lieu
» de la chérir. Je ne me flatte point de pouvoir combattre
» contre dix hommes, ni même contre deux, et jamais, du
» moins de mon plein gré, je me battrai contre un homme
» seul. Mais si c'était une nécessité, ou que j'y fusse forcé
» par quelque grand danger, je combattrais avec le plus
» grand plaisir un de ces hommes qui prétendent pou-
» voir résister chacun à trois Grecs. Il en est de même
» des Lacédémoniens. Dans un combat d'homme à homme,
» ils ne sont inférieurs à personne ; mais, réunis en corps,
» ils sont les plus braves de tous les hommes. En effet,
» quoique libres, ils ne le sont pas en tout. La loi est pour
» eux un maître absolu ; ils le redoutent beaucoup plus que
» vos sujets ne vous craignent. Ils obéissent à ses ordres,
» et ses ordres, toujours les mêmes, leur défendent la
» fuite, quelque nombreuse que soit l'armée ennemie, et
» leur ordonne de tenir toujours ferme dans leur poste, et
» de vaincre ou de mourir. Si mes discours ne vous pa-
» raissent que des sottises, je consens à garder dans la
» suite le silence sur tout le reste. Je n'ai parlé jusqu'ici
» que pour obéir à vos ordres. Puisse, seigneur, cette ex-
» pédition réussir selon vos vœux ! »

CV. Xerxès, au lieu de se fâcher, se mit à rire, et renvoya Démarate d'une manière honnête. Après cette conversation, ce prince destitua le gouverneur que Darius avait établi à Dorisque, et, ayant mis à la place Mascames, fils de Mégadostes, il traversa la Thrace avec son armée pour aller en Grèce.

---

[1] Ce prince lui donna les villes de Pergame, de Teuthranie et d'Halisarnie. Eurysthènes et Proclès, descendants de Démaratus, en jouissaient encore en la xcv^e olympiade, et se joignirent à Thimbron, général lacédémonien, qui passa dans l'Asie Mineure pour faire la guerre aux Perses. (L.)

CVI. Ce Mascames, qu'il laissa à Dorisque, était le seul à qui il avait coutume d'envoyer tous les ans des présents, parce qu'il était le plus brave de tous les gouverneurs établis par Darius ou par lui-même. Artaxerxès, fils de Xerxès, se conduisit de même à l'égard de ses descendants. Avant l'expédition de Grèce, il y avait des gouverneurs en Thrace et dans toutes les places de l'Hellespont. Mais après cette expédition ils en furent tous chassés, excepté Mascames, qui se maintint dans son gouvernement de Dorisque, malgré les efforts réitérés des Grecs. C'est pour le récompenser que tous les rois qui se succèdent en Perse lui font des présents à lui et à ses descendants.

CVII. De tous les gouverneurs à qui les Grecs enlevèrent leurs places, Bogès, gouverneur d'Éion, est le seul qui ait obtenu l'estime du roi. Ce prince ne cessait d'en faire l'éloge, et il combla d'honneurs ceux de ses enfants qui lui survécurent en Perse. Bogès méritait en effet de grandes louanges. La place où il commandait étant assiégée par les Athéniens et par Cimon, fils de Miltiade, on lui permit d'en sortir par composition, et de se retirer en Asie. Mais Bogès, craignant que le roi ne le soupçonnât de s'être conservé la vie par lâcheté, refusa ces conditions et continua à se défendre jusqu'à la dernière extrémité. Enfin, quand il n'y eut plus de vivres dans la place, il fit élever un grand bûcher, tua ses enfants, sa femme, ses concubines, avec tous ses domestiques, et les fit jeter dans le feu. Il sema ensuite dans le Strymon, par-dessus les murailles, tout ce qu'il y avait d'or et d'argent dans la ville, après quoi il se jeta lui-même dans le feu. Ainsi c'est avec justice que les Perses le louent encore aujourd'hui.

CVIII. Xerxès, en partant de Dorisque pour la Grèce, força tous les peuples qu'il rencontra sur sa route à l'accompagner dans son expédition. Car toute cette étendue de pays jusqu'en Thessalie était réduite en esclavage, et payait tribut au roi depuis que Mégabyse, et Mardonius après lui, l'avaient subjuguée, comme nous l'avons dit plus haut. Au sortir de Dorisque, il passa d'abord près des places des Samothraces, dont la dernière du côté de l'occident s'appelle Mésambrie. Elle est fort près de Stryma, qui appartient aux Thasiens. Le Lissus passe entre ces deux villes. Cette rivière ne put alors suffire aux besoins de l'armée, et ses eaux furent épuisées. Ce pays s'appelait autrefois Galaïque ; on le nomme aujourd'hui Briantique, mais il appartient à juste droit aux Ciconiens.

CIX. Après avoir traversé le lit desséché du Lissus, il passa près de Maronéa, de Dicée et d'Abdère, villes grecques, et près des lacs fameux qui leur sont contigus, l'Ismaris, entre Maronéa et Stryma, et le Bistonis, proche de Dicée, dans lequel se jettent le Trave et le Compsate. Mais, n'y ayant point aux environs d'Abdère de lac célèbre, il traversa le fleuve Nestus, qui se jette dans la mer; ensuite il continua sa route près des villes du continent, dans le territoire de l'une desquelles il y a un lac poissonneux et très-salé de trente stades de circuit ou environ. Les bêtes de charge qu'on y abreuva seulement le mirent à sec. Cette ville s'appelait Pistyre. Xerxès passa près de ces villes grecques et maritimes, les laissant sur la gauche.

CX. Les peuples de Thrace dont il traversa le pays sont les Pætiens, les Ciconiens, les Bistoniens, les Sapæens, les Dersæens, les Édoniens, les Satres. Les habitants des villes maritimes le suivirent par mer, et l'on força ceux qui occupaient le milieu du pays, et dont je viens de parler, à l'accompagner par terre, excepté les Satres.

CXI. Les Satres n'ont jamais été soumis à aucun homme, autant que nous le pouvons savoir. Ce sont les seuls peuples de Thrace qui aient continué à être libres jusqu'à mon temps. Ils habitent en effet de hautes montagnes couvertes de neige, où croissent des arbres de toute espèce, et sont très-braves. Ils ont en leur possession l'oracle de Bacchus. Cet oracle est sur les montagnes les plus élevées. Les Besses interprètent parmi ces peuples les oracles du dieu [1]. Une prêtresse rend ces oracles, de même qu'à Delphes, et ses réponses ne sont pas moins ambiguës que celles de la Pythie.

CXII. Après avoir traversé ce pays, Xerxès passa près

---

[1] Ces Besses étaient un autre peuple de la Thrace méditerranée encore plus barbares que les Satres. Les prêtres de Bacchus étaient probablement choisis parmi cette nation féroce. (MIOT.)

des places des Pières, dont l'une s'appelle Phagrès et l'autre Pergame, ayant à sa droite le Pangée, grande et haute montagne, où il y a des mines d'or et d'argent qu'exploitent les Pières, les Odomantes, et surtout les Satres.

CXIII. Il passa ensuite le long des Pæoniens, des Dobères et des Pæoples, qui habitent vers le nord au-dessus du mont Pangée, marchant toujours à l'occident, jusqu'à ce qu'il arrivât sur les bords du Strymon et à la ville d'Éion. Bogès, dont j'ai parlé un peu plus haut, vivait encore, et en était gouverneur. Le pays aux environs du mont Pangée s'appelle Phyllis. Il s'étend à l'occident jusqu'à la rivière d'Angitas, qui se jette dans le Strymon, et du côté du midi jusqu'au Strymon même. Les mages firent sur le bord de ce dernier fleuve un sacrifice de chevaux blancs, dont les entrailles présagèrent d'heureux succès [1].

CXIV. Les cérémonies magiques achevées sur le bord du fleuve, ainsi qu'un grand nombre d'autres, les Perses marchèrent par le territoire des Neuf-Voies des Édoniens vers les ponts qu'ils trouvèrent déjà construits sur le Strymon. Ayant appris que ce canton s'appelait les Neuf-Voies, ils y enterrèrent tout vifs autant de jeunes garçons et de jeunes filles des habitants du pays. Les Perses sont dans l'usage d'enterrer des personnes vivantes; et j'ai ouï dire qu'Amestris, femme de Xerxès, étant parvenue à un âge avancé, fit enterrer quatorze enfants des plus illustres maisons de Perse, pour rendre grâces au dieu qu'on dit être sous terre.

CXV. L'armée partit des bords du Strymon, et passa près d'Argile, ville grecque sur le rivage de la mer à l'occident. Cette contrée et le pays au-dessus s'appellent Bisaltie. De là, ayant à gauche le golfe qui est proche du temple de Neptune, elle traversa la plaine de Sylée, et

---

[1] « Lorsqu'ils (les Perses) viennent sur un lac, une rivière ou une fontaine, ils font une fosse et y égorgent la victime, prenant bien garde que l'eau pure qui est dans le voisinage soit ensanglantée, parce que cela la souillerait. Ils posent ensuite la chair de la victime sur des branches de myrte ou de laurier, la brûlent avec des baguettes minces en chantant leur théogonie, et font des libations avec de l'huile mêlée de lait et de miel, qu'ils versent non dans le feu, ou dans l'eau, mais à terre. Le chant de leur théogonie dure longtemps, et, tandis qu'ils la chantent, ils tiennent à la main un faisceau de branches minces de bruyères. » (Strabon, liv. xv.)

passa près de Stagyre ; ville grecque ; elle arriva ensuite à Acanthe avec toutes les forces de ces nations, tant celles des habitants du mont Pangée, que celles des pays dont j'ai parlé ci-dessus. Les peuples maritimes l'accompagnèrent par mer, et ceux qui étaient plus éloignés de la mer le suivirent par terre. Les Thraces ne labourent ni n'ensemencent le chemin par où Xerxès fit passer son armée ; et encore aujourd'hui ils l'ont en grande vénération.

CXVI. Xerxès, étant arrivé à Acanthe, ordonna aux habitants de cette ville de le compter au nombre de leurs amis, leur fit présent d'un habit à la façon des Mèdes ; et voyant avec quelle ardeur ils le secondaient dans cette guerre, et apprenant que le canal du mont Athos était achevé, il leur donna de grandes louanges.

CXVII. Tandis que ce prince était à Acanthe, Artachéès, qui avait présidé aux ouvrages du canal, mourut de maladie. Il était de la maison des Achéménides, et Xerxès en faisait grand cas. Sa taille surpassait en hauteur celle de tous les Perses ; il avait cinq coudées de roi moins quatre doigts[1]. D'ailleurs personne n'avait la voix aussi forte que lui. Xerxès, vivement affligé de cette perte, lui fit faire les funérailles les plus honorables. Toute l'armée éleva un tertre sur le lieu de sa sépulture, et, par l'ordre d'un oracle, les Acanthiens lui offrent des sacrifices comme à un héros, en l'appelant par son nom. Le roi regarda la mort d'Artachéès comme un grand malheur.

CXVIII. Ceux d'entre les Grecs qui reçurent l'armée, et qui donnèrent un repas à Xerxès, furent réduits à une si grande misère, qu'ils furent obligés d'abandonner leurs maisons et de s'expatrier. Les Thasiens ayant reçu l'armée et donné un festin à ce prince au nom des villes qu'ils avaient dans la terre ferme, Antipater, fils d'Orgès, citoyen des plus distingués, qui avait été choisi pour le donner, prouva qu'il y avait dépensé quatre cents talents d'argent[2].

CXIX. Il en fut à peu près de même dans le reste des villes, comme le prouvèrent par leurs comptes ceux qui

---

[1] En supposant qu'il s'agit ici de la mesure en usage à Babylone, cela ferait sept pieds huit pouces, suivant l'évaluation de d'Anville.

[2] 2,160,000 livres de notre monnaie.

présidèrent à la dépense. Ce repas devait être d'autant plus magnifique, qu'ayant été prévenues longtemps auparavant, il se préparait avec le plus grand soin. Les hérauts n'eurent pas plutôt annoncé de côté et d'autre les ordres du roi, que dans les différentes villes les citoyens se partagèrent entre eux les grains, et ne s'occupèrent tous, pendant plusieurs mois, qu'à les moudre et à en faire de la farine. On engraissa le plus beau bétail qu'on put acheter, et l'on nourrit dans des cages et dans des étangs toutes sortes de volailles et d'oiseaux de rivière, afin de recevoir l'armée. On fit aussi des coupes et des cratères d'or et d'argent, et tous les autres vases qu'on sert sur table. Ces préparatifs ne se faisaient que pour le roi même et pour ses convives. Quant au reste de l'armée, on ne lui donnait que les vivres qu'on avait exigés. Dans tous les lieux où elle arrivait, on tenait prête une tente où Xerxès allait se loger : les troupes campaient en plein air. L'heure du repas venue, ceux qui régalaient se donnaient beaucoup de soins ; et les conviés, après avoir bien soupé, passaient la nuit en cet endroit. Le lendemain ils arrachaient la tente, pillaient la vaisselle et les meubles, et emportaient tout sans rien laisser.

CXX. On applaudit à ce sujet un propos de Mégacréon d'Abdère. Il conseilla aux Abdérites de s'assembler tous dans leurs temples, hommes et femmes, pour supplier les dieux de détourner de dessus leur tête la moitié des maux prêts à y fondre ; qu'à l'égard de ceux qu'ils avaient déjà soufferts, ils devaient les remercier de ce que le roi Xerxès n'avait pas coutume de faire deux repas par jour : car si ceux d'Abdère avaient reçu l'ordre de préparer un dîner semblable au souper, il leur aurait fallu fuir l'arrivée du prince ou être ruinés de fond en comble.

CXXI. Quoique accablés, ces peuples n'en exécutaient pas moins les ordres qu'ils avaient reçus. Xerxès renvoya d'Acanthe les commandants de la flotte, et leur ordonna de l'attendre avec leurs vaisseaux à Therme, ville située sur le golfe Therméen, et qui lui donne son nom. On lui avait dit que c'était le plus court chemin. Voici l'ordre que l'armée avait suivi depuis Dorisque jusqu'à Acanthe.

Toutes les troupes de terre étaient partagées en trois corps : l'un, commandé par Mardonius et Masistès, marchait le long des côtes de la mer, et accompagnait l'armée navale ; un autre corps, conduit par Tritantæchmès et Gergis, allait par le milieu des terres ; le troisième, où était Xerxès en personne, marchait entre les deux autres, sous les ordres de Smerdoménès et de Mégabyse.

CXXII. Xerxès n'eut pas plutôt permis à l'armée navale de remettre à la voile, qu'elle entra dans le canal creusé dans le mont Athos, et qui s'étendait jusqu'au golfe où sont les villes d'Assa, de Pilore, de Singos et de Sarta. Ayant pris des troupes dans ces places, elle fit voile vers le golfe de Therme, doubla Ampélos, promontoire du golfe Toronéen, passa près de Torone, de Galepsus, de Sermyle, de Mécyberne et d'Olynthe, villes grecques situées dans le pays qu'on appelle aujourd'hui Sithonie, où elle prit des vaisseaux et des troupes.

CXXIII. Du promontoire Ampélos, elle coupa court à celui de Canastrum, de toute la Pallène la partie la plus avancée dans la mer. Elle y prit pareillement des vaisseaux et des troupes qu'elle tira de Potidée, d'Aphytis, de Néapolis, d'Æga, de Thérambos, de Scioné, de Menda et de Sana. Toutes ces villes sont de la presqu'île connue maintenant sous le nom de Pallène, et autrefois sous celui de Phlégra. Après avoir aussi longé ce pays, elle cingla vers le lieu du rendez-vous, et prit en chemin des troupes des villes voisines de Pallène, et limitrophes du golfe de Therme. Ces villes sont : Lipaxos, Combréa, Lises, Gigonos, Campsa, Smila, Ænia ; le pays où elles sont situées s'appelle encore aujourd'hui Crusæa. D'Ænia, par où j'ai fini l'énumération des villes ci-dessus nommées, la flotte cingla droit au golfe même de Therme et aux côtes de Mygdonie. Enfin elle arriva à Therme, où elle avait ordre de se rendre, à Sindos et à Chalestre sur l'Axius, qui sépare la Mygdonie de la Bottiéide. Les villes d'Ichnes et de Pella sont dans la partie étroite de ce pays qui borde la mer.

CXXIV. L'armée navale demeura à l'ancre près du fleuve Axius, de la ville de Therme et des places intermédiaires, et y attendit le roi. Xerxès partit d'Acanthe avec l'armée de terre, et traversa le continent pour arriver à Therme. Il passa par la Pæonique et la Crestonie arrosée par l'Échidore, qui prend sa source dans le pays des Crestonéens, traverse la Mygdonie, et se jette dans l'Axius près du marais qui est près de ce fleuve.

CXXV. Pendant que Xerxès était en marche, des lions attaquèrent les chameaux qui portaient les vivres. Ces animaux, sortant de leurs repaires, et descendant des montagnes, n'attaquaient que les chameaux, sans toucher ni aux bêtes de charge ni aux hommes. Les lions épargnaient les autres animaux et ne se jetaient que sur les chameaux, quoique auparavant ils n'en eussent jamais vu, et qu'ils n'eussent jamais goûté de leur chair. Quelle qu'en soit la cause, elle me paraît admirable.

CXXVI. On voit dans ces cantons quantité de lions et de bœufs sauvages. Ces bœufs ont des cornes très-grandes, que l'on transporte en Grèce. Le Nestus, qui traverse Abdère, sert de bornes aux lions d'un côté[1], et de l'autre l'Achéloüs, qui arrose l'Acarnanie. Car on n'a jamais vu de lions en aucun endroit de l'Europe, à l'est, au delà du Nestus, et à l'ouest, dans tout le reste du continent, au delà de l'Achéloüs; mais il y en a dans le pays entre ces deux fleuves.

CXXVII. Xerxès fit camper l'armée à son arrivée à Therme. Elle occupait tout le terrain le long de la mer depuis la ville de Therme et la Mygdonie jusqu'au Lydias et à l'Haliacmon, qui, venant à mêler leurs eaux dans le même lit, servent de bornes à la Bottiéide et à la Macédoine. Ce fut donc en cet endroit que campèrent les Barbares. De tous les fleuves dont j'ai parlé ci-dessus, l'Echidore, qui coule de la Crestonie, fut le seul dont l'eau ne suffit point à leur boisson et qu'ils mirent à sec.

CXXVIII. Xerxès apercevant de Thermé les montagnes

---

[1] Il y avait encore des lions en Europe du temps d'Aristote. Cet auteur dit : « Cet animal est rare et ne naît pas en tout lieu. Dans l'Europe entière on n'en trouve qu'entre l'Achéloüs et le Nessus. » Dion Chrysostome assure qu'il n'y en avait plus de son temps en Europe, et qu'ils avaient disparu de la Macédoine et des autres lieux où l'on en voyait auparavant. (L.)

de Thessalie, l'Olympe et l'Ossa, qui sont d'une hauteur prodigieuse, et apprenant qu'il y avait entre ces montagnes un vallon étroit par où coule le Pénée, avec un chemin qui mène en Thessalie, il désira de s'embarquer pour considérer l'embouchure de ce fleuve. Il devait en effet prendre les hauteurs à travers la Macédoine, pour venir de là dans le pays des Perrhæbes, et passer près de la ville de Gonnos. Car on lui avait appris que c'était la route la plus sûre. A peine eut-il formé ce désir, qu'il l'exécuta. Il monta sur le vaisseau sidonien dont il se servait toujours en de semblables occasions. En même temps il donna le signal aux autres vaisseaux pour lever l'ancre, et laissa en cet endroit son armée de terre. Arrivé à l'embouchure du Pénée, Xerxès la contempla, et, ravi d'admiration, il manda les guides, à qui il demanda s'il n'était pas possible, en détournant le fleuve, de le faire entrer dans la mer par un autre endroit.

CXXIX. On dit que la Thessalie était anciennement un lac enfermé de tous côtés par de hautes montagnes, à l'est par les monts Pélion et Ossa, qui se joignent par le bas; au nord par l'Olympe, à l'ouest par le Pinde, au sud par l'Othrys. L'espace entre ces montagnes est occupé par la Thessalie, pays creux arrosé d'un grand nombre de rivières, dont les cinq principales sont le Pénée, l'Apidanos, l'Onochonos, l'Énipée, le Pamisos. Ces rivières, que je viens de nommer, rassemblées dans cette plaine (la Thessalie) au sortir des montagnes qui environnent la Thessalie, traversent un vallon, même fort étroit, et se jettent dans la mer après s'être toutes réunies dans le même lit. Aussitôt après leur jonction, le Pénée conserve son nom, et fait perdre le leur aux autres.

On dit qu'autrefois, ce vallon et cet écoulement n'existant point encore, les cinq rivières, et outre cela le lac Bœbéis, n'avaient pas de nom, comme elles en ont aujourd'hui; que cependant elles coulaient de même qu'elles le font actuellement, et que, continuant toujours à couler, elles firent une mer de la Thessalie entière. Les Thessaliens eux-mêmes disent que Neptune a fait le vallon étroit par lequel le Pénée roule ses eaux, et ce sentiment est vraisemblable. Quiconque pense en effet que Neptune ébranle la terre, et que les séparations qu'y font les tremblements sont des ouvrages de ce dieu, ne peut disconvenir, en voyant ce vallon, que Neptune n'en soit l'auteur. Car ces montagnes (l'Olympe et l'Ossa), à ce qu'il me paraît, n'ont été séparées que par un tremblement de terre.

CXXX. Xerxès ayant demandé aux guides si le Pénée pouvait se rendre à la mer par un autre endroit, ceux-ci, bien instruits du local, lui répondirent : « Seigneur, le » Pénée ne peut avoir, pour entrer dans la mer, d'autre » issue que celle-ci : car la Thessalie est de tous côtés en- » vironnée de montagnes. » On rapporte que sur cette réponse Xerxès parla en ces termes : « Les Thessaliens sont » prudents. Ils ont pris leurs précautions de loin, parce » qu'ils connaissent et leur propre faiblesse, et qu'il est » facile de se rendre maître de leur pays. Il ne faudrait » en effet que faire refluer le fleuve dans les terres, en le » détournant de son cours, et en bouchant par une digue » le vallon par où il coule, pour submerger toute la Thes- » salie, excepté les montagnes. » Ce discours regardait les fils d'Aleuas, parce qu'étant Thessaliens ils s'étaient, les premiers de la Grèce, soumis au roi, et parce que Xerxès pensait qu'ils avaient fait amitié avec lui au nom de toute la nation.

CXXXI. Quand il eut bien examiné cette embouchure, il remit à la voile et s'en retourna à Therme. Il séjourna quelque temps aux environs de la Piérie, tandis que la troisième partie de ses troupes coupait les arbres et les buissons de la montagne de Macédoine, afin d'ouvrir un passage à toute l'armée pour entrer sur les terres des Perrhæbes. Pendant son séjour en ces lieux, les hérauts qu'il avait envoyés en Grèce pour demander la terre revinrent, les uns les mains vides, les autres avec la terre et l'eau.

CXXXII. Les peuples qui lui avaient fait leurs soumissions étaient les Thessaliens, les Dolopes, les Æniancs, les Perrhæbes, les Locriens, les Magnètes, les Méliens, les Achéens de la Phthiotide, les Thébains et le reste des Béotiens, excepté les Thespiens et les Platéens. Les Grecs qui avaient entrepris la guerre contre le Barbare se liguè-

rent contre eux par un serment conçu en ces termes :
« Que tous ceux qui, étant Grecs, se sont donnés aux
» Perses, sans y être forcés par la nécessité, payent au
» dieu de Delphes, après le rétablissement des affaires,
» la dixième partie de leurs biens. » Le serment que firent
les Grecs était ainsi.

CXXXIII. Xerxès ne dépêcha point de hérauts à Athènes et à Sparte pour exiger la soumission de ces villes. Darius leur en avait envoyé précédemment pour ce même sujet ; mais les Athéniens les avaient jetés dans le Barathre¹, et les Lacédémoniens dans un puits, où ils leur dirent de prendre de la terre et de l'eau, et de les porter à leur roi. Voilà ce qui empêcha Xerxès de leur envoyer faire cette demande. Au reste, je ne puis dire ce qui arriva de fâcheux aux Athéniens pour avoir ainsi traité les hérauts de Darius. Leur ville et leurs pays furent, il est vrai, pillés et dévastés ; mais je ne crois pas que le traitement fait à ces hérauts en soit la cause.

CXXXIV. La colère de Talthybius, qui avait été le héraut d'Agamemnon, s'appesantit sur les Lacédémoniens. Il y a à Sparte un lieu qui lui est consacré, et l'on voit aussi en cette ville de ses descendants. On les appelle Talthybiades. La république les charge par honneur de toutes les ambassades. Après cette époque, les entrailles des victimes cessèrent à Sparte d'être favorables. Cela dura longtemps ; mais enfin les Lacédémoniens, affligés de ce malheur, firent demander par des hérauts, dans de fréquentes assemblées tenues à ce sujet, s'il n'y avait point quelque Lacédémonien qui voulût mourir pour le salut de Sparte. Alors Sperthiès, fils d'Anériste, et Boulis, fils de Nicolaos, tous deux Spartiates d'une naissance distinguée, et des plus riches de la ville, s'offrirent d'eux-mêmes à la peine que voudrait leur imposer Xerxès, fils de Darius, pour le meurtre des hérauts commis à Sparte. Les Lacédémoniens les

---

¹ Le Barathre est un fossé à Athènes, du bourg des Céraïdes de la tribu OEnéide, dans lequel on jetait les hommes condamnés à mort, de même que les Lacédémoniens les précipitaient dans le Céadas. Dans les côtés du Barathre on avait enfoncé à différentes distances des crochets, les uns plus haut, les autres plus bas, qui mettaient en pièces ceux que l'on y précipitait. (L.)

envoyèrent donc aux Mèdes comme à une mort certaine.

CXXXV. Leur intrépidité et le langage qu'ils tinrent en ces circonstances ont droit à notre admiration. Étant partis pour Suses, ils arrivèrent chez Hydarnès, Perse de naissance, et gouverneur de la côte maritime d'Asie. Ce seigneur leur fit toute sorte d'accueil, et pendant le repas il leur dit : « Lacédémoniens, pourquoi donc avez-vous tant » d'éloignement pour l'amitié du roi? Vous voyez par » l'état de ma fortune qu'il sait honorer le mérite. Comme » il a une haute opinion de votre courage, il vous donne- » rait aussi à chacun un gouvernement dans la Grèce, si » vous vouliez le reconnaître pour votre souverain.—Hy- » darnès, lui répondirent-ils, les raisons de ce conseil ne » sont pas les mêmes pour vous et pour nous. Vous nous » conseillez cet état, parce que vous en avez l'expérience, » et que vous ne connaissez pas l'autre. Vous savez être » esclave, mais vous n'avez jamais goûté la liberté, et vous » en ignorez les douceurs. En effet, si jamais vous l'aviez » éprouvée, vous nous conseilleriez de combattre pour elle, » non-seulement avec des piques, mais encore avec des » haches. » Telle fut la réponse qu'ils firent à Hydarnès.

CXXXVI. Ayant été admis, à leur arrivée à Suses, à l'audience du roi, les gardes leur ordonnèrent de se prosterner et de l'adorer, et même ils leur firent violence. Mais ils protestèrent qu'ils n'en feraient rien, quand même on les pousserait par force contre terre; qu'ils n'étaient point dans l'usage d'adorer un homme, et qu'ils n'étaient pas venus dans ce dessein à la cour de Perse. Après s'être défendus de la sorte, ils adressèrent la parole à Xerxès en ces termes et autres semblables : « Roi des Mèdes, les Lacédé- » moniens nous ont envoyés pour expier par notre mort » celle des hérauts qui ont péri à Sparte. » Xerxès, faisant à ce discours éclater sa grandeur d'âme, répondit qu'il ne ressemblerait point aux Lacédémoniens, qui avaient violé le droit des gens en mettant à mort des hérauts; qu'il ne ferait point ce qu'il leur reprochait; qu'en faisant mourir à son tour leurs hérauts, ce serait les justifier.

CXXXVII. Cette conduite des Spartiates fit cesser pour le présent la colère de Talthybius, malgré le retour de Sperthiès et de Boulis à Sparte. Mais longtemps après, à ce que disent les Lacédémoniens, cette colère se réveilla dans la guerre des Péloponnésiens et des Athéniens. Pour moi, je ne trouve en cet événement rien de divin. Car que la colère de Talthybius se soit appesantie sur des envoyés, et qu'elle n'ait point cessé avant que d'avoir eu son effet, cela était juste; mais qu'elle soit tombée sur les enfants de ces deux Spartiates qui s'étaient rendus auprès du roi pour apaiser sa colère, je veux dire sur Nicolaos, fils de Boulis, et sur Anériste, fils de Sperthiès, qui enleva des pêcheurs de Tiryns qui naviguaient autour du Péloponnèse[1] sur un vaisseau de charge monté par des hommes d'Andros, cela ne me paraît point un effet de la vengeance des dieux et une suite de la colère de Talthybius. Car Nicolaos et Anériste ayant été envoyés en ambassade en Asie par les Lacédémoniens, Sitalcès, fils Térès[2], roi des Thraces, et Nymphodore[3], fils de Pythéas, de la ville d'Abdère, les ayant trahis, ils furent pris vers Bisanthe sur l'Hellespont, et amenés dans l'Attique, où les Athéniens les firent mourir, et avec eux Aristéas[4], fils d'Adimante de Corinthe. Mais ces événements sont postérieurs de bien des années à l'expédition du roi contre la Grèce[5].

CXXXVIII. Je reviens maintenant à mon sujet. La marche de Xerxès ne regardait en apparence qu'Athènes,

[1] On voit par Thucydide que les Lacédémoniens firent mourir des marchands athéniens et des alliés de ce peuple qu'ils prirent sur des vaisseaux de charge naviguant autour du Péloponnèse. (L.)

[2] Térès fut un prince valeureux et le fondateur du royaume des Odryses. Il eut deux fils, Sitalcès et Sparodous, et une fille dont on ignore le nom. Cette fille fut mariée à Ariapithès, roi des Scythes. (L.)

[2] Ce Nymphodore était beau-frère de Sitalcès, et en grand crédit auprès de lui. Il procura aux Athéniens l'alliance de Sitalcès, et fit déclarer Sadocus, fils de ce prince, citoyen d'Athènes. (L.)

[4] Il commandait les Corinthiens à la journée de Potidée, et il enfonça l'aile des Athéniens qui lui était opposée. Cet événement est de la seconde année de la LXXXVIe olympiade. Il fut pris environ cinq ans après. Ayant été conduit à Athènes, on le fit mourir. La conduite injurieuse de son père Adimante envers Thémistocles, et sa fuite honteuse à la journée de Salamine, contribuèrent beaucoup à son malheur. (L.)

[5] Cela arriva la troisième année de la LXXXVIIe olympiade, comme on le voit par Thucydide. Hérodote écrivait donc en ce temps-là cette partie de son Histoire, ou bien il ajouta ces circonstances après l'événement. (L.)

mais elle menaçait réellement toute la Grèce. Quoique les Grecs en fussent instruits depuis longtemps, ils n'en étaient pas cependant tous également affectés. Ceux qui avaient donné au Perse la terre et l'eau se flattaient de n'éprouver de sa part aucun traitement fâcheux. Ceux, au contraire, qui n'avaient pas fait leurs soumissions étaient effrayés, parce que toutes les forces maritimes de la Grèce n'étaient pas en état de résister aux attaques de Xerxès, et que le grand nombre, loin de prendre part à cette guerre, montrait beaucoup d'inclination pour les Mèdes.

CXXXIX. Je suis obligé de dire ici mon sentiment ; et quand même il m'attirerait la haine de la plupart des hommes, je ne dissimulerai pas ce qui paraît, du moins à mes yeux, être la vérité. Si la crainte du péril qui menaçait les Athéniens leur eût fait abandonner leur patrie, ou si, restant dans leur ville, ils se fussent soumis à Xerxès, personne n'aurait tenté de s'opposer au roi sur mer. Si personne n'eût résisté par mer à ce prince, voici sans doute ce qui serait arrivé sur le continent. Quand même les Péloponnésiens auraient fermé l'isthme de plusieurs enceintes de muraille, les Lacédémoniens n'en auraient pas moins été abandonnés par les alliés, qui, voyant l'armée navale des Barbares prendre leurs villes l'une après l'autre, se seraient vus dans la nécessité de les trahir malgré eux. Seuls et dépourvus de tout secours, ils auraient signalé leur courage par de grands exploits, et seraient morts généreusement les armes à la main ; ou ils auraient éprouvé le même sort que le reste des alliés ; ou bien, avant que d'éprouver ce sort, ils auraient traité avec Xerxès, quand ils auraient vu le reste des Grecs prendre le parti des Mèdes. Ainsi, dans l'un ou l'autre de ces cas, la Grèce serait tombée sous la puissance de cette nation ; car, le roi étant maître de la mer, je ne puis voir de quelle utilité aurait été le mur dont on aurait fermé l'isthme d'un bout à l'autre. On ne s'écarterait donc point de la vérité en disant que les Athéniens ont été les libérateurs de la Grèce. En effet, quelque parti qu'ils eussent pris, il devait être le prépondérant. En préférant la liberté de la Grèce, ils réveillèrent le courage de tous les Grecs qui ne s'étaient point encore déclarés pour les Perses; et ce furent eux qui, du moins après les dieux, repoussèrent le roi. Les réponses de l'oracle de Delphes, quelque effrayantes et terribles qu'elles fussent, ne leur persuadèrent pas d'abandonner la Grèce: ils demeurèrent fermes, et osèrent soutenir le choc de l'ennemi qui fondait sur leur pays.

CXL. Les Athéniens, voulant consulter l'oracle, envoyèrent à Delphes des théores[1]. Après les cérémonies usitées, et après s'être assis dans le temple en qualité de suppliants, ces députés reçurent de la Pythie, nommée Aristonice, une réponse conçue en ces termes:

« Malheureux! pourquoi vous tenez-vous assis? Aban-
» donnez vos maisons et les rochers de votre citadelle,
» fuyez jusqu'aux extrémités de la terre. Athènes sera dé-
» truite de fond en comble, tout sera renversé, tout sera
» la proie des flammes; et le redoutable Mars, monté sur
» un char syrien, ruinera non-seulement vos tours et vos
» forteresses, mais encore celles de plusieurs autres villes.
» Il embrasera les temples. Les dieux sont saisis d'effroi,
» la sueur découle de leurs simulacres, et déjà du faîte de
» leurs temples coule un sang noir, présage assuré des
» maux qui vous menacent. Sortez donc, Athéniens, de
» mon sanctuaire, armez-vous de courage contre tant de
» maux. »

CXLI. Cette réponse affligea beaucoup les députés d'Athènes. Timon, fils d'Androbule, citoyen des plus distingués de la ville de Delphes, les voyant désespérés à cause des malheurs prédits par l'oracle, leur conseilla de prendre des rameaux d'olivier, et d'aller une seconde fois consulter le dieu en qualité de suppliants. Ils suivirent ce conseil, et lui adressèrent ces paroles: « O roi! fais-nous
» une réponse plus favorable sur le sort de notre patrie,
» par respect pour ces branches d'olivier que nous tenons
» entre nos mains; ou nous ne sortirons point de ton
» sanctuaire, et nous y resterons jusqu'à la mort. » La grande prêtresse leur répondit ainsi pour la seconde fois:
« C'est en vain que Pallas emploie et les prières et les rai-

---

[1] On appelait théore un ambassadeur envoyé pour offrir des sacrifices à quelques dieux ou pour consulter un oracle.

» sons auprès de Jupiter Olympien, elle ne peut le fléchir.
» Cependant, Athéniens, je vous donnerai encore une
» réponse, ferme, stable, irrévocable. Quand l'ennemi se
» sera emparé de tout ce que renferme le pays de Cécrops,
» et des antres du sacré Cithéron, Jupiter, qui voit tout,
» accorde à Pallas une muraille de bois qui seule ne pourra
» être prise ni détruite ; vous y trouverez votre salut, vous
» et vos enfants. N'attendez donc pas tranquillement la
» cavalerie et l'infanterie de l'armée nombreuse qui vien-
» dra vous attaquer par terre ; prenez plutôt la fuite, et
» lui tournez le dos : un jour viendra que vous lui tien-
» drez tête. Pour toi, ô divine Salamine! tu perdras les
» enfants des femmes ; tu les perdras, dis-je, soit que Cérès
» demeure dispersée, soit qu'on la rassemble. »

CXLII. Cette réponse parut aux théores moins dure que la précédente, et véritablement elle l'était. Ils la mirent par écrit, et retournèrent à Athènes. A peine y furent-ils arrivés, qu'ils firent leur rapport au peuple. Le sens de l'oracle fut discuté, et les sentiments se trouvèrent partagés. Ces deux-ci furent les plus opposés. Quelques-uns des plus âgés pensaient que le dieu déclarait par sa réponse que la citadelle ne serait point prise, car elle était anciennement fortifiée d'une palissade. Ils conjecturaient donc que la muraille de bois dont parlait l'oracle n'était autre chose que cette palissade. D'autres soutenaient, au contraire, que le dieu désignait les vaisseaux, et que sans délais il en fallait équiper. Mais les deux derniers vers de la Pythie : « Pour toi, ô divine Salamine! tu perdras les
» enfants des femmes, tu les perdras, dis-je, soit que Cérès
» demeure dispersée, soit qu'on la rassemble, » embarrassaient ceux qui disaient que les vaisseaux étaient le mur de bois, et leurs avis en étaient confondus. Car les devins entendaient qu'ils seraient vaincus près de Salamine, s'ils se disposaient à un combat naval.

CXLIII. Il y avait alors à Athènes un citoyen nouvellement élevé au premier rang. Son nom était Thémistocles ; mais on l'appelait fils de Néoclès. Il soutint que les interprètes n'avaient pas rencontré le vrai sens de l'oracle. Si le malheur prédit, disait-il, regardait en quelque sorte les

Athéniens, la réponse de la Pythie ne serait pas, ce me semble, si douce. *Infortunée Salamine!* aurait-elle dit, au lieu de ces mots, *ô divine Salamine!* si les habitants eussent dû périr aux environs de cette île. Mais, pour quiconque prenait l'oracle dans son vrai sens, le dieu avait plutôt en vue les ennemis que les Athéniens. Là-dessus il leur conseillait de se préparer à un combat naval, parce que les vaisseaux étaient le mur de bois. Les Athéniens décidèrent que l'avis de Thémistocles était préférable à celui des interprètes des oracles, qui dissuadaient le combat naval, et même en général de lever les mains contre l'ennemi, et conseillaient d'abandonner l'Attique et de faire ailleurs un nouvel établissement.

CXLIV. Antérieurement à cet avis, Thémistocles en avait ouvert un autre qui se trouva excellent dans la conjoncture actuelle. Il y avait dans le trésor public de grandes richesses provenant des mines de Laurium. On était sur le point de les distribuer à tous les citoyens qui avaient atteint l'âge de puberté, et chacun d'eux aurait reçu pour sa part dix drachmes [1]. Thémistocles persuada aux Athéniens de ne point faire cette distribution, et de construire avec cet argent deux cents vaisseaux pour la guerre, entendant par ces mots la guerre qu'on avait à soutenir contre les Éginètes. Cette guerre fut alors le salut de la Grèce, parce qu'elle força les Athéniens à devenir marins. Ces vaisseaux ne servirent pas à l'usage auquel on les avait destinés, mais on les employa fort à propos pour les besoins de la Grèce. Ils se trouvèrent faits d'avance, et il ne fallut plus qu'y en ajouter quelques autres. Ainsi, dans un conseil tenu après qu'on eut consulté l'oracle, il fut résolu que, pour obéir au dieu, toute la nation, de concert avec ceux d'entre les Grecs qui voudraient se joindre à elle, attaquerait par mer les Barbares qui venaient fondre sur la Grèce. Tels furent les oracles rendus aux Athéniens.

CXLV. Les Grecs les mieux intentionnés pour la patrie s'assemblèrent en un même lieu, et, après s'être entre-donné la foi et avoir délibéré entre eux, il fut convenu

---

[1] 9 livres de notre monnaie.

qu'avant tout on se réconcilierait, et que de part et d'autre on ferait la paix ; car dans ce temps-là la guerre était allumée entre plusieurs villes, mais celle des Athéniens et des Éginètes était la plus vive.

Ayant ensuite appris que Xerxès était à Sardes avec son armée, ils furent d'avis d'envoyer en Asie des espions pour s'instruire de ses projets. Il fut aussi résolu d'envoyer des ambassadeurs, les uns à Argos, pour se liguer avec les Argiens contre les Perses ; les autres en Sicile, à Gélon, fils de Diomènes ; d'autres en Corcyre pour exhorter les Corcyréens à donner du secours à la Grèce ; et d'autres en Crète. Ils avaient par là dessein de réunir, s'il était possible, le corps hellénique, et de faire unanimement les derniers efforts pour écarter les dangers dont tous les Grecs étaient également menacés. La puissance de Gélon passait alors pour très-considérable, et il n'y avait point d'État en Grèce dont les forces égalassent celles de ce prince.

CXLVI. Ces résolutions prises, et s'étant réconciliés les uns les autres, ils envoyèrent d'abord trois espions en Asie. Ceux-ci examinèrent, à leur arrivée, les forces de Xerxès ; mais ayant été surpris, les généraux de l'armée de terre les condamnèrent à mort, et on les conduisit au supplice après les avoir mis à la torture. Aussitôt que Xerxès en eut été instruit, il blâma la conduite de ses généraux ; et sur-le-champ il dépêcha quelques-uns de ses gardes, avec ordre de lui amener les trois espions s'ils vivaient encore. Les gardes, les ayant trouvés vivants, les menèrent au roi.

Ce prince, ayant appris le sujet de leur voyage, ordonna à ses gardes de les accompagner partout, de leur faire voir toutes ses troupes, tant l'infanterie que la cavalerie, et, après que leur curiosité aurait été satisfaite, de les renvoyer sains et saufs dans le pays où ils voudraient aller. En donnant ses ordres, il ajouta que si on faisait périr ces espions, les Grecs ne pourraient être instruits d'avance de la grandeur de ses forces, qui étaient au-dessus de ce qu'en publiait la renommée ; et qu'en faisant mourir trois hommes, on ne ferait pas grand mal aux ennemis. Il pensait aussi qu'en retournant dans leur pays, les Grecs, instruits de l'état de ses affaires, n'attendraient pas l'arrivée des troupes pour se soumettre, et qu'ainsi il ne serait plus nécessaire de se donner la peine de conduire une armée contre eux.

CXLVII. Ce sentiment ressemble à cet autre du même prince. Tandis qu'il était à Abydos, il aperçut des vaisseaux qui, venant du Pont-Euxin, traversaient l'Hellespont pour porter du blé en Égine et dans le Péloponnèse. Ceux qui étaient auprès de lui, ayant appris que ces vaisseaux appartenaient aux ennemis, se disposaient à les enlever, et, les yeux attachés sur lui, ils n'attendaient que son ordre, lorsqu'il leur demanda où allaient ces vaisseaux. « Seigneur, répondirent-ils, ils vont porter du blé à vos » ennemis. » « Hé bien, reprit-il, n'allons-nous pas aussi » au même endroit chargés, entre autres choses, de blé? » Quels torts nous font-ils donc en portant des vivres pour » nous? »

Les espions, ayant été renvoyés, revinrent en Europe après avoir tout examiné.

CXLVIII. Aussitôt après que les Grecs confédérés les eurent fait partir pour l'Asie, ils envoyèrent des députés à Argos. Voici, selon les Argiens, comment se passèrent les choses qui les concernent. Ils disent qu'ils eurent connaissance dès les commencements des desseins des Barbares contre la Grèce; que, sur cette nouvelle, ayant appris que les Grecs les solliciteraient de leur donner du secours contre les Perses, ils avaient envoyé demander au dieu de Delphes quel parti devait leur être le plus avantageux ; car depuis peu les Lacédémoniens, commandés par Cléomène, fils d'Anaxandrides, leur avait tué six mille homme; que la Pythie leur avait répondu en ces termes : « Peuple haï de » tes voisins, cher aux dieux immortels, tiens-toi sur tes » gardes prêt à frapper, ou à parer les coups de tes enne» mis ; défends ta tête, et ta tête sauvera ton corps. » Telle fut, suivant eux, la réponse de la Pythie avant la venue des députés. Ils ajoutent qu'aussitôt après leur arrivée à Argos, on les admit au sénat, où ils exposèrent leurs ordres; que le sénat répondit que les Argiens étaient disposés à accorder du secours après avoir préalablement conclu une trêve de trente ans avec les Lacédémoniens, à condition qu'ils auraient la moitié du commandement de toutes les troupes combinées ; que le commandement leur appartenait de droit tout entier, mais cependant qu'ils se contenteraient de la moitié.

CXLIX. Telle fut, suivant eux, la réponse de leur sénat, quoique l'oracle leur eût défendu d'entrer dans l'alliance des Grecs. Ils ajoutent que ce qui leur faisait le plus désirer la trêve de trente ans, malgré la crainte que l'oracle leur avait inspirée, c'était afin de donner à leurs enfants le temps de parvenir à l'âge viril. Ils se tranquillisaient par ce moyen l'esprit, n'ayant plus à craindre durant cette trêve de tomber sous le joug des Lacédémoniens ; ce qui n'aurait pas manqué d'arriver, si, affaiblis déjà par la guerre qu'ils venaient de soutenir contre eux, ils venaient encore à essuyer quelque échec de la part des Perses. Ils ajoutent encore que ceux d'entre les ambassadeurs qui étaient de Sparte répondirent au discours du sénat qu'à l'égard de la trêve, ils en feraient leur rapport au peuple ; mais qu'au sujet du commandement des armées, il leur avait été enjoint de dire que les Spartiates ayant deux rois, et les Argiens un seul, il n'était pas possible d'ôter le commandement des troupes à l'un des deux rois de Sparte ; mais que rien n'empêchait que le roi d'Argos ne partageât l'autorité également avec eux. Ainsi les Argiens disent qu'ils ne voulurent point souffrir l'ambition des Spartiates, et qu'ils aimèrent mieux obéir aux Barbares que de rien céder aux Lacédémoniens ; qu'en conséquence ils ordonnèrent aux ambassadeurs de sortir de leur territoire avant le coucher du soleil, sous peine d'être traités en ennemis.

CL. C'est ainsi que les Argiens eux-mêmes racontent ce qui se passa en cette occasion ; mais on le rapporte en Grèce d'une façon bien différente. Xerxès, dit-on, avant que d'entreprendre son expédition contre la Grèce, envoya un héraut à Argos, qui parla aux Argiens en ces termes : « Argiens, voici ce que vous dit le roi Xerxès. Nous pen- » sons que Persès, l'un de nos ancêtres, ayant eu pour » père Persée, fils de Danaé, et pour mère Andromède, » fille de Céphée, nous tenons de vous notre origine. Il » n'est donc point naturel ni que nous fassions la guerre

» à nos pères, ni qu'en donnant du secours aux Grecs,
» vous vous déclariez nos ennemis. Restez tranquilles chez
» vous. Si cette expédition a le succès que j'attends, je
» vous traiterai avec plus de distinction qu'aucun autre
» peuple. » On ajoute que, quoique ces propositions eussent paru de la plus grande importance aux Argiens, ils
ne firent d'abord d'eux-mêmes aucune demande aux Grecs;
mais que, lorsque ceux-ci les sollicitèrent d'entrer dans leur
ligue, ils exigèrent une part dans le commandement des
armées, afin d'avoir un prétexte de demeurer tranquilles,
sachant bien que les Lacédémoniens ne voudraient pas le
partager avec eux.

CLI. Il y a des Grecs qui rapportent une histoire qui s'accorde très-bien avec celle-là, et qui n'arriva que beaucoup
d'années après. Les Athéniens, disent-ils, avaient député
pour quelques affaires à Suses, ville de Memnon [1], des ambassadeurs, et entre autres Callias, fils d'Hipponicus. Dans le
même temps, les Argiens y avaient aussi envoyé des ambassadeurs, pour demander à Artaxerxès, fils de Xerxès,
si l'alliance qu'ils avaient contractée avec Xerxès subsistait
encore, ou s'il les regardait comme ennemis. Le roi Artaxerxès répondit qu'elle subsistait, et qu'il n'y avait point
de ville qu'il aimât plus que celle d'Argos.

CLII. Au reste, je ne puis assurer que Xerxès ait envoyé un héraut à Argos pour dire aux Argiens ce que je
viens de rapporter, ni que les ambassadeurs des Argiens
se soient transportés à Suses pour demander à Artaxerxès
si l'alliance subsistait encore avec lui. Je rapporte seulement les discours que les Argiens tiennent eux-mêmes.
Tout ce que je sais, c'est que si tous les hommes portaient
en un même lieu leurs mauvaises actions pour les échanger
contre celles de leurs voisins, après avoir envisagé celles
des autres, chacun remporterait avec plaisir ce qu'il aurait
porté à la masse commune. Il y a sans doute des actions
encore plus honteuses que celles des Argiens. Si je suis
obligé de rapporter ce qu'on dit, je ne dois pas du moins

---

[1] Cette ville avait été bâtie par Tithonus, père de Memnon : Hérodote l'appelle toujours ville memnonienne. Sa citadelle se nommait Memnonium. (*Strabon*, lib. xv.)

croire tout aveuglément. Que cette protestation serve donc pour toute cette Histoire, à l'occasion de l'invitation que l'on assure avoir été faite par les Argiens aux Perses de passer en Grèce, parce qu'après avoir été vaincus par les Lacédémoniens, ils trouvaient tout autre état préférable à la situation déplorable où ils étaient pour lors. En voilà assez sur les Argiens.

CLIII. Il vint aussi en Sicile des ambassadeurs de la part des alliés, parmi lesquels était Syagrus, député de Lacédémone, pour s'aboucher avec Gélon. Un des ancêtres de ce Gélon fut citoyen de Géla. Il était originaire de Télos, île voisine du promontoire de Triopium. Les Lindiens de l'île de Rhodes et Antiphémus le menèrent avec eux lorsqu'ils fondèrent la ville de Géla. Ses descendants étant devenus dans la suite hiérophantes de Cérès et Proserpine, ils continuèrent toujours à jouir de cette dignité. Ils la tenaient de Télinès, l'un de leurs ancêtres, qui y parvint de la manière que je vais dire. Une sédition s'étant élevée à Géla, les vaincus se sauvèrent à Mactorium, ville située au-dessus de Géla. Télinès les ramena dans leur patrie sans aucunes troupes, et n'ayant que les choses consacrées à ces déesses. Où les avait-il prises? comment les possédait-il? c'est ce que je ne puis dire. Plein de confiance en ces choses, il ramena les habitants de Géla; mais ce fut à condition que ses descendants seraient hiérophantes des déesses. J'admire ce qu'on dit de l'entreprise de Télinès, et je suis étonné qu'il ait pu en venir à bout. Il n'est pas donné, je pense, à tout le monde d'exécuter de pareils projets; cela n'appartient qu'à de grandes âmes, qu'à des hommes hardis et courageux. Or les habitants de Sicile disent qu'il avait des qualités contraires, et que c'était un homme naturellement mou et efféminé. Telle fut la manière dont il se mit en possession de cette dignité.

CLIV. Cléandre, fils de Pantarès, ayant été tué par Sabyllus, citoyen de Géla, après avoir régné sept ans dans cette ville, son frère Hippocrates s'empara de la couronne. Sous le règne de celui-ci, Gélon, descendant de l'hiérophante Télinès, ainsi que plusieurs autres, parmi lesquels on compte Ænésidémus, fils de Pataïcus, de simple garde du corps d'Hippocrates s'éleva en peu de temps par son mérite à la dignité de général de la cavalerie. Il s'était en effet distingué contre les Callipolites, les Naxiens, les Zancléens, les Léontins, et outre cela contre les Syracusains et plusieurs peuples barbares qu'Hippocrates avait assiégés dans leurs capitales. De toutes les villes que je viens de nommer, il n'y eut que celle de Syracuse qui évita le joug d'Hippocrates. Il en battit les habitants près du fleuve Elorus; mais les Corinthiens et les Corcyréens les délivrèrent de la servitude, et les réconcilièrent avec ce prince, à condition qu'ils lui donneraient Camarine[1], qui leur appartenait de toute antiquité.

CLV. Hippocrates, après avoir régné autant de temps (sept ans) que son frère Cléandre, mourut devant la ville d'Hybla en faisant la guerre aux Sicules. Alors Gélon prit en apparence la défense d'Euclides et de Cléandre, tous deux fils d'Hippocrates, contre les citoyens de Géla, qui ne voulaient plus les reconnaître pour leurs maîtres. Ayant vaincu ceux-ci dans un combat, il s'empara réellement lui-même de l'autorité souveraine, et en dépouilla les fils d'Hippocrates. Cette entreprise lui ayant réussi, il ramena de la ville de Casmène ceux d'entre les Syracusains qu'on appelait Gamores. Ils avaient été chassés par le peuple et par leurs propres esclaves, nommés Cillicyriens. En les rétablissant dans Syracuse, il s'empara aussi de cette place; car le peuple, voyant qu'il venait l'attaquer, lui livra la ville et se soumit.

CLVI. Lorsque Syracuse fut en sa puissance, il fit beaucoup moins de cas de Géla, dont il était auparavant en possession. Il en confia le gouvernement à son frère Hiéron, et garda pour lui Syracuse, qui était tout pour lui et lui tenait lieu de tout. Cette ville s'accrut considérablement en peu de temps et devint très-florissante. Il y transféra tous les habitants de Camarine, les en fit citoyens, et rasa leur ville. Il en agit de même à l'égard de plus de la moitié des Gélois. Il assiégea les Mégariens de Sicile, et les

[1] Camarine était pour lors détruite; mais les Syracusains donnèrent le territoire de cette ville à Hippocrates, tyran de Géla. Ce prince y envoya une colonie, et la rétablit. (L.)

força de se rendre. Les plus riches d'entre eux, lui ayant fait la guerre, s'attendaient par cette raison à périr. Cependant Gélon les envoya à Syracuse, et leur donna le droit de cité. A l'égard du peuple, il le fit conduire aussi à Syracuse, et l'y fit vendre pour être transporté hors de la Sicile, quoiqu'il n'eût point été l'auteur de cette guerre, et qu'il ne s'attendît pas à un sort fâcheux. Il en agit de même avec les Eubœens de Sicile, qu'il avait pareillement séparés en deux classes : il les traita ainsi les uns et les autres, parce qu'il était persuadé que le peuple était un voisin très-incommode. Ce fut ainsi que Gélon devint un puissant monarque.

CLVII. A peine les ambassadeurs des Grecs furent-ils arrivés à Syracuse, que Gélon leur donna audience. « Les » Lacédémoniens, les Athéniens et leurs alliés, lui dirent-» ils, nous ont députés pour vous inviter à réunir vos » forces aux nôtres contre les Barbares. Vous avez sans » doute appris que le roi de Perse est prêt à fondre sur la » Grèce, qu'après avoir jeté des ponts sur l'Hellespont et » amené de l'Asie toutes les forces de l'Orient, il est sur » le point de l'attaquer, et que, sous prétexte de marcher » contre Athènes, il a réellement dessein de réduire la » Grèce entière sous le joug. Vous êtes puissant, et la » Sicile, dont vous êtes souverain, n'est pas une des moin-» dres parties de la Grèce. Donnez du secours aux ven-» geurs de la liberté, et joignez-vous à eux pour la leur » conserver. Car, toute la Grèce étant réunie, nous for-» merons une puissance considérable, et en état de com-» battre l'ennemi qui vient nous attaquer. Mais si les uns » trahissent la patrie ou refusent de la secourir, si ses » défenseurs, qui en sont la plus saine partie, sont réduits » à un petit nombre, il est à craindre que toute la Grèce » ne périsse. Car ne vous flattez pas que le roi, après » avoir remporté la victoire et nous avoir subjugués, n'aille » pas jusqu'à vous. Prenez vos précautions d'avance. En » nous secourant, vous travaillerez à votre propre sûreté. » Une entreprise bien concertée est presque toujours cou-» ronnée du succès. »

CLVIII. « Grecs, répondit avec véhémence Gélon, vous

» avez la hardiesse et l'insolence de m'inviter à joindre
» mes forces aux vôtres contre les Perses ; et lorsque je
» vous priai de me secourir contre les Carthaginois, avec
» qui j'étais en guerre ; lorsque j'implorai votre assistance
» pour venger sur les habitants d'Ægeste la mort de Do-
» riée, fils d'Anaxandrides, et que j'offris de contribuer à
» remettre en liberté les ports et villes de commerce, qui
» vous procuraient beaucoup d'avantages et de grands pro-
» fits, non-seulement vous refusâtes de venir à mon se-
» cours, mais encore vous ne voulûtes pas venger avec moi
» l'assassinat de Doriée. Il n'a donc pas tenu à vous que
» ce pays ne soit entièrement devenu la proie des Barbares.
» Mais les choses ont pris une tournure plus favorable.
» Maintenant donc que la guerre est à votre porte et même
» chez vous, vous vous souvenez enfin de Gélon. Quoique
» vous en ayez agi avec moi d'une manière méprisante, je
» ne vous ressemblerai point, et je suis prêt à envoyer à
» votre secours deux cents trirèmes, vingt mille hoplites,
» deux mille hommes de cavalerie, deux mille archers,
» deux mille frondeurs et deux mille hommes de cavalerie
» légère. Je m'engage aussi à fournir du blé pour toute
» l'armée jusqu'à la fin de la guerre ; mais c'est à condition
» que j'en aurai le commandement. Autrement je n'irai
» point en personne à cette expédition, et je n'y enverrai
» aucun de mes sujets. »

CLIX. Syagrus ne pouvant se contenir : « Certes, dit-
» il, ce serait un grand sujet de douleur pour Agamem-
» non, descendant de Pélops, s'il apprenait que les Spar-
» tiates se fussent laissé dépouiller du commandement par
» un Gélon et par des Syracusains. Ne nous parlez plus de
» vous le céder. Si vous voulez secourir la Grèce, sachez
» qu'il vous faudra obéir aux Lacédémoniens ; si vous re-
» fusez de servir sous eux, nous n'avons pas besoin de vos
» troupes. »

CLX. Gélon, apercevant assez par cette réponse l'éloignement qu'on avait pour ses demandes, leur fit enfin cette
autre proposition : « Spartiates, les injures qu'on dit à un
» homme de cœur excitent ordinairement sa colère ; mais
» vous aurez beau me tenir des propos insultants, vous ne

» m'engagerez point à vous faire une réponse indécente.
» Si vous êtes si épris du commandement, il est naturel
» que je le sois encore plus, puisque je fournis beaucoup
» plus de troupes et de vaisseaux que vous n'en avez. Mais,
» puisque ma proposition vous révolte, je veux bien relâ-
» cher quelque chose de mes premières demandes. Si vous
» prenez pour vous le commandement des troupes de
» terre, je me réserve celui de l'armée navale ; si vous
» aimez mieux commander sur mer, je commanderai sur
» terre. Il faut ou vous contenter de l'une de ces deux
» conditions, ou retourner chez vous, et vous passer d'un
» allié tel que moi. »

CLXI. Telles furent les offres de Gélon. L'ambassadeur d'Athènes, prévenant celui de Lacédémone, répondit en ces termes : « Roi de Syracuse, la Grèce n'a pas besoin
» d'un général, mais de troupes, et c'est pour vous en de-
» mander qu'elle nous a députés vers vous. Cependant vous
» nous déclarez que vous n'en enverrez pas, si l'on ne
» vous reconnaît pour général, tant est grande l'envie
» que vous avez de nous commander. Quand vous deman-
» dâtes le commandement de toutes nos forces, nous nous
» contentâmes, nous autres Athéniens, de garder le silence,
» persuadés que l'ambassadeur de Lacédémone saurait
» vous répondre et pour lui et pour nous. Exclu du com-
» mandement général, vous vous bornez maintenant à
» celui de la flotte ; mais les choses sont au point que, quand
» même le Lacédémonien vous l'accorderait, nous ne le
» souffririons jamais ; car il nous appartient, du moins au
» refus des Lacédémoniens. S'ils veulent prendre celui de
» la flotte, nous ne le leur disputerons point ; mais nous
» ne le céderons à nul autre. Et en effet, ce serait bien en
» vain que nous posséderions la plus grande partie de l'ar-
» mée navale des Grecs. Quoi donc ! nous autres Athéniens,
» nous abandonnerions le commandement à des Syracu-
» sains, nous qui sommes le plus ancien peuple de la
» Grèce ; nous qui, seuls entre tous les Grecs, n'avons ja-
» mais changé de sol ; nous enfin qui comptons parmi nos
» compatriotes ce capitaine qui alla au siége de Troie, et
» qui était, comme le dit Homère le poëte épique, des

» plus habiles pour mettre une armée en bon ordre et
» pour la ranger en bataille? Après un pareil témoignage,
» nous ne devons point rougir de parler avantageusement
» de notre patrie. »

CLXII. « Athénien, repartit Gélon, vous ne manquez
» point, à ce qu'il paraît, de généraux, mais de soldats.
» Au reste, puisque vous voulez tout garder, sans vous
» relâcher en rien, retournez au plus tôt en Grèce, et an-
» noncez-lui que des quatre saisons de l'année on lui a
» ôté le printemps. » Il comparait par ce propos la Grèce,
privée de son alliance, à une année de laquelle on aurait
retranché le printemps.

CLXIII. Après cette réponse de Gélon, les ambassadeurs
des Grecs remirent à la voile. Cependant Gélon, qui craignait que les Grecs ne fussent pas assez forts pour vaincre
le roi, et qui d'un autre côté aurait cru insupportable et
indigne d'un tyran de Sicile d'aller servir dans le Péloponnèse sous les ordres des Lacédémoniens, négligea ce plan
pour s'attacher à un autre. Il n'eut pas plutôt appris que le
roi avait traversé l'Hellespont, qu'il donna trois vaisseaux
à cinq rangs de rames à Cadmus, fils de Scythès, de l'île
de Cos, et l'envoya à Delphes avec des richesses considérables et des paroles de paix. Il avait ordre d'observer l'événement du combat, et si le roi était vainqueur, de lui
présenter l'argent qu'il portait, et de lui offrir en même
temps la terre et l'eau pour toutes les villes de ses États;
et si les Grecs au contraire remportaient la victoire, de
revenir en Sicile.

CLXIV. Ce Cadmus avait auparavant hérité de son père
la souveraineté de Cos. Quoiqu'elle fût alors dans un état
de prospérité et que sa puissance y fût bien affermie, il
l'avait cependant remise aux habitants sans y être forcé
par des circonstances fâcheuses, mais volontairement, et
par amour pour la justice. Étant ensuite parti pour la Sicile, il fixa sa demeure avec les Samiens à Zancle, dont le
nom a été changé en celui de Messane. Gélon, persuadé
des motifs qui l'avaient fait venir en Sicile, et de l'amour
qu'il lui avait vu pour la justice en plusieurs autres occasions, l'envoya à Delphes. Il faut joindre à ses autres ac-

tions pleines de droiture celle-ci, qui n'est pas la moindre. Maître de richesses considérables que Gélon lui avait confiées, il ne tenait qu'à lui de se les approprier ; cependant il ne le voulut pas. Mais, après la victoire que remportèrent les Grecs sur mer et le départ de Xerxès, il retourna en Sicile avec toutes ces richesses.

CLXV. Les peuples de Sicile disent cependant aussi que sans les circonstances où se trouva Gélon, ce prince aurait donné du secours aux Grecs, quand même il aurait dû servir sous les Lacédémoniens. Térille, fils de Crinippe, tyran d'Himère, se voyant chassé de cette ville par Théron, fils d'Ænésidémus, monarque des Agrigentins, avait fait venir dans le même temps, sous la conduite d'Amilcar, fils d'Hannon, roi des Carthaginois, une armée de trois cent mille hommes composée de Phéniciens, de Libyens, d'Ibériens, de Ligyens, d'Hélisyces, de Sardoniens et de Cyrniens. Le général carthaginois s'était laissé persuader par l'hospitalité qu'il avait contractée avec Térille, et surtout par le zèle que lui avait témoigné Anaxilas, fils de Crétines, tyran de Rhégium, en lui donnant ses enfants en otage, afin de l'engager à venir en Sicile venger son beau-père. Il avait en effet épousé Cydippe, fille de Térille. Les Siciliens disent donc que Gélon, n'ayant pu par cette raison secourir les Grecs, envoya de l'argent à Delphes.

CLXVI. Ils disent encore que le même jour que les Grecs battirent le roi à Salamine, Gélon et Théron défirent en Sicile Amilcar. Cet Amilcar était, suivant eux, Carthaginois du côté de son père, et Syracusain par sa mère : sa valeur l'avait élevé au trône de Carthage. J'ai ouï dire qu'ayant perdu la bataille, il disparut, et qu'on ne put le trouver nulle part, ni vif, ni mort, quoique Gélon l'eût fait chercher partout [1].

CLXVII. Mais les Carthaginois racontent la chose de cette manière, qui me paraît très-vraisemblable. La bataille, disent-ils, que les Barbares livrèrent aux Grecs en Sicile, commença au lever de l'aurore et continua jusqu'au

---

[1] Plutarque raconte que c'est à la suite de cette victoire que Gélon exigea des Carthaginois de renoncer à la coutume barbare de sacrifier des enfants. (Miot.)

coucher du soleil. L'on assure qu'elle dura tout ce temps-là. Amilcar, resté dans le camp pendant l'action, immolait des victimes, dont les entrailles lui promettaient d'heureux succès, et les brûlait tout entières sur un vaste bûcher. Mais s'étant aperçu, pendant qu'il était occupé à faire des libations sur les victimes, que ses troupes commençaient à prendre la fuite, il se jeta lui-même dans le feu, et, bientôt dévoré par les flammes, il disparut entièrement. Enfin, soit qu'il ait disparu de cette manière, comme le racontent les Phéniciens, soit d'une autre, comme le rapportent les Syracusains, les Carthaginois lui offrent des sacrifices, et lui ont élevé des monuments dans toutes les villes où ils ont établi des colonies, dont le plus grand est à Carthage. Mais en voilà assez sur les affaires de Sicile.

CLXVIII. Les ambassadeurs qui avaient été en Sicile tâchèrent aussi d'engager les Corcyréens à prendre le parti de la Grèce, et leur firent les mêmes demandes qu'à Gélon. Les Corcyréens répondirent d'une façon et agirent d'une autre. Ils promirent sur-le-champ d'envoyer des troupes à leur secours, ajoutant qu'ils ne laisseraient pas périr la Grèce par leur négligence, puisque, si elle venait à succomber, ils se verraient eux-mêmes réduits au premier jour à une honteuse servitude; mais qu'ils la secourraient de toutes leurs forces. Cette réponse était spécieuse. Mais quand il fallut en venir aux effets, comme ils avaient d'autres vues, ils équipèrent soixante vaisseaux et, ne les ayant fait partir qu'avec peine, ils s'approchèrent du Péloponnèse et jetèrent l'ancre près de Pylos et de Ténare, sur les côtes de la Laconie, dans la vue d'observer quels seraient les événements de la guerre. Car, loin d'espérer que les Grecs remportassent la victoire, ils pensaient que le roi, dont les forces étaient de beaucoup supérieures, subjuguerait la Grèce entière. Ils agissaient ainsi de dessein prémédité, afin de pouvoir tenir ce langage au roi : « Sei-
» gneur, devaient-ils lui dire, les Grecs nous ont engagés
» à les secourir dans cette guerre. Mais quoique nous ayons
» des forces considérables, et un plus grand nombre de
» vaisseaux, du moins après les Athéniens, qu'aucun autre
» État de la Grèce, nous n'avons pas voulu nous opposer à

» vos desseins, ni rien faire qui vous fût désagréable. »
Ils espéraient par ce discours obtenir des conditions plus
avantageuses que les autres; ce qui, à mon avis, aurait
bien pu arriver. Cependant ils avaient une excuse toute
prête à l'égard des Grecs; aussi s'en servirent-ils. Car, les
Grecs leur reprochant de ne les avoir pas secourus, ils
répondirent qu'ils avaient équipé soixante trirèmes, mais
que les vents étésiens les ayant mis dans l'impossibilité de
doubler le promontoire Malée, ils n'avaient pu se rendre
à Salamine, et que s'ils n'étaient arrivés qu'après le combat naval, ce n'était point par aucune mauvaise volonté de
leur part. Ce fut ainsi qu'ils cherchèrent à tromper les
Grecs.

CLXIX. Les Crétois, se voyant sollicités par les députés
des Grecs, envoyèrent demander au dieu de Delphes,
au nom de toute la nation, s'il leur serait avantageux de
secourir la Grèce. « Insensés! leur répondit la Pythie,
» vous vous plaignez des maux que Minos vous a envoyés
» dans sa colère à cause des secours que vous donnâtes à
» Ménélas, et parce que vous aidâtes les Grecs à se venger
» du rapt d'une femme que fit à Sparte un Barbare, quoi-
» qu'ils n'eussent pas contribué à venger sa mort arrivée
» à Camicos; et vous voudriez encore les secourir! » Sur
cette réponse, les Crétois refusèrent aux Grecs les secours
qu'ils leur demandaient.

CLXX. On dit que Minos, cherchant Dædale [1], vint en
Sicanie, qui porte aujourd'hui le nom de Sicile, et qu'il
y mourut d'une mort violente; que quelque temps après
les Crétois, excités par un dieu, passèrent tous en Sicanie
avec une grande flotte, excepté les Polichnites [2] et les Præsiens, et qu'ils assiégèrent pendant cinq ans la ville de

---

[1] Dædale était Athénien et arrière-petit-fils d'Érechthée. Il fut habile sculpteur, et inventa beaucoup de choses qui contribuèrent à la perfection de son art. Il y excella au point que la postérité imagina que ses statues voyaient et marchaient comme si elles eussent été animées. Il est le premier qui ait exprimé les regards, et qui ait représenté les hommes les jambes séparées et les mains étendues. Avant lui, on les représentait les yeux fermés et les mains baissées et collées aux côtés. (L.)

[2] Les Polichnites étaient les habitants de Polichna, et les Præsiens ceux de Præsus. (L.)

Camicos [1], qui de mon temps était habitée par des Agrigentins; enfin que ne pouvant ni la prendre ni en continuer le siége, à cause de la famine dont ils étaient tourmentés, ils le levèrent; qu'ayant été surpris d'une tempête furieuse près de l'Iapygie, ils furent poussés sur la côte avec violence; que leurs vaisseaux s'étant brisés, et n'ayant plus de ressources pour se transporter en Crète, ils restèrent dans le pays et y bâtirent la ville d'Hyria; qu'ils changèrent ensuite leur nom de Crétois en celui d'Iapyges-Messapiens [2], et que d'insulaires qu'ils avaient été jusqu'alors ils devinrent habitants de terre ferme; que cette ville envoya dans la suite des colonies; que longtemps après, les Tarentins, cherchant à les détruire, reçurent un furieux échec; de sorte que le carnage des Tarentins et de ceux de Rhégium fut très-considérable, et c'est le plus grand que les Grecs aient jamais essuyé et dont nous ayons connaissance. Ceux de Rhégium, forcés par Micythus, fils de Choiros, à marcher au secours des Tarentins, avaient perdu en cette occasion trois mille hommes; mais on n'a point su quelle avait été la perte des Tarentins. Quant à Micythus, il était serviteur d'Anaxilas, et avait été laissé à Rhégium pour prendre soin de ses affaires. Ayant été obligé d'abandonner cette ville, il alla s'établir à Tégée en Arcadie, et consacra un grand nombre de statues dans Olympie.

CLXXI. Ce que je viens de dire des habitants de Rhégium et de Tarente doit être considéré comme une digression. L'île de Crète étant déserte, les Præsiens disent qu'entre autres peuples qui vinrent s'y établir, il y eut beaucoup de Grecs; que la guerre de Troie arriva dans la troisième génération après la mort de Minos, et que les Crétois ne furent pas des moins empressés à donner du secours à Ménélas. Ils ajoutent qu'à leur retour de Troie ils furent, pour cette raison-là même, attaqués de la peste

[1] Cette ville tirait son nom du fleuve Camicos, dont le cours était si rapide, que son eau ne se mêlait pas avec la mer, si l'on en croit du moins Lycus de Rhége.

[2] Ces Crétois s'établirent en Italie, sous le nom d'Iapyges-Messapiens, en la troisième génération avant la guerre de Troie, comme le dit Hérodote dans le paragraphe suivant, c'est-à-dire un peu moins de cent ans avant cette guerre. (L.)

et de la famine, eux et leurs troupeaux, et que la Crète ayant été dépeuplée pour la seconde fois, il y vint une troisième colonie, qui occupe maintenant cette île avec ceux que ces fléaux avaient épargnés. En leur rappelant ces malheurs, la Pythie les détourna de donner du secours aux Grecs, quelque bonne volonté qu'ils en eussent.

CLXXII. Les Thessaliens suivirent à regret et par nécessité le parti des Mèdes, puisqu'ils firent voir qu'il désapprouvaient les intrigues des Aleuades. Car, aussitôt qu'ils eurent appris que le roi était sur le point de passer en Europe, ils envoyèrent des ambassadeurs à l'isthme, où se tenait une assemblée des députés de la Grèce choisis par les villes les mieux intentionnées pour sa défense. Ces ambassadeurs, étant arrivés à l'isthme, parlèrent ainsi « Grecs, il faut garder le passage de l'Olympe, afin de » garantir de la guerre la Thessalie et la Grèce entière. » Nous sommes prêts à le faire ; mais il est nécessaire que » vous y envoyiez aussi des forces considérables. Si vous » ne le faites point, sachez que nous traiterons avec le » roi ; car il n'est pas juste qu'étant exposés au danger par » notre situation, nous périssions seuls pour vous. Si vous » nous refusez des secours, vous ne pouvez pas nous con» traindre à vous en donner ; car l'impuissance est au» dessus de toute sorte de contrainte, et nous chercherons » les moyens de pourvoir à notre sûreté. »

CLXXIII. Ainsi parlèrent les Thessaliens. Là-dessus les Grecs résolurent d'envoyer par mer en Thessalie une armée de terre pour garder le passage. Les troupes n'eurent pas plutôt été levées, qu'elles s'embarquèrent et firent voile par l'Euripe. Arrivées à Alos, en Achaïe[1], elles y laissèrent leurs vaisseaux, et, s'étant mises en marche pour se rendre en Thessalie, elles vinrent à Tempé, où est le passage qui conduit de la basse Macédoine en Thessalie près du Pénée, entre le mont Olympe et le mont Ossa. Les Grecs, qui étaient aux environs de dix mille hommes pesamment armés, campèrent en cet endroit. La cavalerie thessalienne se joignit à leurs troupes. Événétus, fils de

---

[1] C'est l'Achaïe en Thessalie, ou Phthiotide.

Carénus, l'un des polémarques, avait été choisi pour commander les Lacédémoniens, quoiqu'il ne fût pas du sang royal; Thémistocle, fils de Néoclès, était à la tête des Athéniens. Ils restèrent peu de jours en cet endroit ; car des envoyés d'Alexandre, fils d'Amyntas, roi de Macédoine, leur conseillèrent de se retirer, de crainte qu'en demeurant fermes dans ce défilé, ils ne fussent écrasés par l'armée ennemie qui venait fondre sur eux, et dont ils leur firent connaître la force, tant celle des troupes de terre que celle des troupes de mer. Les Grecs suivirent aussitôt ce conseil, parce qu'ils le croyaient avantageux, et que le roi de Macédoine leur paraissait bien intentionné. Je penserais cependant qu'ils y furent déterminés par la crainte dès qu'ils eurent appris que, pour entrer en Thessalie, il y avait un autre passage par le pays des Perrhæbes, du côté de la haute Macédoine, près de la ville de Gonnos, et ce fut en effet par cet endroit que pénétra l'armée de Xerxès. Les Grecs retournèrent à leurs vaisseaux et se rembarquèrent pour se rendre à l'isthme.

CLXXIV. Voilà à quoi aboutit l'expédition des Grecs en Thessalie dans le temps que le roi se disposait à passer d'Asie en Europe, et qu'il était déjà à Abydos. Les Thessaliens, abandonnés par leurs alliés, ne balancèrent plus à prendre le parti des Perses. Ils l'embrassèrent même avec zèle, et rendirent au roi des services importants.

CLXXV. Les Grecs, de retour à l'isthme, mirent en délibération, d'après le conseil d'Alexandre, de quelle manière ils feraient la guerre et en quels lieux ils la porteraient. Il fut résolu, à la pluralité des voix, de garder le passage des Thermopyles; car il paraissait plus étroit que celui par lequel on entre de Macédoine en Thessalie, et en même temps il était plus voisin de leur pays. Quant au sentier par où furent interceptés ceux d'entre les Grecs qui étaient aux Thermopyles, ils n'en eurent connaissance qu'après leur arrivée aux Thermopyles, et ce furent les Trachiniens qui le leur firent connaître. On prit donc la résolution de garder ce passage, afin de fermer aux Barbares l'entrée de la Grèce. Quant à l'armée navale, on fut d'avis de l'envoyer dans l'Artémisium ¹, sur les côtes de l'Histiæotide. Ces deux endroits (les Thermopyles et l'Artémisium) sont près l'un de l'autre, de sorte que l'armée navale et celle de terre pouvaient se donner réciproquement de leurs nouvelles.

CLXXVI. Voici la description de ces lieux : l'Artémisium se rétrécit au sortir de la mer de Thrace, et devient un petit détroit entre l'île de Sciathos et les côtes de Magnésie. Après le détroit de l'Eubée, il est borné par un rivage sur lequel on voit un temple de Diane ². L'entrée en Grèce par la Trachinie est d'un demi-plèthre à l'endroit où il a le moins de largeur. Mais le passage le plus étroit du reste du pays est devant et derrière les Thermopyles; car derrière, près d'Alpènes, il ne peut passer qu'une voiture de front; et devant, près de la rivière de Phénix, et proche de la ville d'Anthela, il n'y a pareillement de passage que pour une voiture. A l'ouest des Thermopyles est une montagne inaccessible, escarpée, qui s'étend jusqu'au mont OEta. Le côté du chemin à l'est est borné par la mer, par des marais et des ravins. Dans ce passage il y a des bains chauds, que les habitants appellent chytres ³ (chaudières), et près de ces bains est un autel consacré à Hercule. Ce même passage était fermé d'une muraille dans laquelle on avait anciennement pratiqué des portes. Les habitants de la Phocide l'avaient bâtie parce qu'ils redoutaient les Thessaliens, qui étaient venus de la Thesprotie s'établir dans l'Eolide (la Thessalie) qu'ils possèdent encore aujourd'hui. Ils avaient pris ces précautions parce que les Thessaliens tâchaient de les subjuguer, et de ce passage ils avaient fait alors une fondrière en y lâchant les eaux chaudes, mettant tout en usage pour fermer l'entrée de leur pays aux Thessaliens. La muraille, qui était très-an-

¹ L'Artémisium est un bras de mer.
² Diane s'appelle en grec *Artémise*. C'est [ce temple qui paraît avoir donné son nom à cette côte et au bras de mer.
³ On les appelait chytres des femmes (baignoires des femmes), χύτρους γυναικείους. L'eau la plus bleue que j'aie vue, dit Pausanias, est celle des Thermopyles. Elle ne l'est pourtant pas toute, mais seulement celle qui coule dans la piscine, que ceux du pays appellent baignoires des femmes. (L.)

cienne, était en grande partie tombée de vétusté. Mais les Grecs, l'ayant relevée, jugèrent à propos de repousser de ce côté-là les Barbares. Près du chemin est un bourg nommé Alpènes, d'où les Grecs se proposaient de tirer leurs vivres.

CLXXVII. Après avoir considéré et examiné tous les lieux, celui-ci parut commode aux Grecs, parce que les Barbares ne pourraient faire usage de leur cavalerie, et que la multitude de leur infanterie leur deviendrait inutile. Aussi résolurent-ils de soutenir en cet endroit le choc de l'ennemi. Dès qu'ils eurent appris l'arrivée du roi dans la Piérie, ils partirent de l'isthme, et se rendirent, les uns par terre aux Thermopyles, et les autres par mer à Artémisium.

CLXXVIII. Tandis que les Grecs portaient en diligence du secours aux lieux qu'ils avaient ordre de défendre, les Delphiens, inquiets et pour eux et pour la Grèce, consultèrent le dieu. La Pythie leur répondit d'adresser leurs prières aux Vents, qu'ils seraient de puissants défenseurs de la Grèce. Les Delphiens n'eurent pas plutôt reçu cette réponse, qu'ils en firent part à tous ceux d'entre les Grecs qui étaient zélés pour la liberté ; et comme ceux-ci craignaient beaucoup le roi, ils acquirent par ce bienfait un droit immortel à leur reconnaissance. Les Delphiens érigèrent ensuite un autel aux Vents à Thya, où l'on voit un lieu consacré à Thya, fille de Céphisse, qui a donné son nom à ce canton, et leur offrirent des sacrifices. Ils se les rendent encore actuellement propices en vertu de cet oracle.

CLXXIX. Tandis que l'armée navale de Xerxès partait de la ville de Therme, dix vaisseaux, les meilleurs voiliers de la flotte, cinglèrent droit à l'île de Sciathos, où les Grecs avaient trois vaisseaux d'observation, un de Trézen, un d'Égine, et un d'Athènes. Ceux-ci, apercevant de loin les Barbares, prirent incontinent la fuite.

CLXXX. Les Barbares, s'étant mis à leur poursuite, enlevèrent d'abord le vaisseau trézénien, commandé par Praxinus. Ils égorgèrent ensuite à la proue le plus bel homme de tout l'équipage, regardant comme un présage heureux de ce que le premier Grec qu'ils avaient pris était aussi un très-bel homme : il avait nom Léon [1]. Peut-être eut-il en partie obligation à son nom du mauvais traitement qu'on lui fit.

CLXXXI. La trirème d'Égine, commandée par Asonides, leur causa quelque embarras par la valeur de Pythès, fils d'Ischénoüs, un de ceux qui la défendaient. Quoique le vaisseau fût pris, Pythès ne cessa pas de combattre jusqu'à ce qu'il eût été entièrement haché en pièces. Enfin il tomba à demi mort; mais, comme il respirait encore, les Perses qui combattaient sur les vaisseaux, admirant son courage, et s'estimant très-heureux de le conserver, le pansèrent avec de la myrrhe, et enveloppèrent ses blessures avec des bandes de toile de coton. De retour au camp, ils le montrèrent à toute l'armée avec admiration; et ils eurent pour lui toute sorte d'égards, tandis qu'ils traitèrent comme de vils esclaves le reste de ceux qu'ils prirent sur ce vaisseau.

CLXXXII. Ces deux trirèmes ayant été prises de la sorte, la troisième, commandée par Phormus d'Athènes, s'enfuit, et alla échouer à l'embouchure du Pénée. Les Barbares s'emparèrent de ce vaisseau démâté et privé de ses agrès, sans pouvoir prendre ceux qui le montaient; car ils le quittèrent dès qu'ils eurent échoué, et s'en retournèrent à Athènes par la Thessalie. Les Grecs en station dans l'Artémisium apprirent cette nouvelle par les signaux [2] qu'on leur fit de l'île de Sciathos avec le feu. Ils en furent tellement épouvantés, qu'ils abandonnèrent l'Artémisium, et se retirèrent à Chalcis pour garder le passage de l'Euripe. Ils laissèrent néanmoins des héméroscopes [3] sur les hauteurs de l'Eubée, afin d'observer l'ennemi.

CLXXXIII. Des dix vaisseaux barbares trois abordèrent à l'écueil nommé Myrmex, entre l'île de Sciathos et

---

[1] Léon signifie lion.

[2] On élevait des torches de bois au-dessus des murs pour donner à connaître l'arrivée des ennemis, ou même des amis. Quand on les tenait tranquilles, cela signifiait les amis; quand on les agitait, cela signifiait les ennemis.

[3] Gens qui font le guet de jour.

la Magnésie, et élevèrent sur ce rocher une colonne de pierre qu'ils avaient apportée avec eux. Cependant la flotte partit de Therme dès que les obstacles furent levés, et avança toute vers cet endroit, onze jours après le départ du roi de Therme. Pammon, de l'île de Scyros, leur indiqua ce rocher, qui se trouvait sur leur passage. Les Barbares employèrent un jour entier à passer une partie des côtes de la Magnésie, et arrivèrent à Sépias, et au rivage qui est entre la ville de Casthanée et la côte de Sépias.

CLXXXIV. Jusqu'à cet endroit et jusqu'aux Thermopyles, il n'était point arrivé de malheur à leur armée. Elle était encore alors, suivant mes conjectures, de douze cent sept vaisseaux venus d'Asie, et les troupes anciennes des différentes nations montaient à deux cent quarante et un mille quatre cents hommes, à compter deux cents hommes par vaisseau. Mais, indépendamment de ces soldats fournis par ceux qui avaient donné les vaisseaux, il y avait encore sur chacun d'eux trente combattants, tant Perses que Mèdes et Saces ; ces autres troupes montaient à trente-six mille deux cent dix hommes. A ces deux nombres j'ajoute les soldats qui étaient sur les vaisseaux à cinquante rames, et supposant sur chacun quatre-vingts hommes, parce qu'il y en avait dans les uns plus, dans les autres moins, cela ferait deux cent quarante mille hommes, puisqu'il y avait trois mille vaisseaux de cette sorte, comme je l'ai dit ci-dessus [1]. L'armée navale venue de l'Asie était en tout de cinq cent dix-sept mille six cent dix hommes, et l'armée de terre de dix-sept cent mille hommes d'infanterie, et de quatre-vingt mille de cavalerie ; à quoi il faut ajouter les Arabes qui conduisaient des chameaux, et les Libyens, montés sur des chars, qui faisaient vingt mille hommes. Telles furent les troupes amenées de l'Asie même, sans y comprendre les valets qui les suivaient, les vaisseaux chargés de vivres et ceux qui les montaient.

CLXXXV. Joignez encore à cette énumération les troupes levées en Europe, dont je ne puis rien dire que d'après l'opinion publique. Les Grecs de Thrace et des îles voi-

---

[1] *Voyez* ci-dessus, § XLVII.

sines fournirent cent vingt vaisseaux, qui font vingt-quatre mille hommes. Quant aux troupes de terre que donnèrent les Thraces, les Pæoniens, les Éordes, les Bottiéens[1], les Chalcidiens, les Bryges, les Pières, les Macédoniens, les Perrhæbes, les Ænianes, les Dolopes, les Magnésiens, les Achéens et tous les peuples qui habitent les côtes maritimes de la Thrace, elles allaient, à ce que je pense, à trois cent mille hommes. Ce nombre, ajouté à celui des troupes asiatiques, faisait en tout deux millions six cent quarante et un mille six cent dix hommes.

CLXXXVI. Quoique le nombre des gens de guerre fût si considérable, je pense que celui des valets qui les suivaient, des équipages des navires d'avitaillement, et autres bâtiments qui accompagnaient la flotte, était plus grand, bien loin de lui être inférieur. Je veux bien cependant le supposer ni plus ni moins, mais égal. En ce cas-là, il faisait autant de milliers d'hommes que les combattants des deux armées[2]. Xerxès, fils de Darius, mena donc jusqu'à Sépias et aux Thermopyles cinq millions deux cent quatre-vingt-trois mille deux cent vingt hommes.

CLXXXVII. Tel fut le total du dénombrement de l'armée de Xerxès. Quant aux femmes qui faisaient le pain, aux concubines, aux eunuques, personne ne pourrait en dire le nombre avec exactitude, non plus que celui des chariots de bagages, des bêtes de somme, et des chiens indiens qui suivaient l'armée, tant il était grand. Je ne suis par conséquent nullement étonné que des rivières n'aient pu suffire à tant de monde; mais je le suis qu'on ait eu assez de vivres pour tant de milliers d'hommes. Car je trouve par mon calcul qu'en distribuant par tête une

---

[1] Les Bottiéens étaient Athéniens d'origine, et descendaient, selon Aristote, de ces enfants que les Athéniens avaient envoyés à Minos, en Crète, par forme de tribut. Ces enfants vieillissaient dans cette île en gagnant leur vie du travail de leurs mains. Les Crétois, voulant s'acquitter d'un vœu, envoyèrent à Delphes les prémices de leurs citoyens, auxquelles se joignirent les descendants de ces Athéniens. Comme ils ne pouvaient vivre en ce lieu, ils allèrent d'abord en Italie, et s'établirent aux environs de l'Iapygie; ils passèrent ensuite en Thrace, où ils prirent le nom de Bottiéens. De là vient que dans un sacrifice solennel leurs jeunes filles chantaient ce refrain : *Allons à Athènes.* (L.)

[2] L'armée de terre et celle de mer.

chénice[1] de blé seulement chaque jour, cela ferait par jour cent dix mille trois cent quarante médimnes[2], sans y comprendre celui qu'on donnait aux femmes, aux eunuques, aux bêtes de trait et de somme et aux chiens. Parmi un si grand nombre d'hommes, personne par sa beauté et la grandeur de sa taille ne méritait mieux que Xerxès de posséder cette puissance.

CLXXXVIII. L'armée navale remit à la voile, et étant abordée au rivage de la Magnésie, situé entre la ville de Casthanée et la côte de Sépias, les premiers vaisseaux se rangèrent vers la terre, et les autres se tinrent à l'ancre près de ceux-là. Le rivage n'étant pas en effet assez grand pour une flotte si nombreuse, ils se tenaient à la rade les uns à la suite des autres, la proue tournée vers la mer, sur huit rangs de hauteur. Ils passèrent la nuit dans cette position. Le lendemain, dès le point du jour, après un temps serein et un grand calme, la mer s'agita ; il s'éleva une furieuse tempête, avec un grand vent d'est que les habitants des côtes voisines appellent hellespontias. Ceux qui s'aperçurent que le vent allait en augmentant, et qui étaient à la rade, prévinrent la tempête et se sauvèrent ainsi que leurs vaisseaux, en les tirant à terre. Quant à ceux que le vent surprit en pleine mer, les uns furent poussés contre ces endroits du mont Pélion qu'on appelle ipnes (fours), les autres contre le rivage ; quelques-uns se brisèrent au promontoire Sépias ; d'autres furent portés à la ville de Mélibée, d'autres enfin à Casthanée ; tant la tempête fut violente.

CLXXXIX. On dit qu'un autre oracle ayant répondu aux Athéniens d'appeler leur gendre à leur secours, ils avaient, sur l'ordre de cet oracle, adressé leurs prières à Borée. Borée, selon la tradition des Grecs, épousa une Athénienne nommée Orithyie, fille d'Érechthée. Ce fut, dit-on, cette alliance qui fit conjecturer aux Athéniens que

---

[1] La chénice signifie une mesure et la chose mesurée.

[2] Il y a quarante-huit chénices dans un médimne. Les cent dix mille trois cent quarante médimnes supposent qu'il y avait cinq millions deux cent quatre vingt-seize mille trois cent vingt hommes dans l'armée des Perses. Or cette armée était moins forte de treize mille cent hommes. (L.)

Borée était leur gendre. Ainsi, tandis qu'ils étaient avec leurs vaisseaux à Chalcis d'Eubée pour observer l'ennemi, dès qu'ils se furent aperçus que la tempête augmenterait, ou même avant ce temps-là, ils firent des sacrifices à Borée et à Orithyie, et les conjurèrent de les secourir, et de briser les vaisseaux des Barbares comme ils l'avaient été auparavant aux environs du mont Athos. Si, par égard pour leurs prières, Borée tomba avec violence sur la flotte des Barbares, qui était à l'ancre, c'est ce que je ne puis dire. Mais les Athéniens prétendent que Borée, qui les avait secourus auparavant, le fit encore en cette occasion. Aussi, lorsqu'ils furent de retour dans leur pays, ils lui bâtirent une chapelle sur les bords de l'Ilissus.

CXC. Il périt dans cette tempête quatre cents vaisseaux, suivant la plus petite évaluation. On y perdit aussi une multitude innombrable d'hommes, avec des richesses immenses. Ce naufrage fut très-avantageux à Aminoclès, fils de Crétinès, Magnète, qui avait du bien aux environs du promontoire Sépias. Quelque temps après il enleva quantité de vases d'or et d'argent que la mer avait jetés sur le rivage. Il trouva aussi des trésors des Perses, et se mit en possession d'une quantité immense d'or. Cet Aminoclès devint très-riche par ce moyen; mais d'ailleurs il n'était pas heureux, car ses enfants avaient été tués, et il était vivement affligé de ce cruel malheur.

CXCI. La perte des vaisseaux chargés de vivres et autres bâtiments était innombrable. Les commandants de la flotte, craignant que les Thessaliens ne profitassent de leur désastre pour les attaquer, se fortifièrent d'une haute palissade, qu'ils firent avec les débris des vaisseaux; car la tempête dura trois jours. Enfin les mages l'apaisèrent le quatrième jour en immolant des victimes aux Vents, avec des cérémonies magiques en son honneur, et outre cela par des sacrifices à Thétis et aux Néréides; ou peut-être s'apaisa-t-elle d'elle-même. Ils offrirent des sacrifices à Thétis, parce qu'ils avaient appris des Ioniens qu'elle avait été enlevée de ce canton-là même par Pélée, et que toute la côte de Sépias lui était consacrée, ainsi qu'au reste des Néréides. Quoi qu'il en soit, le vent cessa le quatrième jour.

CXCII. Les héméroscopes, accourant des hauteurs de l'Eubée le second jour après le commencement de la tempête, firent part aux Grecs de tout ce qui était arrivé dans le naufrage. Ceux-ci n'en eurent pas plutôt eu connaissance, qu'après avoir fait des libations à Neptune Sauveur, et lui avoir adressé des vœux, ils retournèrent à la hâte à l'Artémisium, dans l'espérance de n'y trouver qu'un petit nombre de vaisseaux ennemis. Ainsi les Grecs allèrent pour la seconde fois à l'Artémisium, s'y tinrent à la rade, et donnèrent depuis ce temps à Neptune le surnom de Sauveur, qu'il conserve encore maintenant.

CXCIII. Le vent étant tombé et les vagues apaisées, les Barbares remirent les vaisseaux en mer et côtoyèrent le continent. Lorsqu'ils eurent doublé le promontoire de Magnésie, ils allèrent droit au golfe qui mène à Pagases. Dans ce golfe de la Magnésie est un lieu où l'on dit que Jason et ses compagnons qui montaient le navire Argo[1], et qui allaient à Æa en Colchide conquérir la toison d'or, abandonnèrent Hercule, qu'on avait mis à terre pour aller chercher de l'eau. Comme les Argonautes se remirent en mer en cet endroit, et qu'ils en partirent après avoir fait leur provision d'eau, il en a pris le nom d'Aphètes. Ce fut dans ce même lieu que la flotte de Xerxès vint mouiller.

CXCIV. Quinze vaisseaux de cette flotte, restés bien loin derrière les autres, aperçurent les Grecs à Artémisium, et, les prenant pour leur armée navale, ils vinrent donner au milieu d'eux. Ce détachement était commandé par Sandoccs, fils de Thaumasias, gouverneur de Cyme en Éolie. Il avait été un des juges royaux ; et Darius l'avait fait autrefois mettre en croix, parce qu'il avait rendu pour de l'argent un jugement injuste. Il était déjà en croix, lorsque ce prince, venant à réfléchir que les services qu'il

---

[1] Ce fut, au rapport du scoliaste d'Apollonius Rhodius, le premier vaisseau long qui ait été construit. La navigation devait être cependant connue des Grecs ; mais comme l'expédition de Colchos fut le premier voyage considérable entrepris par ce peuple, et que le vaisseau construit à cette occasion fut le plus grand qu'on eût vu jusqu'alors en Grèce, on fit remonter à cette époque l'origine de la navigation. Les Tyriens faisaient cependant, depuis longtemps, des voyages de long cours, et on leur attribue communément l'invention de la navigation. (L.)

avait rendus à la maison royale étaient en plus grand nombre que ses fautes, et reconnaissant que lui-même il avait agi avec plus de précipitation que de prudence, il le fit détacher. Ce fut ainsi que Sandocès évita la mort à laquelle il avait été condamné par Darius; mais, ayant alors donné au milieu de la flotte ennemie, il ne devait pas s'y soustraire une seconde fois. Les Grecs, en effet, n'eurent pas plutôt vu ces vaisseaux venir à eux, et reconnu leur méprise, qu'ils tombèrent dessus, et les enlevèrent sans peine.

CXCV. Aridolis, tyran d'Alabandes en Carie, fut pris sur un de ces vaisseaux, et Penthyle, fils de Démonoüs, de Paphos, sur un autre. De douze vaisseaux paphiens qu'il commandait, il en perdit onze par la tempête arrivée au promontoire Sépias, et lui-même tomba entre les mains des ennemis en allant à Artémisium avec le seul qui lui restait. Les Grecs les envoyèrent liés à l'isthme de Corinthe, après les avoir interrogés sur ce qu'ils voulaient apprendre de l'armée de Xerxès.

CXCVI. L'armée navale des Barbares arriva aux Aphètes, excepté les quinze vaisseaux commandés, comme je l'ai dit, par Sandocès. De son côté, Xerxès avec l'armée de terre, ayant traversé la Thessalie et l'Achaïe, était entré le troisième jour sur les terres des Méliens. En passant par la Thessalie, il essaya sa cavalerie contre celle des Thessaliens, qu'on lui avait vantée comme la meilleure de toute la Grèce. Mais la sienne l'emporta de beaucoup sur celle des Grecs. De tous les fleuves de Thessalie, l'Onochonos fut le seul qui ne put suffire à la boisson de l'armée. Quant à ceux qui arrosent l'Achaïe, l'Apidanos, quoique le plus grand de tous, y suffit à peine.

CXCVII. Tandis que Xerxès allait à Alos en Achaïe, ses guides, qui voulaient lui en apprendre les curiosités, lui firent part des histoires qu'on fait en ce pays touchant le lieu consacré à Jupiter Laphystien. Athamas, fils d'Éole, dirent-ils à ce prince, trama avec Ino la perte de Phrixus; mais voici la récompense qu'en reçurent ses descendants par l'ordre d'un oracle. Les Achéens interdirent à l'aîné de cette maison l'entrée de leur Prytanée, qu'ils appellent Léitus. Ils veillent eux-mêmes à l'exécution de cette loi.

Si cet aîné y entre, il ne peut en sortir que pour être immolé. Plusieurs de cette famille, ajoutèrent encore les guides, s'étaient sauvés par crainte dans un autre pays, lorsqu'on était sur le point de les sacrifier ; mais si dans la suite ils retournaient dans leur patrie, et qu'ils fussent arrêtés, on les envoyait au Prytanée. Enfin ils lui racontèrent qu'on conduisait en grande pompe cette victime, toute couverte de bandelettes, et qu'on l'immolait en cet état. Les descendants de Cytissore, fils de Phrixus, sont exposés à ce traitement parce que Cytissore revenant d'Æa, ville de Colchide, délivra Athamas des mains des Achéens, qui étaient sur le point de l'immoler pour expier le pays, suivant l'ordre qu'ils en avaient reçu d'un oracle. Par cette action, Cytissore attira sur ses descendants la colère du dieu. Sur ce récit Xerxès, étant arrivé près du bois consacré à ce dieu, s'abstint lui-même d'y toucher, et défendit à ses troupes de le faire. Il témoigna le même respect pour la maison des descendants d'Athamas.

CXCVIII. Telles sont les choses qui se passèrent en Thessalie et en Achaïe. Xerxès alla ensuite de ces deux pays dans la Mélide, près d'un golfe (le golfe Maliaque) où l'on voit tous les jours un flux et un reflux. Dans le voisinage de ce golfe est une plaine large dans un endroit, et très-étroite dans un autre. Des montagnes élevées et inaccessibles, qu'on appelle les roches Trachiniennes, enferment la Mélide de toutes parts. Anticyre est la première ville qu'on rencontre sur ce golfe en venant d'Achaïe. Le Sperchius, qui vient du pays des Ænianes, l'arrose, et se jette près de là dans la mer. A vingt stades environ de ce fleuve, est un autre fleuve qui a nom Dyras ; il sortit de terre, à ce qu'on dit, pour secourir Hercule qui se brûlait. A vingt stades de celui-ci est le Mélas, dont la ville de Trachis n'est éloignée que de cinq stades.

CXCIX. La plus grande longueur de ce pays est en cet endroit. C'est une plaine de vingt-deux mille plèthres, qui s'étend depuis les montagnes près desquelles est située la ville de Trachis jusqu'à la mer. Dans la montagne qui environne la Trachinie, il y a au midi de Trachis une ouverture : l'Asopus la traverse, et passe au pied et le long de la montagne.

CC. Au milieu de l'Asopus coule le Phénix, rivière peu considérable, qui prend sa source dans ces montagnes, et se jette dans l'Asopus. Le pays auprès du Phénix est très-étroit. Le chemin qu'on y a pratiqué ne peut admettre qu'une voiture de front. Du Phénix aux Thermopyles il y a quinze stades. Dans cet intervalle est le bourg d'Anthela, arrosé par l'Asopus, qui se jette près de là dans la mer. Les environs de ce bourg sont spacieux. On y voit un temple de Cérès Amphictyonide[1], des siéges pour les amphictyons, et un temple d'Amphictyon lui-même.

CCI. Le roi Xerxès campait dans la Trachinie en Mélide, et les Grecs dans le passage. Ce passage est appelé Thermopyles par la plupart des Grecs, et Pyles par les gens du pays et leurs voisins. Tels étaient les lieux où campaient les uns et les autres. L'armée des Barbares occupait tout le terrain qui s'étend au nord jusqu'à Trachis, et celle des Grecs, la partie de ce continent qui regarde le midi.

CCII. Les Grecs qui attendaient le roi de Perse dans ce poste consistaient en trois cents Spartiates pesamment armés, mille hommes moitié Tégéates, moitié Mantinéens, six vingts hommes d'Orchomènes en Arcadie, et mille hommes du reste de l'Arcadie (c'est tout ce qu'il y avait d'Arcadiens), quatre cents hommes de Corinthe, deux cents de Phliunte et quatre-vingts de Mycènes : ces troupes venaient du Péloponnèse. Il y vint aussi de Béotie sept cents Thespiens et quatre cents Thébains.

CCIII. Outre ces troupes, on avait invité toutes celles des Locriens-Opuntiens, et mille Phocidiens. Les Grecs les avaient eux-mêmes engagés à venir à leur secours, en leur faisant dire par leurs envoyés qu'ils s'étaient mis les pre-

[1] Les assemblées des amphictyons se tenaient deux fois par an, au printemps et en automne. Celle du printemps se tenait à Delphes. Il en est mention dans deux décrets que nous a conservés Démosthène, et dans Strabon. Celle d'automne avait lieu aux environs d'Anthela, dans le temple de Cérès Amphictyonide. Cette assemblée religieuse était la plus respectable de toute la Grèce. A son ouverture, les pylagores offraient des sacrifices à Cérès. De là vient probablement le nom qu'on donna à ce temple. (L.)

miers en campagne, et qu'ils attendaient tous les jours le reste des alliés ; que la mer serait gardée par les Athéniens, les Éginètes, et les autres peuples dont était composée l'armée navale ; qu'ils avaient d'autant moins sujet de craindre, que ce n'était pas un dieu, mais un homme qui venait attaquer la Grèce ; qu'il n'y avait jamais eu d'homme, et qu'il n'y en aurait jamais qui n'éprouvât quelque revers pendant sa vie ; que les plus grands malheurs étaient réservés aux hommes les plus élevés ; qu'ainsi celui qui venait leur faire la guerre, étant un mortel, devait être frustré de de ses espérances. Ces raisons les déterminèrent à aller à Trachis au secours de leurs alliés.

CCIV. Chaque corps de troupes était commandé par un officier général de son pays ; mais Léonidas de Lacédémone était le plus considéré, et commandait en chef toute l'armée. Il comptait parmi ses ancêtres Anaxandrides, Léon, Eurycratides, Anaxandre, Eurycrates, Polydore, Alcamènes, Téléclus, Archélaüs, Agésilaüs, Doryssus, Léobotes, Echestratus, Agis, Eurysthènes, Aristodémus, Aristomachus, Cléodéus, Hyllus, Hercule.

CCV. Léonidas parvint à la couronne contre son attente. Cléomènes et Doriée, ses frères, étant plus âgés que lui, il ne lui était point venu en pensée qu'il pût jamais devenir roi. Mais Cléomènes était mort sans enfants mâles, et Doriée n'était plus, il avait fini ses jours en Sicile. Ainsi Léonidas, qui avait épousé une fille de Cléomènes, monta sur le trône, parce qu'il était l'aîné de Cléombrote, le plus jeune des fils d'Anaxandrides. Il partit alors pour les Thermopyles, et choisit pour l'accompagner le corps fixe et permanent des trois cents Spartiates qui avaient des enfants. Il prit aussi avec lui les troupes des Thébains, dont j'ai déjà dit le nombre. Elles étaient commandées par Léontiades, fils d'Eurymachus. Les Thébains furent les seuls Grecs que Léonidas s'empressa de mener avec lui, parce qu'on les accusait fortement d'être dans les intérêts des Mèdes. Il les invita donc à cette guerre, afin de savoir s'ils lui enverraient des troupes, ou s'ils renonceraient ouvertement à l'alliance des Grecs. Ils lui en envoyèrent, quoiqu'ils fussent malintentionnés.

CCVI. Les Spartiates firent d'abord partir Léonidas avec le corps de trois cents hommes qu'il commandait, afin d'engager par cette conduite le reste des alliés à se mettre en marche, et de crainte qu'ils n'embrassassent aussi les intérêts des Perses, en apprenant leur lenteur à secourir la Grèce. La fête des Carnies [1] les empêchait alors de se mettre en route avec toutes leurs forces; mais ils comptaient partir aussitôt après, et ne laisser à Sparte que peu de monde pour la garde. Les autres alliés avaient le même dessein ; car le temps des jeux olympiques était arrivé dans ces circonstances, et comme ils ne s'attendaient pas à combattre sitôt aux Thermopyles, ils s'étaient contentés de faire prendre les devants à quelques troupes.

CCVII. Telles étaient les résolutions des Spartiates et des autres alliés. Cependant les Grecs qui étaient aux Thermopyles, saisis de frayeur à l'approche des Perses, délibérèrent s'ils ne se retireraient pas. Les Péloponnésiens étaient d'avis de retourner dans le Péloponnèse pour garder le passage de l'isthme. Mais Léonidas, voyant que les Phocidiens et les Locriens en étaient indignés, opina qu'il fallait rester; et il fut résolu de dépêcher des courriers à toutes les villes alliées, pour leur demander du secours contre les Perses, parce qu'ils étaient en trop petit nombre pour les repousser.

CCVIII. Pendant qu'ils délibéraient là-dessus, Xerxès envoya un cavalier pour reconnaître leur nombre, et quelles étaient leurs occupations. Il avait ouï dire, tandis qu'il était encore en Thessalie, qu'un petit corps de troupes s'était assemblé dans ce passage, et que les Lacédémoniens, commandés par Léonidas, de la race d'Hercule, étaient à leur tête. Le cavalier s'étant approché de l'armée, l'exa-

---

[1] Les Carnies se célébraient pendant neuf jours à Sparte, en l'honneur d'Apollon. Cette fête fut instituée dans la vingt-sixième olympiade, selon Sosime, dans sa Chronique citée par Athénée. « Tous les Doriens avaient une vénération particulière pour Apollon Carnien. Elle tire son origine de Carnus, qui était d'Acarnanie, et qui avait reçu d'Apollon le don de la divination. Ayant été tué par Hippotès, fils de Phylas, Apollon fit éprouver sa colère aux Doriens dans leur camp. Hippotès fut banni pour ce meurtre : et depuis ce temps-là les Doriens résolurent d'apaiser les mânes du devin d'Acarnanie. (L.)

mina avec soin ; mais il ne put voir les troupes qui étaient derrière la muraille qu'on avait relevée. Il aperçut seulement celles qui campaient devant. Les Lacédémoniens gardaient alors ce poste. Les uns étaient occupés en ce moment aux exercices gymniques, les autres prenaient soin de leur chevelure. Ce spectacle l'étonna : il prit connaissance de leur nombre, et s'en retourna tranquillement après avoir tout examiné avec soin ; car personne ne le poursuivit, tant on le méprisait.

CCIX. Le cavalier, de retour, raconta à Xerxès tout ce qu'il avait vu. Sur ce récit, le roi ne put imaginer qu'ils se disposassent, autant qu'il était en eux, à donner la mort ou à la recevoir, comme cela était cependant vrai. Cette manière d'agir lui paraissant ridicule, il envoya chercher Démarate, fils d'Ariston, qui était dans le camp. Démarate s'étant rendu à ses ordres, ce prince l'interrogea sur cette conduite des Lacédémoniens, dont il voulait connaître les motifs. « Seigneur, répondit Démarate, je vous parlai de
» ce peuple lorsque nous marchâmes contre la Grèce; et
» lorsque je vous fis part des événements que je prévoyais,
» vous vous moquâtes de moi. Quoiqu'il y ait du danger
» à soutenir la vérité contre un si grand prince, écoutez-
» moi cependant. Ces hommes sont venus pour vous dis-
» puter le passage, et ils s'y disposent; car ils ont coutume
» de prendre soin de leur chevelure quand ils sont à la
» veille d'exposer leur vie [1]. Au reste, si vous subjuguez
» ces hommes-ci et ceux qui sont restés à Sparte, sachez,
» seigneur, qu'il ne se trouvera pas une seule nation qui
» ose lever le bras contre vous ; car les Spartiates, contre
» qui vous marchez, sont le plus valeureux peuple de la
» Grèce, et leur royaume et leur ville sont les plus floris-
» sants et les plus beaux de tout le pays. » Xerxès, ne pouvant ajouter foi à ce discours, lui demanda une seconde fois comment les Grecs, étant en si petit nombre, pour-

---

[1] La chevelure longue distinguait l'homme libre de l'esclave Lorsque les Lacédémoniens allaient affronter les plus grands dangers pour leur liberté, ils prenaient soin de leur chevelure. Plutarque ajoute que Lycurgue avait coutume de dire que les longs cheveux donnaient de la grâce aux beaux hommes, et rendaient les laids encore plus terribles. (L.)

raient combattre son armée. « Seigneur, reprit Démarate, » traitez-moi comme un imposteur, si cela n'arrive pas » comme je le dis. »

CCX. Ce discours ne persuada pas le roi. Il laissa passer quatre jours, espérant que les Grecs prendraient la fuite. Le cinquième enfin, comme ils ne se retiraient pas, et qu'ils lui paraissaient ne rester que par impudence et par témérité, il se mit en colère, et envoya contre eux un détachement de Mèdes et de Cissiens, avec ordre de les faire prisonniers et de les lui amener. Les Mèdes fondirent avec impétuosité sur les Grecs, mais il en périt un grand nombre. De nouvelles troupes vinrent à la charge, et, quoique fort maltraitées, elles ne reculaient pas. Tout le monde vit alors clairement, et le roi lui-même, qu'il avait beaucoup d'hommes, mais peu de soldats. Ce combat dura tout le jour.

CCXI. Les Mèdes, se voyant si rudement menés, se retirèrent. Les Perses prirent leur place. (C'était la troupe que le roi appelait les Immortels, et qui était commandée par Hydarnes.) Ils allèrent à l'ennemi comme à une victoire certaine et facile; mais, lorsqu'ils en furent venus aux mains, ils n'eurent pas plus d'avantage que les Mèdes, parce que leurs piques étaient plus courtes que celles des Grecs, et que, l'action se passant dans un lieu étroit, ils ne pouvaient faire usage de leur nombre. Les Lacédémoniens combattirent d'une manière qui mérite de passer à la postérité, et firent voir qu'ils étaient habiles, et que leurs ennemis étaient très-ignorants dans l'art militaire. Toutes les fois qu'ils tournaient le dos, ils tenaient leurs rangs serrés. Les Barbares, les voyant fuir, les poursuivaient avec des cris et un bruit affreux ; mais, dès qu'ils étaient près de se jeter sur eux, les Lacédémoniens, faisant volte-face, en renversaient un très-grand nombre. Ceux-ci essuyèrent aussi quelque perte légère. Enfin, les Perses voyant qu'après des attaques réitérées, tant par bataillons que de toute autre manière, ils faisaient de vains efforts pour se rendre maîtres du passage, ils se retirèrent.

CCXII. On dit que le roi, qui regardait le combat, craignant pour son armée, s'élança par trois fois de dessus son trône. Tel fut le succès de cette action. Les Barbares ne réussirent pas mieux le lendemain. Ils se flattaient cependant que les Grecs ne pourraient plus lever les mains, vu leur petit nombre et les blessures dont ils les croyaient couverts. Mais les Grecs, s'étant rangés en bataille par nations et par bataillons, combattirent tour à tour, excepté les Phocidiens, qu'on avait placés sur la montagne pour en garder le sentier. Les Perses, voyant qu'ils se battaient comme le jour précédent, se retirèrent.

CCXIII. Le roi se trouvait très-embarrassé dans les circonstances présentes, lorsque Éphialtes, Mélien de nation et fils d'Eurydème, vint le trouver dans l'espérance de recevoir de lui quelque grande récompense. Ce traître lui découvrit le sentier qui conduit par la montagne aux Thermopyles, et fut cause par là de la perte totale des Grecs qui gardaient ce passage. Dans la suite il se réfugia en Thessalie pour se mettre à couvert du ressentiment des Lacédémoniens, qu'il craignait; mais, quoiqu'il eût pris la fuite, les pylagores, dans une assemblée générale des amphictyons aux Pyles, mirent sa tête à prix; et dans la suite, étant venu à Anticyre, il fut tué par un Trachinien nommé Athénadès. Celui-ci le tua pour un autre sujet, dont je parlerai dans la suite de cette histoire; mais il n'en reçut pas moins des Lacédémoniens la récompense qu'ils avaient promise. Ainsi périt Éphialtes quelque temps après cette expédition des Barbares.

CCXIV. On dit aussi que ce furent Onétès de Caryste, fils de Phanagoras, et Corydale d'Anticyre qui firent ce rapport au roi, et qui conduisirent les Perses autour de cette montagne. Je n'ajoute nullement foi à ce récit, et je m'appuie d'un côté sur ce que les pylagores des Grecs ne mirent point à prix la tête d'Onétès ni celle de Corydale, mais celle du Trachinien Éphialtes; ce qu'ils ne firent sans doute qu'après s'être bien assurés du fait. D'un autre côté, je sais très-certainement qu'Éphialtes prit la fuite à cette occasion. Il est vrai qu'Onétès aurait pu connaître ce sentier, quoiqu'il ne fût pas Mélien, s'il se fût rendu le pays très-familier. Mais ce fut Éphialtes qui conduisit les Perses par la montagne, ce fut lui qui leur découvrit ce sentier, et c'est lui que j'accuse de ce crime.

CCXV. Les promesses d'Éphialtes plurent beaucoup à Xerxès, et lui donnèrent bien de la joie. Aussitôt il envoya Hydarnes avec les troupes qu'il commandait pour mettre ce projet à exécution. Ce général partit du camp à l'heure où l'on allume les flambeaux. Les Méliens, qui sont les habitants naturels de ce pays, découvrirent ce sentier, et ce fut par là qu'ils conduisirent les Thessaliens contre les Phocidiens lorsque ceux-ci, ayant fermé d'un mur le passage des Thermopyles, se furent mis à couvert de leurs incursions; et depuis un si long temps il était prouvé que ce sentier n'avait été d'aucune utilité aux Méliens.

CCXVI. En voici la description : il commence à l'Asope, qui coule par l'ouverture de la montagne qui porte le nom d'Anopée, ainsi que le sentier. Il va par le haut de la montagne, et finit vers la ville d'Alpènes, la première du pays des Locriens du côté des Méliens, près de la roche appelée Mélampyge [1] et de la demeure des Cercopes. C'est là que le chemin est le plus étroit.

CCXVII. Les Perses, ayant passé l'Asope près du sentier dont j'ai fait la description, marchèrent toute la nuit, ayant à droite les monts des OEtéens et à gauche ceux des Trachiniens. Ils étaient déjà sur le sommet de la montagne lorsque l'aurore commença à paraître. On avait placé en cet endroit, comme je l'ai dit plus haut, mille Phocidiens pesamment armés pour garantir leur pays de l'invasion des Barbares et pour garder le sentier, car le passage inférieur était défendu par les troupes dont j'ai parlé, et les Phocidiens avaient promis d'eux-mêmes à Léonidas de garder celui de la montagne.

CCXVIII. Les Perses montaient sans être aperçus, les

[1] Thia, fille de l'Océan, eut deux fils, qui insultaient les passants. Leur mère leur conseilla de ne faire tort à personne, de crainte de tomber entre les mains de quelque homme aux fesses noires (de quelque Mélampyge), et d'être punis de leur insolence. Hercule, les ayant un jour rencontrés, les lia ensemble par les pieds, et les chargea ensuite sur ses épaules, la tête en bas et au-dessous de la peau du lion. Ces deux frères ayant remarqué qu'Hercule avait les fesses velues, se rappelèrent ce que leur avait dit leur mère, et firent des éclats de rire. Hercule, ayant appris le sujet de leurs ris, les détacha et les laissa aller. (L.)

chênes dont est couverte cette montagne empêchant de les voir. Le temps étant calme, les Phocidiens les découvrirent aux bruits que faisaient sous leurs pieds les feuilles des arbres, comme cela était naturel. Aussitôt ils accoururent, se revêtirent de leurs armes, et dans l'instant parurent les Barbares. Les Perses, qui ne s'attendaient point à rencontrer d'ennemis, furent surpris à la vue d'un corps de troupes qui s'armait. Alors Hydarnes, craignant que ce ne fussent des Lacédémoniens, demanda à Éphialtes de quel pays étaient ces troupes. Instruit de la vérité, il rangea les Perses en bataille. Les Phocidiens, accablés d'une nuée de flèches, s'enfuirent sur la cime de la montagne ; et, croyant que ce corps d'armée était venu exprès pour les attaquer, ils se préparèrent à les recevoir comme des gens qui se dévouent à la mort. Telle était la résolution des Phocidiens. Mais Hydarnes et les Perses, guidés par Éphialtes, descendirent à la hâte de la montagne sans prendre garde seulement à eux.

CCXIX. Le devin Mégistias, ayant consulté les entrailles des victimes, apprit le premier aux Grecs qui gardaient le passage des Thermopyles qu'ils devaient périr le lendemain au lever de l'aurore. Ensuite des transfuges les avertirent du circuit que faisaient les Perses ; et aussitôt ils firent part de cet avis à tout le camp, quoiqu'il fût encore nuit. Enfin le jour parut, et les héméroscopes [1] accoururent de dessus les hauteurs. Dans le conseil tenu à ce sujet, les sentiments furent partagés : les uns voulaient qu'on demeurât dans ce poste, et les autres étaient d'un avis contraire. On se sépara après cette délibération ; les uns partirent et se dispersèrent dans leurs villes respectives, les autres se préparèrent à rester avec Léonidas.

CCXX. On dit que Léonidas les renvoya de son propre mouvement, afin de ne pas les exposer à une mort certaine, et qu'il pensa qu'il n'était ni de son honneur ni de celui des Spartiates présents d'abandonner le poste qu'ils étaient venus garder. Je suis bien plus porté à croire que Léonidas, ayant remarqué le découragement des alliés et

---

[1] Ceux qui font le guet pendant le jour.

combien ils étaient peu disposés à courir le même danger que les Spartiates, leur ordonna de se retirer ; et que, pour lui, il crut qu'il lui serait honteux de s'en aller, et qu'en restant il acquerrait une gloire immortelle, et assurerait à Sparte un bonheur inaltérable : car la Pythie avait répondu aux Spartiates, qui l'avaient consultée dès le commencement de cette guerre, qu'il fallait que Lacédémone fût détruite par les Barbares, ou que leur roi pérît. Sa réponse était conçue en vers hexamètres : « Citoyens de la spa-
» cieuse Sparte, ou votre ville célèbre sera détruite par les
» descendants de Persée, ou le pays de Lacédémone pleu-
» rera la mort d'un roi issu du sang d'Hercule. Ni la force
» des taureaux ni celle des lions ne pourront soutenir le
» choc impétueux du Perse ; il a la puissance de Jupiter.
» Non, rien ne pourra lui résister qu'il n'ait eu pour sa
» part l'un des deux rois. » J'aime mieux penser que les réflexions de Léonidas sur cet oracle et que la gloire de cette action, qu'il voulait réserver aux seuls Spartiates, le déterminèrent à renvoyer les alliés, que de croire que ceux-ci furent d'un avis contraire au sien, et qu'ils se retirèrent avec tant de lâcheté.

CCXXI. Cette opinion me paraît vraie, et en voici une preuve très-forte. Il est certain que Léonidas non-seulement les renvoya, mais encore qu'il congédia avec eux le devin Mégistias d'Acarnanie, afin qu'il ne pérît pas avec lui. Ce devin descendait, à ce qu'on dit, de Mélampus. Mais Mégistias ne l'abandonna point, et se contenta de renvoyer son fils unique, qui l'avait suivi dans cette expédition.

CCXXII. Les alliés que congédia Léonidas se retirèrent par obéissance. Les Thébains et les Thespiens restèrent avec les Lacédémoniens, les premiers malgré eux et contre leur gré, Léonidas les ayant retenus pour lui servir d'otages ; les Thespiens restèrent volontairement. Ils déclarèrent qu'ils n'abandonneraient jamais Léonidas et les Spartiates : ils périrent avec eux. Ils étaient commandés par Démophile, fils de Diadromas.

CCXXIII. Xerxès fit des libations au lever du soleil, et, après avoir attendu quelque temps, il se mit en marche vers l'heure où la place est ordinairement pleine de monde, comme le lui avait recommandé Éphialtes ; car en descendant la montagne le chemin est beaucoup plus court que lorsqu'il la faut monter et en faire le tour. Les Barbares s'approchèrent avec Xerxès. Léonidas et les Grecs, marchant comme à une mort certaine, s'avancèrent beaucoup plus loin qu'ils n'avaient fait dans le commencement, et jusqu'à l'endroit le plus large du défilé ; car jusqu'alors le mur leur avait tenu lieu de défense. Les jours précédents ils n'avaient point passé les lieux étroits, et c'était là qu'ils avaient combattu. Mais ce jour-là le combat s'engagea dans un espace plus étendu, et il y périt un grand nombre de Barbares. Leurs officiers, postés derrière les rangs le fouet à la main, frappaient les soldats, et les animaient continuellement à marcher. Il en tombait beaucoup dans la mer, où ils trouvaient la fin de leurs jours ; il en périssait un plus grand nombre sous les pieds de leurs propres troupes ; mais on n'y avait aucun égard. Les Grecs, s'attendant à une mort certaine de la part de ceux qui avaient fait le tour de la montagne, employaient tout ce qu'ils avaient de forces contre les Barbares, comme des gens désespérés et qui ne font aucun cas de la vie. Déjà la plupart avaient leurs piques brisées, et ne se servaient plus contre les Perses que de leurs épées.

CCXXIV. Léonidas fut tué dans cette action après avoir fait des prodiges de valeur. Il y périt aussi d'autres Spartiates d'un mérite distingué. Je me suis informé de leurs noms, et même de ceux des trois cents. Les Perses perdirent aussi beaucoup de gens de marque, et entre autres Abrocomès et Hypéranthès, tous deux fils de Darius. Ce prince les avait eus de Phratagune, fille d'Artanès, lequel était frère de Darius, fils d'Hystaspes et petit-fils d'Arsames. Comme Artanès n'avait pas d'autres enfants, tous ses biens passèrent avec elle à Darius.

CCXXV. Ces deux frères de Xerxès périrent dans cet endroit les armes à la main. Le combat fut très-violent sur le corps de Léonidas[1]. Les Perses et les Lacédémoniens se

---

[1] Pendant que les Lacédémoniens prenaient leur repas, dit l'auteur des petits Parallèles attribués à Plutarque, les Barbares vinrent les attaquer en

repoussèrent alternativement ; mais enfin les Grecs mirent quatre fois en fuite les ennemis, et par leur valeur ils retirèrent de la mêlée le corps de ce prince. Cet avantage dura jusqu'à l'arrivée des troupes conduites par Éphialtes. A cette nouvelle, la victoire changea de parti. Les Grecs regagnèrent l'endroit le plus étroit du défilé ; puis, ayant passé la muraille, et leurs rangs toujours serrés, ils se tinrent tous, excepté les Thébains, sur la colline qui est à l'entrée du passage, et où se voit aujourd'hui le lion de pierre érigé en l'honneur de Léonidas. Ceux à qui il restait encore des épées s'en servirent pour leur défense ; les autres combattirent avec les mains nues et les dents ; mais les Barbares, les attaquant les uns de front, après avoir renversé la muraille, les autres de toutes parts, après les avoir environnés, les enterrèrent sous un monceau de traits.

CCXXVI. Quoique les Lacédémoniens et les Thespiens se fussent conduits en gens de cœur, on dit cependant que Diénécès de Sparte les surpassa tous. On rapporte de lui un mot remarquable. Avant la bataille, ayant entendu dire à un Trachinien que le soleil serait obscurci par les flèches des Barbares, tant était grande leur multitude, il répondit sans s'épouvanter, et comme un homme qui ne tenait aucun compte du nombre des ennemis : « Notre hôte de Tra» chinie nous annonce toutes sortes d'avantages ; si les » Mèdes cachent le soleil, on combattra à l'ombre, sans » être exposé à son ardeur. » On rapporte aussi du même Diénécès plusieurs autres traits pareils, qui sont comme autant de monuments qu'il a laissés à la postérité.

CCXXVII. Alphée et Maron, fils d'Orsiphante, tous deux Lacédémoniens, se distinguèrent le plus après Diénécès ; et parmi les Thespiens, Dithyrambus, fils d'Harmatidès, acquit le plus de gloire.

CCXXVIII. Ils furent tous enterrés au même endroit où

---

foule. Léonidas, les voyant approcher, dit aux siens : Dînez, comme devant souper dans le palais de Pluton. Il fondit sur les Barbares, et, quoique percé de coups de piques, il parvint jusqu'à Xerxès, à qui il enleva le diadème. Lorsqu'il fut mort, le roi lui fit arracher le cœur, qui fut trouvé velu, comme le rapporte Aristide dans son premier livre de l'Histoire de Perse. (L.)

ils avaient été tués, et l'on voit sur leur tombeau cette inscription, ainsi que sur le monument de ceux qui avaient péri avant que Léonidas eût renvoyé les alliés : « Quatre mille Péloponnésiens combattirent autrefois dans » ce lieu contre trois millions d'hommes. » Cette inscription regarde tous ceux qui eurent part à l'action des Thermopyles; mais celle-ci est pour les Spartiates en particulier : « Passant, va dire aux Lacédémoniens que nous » reposons ici pour avoir obéi à leurs lois. » En voici une pour le devin Mégistias : « C'est ici le monument de l'il- » lustre Mégistias, qui fut autrefois tué par les Mèdes » après qu'ils eurent passé le Sperchius. Il ne put se ré- » soudre à abandonner les chefs de Sparte, quoiqu'il sût » avec certitude que les Parques venaient fondre sur lui. »

Les amphictyons firent graver ces inscriptions sur des colonnes, afin d'honorer la mémoire de ces braves gens. J'en excepte l'inscription du devin Mégistias, que fit, par amitié pour lui, Simonides, fils de Léoprépès [1].

CCXXIX. On assure qu'Eurytus et Aristodémus, tous deux du corps des trois cents, pouvant conserver leur vie en se retirant d'un commun accord à Sparte, puisqu'ils avaient été renvoyés du camp par Léonidas, et qu'ils étaient détenus au lit à Alpènes pour un grand mal d'yeux, ou revenir au camp et mourir avec les autres, s'ils ne voulaient pas du moins retourner dans leur patrie ; on assure, dis-je, qu'ayant la liberté de choisir, ils ne purent jamais s'accorder, et furent toujours partagés d'opinions ; qu'Eurytus, sur la nouvelle du circuit des Perses, demanda ses armes, et que s'en étant revêtu il ordonna à son Ilote de le conduire sur le champ de bataille; qu'aussitôt après l'Ilote prit la fuite, et que le maître, s'étant jeté dans le fort de la mêlée, perdit la vie, tandis qu'Aristodémus restait lâchement à Alpènes. Si Aristodémus, étant lui seul incommodé de ce mal d'yeux, se fût retiré à Sparte, ou s'ils y fussent retournés tous deux ensemble, il me semble que les Spartiates n'auraient point été irrités contre eux. Mais

---

[1] Il y a eu plusieurs poëtes du nom de Simonides. Celui-ci a composé beaucoup d'ouvrages, dont on peut voir les titres dans la Bibliothèque grecque de Fabricius.

l'un ayant perdu la vie, et l'autre n'ayant pas voulu mourir, quoiqu'il eût les mêmes raisons, ils furent forcés de lui faire sentir tout le poids de leur colère.

CCXXX. Quelques-uns racontent qu'Aristodémus se sauva à Sparte de la manière et sous le prétexte que nous avons dit. Mais d'autres prétendent que l'armée l'ayant député pour quelque affaire, il pouvait revenir à temps pour se trouver à la bataille, mais qu'il ne le voulut pas, et qu'il demeura longtemps en route afin de conserver ses jours. On ajoute que son collègue revint pour le combat, et fut tué.

CCXXXI. Aristodémus fut, à son retour à Lacédémone, accablé de reproches et couvert d'opprobre ; on le regarda comme un homme infâme. Personne ne voulut ni lui parler, ni lui donner du feu, et il eut l'ignominie d'être surnommé le lâche. Mais, depuis, il répara sa faute à la bataille de Platées.

CCXXXII. On dit que Pantitès, du corps des trois cents, survécut à cette défaite. Il avait été député en Thessalie ; mais à son retour à Sparte, se voyant déshonoré, il s'étrangla lui-même.

CCXXXIII. Les Thébains, commandés par Léontiades, combattirent contre l'armée du roi tant qu'ils furent avec les Grecs et qu'ils s'y virent forcés. Mais dès qu'ils eurent reconnu que la victoire se déclarait pour les Perses, et que les Grecs qui avaient suivi Léonidas se pressaient de se rendre sur la colline, ils se séparèrent d'eux, et s'approchèrent des Barbares en leur tendant les mains. Ils leur dirent en même temps qu'ils étaient attachés aux intérêts des Perses, qu'ils avaient été des premiers à donner au roi la terre et l'eau, qu'ils étaient venus au Thermopyles malgré eux, et qu'ils n'étaient point cause de l'échec que le roi y avait reçu. La vérité de ce discours, appuyée du témoignage des Thessaliens, leur sauva la vie ; mais ils ne furent pas heureux, du moins en tout, car les Barbares qui les prirent en tuèrent quelques-uns à mesure qu'ils approchaient : le plus grand nombre fut marqué des marques royales par l'ordre de Xerxès, à commencer par Léontiades, leur général. Son fils Eurymachus, qui s'empara, dans la suite, de Platées avec quatre cents Thébains qu'il commandait, fut tué par les habitants de cette ville.

CCXXXIV. Telle fut l'issue du combat des Thermopyles. Xerxès, ayant demandé Démarate, lui adressa le premier la parole en ces termes : « Démarate, vous êtes un
» homme de bien, et la vérité de vos discours m'en est
» une preuve. Car tout ce que vous m'avez dit s'est trouvé
» confirmé par l'événement. Mais apprenez-moi mainte-
» nant combien il reste encore de Lacédémoniens, et
» combien il peut y en avoir qui soient aussi braves que
» ceux-ci, ou s'ils le sont tous également. — Seigneur,
» répondit Démarate, les Lacédémoniens en général sont
» grand nombre, et ils ont beaucoup de villes. Mais il faut
» vous instruire plus particulièrement de ce que vous
» souhaitez. Sparte, capitale du pays de Lacédémone,
» contient environ huit mille hommes qui ressemblent
» tous à ceux qui ont combattu ici. Les autres Lacédémo-
» niens, quoique braves, ne les égalent pas. — Apprenez-
» moi donc, reprit Xerxès, par quel moyen nous pourrons
» les subjuguer avec le moins de peine : car, puisque vous
» avez été leur roi, vous connaissez quels sont leurs
» desseins. »

CCXXXV. « Grand roi, répondit Démarate, puisque
» vous me demandez avec confiance mon avis, il est juste
» que je vous fasse part de celui que je crois le meilleur.
» Envoyez trois cents vaisseaux de votre flotte sur les côtes
» de la Laconie. Près de ces côtes est une île qu'on appelle
» Cythère. Chilon, l'homme le plus sage que nous ayons
» eu, disait qu'il serait avantageux aux Spartiates qu'elle
» fût au fond des eaux : car il s'attendait toujours qu'elle
» donnerait lieu à quelque projet pareil à celui dont je
» vous parle; non qu'il prévît dès lors votre expédition,
» mais parce qu'il craignait également toute armée navale.
» Que votre flotte parte de cette île pour répandre la
» terreur sur les côtes de la Laconie. Les Lacédémoniens
» ayant la guerre à leur porte et chez eux, il n'est pas à
» craindre qu'ils donnent du secours au reste des Grecs
» quand vous les attaquerez avec votre armée de terre.
» Le reste de la Grèce asservi, la Laconie seule sera trop

» faible pour vous résister. Si vous ne prenez pas ce parti,
» voici à quoi vous devez vous attendre. A l'entrée du
» Péloponnèse est un isthme étroit, où tous les Pélo-
» ponnésiens, assemblés et ligués contre vous, vous livre-
» ront de plus rudes combats que ceux que vous avez eus
» à soutenir. Si vous faites ce que je vous dis, vous vous
» rendrez maître de cet isthme et de toutes leurs villes. »

CCXXXVI. Achéménès, frère de Xerxès et général de l'armée navale, qui était présent à ce discours, et qui craignait que le roi ne se laissât persuader, prit la parole. « Seigneur, dit-il, je vois que vous recevez favorablement
» les conseils d'un homme jaloux de votre prospérité, ou
» même qui trahit vos intérêts. Car tel est le caractère
» ordinaire des Grecs : ils portent envie au bonheur des
» autres, et détestent ceux qui valent mieux qu'eux. Si,
» dans la position où nous nous trouvons, après avoir
» perdu quatre cents vaisseaux par un naufrage, vous en
» envoyez trois cents autres croiser sur les côtes du Pélo-
» ponnèse, les ennemis seront aussi forts que nous. Si
» notre flotte ne se sépare point, elle sera invincible, et
» les Grecs seront hors d'état de lui résister. Les deux
» armées marchant ensemble, celle de mer portera du
» secours à celle de terre, et celle-ci en donnera à la flotte.
» Si vous les séparez, elles seront inutiles l'une à l'autre.
» Content de bien régler vos affaires, ne vous inquiétez
» pas de celles de vos ennemis, n'examinez point de quel
» côté ils porteront la guerre, quelles mesures ils pren-
» dront, et quelles sont leurs forces. Ce soin les regarde
» personnellement. Ne songeons de même qu'à nos inté-
» rêts. Si les Lacédémoniens livrent bataille aux Perses,
» ils ne répareront pas pour cela la perte qu'ils viennent
» d'essuyer. »

CCXXXVII. « Achéménès, reprit Xerxès, votre conseil
» me paraît juste, et je le suivrai. Mais Démarate propose
» ce qu'il croit m'être le plus avantageux; et quoique votre
» avis l'emporte sur le sien, je ne me persuaderai pas que
» ce prince soit malintentionné. Ses discours précédents,
» que l'événement a justifiés, me sont garants de sa droi-
» ture. Qu'un homme soit jaloux du bonheur de son con-

» citoyen, qu'il ait contre lui une haine secrète, et s'il n'a
» pas fait de grands progrès dans la vertu, chose rare,
» qu'il ne lui donne pas les conseils qu'il croira les plus
» salutaires, je n'en serai pas surpris. Mais un hôte est
» l'homme qui a le plus de bienveillance pour un ami qu'il
» voit dans la prospérité; et si celui-ci le consulte, il ne
» lui donnera que d'excellents conseils. Démarate est mon
» hôte, et je veux que dans la suite on s'abstienne de mal
» parler de lui. »

CCXXXVIII. Xerxès, ayant cessé de parler, passa à travers les morts. Ayant appris que Léonidas était roi et général des Lacédémoniens, il lui fit couper la tête et mettre son corps en croix[1]. Ce traitement m'est une preuve convaincante, entre plusieurs autres que je pourrais apporter, que Léonidas était, pendant sa vie, l'homme contre qui Xerxès était le plus animé; sans cela, il n'aurait pas violé les lois par un tel acte d'inhumanité. Car, de tous les hommes que je connaisse, il n'y en a point qui soient plus dans l'usage d'honorer ceux qui se distinguent par leur valeur que les Perses. Ces ordres furent exécutés par ceux à qui on les avait donnés.

CCXXXIX. Mais revenons à l'endroit de cette histoire que j'ai interrompu. Les Lacédémoniens apprirent les premiers que le roi se disposait à marcher contre la Grèce. Sur cet avis, ils envoyèrent à l'oracle de Delphes, qui leur fit la réponse dont j'ai parlé un peu auparavant. Cette nouvelle leur parvint d'une façon singulière. Démarate, fils d'Ariston, réfugié chez les Mèdes, n'était pas, comme je pense, et suivant toute sorte de vraisemblance, bien intentionné pour les Lacédémoniens. Ce fut lui cependant qui leur donna l'avis de la marche du roi. Mais si ce fut par bienveillance ou pour les insulter, c'est ce que je laisse à

---

[1] Les ossements de Léonidas furent rapportés des Thermopyles par Pausanias, quarante ans après sa mort. Son tombeau était près de celui de Pausanias, vis-à-vis le théâtre. Tous les ans on faisait les oraisons funèbres de ces grands hommes sur leurs monuments, et l'on y célébrait des jeux où il n'y avait que les Spartiates qui fussent reçus à disputer le prix. On voyait aussi au même endroit une colonne sur laquelle étaient gravés les noms des guerriers qui soutinrent l'effort des Perses aux Thermopyles, et ceux de leurs pères. (L.)

penser. Quoi qu'il en soit, Xerxès s'étant déterminé à faire la guerre aux Grecs, Démarate, qui était à Suses, et qui fut informé de ses desseins, voulut en faire part aux Lacédémoniens. Mais comme les moyens lui manquaient, parce qu'il était à craindre qu'on le découvrît, il imagina cet artifice. Il prit des tablettes doubles, en ratissa la cire, et écrivit ensuite sur le bois de ces tablettes les projets du roi. Après cela, il couvrit de cire les lettres, afin que ces tablettes n'étant point écrites, il ne pût arriver au porteur rien de fâcheux de la part de ceux qui gardaient les passages. L'envoyé de Démarate les ayant rendues aux Lacédémoniens, ils ne purent d'abord former aucune conjecture; mais Gorgo, fille de Cléomène et femme de Léonidas, imagina, dit-on, ce que ce pouvait être, et leur apprit qu'en enlevant la cire ils trouveraient des caractères sur le bois. On suivit son conseil, et les caractères furent trouvés. Les Lacédémoniens lurent ces lettres, et les envoyèrent ensuite au reste des Grecs.

FIN DU SEPTIÈME LIVRE.

LIVRE HUITIÈME.

URANIE.

THÉMISTOCLES. — COMBAT NAVAL PRÈS D'ARTÉMISIUM. — LES GRECS SE RETIRENT. — LES PERSES SONT FRAPPÉS DE LA FOUDRE PRÈS DU TEMPLE DE DELPHES. — BATAILLE NAVALE DE SALAMINE. — XERXÈS SPECTATEUR DE LA BATAILLE. — ARISTIDE SUR LA FLOTTE. — COURAGE D'ARTÉMISE. — DISCOURS DE MARDONIUS A XERXÈS. — DÉSASTRES DES PERSES. — THÉMISTOCLES S'ARRÊTE DANS LA POURSUITE DES ENNEMIS. — XERXÈS GAGNE L'HELLESPONT ET PASSE EN ASIE. — IL LAISSE MARDONIUS AVEC TROIS CENT MILLE HOMMES. — ATHÈNES ET SPARTE REFUSENT LA PAIX.

I. On dit que les choses se passèrent de la sorte. Voici maintenant quels sont les peuples qui composaient l'armée navale. Les Athéniens fournirent cent vingt-sept vaisseaux, montés en partie par eux, et en partie par les Platéens, dont le courage et le zèle suppléaient à leur peu d'expérience sur mer. Les Corinthiens en donnèrent quarante, et les Mégariens vingt. Les Chalcidiens en armèrent vingt, que les Athéniens leur avaient prêtés. Les Éginètes en donnèrent dix-huit, les Sicyoniens douze, les Lacédémoniens dix, les Épidauriens huit, les Érétriens sept, les Trézéniens cinq, les Styréens deux, et les habitants de l'île de Céos deux, avec deux vaisseaux à cinquante rames, et les Locriens-Opuntiens envoyèrent en outre au secours des alliés sept vaisseaux à cinquante rames.

II. Tels étaient les peuples qui se rendirent à l'Artémisium, et le nombre des vaisseaux que chacun d'eux fournit. Ils montaient en tout à deux cent soixante-onze, sans compter les vaisseaux à cinquante rames. Les Spartiates nommèrent Eurybiades, fils d'Euryclides, commandant en chef de toute la flotte. Car les alliés avaient déclaré qu'ils n'obéiraient pas aux Athéniens, et que, s'ils n'avaient point à leur tête un Lacédémonien, ils se sépareraient de l'armée qui allait s'assembler.

III. Dès le commencement, et même avant que d'envoyer demander des secours en Sicile, il fut question de confier le commandement de la flotte aux Athéniens. Mais les alliés s'y étant opposés, les Athéniens, qui avaient fort à cœur le salut de la Grèce, dont ils prévoyaient la ruine totale s'ils disputaient le commandement, aimèrent mieux céder. Ils pensaient sagement. En effet, autant la paix l'emporte par ses avantages sur la guerre, autant une guerre civile est plus pernicieuse qu'une guerre étrangère, où toutes les parties de l'État concourent d'un commun accord. Persuadés de la vérité de cette maxime, les Athéniens ne s'opposèrent point aux alliés, et cédèrent, pendant le temps seulement qu'ils eurent besoin de leur secours, comme ils le firent bien voir. Car le roi repoussé, et lorsqu'on combattait déjà pour s'emparer de son pays, les Athéniens, prétextant l'arrogance de Pausanias, enlevèrent le commandement aux Lacédémoniens. Mais cela ne se passa que longtemps après.

IV. Ceux des Grecs qui étaient alors à la rade d'Artémisium ayant vu le grand nombre de vaisseaux arrivé aux Aphètes, que tout était plein de troupes, et que les affaires des Barbares prenaient une tournure à laquelle ils ne s'étaient pas attendus, saisis de crainte, ils consultèrent entre eux s'ils ne s'enfuiraient pas dans le centre de la Grèce. Les Eubéens, avertis du sujet de leur délibération, prièrent Eurybiades d'attendre quelque temps, jusqu'à ce qu'ils eussent mis en lieu de sûreté leurs enfants, leurs femmes et leurs esclaves. Mais, n'ayant pu le persuader, ils allèrent trouver Thémistocles, qui commandait les Athéniens, et, moyennant trente talents[1], ils l'engagèrent à faire rester la flotte devant l'Eubée pour y livrer le combat naval.

V. Voici comment s'y prit Thémistocles pour retenir les Grecs. Il fit part à Eurybiades de cinq talents[1], sans doute comme s'il les lui eût donnés de son propre argent. Celui-

---

[1] 162,000 livres.
[2] 27,000 livres.

ci gagné, il n'y avait plus qu'Adimante, fils d'Ocytus, commandant des Corinthiens, qui résistât, et qui voulût mettre à la voile, et partir incessamment. « Adimante, lui dit
» Thémistocles avec serment, vous ne nous abandonnerez
» point, car je vous ferai de plus grands dons que ne vous
» en ferait le roi des Mèdes pour vous engager à vous sé-
» parer des alliés. » Il accompagna ce discours de trois talents [1], qu'il envoya au vaisseau d'Adimante. Les généraux, ébranlés par ces présents, goûtèrent les raisons de Thémistocles, et l'on obligea les Eubéens. Thémistocles lui-même gagna beaucoup en gardant secrètement le reste de l'argent. Ceux à qui il en avait donné une partie pensaient qu'il lui était venu d'Athènes pour l'usage qu'il en fit.

VI. Ainsi les Grecs demeurèrent sur les côtes d'Eubée, et la bataille s'engagea de la manière que je vais le raconter. Les Barbares avaient ouï dire que les Grecs n'avaient qu'un petit nombre de vaisseaux à la rade d'Artémisium. Ayant reconnu, en arrivant au point du jour aux Aphètes, la vérité de ce qu'on leur avait dit, ils brûlaient d'ardeur de les attaquer, dans l'espérance de les prendre. Ils ne furent pas cependant d'avis d'aller droit à eux, de crainte que les Grecs, les voyant venir, ne prissent la fuite, et ne leur échappassent sans doute à la faveur de la nuit ; car, au compte des Perses, le porte-flambeau ne devait pas même échapper [2].

VII. Voici ce qu'ils imaginèrent pour faire réussir ce projet. Ayant fait choix de deux cents vaisseaux sur toute leur flotte, ils les envoyèrent par derrière l'île de Sciathos, avec ordre de faire le tour de l'Eubée, le long du cap Ca-

---

[1] 16,200 livres. Il y a dans le grec : *trois talents d'argent*. Il donna encore un talent à un Athénien. Ainsi il lui resta la somme de 113,400 livres.

[2] Avant qu'on fit usage de la trompette, on donnait le signal du combat avec un flambeau. Ceux qui le portaient étaient consacrés au dieu Mars. Ils s'avançaient à la tête des armées, et dans l'espace qui était entre deux, ils lâchaient leur flambeau, et se retiraient ensuite sans qu'on leur fît le moindre mal. Les armées se battaient ; et quand même toute une armée eût péri, on sauvait toujours la vie au porte-flambeau, parce qu'il était consacré au dieu Mars. De là vient le proverbe sur les défaites totales : Le porte-flambeau n'a pas même été épargné. Hérodote est le premier auteur où l'on voit cette expression, qui devint dans la suite si familière qu'elle passa en proverbe. (L.)

pharée et de Géræste, pour n'être pas aperçus de l'ennemi, et de se rendre ensuite dans l'Euripe, afin de l'envelopper. Ce détachement, arrivé en cet endroit, aurait bouché les derrières aux Grecs, tandis qu'eux-mêmes les auraient attaqués de front. Cette résolution prise, ils firent partir les vaisseaux destinés à cette entreprise. Quant à eux, ils n'avaient pas dessein d'attaquer ce jour-là les Grecs, ni même avant que ceux qui doublaient l'Eubée n'eussent donné le signal de leur arrivée. Ces vaisseaux partis, on fit le dénombrement de ceux qui étaient restés aux Aphètes.

VIII. Pendant que les Perses étaient occupés à ce dénombrement, Scyllias de Scioné[1], le plus habile plongeur de son temps, qui avait sauvé des richesses immenses aux Perses dans leur naufrage auprès du mont Pélion, et qui s'en était approprié aussi beaucoup, songeait depuis longtemps à passer du côté des Grecs, mais jusqu'alors il n'en avait point trouvé l'occasion. Je ne sais pas avec certitude comment il se rendit auprès d'eux; mais si le fait qu'on rapporte est vrai, je le trouve bien surprenant. Car on dit qu'ayant plongé dans la mer aux Aphètes, il ne sortit point de l'eau qu'il ne fût arrivé à l'Artémisium. Il fit donc environ quatre-vingts stades en nageant dans la mer[2]. On raconte de ce même Scyllias plusieurs traits qui ont bien l'air d'être faux, et d'autres qui sont vrais. Quant au fait en question, je pense que Scyllias se rendit à l'Artémisium sur un esquif. Aussitôt après son arrivée, il apprit aux généraux des Grecs les particularités du naufrage des Perses, et les avertit qu'on avait envoyé des vaisseaux pour doubler l'Eubée.

IX. Là-dessus, les Grecs tinrent conseil; et entre plu-

[1] Ce Scyllias avait fait apprendre à Cyana sa fille l'art de plonger. Dans le temps de la tempête qui accueillit les Perses près du mont Pélion, ils plongèrent tous les deux, arrachèrent les ancres qui retenaient les vaisseaux de Xerxès, et lui causèrent par là une perte considérable. On érigea, par ordre des amphictyons, au père et à la fille, des statues dans le temple d'Apollon à Delphes. La statue de Cyana fut du nombre de celles que Néron fit transporter à Rome. (L.)

[2] Je crois qu'il s'agit ici de petits stades à cinquante-une toises le stade. Je trouve en effet quatre-vingts de ces stades dans la carte de la Grèce de M. d'Anville. Suivant cette évaluation, cela ferait une lieue et demie et un peu plus de demi-quart. (L.)

sieurs avis qu'on y proposa, celui-ci prévalut. Il fut décidé qu'on resterait ce jour-là à l'endroit où l'on se trouvait, et qu'on en partirait après minuit pour aller au-devant des vaisseaux qui doublaient l'Eubée. Cela fait, comme ils ne virent venir personne contre eux, ils allèrent, vers les trois heures après midi, contre les Barbares, dans l'intention d'éprouver leur habileté dans les combats et dans la manœuvre, en attaquant, en se retirant et en revenant à la charge.

X. Les généraux et les simples soldats de la flotte de Xerxès, voyant les Grecs venir à eux avec un si petit nombre de vaisseaux, les regardèrent comme des insensés. Ils levèrent aussi l'ancre, dans l'espérance de s'en rendre maîtres sans peine. Ils s'en flattaient avec d'autant plus de vraisemblance, qu'ils avaient l'avantage du côté du nombre, et que leurs vaisseaux étaient meilleurs voiliers que ceux des Grecs. Cette supériorité les détermina à les envelopper de toutes parts. Ceux d'entre les Ioniens qui étaient bien intentionnés pour les Grecs servaient à regret, et les voyaient investis avec d'autant plus de chagrin qu'ils étaient persuadés qu'il n'en échapperait pas un seul, tant ils leur paraissaient faibles. Ceux, au contraire, qui étaient charmés de leur situation, s'empressaient à l'envi l'un de l'autre à qui prendrait le premier quelque vaisseau athénien, dans l'espérance d'en être récompensé du roi : car, dans l'armée des Barbares, on faisait plus de cas des Athéniens que de tous les autres alliés.

XI. Au premier signal, les Grecs rangèrent d'abord les proues de leurs vaisseaux en face des Barbares, et rassemblèrent les poupes au milieu, les unes contre les autres. Au second, ils les attaquèrent de front, quoique dans un espace étroit, et prirent trente vaisseaux aux Barbares, dont l'un était monté par Philaon, fils de Chersis, et frère de Gorgus, roi des Salaminiens, un des capitaines les plus estimés de cette flotte. Lycomèdes d'Athènes, fils d'Æschréas, enleva le premier un vaisseau aux ennemis : aussi eut-il le prix de la valeur. La victoire ne se déclara pour aucun des deux partis; les avantages furent également compensés, et la nuit sépara les combattants. Les Grecs retournèrent à la rade d'Artémisium, et les Barbares aux Aphètes, après un succès bien différent de celui auquel ils s'étaient attendus. Parmi tous les Grecs au service du roi, Antidore de Lemnos fut le seul qui passa du côté des alliés pendant le combat. Les Athéniens lui donnèrent des terres dans l'île de Salamine pour le récompenser de cette action.

XII. On était alors au milieu de l'été. Dès que la nuit fut venue, il tomba jusqu'au jour une pluie prodigieuse, accompagnée d'un tonnerre affreux qui partait du mont Pélion. Les flots et les vents poussèrent jusqu'aux Aphètes les corps morts avec les débris des vaisseaux. Ils venaient heurter contre la proue, et embarrassaient l'extrémité des rames. Les soldats, effrayés de ce bruit, s'attendaient à tout instant à périr. Que de maux n'éprouvèrent-ils pas! A peine avaient-ils eu le temps de respirer après la tempête du mont Pélion, qu'on leur avait livré un rude combat, suivi d'un tonnerre affreux, d'une pluie impétueuse, et de courants qui se portaient avec violence dans la mer.

XIII. Cette nuit fut bien cruelle pour eux; mais elle le fut encore plus pour ceux qui avaient ordre de faire le tour de l'Eubée. Elle le fut d'autant plus, qu'ils étaient en mer lorsque la tempête s'éleva : aussi périrent-ils misérablement. Elle commença tandis qu'ils étaient vers les écueils de l'Eubée. Emportés par les vents sans savoir en quel lieu ils étaient poussés, ils se brisèrent contre ces rochers. Tout cela arriva par la permission d'un dieu, afin que la flotte des Perses se trouvât égale à celle des Grecs, ou qu'au moins elle n'eût pas une aussi grande supériorité du côté du nombre. Ainsi périt une partie de l'armée navale des Barbares contre les écueils de l'Eubée.

XIV. Les Barbares qui étaient aux Aphètes virent avec plaisir le jour paraître. Ils tinrent leurs vaisseaux tranquilles, et, après les malheurs qu'ils avaient éprouvés, ils s'estimèrent heureux de goûter enfin le repos dans le moment présent. Cependant il vint aux Grecs un renfort de cinquante-trois vaisseaux athéniens. Encouragés par ce secours, et par la nouvelle du naufrage des Barbares autour de l'Eubée, dont pas un n'était échappé, ils partirent dans le même temps que la veille, fondirent sur les vaisseaux ciliciens, les détruisirent, et retournèrent à la rade d'Artémisium à l'entrée de la nuit.

XV. Le troisième jour, les généraux des Barbares, indignés de se voir maltraités par un si petit nombre de vaisseaux, et craignant la colère du roi, n'attendirent point encore que les Grecs commençassent le combat; ils s'avancèrent vers le milieu du jour en s'animant mutuellement. Ces combats, par un hasard singulier, se donnèrent sur mer les mêmes jours que ceux des Thermopyles. L'Euripe était l'objet de tous les combats de mer, de même que le passage des Thermopyles l'était de tous ceux que livra sur terre Léonidas. Les Grecs s'exhortaient à ne point laisser pénétrer les Barbares dans la Grèce, et ceux-ci à détruire les armées grecques, et à se rendre maîtres des passages.

XVI. Pendant que les vaisseaux de Xerxès s'avançaient en ordre de bataille, les Grecs se tenaient tranquilles à la rade d'Artémisium. Les Barbares, rangés en forme de croissant, les enveloppaient de tous côtés, afin de les prendre tous. Mais les Grecs allèrent à leur rencontre, et en vinrent aux mains. On combattit en cette journée à forces égales; car la flotte de Xerxès s'incommodait elle-même par sa propre grandeur et par le nombre de ses vaisseaux, qui se heurtaient les uns les autres et s'embarrassaient mutuellement. Elle résistait cependant, et ne cédait point. Quel opprobre en effet d'être mis en fuite par un petit nombre de vaisseaux! Les Grecs perdirent beaucoup de bâtiments et un grand nombre d'hommes; mais la perte des Barbares fut beaucoup plus considérable. Telle fut l'issue de ce combat, après lequel chacun se retira de son côté [1].

XVII. Parmi les troupes navales de Xerxès, les Égyptiens acquirent le plus de gloire; et, entre autres belles actions, ils prirent aux Grecs cinq vaisseaux avec les troupes qui les montaient. Du côté des Grecs, les Athéniens se distinguèrent le plus, et parmi ceux-ci, Clinias, fils d'Al-

---

[1] Ce furent les Athéniens qui se distinguèrent le plus parmi les Grecs, et ceux de Sidon parmi les Barbares. « Bel Artémisium! dit Pindare dans une ode qui n'est point venue jusqu'à nous, bel Artémisium, où les Athéniens on jeté les glorieux fondements de la liberté! » (L.)

cibiade [1]. Le vaisseau qu'il montait, et sur lequel il y avait deux cents hommes, lui appartenait en propre, et il l'avait armé à ses dépens.

XVIII. Les deux flottes, s'étant séparées avec plaisir, se hâtèrent de regagner leurs rades respectives. Les Grecs retournèrent à l'Artémisium après le combat naval. Quoiqu'ils eussent en leur puissance et leurs morts et les débris de leurs vaisseaux, cependant, comme ils avaient été fort maltraités, et particulièrement les Athéniens, dont la moitié des vaisseaux étaient endommagés, ils délibérèrent s'ils ne se retireraient pas précipitamment dans l'intérieur de la Grèce.

XIX. Thémistocles avait conçu que si on réussissait à détacher de l'armée des Barbares les Ioniens et les Cariens, il serait facile d'acquérir de la supériorité sur le reste. Tandis que les Eubéens menaient leurs troupeaux vers la mer, il assembla de ce côté les chefs de l'armée, et leur dit qu'il pensait avoir un moyen infaillible pour enlever au roi les plus braves de ses alliés. Il ne leur en découvrit pas davantage pour lors ; mais il ajouta que, dans l'état actuel, il fallait tuer aux Eubéens autant de bétail qu'on le pourrait, parce qu'il valait mieux que leurs troupes en profitassent que celles des ennemis. Il leur recommanda aussi d'ordonner à leurs troupes d'allumer du feu, et qu'à l'égard du départ il aurait soin de prendre le temps le plus favorable pour qu'ils pussent retourner en Grèce sans accident. Ce conseil fut approuvé. Aussitôt on alluma des feux, et l'on tomba sur les troupeaux.

XX. Les Eubéens n'avaient pas eu jusqu'alors plus d'égard pour l'oracle de Bacis que s'il n'eût rien signifié [2]. Ils

---

[1] Clinias, fils d'Alcibiade, et père du célèbre Alcibiade, d'une des plus illustres maisons d'Athènes, descendait d'Eurysaces, fils d'Ajax. Il avait épousé Dinomaque, fille de Mégaclès, dont la grand'mère, Agariste, était fille de Clisthènes, tyran de Sicyone. Il comptait parmi ses ancêtres Alcméon, grand-père de celui que Crésus enrichit. Clinias se distingua à la bataille d'Artémisium, et périt au combat de Coronée contre les Béotiens. Il laissa un fils en bas âge, ce fut le fameux Alcibiade. On ignore quel âge avait celui-ci quand son père mourut. (L.)

[2] Il y eut trois Bacis, tous trois devins ; le plus ancien était d'Éléon en Béotie, le second d'Athènes, et le troisième de Caphyé en Arcadie, comme

n'avaient ni transporté leurs effets hors de leur pays, ni fait venir les provisions nécessaires, comme l'auraient dû des gens menacés d'une guerre prochaine ; et, par cette conduite, ils avaient mis leurs affaires dans une situation très-critique. Voici l'oracle de Bacis qui les concernait :
« Lorsqu'un Barbare captivera la mer sous un joug de
» cordes [1], éloigne tes chèvres bêlantes des rivages de l'Eu-
» bée. » Comme ils n'avaient pas profité du sens de ces vers dans leurs maux actuels, et dans ceux qui les menaçaient, il devait leur arriver les plus grands malheurs.

XXI. Sur ces entrefaites arrive l'espion de Trachis. Les Grecs en avaient deux, l'un à Artémisium ; il s'appelait Polyas, et était d'Anticyre. Il avait un vaisseau léger tout prêt, avec ordre de donner avis aux troupes des Thermopyles des accidents fâcheux qui pourraient survenir à l'armée navale. Il y en avait un autre auprès de Léonidas ; c'était un Athénien nommé Abronychus, fils de Lysiclès ; il était prêt à partir sur un vaisseau à trente rames, s'il arrivait quelque échec aux troupes de terre, afin d'en avertir celles qui étaient à Artémisium. Cet Abronychus fit part, à son arrivée, du sort qu'avaient éprouvé Léonidas et son armée. Sur cette nouvelle, le départ ne fut plus différé, et l'on partit dans l'ordre où l'on se trouvait, les Corinthiens les premiers, et les Athéniens les derniers.

XXII. Thémistocles, ayant choisi parmi les vaisseaux athéniens les meilleurs voiliers, se rendit avec eux aux endroits où il y avait de l'eau potable, et y grava sur les rochers un avis que lurent le lendemain les Ioniens à leur arrivée à la rade d'Artémisium. Voici ce qu'il portait :
« Ioniens, vous faites une action injuste en portant les ar-
» mes contre vos pères, et en travaillant à asservir la Grèce.
» Prenez plutôt notre parti ; ou si vous ne le pouvez, du
» moins retirez-vous du combat, et engagez les Cariens à
» suivre votre exemple. Si ni l'un ni l'autre n'est possible,

---

on le voit par le scoliaste d'Aristophane. Théopompe, dans son neuvième livre, raconte de ce dernier beaucoup de choses merveilleuses, et entre autres qu'il purifia et guérit les femmes de Lacédémone qui étaient devenues folles, Apollon leur ayant dit de s'adresser à lui pour les purifier. (L.)

[1] Dans le grec : *de byblos*.

» et que le joug de la nécessité vous retienne au service du
» roi, conduisez-vous du moins mollement dans l'action ;
» n'oubliez pas que nous sommes vos pères, et que vous
» êtes la cause primitive de la guerre que nous avons au-
» jourd'hui contre les Barbares. » Thémistocles écrivit, à
ce que je pense, ces choses dans une double vue : la première, afin que si le roi n'en était point instruit, elles en-
gageassent les Ioniens à changer de parti, et à se déclarer
pour eux ; la seconde, afin que si Xerxès en était informé,
et qu'on leur en fît un crime auprès de ce prince, cet avis
les lui rendît suspects, et qu'il ne s'en servît plus dans les
combats de mer. Thémistocles écrivit ces choses.

XXIII. Aussitôt après le départ des Grecs, un homme
d'Histiée vint sur un esquif annoncer aux Barbares que les
Grecs s'étaient enfuis d'Artémisium ; mais, comme ils s'en
défiaient, ils le firent garder étroitement, et envoyèrent à
la découverte quelques vaisseaux légers. Sur leur rapport,
la flotte entière mit à la voile aux premiers rayons du soleil
pour aller à Artémisium. Elle demeura en cet endroit jusqu'à midi, et se rendit ensuite à Histiée. Les Barbares
s'emparèrent de cette ville à leur arrivée, et firent des
courses dans l'Hellopie, et dans toutes les bourgades maritimes de l'Histiæotide.

XXIV. Tandis que les forces navales étaient dans l'Histiæotide, Xerxès leur dépêcha un héraut après qu'il eut
achevé les préparatifs nécessaires concernant les morts.
Voici en quoi consistaient ces préparatifs. Il avait perdu
vingt mille hommes aux combats des Thermopyles. Il en
laissa environ mille sur le champ de bataille, et fit enterrer le reste dans de grandes fosses qu'on creusa à ce sujet.
On recouvrit ensuite ces fosses avec de la terre qu'on entassa, et avec des feuilles, afin que l'armée navale ne s'a-
perçût de rien. Le héraut, étant arrivé à Histiée, fit assembler
toutes les troupes, et leur parla en ces termes : « Alliés, le
» roi Xerxès permet à tous ceux d'entre vous qui voudront
» quitter leur poste de venir voir comment il combat con-
» tre ces insensés qui se flattaient de triompher de ses
» forces. »

XXV. Cette permission publiée, les bateaux devinrent

extrêmement rares, tant il y eut de gens empressés de jouir de ce spectacle. Quand ils eurent fait le trajet, ils parcoururent le champ de bataille; et, ayant examiné ces corps étendus par terre, ils crurent qu'ils étaient tous lacédémoniens et thespiens, quoiqu'il y eût aussi des Ilotes. L'artifice dont avait usé Xerxès au sujet des morts ne trompa personne, tant il était ridicule. On voyait en effet sur le champ de bataille environ mille morts du côté des Barbares, et quatre mille Grecs transportés dans le même endroit et entassés les uns sur les autres. L'armée navale s'occupa ce jour-là de ce spectacle; le lendemain elle retourna à Histiée vers les vaisseaux, et Xerxès se mit en marche avec l'armée de terre.

XXVI. Quelques Arcadiens en petit nombre passèrent du côté des Perses. Ils manquaient des choses nécessaires à la vie, et ne demandaient qu'à travailler. Ayant été conduits devant le roi, quelques Perses, et l'un plus particulièrement encore que les autres, leur demandèrent à quoi s'occupaient alors les Grecs. « Maintenant, répondirent-» ils, ils célèbrent les jeux olympiques, et regardent les » exercices gymniques et la course des chevaux [1]. » Ce même Perse leur demanda encore quel était le prix des combats. « Une couronne d'olivier, » dirent-ils. On rapporte à cette occasion une expression généreuse de Tritantæchmès, fils d'Artabane, qui le fit accuser par le roi de lâcheté ; car, ayant su que le prix ne consistait point en argent, mais en une couronne d'olivier, il ne put s'empêcher de s'écrier devant tout le monde : « O dieux! Mardo-» nius, quels sont donc ces hommes que tu nous mènes » attaquer ? Insensibles à l'intérêt, ils ne combattent que » pour la gloire ! »

[1] Les jeux olympiques, institués par Pisus, Pélops et Hercule, ayant été interrompus, furent renouvelés par Lycurgue de Lacédémone, de la race d'Hercule; par Iphitus, souverain d'un petit canton de l'Élide, parent des Héraclides; et par Cléosthènes de Pise, vingt-sept olympiades avant celle où Corœbus d'Élée remporta le prix. Les noms des vainqueurs à ces jeux ne furent pas inscrits sur les registres. Ils ne commencèrent à l'être que dans l'olympiade qui commence l'an 776 avant notre ère, olympiade où Corœbus remporta le prix. C'est cette dernière olympiade qu'on regarde comme la première, et c'est celle dont les Grecs se sont servis pour calculer les temps. (L.)

XXVII. Sur ces entrefaites, et aussitôt après l'échec reçu aux Thermopyles, les Thessaliens envoyèrent un héraut aux Phocidiens, à qui ils avaient toujours voulu beaucoup de mal [1], et principalement depuis leur dernière défaite. Ils étaient en effet entrés dans la Phocide, eux et leurs alliés, avec toutes leurs forces, quelques années avant l'expédition du roi de Perse, mais les Phocidiens les avaient battus et fort mal menés; car les Thessaliens les tenant renfermés sur le Parnasse avec le devin Tellias d'Élée [2], celui-ci imagina ce stratagème : il prit six cents des plus braves de l'armée, les blanchit avec du plâtre, eux et leurs boucliers, et les envoya la nuit contre les Thessaliens avec ordre de tuer tous ceux qui ne seraient pas blanchis comme eux. Les sentinelles les aperçurent les premières ; et, s'imaginant que c'était quelque prodige, elles en furent épouvantées; l'armée le fut tellement aussi, que les Phocidiens leur tuèrent quatre mille hommes, dont ils enlevèrent les boucliers. Ils en offrirent la moitié à Abes, et l'autre moitié à Delphes; et de la dixième partie de l'argent qu'ils prirent après ce combat ils firent faire les grandes statues qu'on voit autour du trépied devant le temple de Delphes, et d'autres pareilles qu'ils ont consacrées à Abes.

XXVIII. Ce fut ainsi que les Phocidiens traitèrent l'infanterie thessalienne qui les assiégeait. Quant à la cavalerie, qui avait fait une incursion sur leurs terres, ils la détruisirent sans ressource. Près d'Hyampolis est un défilé par où l'on entre en Phocide. Ils creusèrent en cet endroit un grand fossé, y mirent des amphores vides, et, l'ayant

---

[1] Les Thessaliens, originaires de la Thesprotie, s'étant emparés de l'Éolide, qu'on appela depuis Thessalie, tâchèrent de pénétrer dans la Phocide par le passage des Thermopyles; mais les Phocidiens construisirent en cet endroit un mur qui arrêta leurs incursions. De là l'origine de la haine que se portaient ces peuples. Cette haine devint implacable, et au point que les Thessaliens égorgèrent en un jour tous les magistrats et les tyrans des Phocidiens, et que ceux-ci firent périr sous le bâton deux cent cinquante otages qu'ils avaient entre les mains. (L.)

[2] Tellias fut le chef de la famille des Telliades, où la divination était héréditaire. Il est parlé plus bas d'Hégésistrate, devin, et de la famille des Tellades. Comme les Phocidiens lui avaient obligation de la bataille gagnée, ils firent faire sa statue par Aristomédon d'Argos, et l'envoyèrent à Delphes avec celles de leurs chefs et des héros de leur pays. (L.)

recouvert de terre, qu'ils eurent soin de mettre de niveau avec le reste du terrain, ils reçurent en ce poste les ennemis qui venaient fondre sur leur pays. Ceux-ci, se jetant avec impétuosité sur les Phocidiens, comme s'ils eussent voulu les enlever, tombèrent sur les amphores, et leurs chevaux s'y brisèrent les jambes.

XXIX. Les Thessaliens, qui, depuis ce double échec, conservaient contre les Phocidiens une haine implacable, leur envoyèrent un héraut. « Devenez enfin plus sages,
» Phocidiens, leur dit le héraut, et reconnaissez notre su-
» périorité. Jusqu'ici, tant que le parti des Grecs nous a
» plu, nous avons toujours eu de l'avantage sur vous; et
» aujourd'hui nous avons un si grand crédit auprès du roi,
» qu'il dépend de nous de vous enlever vos terres et de
» vous réduire en esclavage. Quoique tout soit en notre
» pouvoir, nous oublierons vos insultes, pourvu que vous
» nous donniez cinquante talents d'argent [1]; nous vous
» promettons à ce prix de détourner les maux prêts à fon-
» dre sur votre pays. »

XXX. Ainsi leur parla le héraut de la part des Thessaliens. Les Phocidiens étaient les seuls peuples de cette contrée qui n'eussent point épousé le parti des Mèdes. La haine qu'ils portaient aux Thessaliens fut, comme je le conjecture, la seule raison qui les en empêcha; et je pense que, si les Thessaliens avaient embrassé les intérêts des Grecs, les Phocidiens se seraient déclarés pour les Mèdes.

Les Phocidiens répondirent à cette sommation qu'ils ne leur donneraient point d'argent; que, s'ils voulaient changer de sentiment, il ne tenait qu'à eux de se ranger du côté des Perses, de même que l'avaient fait les Thessaliens, mais que jamais de leur plein gré ils ne trahiraient la Grèce.

XXXI. Cette réponse irrita tellement les Thessaliens contre les Phocidiens, qu'ils servirent de guides au roi, et le menèrent de la Trachinie dans la Doride. Le passage étroit de la Doride s'étend de ce côté-là entre la Méliade et la Phocide. Il a environ trente stades de large. La Doride

[1] 270,000 livres de notre monnaie.

portait autrefois le nom de Dryopide. Les Doriens du Péloponnèse en sont originaires. Les Barbares entrèrent dans la Doride sans y faire aucun dégât ; les habitants avaient embrassé leurs intérêts, et ce n'était pas l'avis des Thessaliens qu'on ravageât ce pays.

XXXII. De la Doride ils passèrent dans la Phocide ; mais ils n'en prirent point les habitants. Les uns s'étaient retirés avec tous leurs effets sur le Parnasse, dont la cime, qu'on appelle Tithorée, et sur laquelle est bâtie la ville de Néon, peut contenir beaucoup de monde ; les autres, en plus grand nombre, s'étaient réfugiés chez les Locriens-Ozoles, dans Amphissa, ville située au-dessus de la plaine de Crisa. Les Barbares, conduits par les Thessaliens, parcoururent la Phocide entière, coupant les arbres et mettant le feu partout, sans épargner ni les villes ni les temples.

XXXIII. Ils portèrent leurs ravages le long du Céphisse, et réduisirent en cendres, d'un côté, Drymos, d'un autre, Charadra, Érochos, Téthronium, Amphicée, Néon, Pédiées, Tritées, Élatée, Hyampolis, Parapotamies et Abes, où l'on voyait un temple dédié à Apollon, remarquable par ses richesses, ses trésors et la grande quantité d'offrandes qu'on y avait faites, et où en ce temps-là il y avait un oracle, comme il y en a encore un aujourd'hui. Les Barbares brûlèrent ce temple après l'avoir pillé ; et, ayant poursuivi les Phocidiens, ils en prirent quelques-uns près des montagnes. Ils firent aussi prisonnières quelques femmes, que firent périr le grand nombre de soldats qui assouvirent avec elles leur brutalité.

XXXIV. Après avoir passé le pays des Parapotamiens, les Barbares arrivèrent à Panopées. Leur armée se partagea en cet endroit en deux corps, dont le plus considérable et le plus fort s'achemina vers Athènes sous la conduite de Xerxès, et entra par la Béotie sur les terres des Orchoméniens. Les Béotiens avaient tous pris le parti des Perses ; Alexandre sauva leurs villes en y distribuant des Macédoniens, afin de faire voir à Xerxès qu'ils avaient embrassé ses intérêts. Telle fut la route que prit cette partie de l'armée des Barbares.

XXXV. Les autres troupes, ayant à leur droite le mont Parnasse, marchèrent avec leurs guides vers le temple de Delphes. Ils ravagèrent tout ce qu'ils rencontrèrent sur leur route de la dépendance de la Phocide, et mirent le feu aux villes des Panopéens, des Dauliens et des Éolides. Ils avaient pris ce chemin après s'être séparés du reste de l'armée, dans le dessein de piller le temple de Delphes et d'en présenter les trésors à Xerxès. Ce prince avait, comme je l'ai appris, une plus grande connaissance de toutes les choses précieuses qui s'y trouvaient que de celles qu'il avait laissées dans ses palais, parce que plusieurs personnes l'entretenaient sans cesse des richesses qu'il contenait, et principalement des offrandes de Crésus, fils d'Alyattes.

XXXVI. Les Delphiens, effrayés de cette nouvelle, consultèrent l'oracle, et lui demandèrent s'il fallait enfouir en terre les trésors sacrés ou les transporter dans un autre pays. Le dieu, voulant les dissuader de faire l'un ou l'autre, leur répondit qu'il était assez puissant pour protéger son propre bien. Sur cette réponse, les Delphiens ne s'occupèrent que d'eux-mêmes. Ils envoyèrent leurs femmes et leurs enfants au delà du golfe de Corinthe, dans l'Achaïe; quant à eux, la plupart se réfugièrent sur les sommets du Parnasse et dans l'antre de Corycie, où ils transportèrent leurs effets; d'autres se retirèrent à Amphissa, dans la Locride; enfin tous les Delphiens abandonnèrent la ville, excepté soixante hommes et le prophète [1].

XXXVII. Lorsque les Barbares furent assez près de Delphes pour en apercevoir le temple, le prophète, nommé Acératus, remarqua que les armes sacrées, auxquelles il n'était point permis de toucher, avaient été transportées hors du lieu saint, et qu'elles étaient devant le temple.

[1] Comme la Pythie rendait ses oracles avec un son de voix confus et inintelligible, on se servait d'un interprète sacré qui les rédigeait, et les remettait aux personnes qui venaient consulter le dieu. Cet interprète s'appelait prophète. Il n'y en avait encore qu'un du temps d'Hérodote. Mais la superstition ayant fait des progrès avec la réputation de l'oracle, il fallut en avoir plusieurs. On les tirait au sort parmi les Delphiens de la première distinction, parce qu'on craignait de confier un ministère si important à d'autres personnes qu'à celles qui étaient intéressées à en garder le secret. (L.)

Aussitôt il alla annoncer ce prodige aux Delphiens qui étaient restés dans la ville. Mais, quand les Barbares, hâtant leur marche, se furent avancés jusqu'au temple de Minerve Pronæa, il arriva des merveilles encore plus surprenantes que la précédente. On trouve avec raison bien étonnant que des armes aient été transportées d'elles-mêmes hors du temple ; mais les autres prodiges qui vinrent ensuite méritent encore plus notre admiration. Comme les Barbares approchaient du temple de Minerve Pronæa, la foudre tomba sur eux ; des quartiers de roche, se détachant du sommet du Parnasse et roulant avec un bruit horrible, en écrasèrent un grand nombre. En même temps l'on entendit sortir du temple de Minerve Pronæa des voix et des cris de guerre.

XXXVIII. Tant de prodiges à la fois répandirent l'épouvante parmi les Barbares. Les Delphiens, ayant appris leur fuite, descendirent de leurs retraites, et en tuèrent un grand nombre. Ceux qui échappèrent au carnage s'enfuirent droit en Béotie. Ils racontèrent à leur tour, comme je l'ai appris, qu'outre ces prodiges ils avaient vu, entre autres choses merveilleuses, deux guerriers d'une taille plus grande que l'ordinaire qui les poursuivaient et les massacraient.

XXXIX. Les Delphiens disent que ce sont Phylacus et Autonoüs [1], deux héros du pays, à qui on a consacré des terres près du temple : celles de Phylacus sont sur le bord du chemin que tenaient les Perses, au-dessus du temple de Minerve Pronæa, et celles d'Autonoüs, près de la fontaine de Castalie, au pied du rocher Hyampée [2]. Les pierres qui tombèrent alors du Parnasse subsistaient encore de mon temps dans le terrain consacré à Minerve Pronæa, où

---

[1] Lorsque les Gaulois vinrent pour piller le temple de Delphes, les héros Hypérochus, Laodocus, Pyrrhus, vinrent au secours, et quelques-uns mettent aussi de ce nombre Phylacus, héros du pays. Justin a métamorphosé les deux premiers en deux vierges d'une beauté extraordinaire. (L.)

[2] Le grec dit : *au bas du sommet Hyampée*. Le Parnasse avait deux sommets, Nauplia et Hyampée. Les Delphiens précipitaient les sacriléges du haut de cette dernière cime ; mais ayant fait périr injustement Ésope, le rocher Hyampée ne leur servit plus à cet usage, et ils précipitèrent les sacriléges du haut du rocher Nauplia. (L.)

elles s'arrêtèrent après avoir roulé à travers l'armée des Barbares. Ce fut ainsi que le temple fut délivré, et que les Perses s'en éloignèrent.

XL. La flotte grecque alla d'Artémisium à Salamine, où elle s'arrêta, à la prière des Athéniens. Ceux-ci l'y avaient engagée, afin de pouvoir faire sortir de l'Attique leurs femmes et leurs enfants, et, outre cela, pour délibérer sur le parti qu'ils devaient prendre. Car, se voyant frustrés de leurs espérances, il fallait nécessairement tenir conseil dans les conjonctures présentes. Ils avaient cru trouver les Péloponnésiens campés en Béotie pour attaquer les Barbares avec toutes leurs forces, et néanmoins ils apprenaient que, ne pensant qu'à leur conservation et à celle du Péloponnèse, ils travaillaient à fermer l'isthme d'une muraille sans s'inquiéter du reste de la Grèce. Sur cette nouvelle, ils avaient prié les alliés de demeurer près de Salamine.

XLI. Tandis que le reste de la flotte était à l'ancre devant Salamine, les Athéniens retournèrent dans leur pays. Ils firent publier aussitôt après leur arrivée que chacun eût à pourvoir, comme il pourrait, à la sûreté de ses enfants et de toute sa maison [1]. Là-dessus, la plupart des Athéniens envoyèrent leurs familles à Trézène ; les autres, à Égine et à Salamine. Ils se pressèrent de les faire sortir de l'Attique, afin d'obéir à l'oracle, et surtout par cette raison-ci. Les Athéniens disent qu'il y a dans le temple de la citadelle un grand serpent qui est le gardien et le protecteur de la forteresse; et, comme s'il existait réellement, ils lui présentent tous les mois des gâteaux au miel. Jusqu'à cette époque, les gâteaux avaient toujours été consommés ; mais alors ils restèrent sans qu'on y eût touché. La prêtresse l'ayant publié, les Athéniens se hâtèrent d'autant plus de sortir de la ville, que la déesse abandonnait aussi

---

[1] C'était un crime à Athènes d'abandonner la patrie dans un temps de danger, ou même de soustraire sa femme et ses enfants aux périls dont la ville était menacée, avant que la permission en eût été donnée par un décret. Léocrates s'étant retiré à Rhodes et à Mégare quelque temps après la bataille de Chéronée, il fut accusé, à son retour à Athènes, par Lycurgue, d'avoir trahi la patrie ; et, s'il eût eu un suffrage de plus contre lui, il était banni ou puni de mort. (L.)

la citadelle. Lorsqu'ils eurent mis tout à couvert, ils s'embarquèrent, et se rendirent à la flotte des alliés.

XLII. Le reste de la flotte grecque, qui se tenait à Pogon, port des Trézéniens, où elle avait eu ordre de s'assembler, ayant appris que l'armée navale, revenue d'Artémisium, était à l'ancre devant Salamine, s'y rendit aussi. On eut donc en cet endroit beaucoup plus de vaisseaux qu'au combat d'Artémisium, et il s'y en trouva de la part d'un plus grand nombre de villes. Eurybiades de Sparte, fils d'Euryclides, qui avait commandé à Artémisium, commandait encore en cette occasion, quoiqu'il ne fût pas de la famille royale. Les vaisseaux athéniens étaient en beaucoup plus grand nombre, et les meilleurs voiliers de la flotte.

XLIII. Voici le dénombrement de cette flotte. Parmi les Péloponnésiens, les Lacédémoniens fournirent seize vaisseaux, les Corinthiens autant qu'ils en avaient envoyé à Artémisium (c'est-à-dire quarante), les Sicyoniens quinze, les Épidauriens dix, les Trézéniens cinq, les Hermionéens trois. Tous ces peuples, excepté les Hermionéens, étaient Doriens et Macednes : ils étaient venus d'Érinée, de Pinde, et en dernier lieu de la Dryopide. Quant aux Hermionéens, ils sont Dryopes ; ils furent autrefois chassés, par Hercule et par les Méliens, du pays appelé aujourd'hui Doride. Telles étaient les forces des Péloponnésiens.

XLIV. Entre les Grecs du continent extérieur, les Athéniens pouvaient être mis en parallèle avec tous les autres alliés. Ils fournirent eux seuls cent quatre-vingts vaisseaux, car les Platéens ne se trouvèrent pas avec eux au combat de Salamine, par la raison que je vais rapporter. Les Grecs étant arrivés à Chalcis après leur départ d'Artémisium, les Platéens descendirent de l'autre côté sur les terres de la Béotie, et se mirent à transporter dans des lieux sûrs leurs femmes, leurs enfants et leurs esclaves. Tandis qu'ils étaient occupés à les sauver, le reste de la flotte les abandonna. Dans le temps que les Pélasges possédaient le pays connu maintenant sous le nom d'Hellade, les Athéniens étaient Pélasges, et on les appelait Cranaens ; sous Cécrops, on les nomma Cécropides, et Érechthéides sous Érechthée, un de ses successeurs. Ion, fils de Xuthus, étant ensuite devenu leur chef, ils prirent de lui le nom d'Ioniens.

XLV. Les Mégariens fournirent le même nombre de vaisseaux qu'à Artémisium. Les Ampraciates secoururent les alliés de sept vaisseaux, et les Leucadiens, qui étaient Doriens et originaires de Corinthe, leur en donnèrent trois.

XLVI. Entre les insulaires, les Éginètes envoyèrent quarante-deux vaisseaux ; ils en avaient encore quelques autres d'équipés, mais ils s'en servirent pour la garde de leur pays. Ceux qui combattirent à Salamine étaient excellents voiliers. Les Éginètes sont Doriens et originaires d'Épidaure : leur île s'appelait autrefois OEnone. Après les Éginètes, les Chalcidiens fournirent les vingt vaisseaux qui avaient combattu à Artémisium, et les Érétriens les sept qu'ils avaient eus en cette occasion. Ces peuples sont Ioniens. Après eux vinrent ceux de Céos, avec le même nombre qu'ils avaient eu à la journée d'Artémisium ; ils sont Ioniens et originaires d'Athènes. Les Naxiens donnèrent quatre vaisseaux. Ils avaient été envoyés par leurs concitoyens pour se joindre aux Mèdes, de même que les autres insulaires ; mais, n'ayant aucun égard pour cet ordre, ils allèrent trouver les Grecs à la sollicitation de Démocrite, qui commandait alors un vaisseau, et qui jouissait parmi les siens d'une grande considération. Les Naxiens sont Ioniens, et descendent des Athéniens. Les Styréens se rendirent aussi à Salamine avec le même nombre de vaisseaux qu'ils avaient eu à Artémisium. Les Cythniens [1] n'avaient qu'un seul vaisseau et un pentécontère (vaisseau à cinquante rames) : les uns et les autres sont Dryopes. Les Sériphiens, les Siphniens et ceux de Mélos servirent aussi, et furent les seuls d'entre les insulaires qui n'eussent point donné au Barbare la terre et l'eau.

XLVII. Tous ces peuples se trouvèrent à Salamine ; ils habitent en deçà des Thesprotiens et de l'Achéron : car les Thesprotiens sont limitrophes des Ampraciates et des Leu-

---

[1] Ces insulaires étaient très-faibles. Aussi Démosthènes dit aux Athéniens : « Si je vous croyais donc des Siphniens, des Cythniens, ou d'autres peuples pareils, je ne vous conseillerais pas de prendre des sentiments si élevés. » (L.)

cadiens, qui vinrent des extrémités de la Grèce à cette guerre. De tous ceux qui habitent au delà de ces nations, il n'y eut que les Crotoniates qui donnèrent du secours à la Grèce dans le péril qui la menaçait. Ils envoyèrent un vaisseau commandé par Phayllus, qui avait été trois fois victorieux aux jeux pythiques. Les Crotoniates sont Achéens d'extraction.

XLVIII. Tous ces peuples fournirent des trirèmes, excepté les Méliens, les Siphniens et les Sériphiens, qui équipèrent des vaisseaux à cinquante rames. Les Méliens, originaires de Lacédémone, en donnèrent deux ; les Siphniens et les Sériphiens, qui sont Ioniens et descendent des Athéniens, chacun un. Le nombre de ces vaisseaux allait en tout à trois cent soixante-dix-huit, sans compter ceux qui étaient à cinquante rames.

XLIX. Quand ils furent arrivés à Salamine, les commandants des villes dont je viens de parler tinrent conseil entre eux. Eurybiades proposa que chacun dît librement son avis sur le lieu qui paraîtrait le plus propre à un combat naval dans le pays dont ils étaient en possession. Il n'était déjà plus question de l'Attique, et les délibérations ne regardaient que le reste de la Grèce. La plupart des avis s'accordèrent à faire voile vers l'isthme, et à livrer bataille devant le Péloponnèse ; et l'on apporta pour raison que si l'on était vaincu à Salamine, on serait assiégé dans cette île, où l'on n'avait aucun secours à espérer ; au lieu que si l'on combattait vers l'isthme, chacun pourrait se transporter de là dans son propre pays.

L. Pendant que les généraux du Péloponnèse agitaient cette question, un Athénien vint leur annoncer l'entrée des Perses dans l'Attique, et qu'ils mettaient le feu partout ; car l'armée qui avait pris avec Xerxès sa route par la Béotie, ayant brûlé Thespies, dont les habitants s'étaient retirés dans le Péloponnèse et Platées, était arrivée dans l'Attique, portant le ravage partout. Les Perses avaient mis le feu à Thespies et à Platées, parce qu'ils avaient appris des Thébains que ces deux villes n'étaient pas dans leurs intérêts.

LI. Les Barbares, après avoir passé l'Hellespont, s'étaient arrêtés un mois sur ses bords, y compris le temps qu'ils avaient employé à le traverser. S'étant ensuite mis en marche, ils étaient arrivés, trois autres mois après, dans l'Attique, sous l'archontat de Calliades. Ils prirent la ville, qui était abandonnée, et ne trouvèrent qu'un petit nombre d'Athéniens dans le temple (de Minerve), avec les trésoriers du temple et quelques pauvres gens qui, ayant barricadé les portes et les avenues de la citadelle avec du bois, repoussèrent l'ennemi qui voulait y entrer. Leur pauvreté les avait empêchés d'aller à Salamine, et d'ailleurs ils regardaient la muraille de bois comme imprenable, suivant l'oracle rendu par la Pythie, dont ils croyaient avoir saisi le sens, s'imaginant que ce mur était l'asile indiqué par l'oracle, et non les vaisseaux.

LII. Les Perses assirent leur camp sur la colline qui est vis-à-vis de la citadelle, et que les Athéniens appellent Aréopage (colline de Mars), et en firent le siége de cette manière. Ils tirèrent contre les barricades des flèches garnies d'étoupes, auxquelles ils avaient mis le feu. Les assiégés, quoique réduits à la dernière extrémité, et trahis par leurs barricades, continuèrent cependant à se défendre, et ne voulurent point accepter les conditions d'accommodement que leur proposèrent les Pisistratides. Ils repoussèrent toujours l'ennemi, et lorsqu'il s'approcha des portes, entre autres moyens de défense, ils roulèrent sur lui des pierres d'une grosseur prodigieuse. De sorte que Xerxès, ne pouvant les forcer, fut longtemps embarrassé sur ce qu'il devait faire.

LIII. Enfin, au milieu de ces difficultés, les Barbares s'aperçurent d'un passage : car il fallait, comme l'avait prédit l'oracle, que les Perses se rendissent maîtres de tout ce que possédaient les Athéniens sur le continent. Vis-à-vis de la citadelle, derrière les portes et le chemin par où l'on y monte, est un lieu escarpé, qui n'était pas gardé ; personne ne se serait jamais attendu qu'on pût y gravir. Quelques Barbares le firent cependant, près de la chapelle d'Agraulos, fille de Cécrops. Lorsque les Athéniens les virent dans la citadelle, les uns se tuèrent en se précipitant du haut du mur, les autres se réfugièrent dans le temple. Ceux des Perses qui étaient montés allèrent d'abord aux portes, et, les ayant ouvertes, ils tuèrent les suppliants de la déesse. Quand ils les eurent massacrés, ils pillèrent le temple, mirent le feu à la citadelle, et la réduisirent en cendres.

LIV. Lorsque Xerxès fut entièrement maître d'Athènes, il dépêcha à Suses un courrier à cheval, pour apprendre à Artabane cet heureux succès. Le second jour après le départ du courrier, il convoqua les bannis d'Athènes qui l'avaient suivi, et leur ordonna de monter à la citadelle et d'y faire les sacrifices suivant leur usage, soit qu'un songe l'obligeât à leur donner ces ordres, soit qu'il lui vînt un scrupule sur ce qu'il avait fait brûler le temple. Les bannis obéirent.

LV. Je vais dire maintenant ce qui m'a engagé à rapporter ces faits. Érechthée, qu'on dit fils de la Terre, a dans cette citadelle un temple où l'on voit un olivier et une mer [1]. Les Athéniens prétendent que Neptune et Minerve les y avaient placés comme un témoignage de la contestation qui s'était élevée entre eux au sujet du pays [2]. Il arriva que le feu qui brûla ce temple consuma aussi cet olivier; mais, le second jour après l'incendie, les Athéniens à qui le roi avait ordonné d'offrir des sacrifices, étant montés au temple, remarquèrent que la souche de

---

[1] Cette mer n'était autre chose qu'un puits où se rendait de l'eau de mer par des conduits souterrains, « ce qui n'est pas bien merveilleux, ajoute Pausanias; mais ce qui mérite d'être rapporté, c'est que, lorsque le vent du midi souffle, on y entend un bruit semblable à celui des vagues agitées, et que l'on voit sur la pierre de ce puits la figure d'un trident qu'on dit être un témoignage de la contestation qu'eut Neptune avec Minerve au sujet de l'Attique. » Il jaillissait aussi de l'eau de mer dans le temple de Neptune Hippias, près de Mantinée, et à Mylases, ville de Carie, quoique le port de cette ville soit éloigné de la mer de quatre-vingts stades, et que Mantinée soit si avant dans les terres que la mer n'y peut venir, dit Pausanias, que par miracle. (L.)

[2] Cécrops régna dans l'Attique. Elle s'appelait auparavant Actæa; il l'appela de son nom Cécropia. On dit que sous son règne les dieux choisirent les villes où ils voulaient être honorés d'un culte particulier. Neptune vint le premier dans l'Attique, et ayant frappé la terre de son trident vers le milieu de la citadelle, il en fit sortir une mer, qu'on appelle aujourd'hui Érechthéide. Après lui vint Minerve, qui fit croître un olivier qu'on voit aujourd'hui dans le Pandrosion. Jupiter fit adjuger la ville à Minerve, qui lui donna son nom, cette déesse s'appelant en grec Athéné. (L.)

l'olivier avait poussé un rejeton d'une coudée de haut.

LVI. Les Grecs assemblés à Salamine, ayant appris le sort de la citadelle d'Athènes, en furent tellement consternés, que quelques-uns des généraux, sans attendre qu'on eût ratifié l'affaire proposée au conseil, se jetèrent sur leurs vaisseaux, firent hausser les voiles, dans le dessein de partir, et ceux qui étaient restés au conseil décrétèrent qu'il fallait combattre devant l'isthme. La nuit venue, ils sortirent du conseil, et remontèrent sur leurs vaisseaux.

LVII. Lorsque Thémistocles fut arrivé sur son bord, Mnésiphile d'Athènes lui demanda quelle était la résolution du conseil ; et, sur ce qu'il apprit qu'il avait été décidé qu'on se rendrait à l'isthme, et qu'on livrerait bataille devant le Péloponnèse, il dit : « Si on lève l'ancre, si l'on
» quitte Salamine, il ne se donnera point sur mer de
» combat pour la patrie : personne ne retiendra les alliés ;
» Eurybiades lui-même ne le pourra pas : ils s'en retour-
» neront chacun dans leurs villes ; la flotte se séparera, et
» la Grèce périra faute d'un bon avis. Allez et tâchez de
» faire casser ce décret, s'il en est encore moyen, et
» engagez par toutes les voies possibles Eurybiades à
» changer de sentiment et à rester ici. »

LVIII. Thémistocles goûta fort ce conseil, et, sans rien répondre, il alla sur-le-champ au vaisseau d'Eurybiades. Lorsqu'il fut arrivé, il lui dit qu'il venait conférer avec lui sur les intérêts communs. Eurybiades le fit monter sur son bord, et lui demanda quel sujet l'amenait. Alors Thémistocles, s'asseyant auprès de lui, lui proposa l'opinion de Mnésiphile comme si elle lui eût appartenu en propre, et, y ajoutant beaucoup d'autres motifs, il le pria avec tant d'instance, qu'enfin il l'engagea à sortir de son vaisseau pour convoquer le conseil.

LIX. Quand les généraux furent tous assemblés, avant qu'Eurybiades eût exposé le sujet pour lequel il les avait convoqués, Thémistocles leur parla beaucoup en homme qui désirait passionnément de faire passer son avis. Mais Adimante, fils d'Ocytus, général des Corinthiens, l'interrompant : « Thémistocles, lui dit-il, on frappe avec des

» baguettes ceux qui, dans les jeux publics, partent avant
» les autres. Oui, repartit Thémistocles en se justifiant,
» mais ceux qui restent en arrière ne sont pas couronnés. »

LX. Telle fut la réponse honnête qu'il fit au général corinthien. S'adressant ensuite à Eurybiades, il ne lui dit plus, comme auparavant, que dès qu'on aurait levé l'ancre de devant Salamine les alliés se disperseraient; car il aurait cru manquer aux bienséances en accusant quelqu'un en présence des alliés. Mais il eut recours à d'autres motifs.

« Eurybiades, lui dit-il, le salut de la Grèce est mainte-
» nant entre vos mains ; vous la sauverez, si, touché de
» mes raisons, vous livrez ici bataille à l'ennemi, et si,
» sans vous laisser persuader par ceux d'un avis contraire,
» vous ne levez point l'ancre pour vous rendre à l'isthme.
» Écoutez, et pesez les raisons de part et d'autre. En don-
» nant bataille à l'isthme, vous combattrez dans une mer
» spacieuse, où il est dangereux de le faire, nos vais-
» seaux étant plus pesants et en moindre nombre que ceux
» des ennemis. Mais, quand même nous réussirions, vous
» n'en perdriez pas moins Salamine, Mégare et Égine.
» Car l'armée de terre des Barbares suivra celle de mer, et,
» par cette conduite, vous l'amènerez vous-même dans le
» Péloponnèse, et vous exposerez la Grèce entière à un
» danger manifeste.

» Si vous suivez mon conseil, voici les avantages qui en
» résulteront. Premièrement, en combattant dans un lieu
» étroit avec un petit nombre de vaisseaux contre un plus
» grand, nous remporterons, selon toutes les probabilités
» de la guerre, une grande victoire, parce qu'un détroit
» nous est autant avantageux que la pleine mer l'est aux
» ennemis. Secondement, nous conserverons Salamine,
» où nous avons déposé nos femmes et nos enfants. J'y
» trouve encore cet avantage-ci, celui-là même que vous
» avez principalement en vue. En demeurant ici, vous ne
» combattrez pas moins pour le Péloponnèse que si vous
» étiez près de l'isthme. Par conséquent, si vous êtes
» sage, vous ne mènerez point la flotte vers le Péloponnèse.

» Si, comme du moins je l'espère, nous battons sur mer

» les ennemis, ils n'iront point à l'isthme, et s'en retour-
» neront en désordre sans s'avancer au delà de l'Attique.
» Nous sauverons Mégare, Égine et Salamine, où même
» un oracle nous prédit que nous les vaincrons. Quand on
» prend un parti conforme à la raison, on réussit presque
» toujours ; mais, lorsqu'on se décide contre toute vrai-
» semblance, Dieu même n'a pas coutume de seconder nos
» vues. »

LXI. A ces mots, Adimante de Corinthe interrompt une seconde fois Thémistocles, lui impose silence comme s'il n'eût eu ni feu ni lieu, détourne Eurybiades d'aller de nouveau aux opinions en faveur d'un homme qui n'a plus de patrie, et l'assure qu'il ne le permettra que lorsque Thémistocles aura montré la sienne. Il faisait ces reproches au général Athénien parce qu'Athènes était prise et au pouvoir des ennemis. Thémistocles, ne pouvant plus se contenir, dit beaucoup de choses dures à Adimante et aux Corinthiens, et leur fit voir que les Athéniens auraient une patrie et une ville plus puissante que la leur, tant qu'ils auraient deux cents vaisseaux montés par leurs citoyens[1], puisqu'il n'y avait point en Grèce d'État assez fort pour résister à leurs attaques.

LXII. S'adressant ensuite à Eurybiades : « En restant à
» Salamine, lui dit-il avec encore plus de véhémence, et
» en vous comportant en homme de cœur, vous sauverez
» la Grèce ; si vous en partez, vous en serez le destructeur.
» Nos vaisseaux sont toute notre ressource dans cette
» guerre. Suivez donc mon conseil ; mais si vous refusez
» de le faire, nous nous transporterons avec nos femmes,
» nos enfants et nos esclaves à Siris, en Italie, qui nous
» appartient depuis longtemps, et dont, suivant les ora-
» cles, nous devons être les fondateurs. Abandonnés par

---

[1] Aristote, selon Plutarque, écrit que le sénat de l'Aréopage donna huit drachmes à chaque soldat, et que par ce moyen surtout on réussit à compléter les équipages des vaisseaux. Clidémus, ajoute Plutarque, assure que cet argent fut trouvé par un artifice de Thémistocles. Car, tandis que les Athéniens, dit-il, se rendaient au Pirée pour s'embarquer, l'égide de la statue de Minerve se perdit. Thémistocles, faisant semblant de la chercher partout, trouva parmi les bagages une somme d'argent immense, qui, ayant été mise en commun, entretint l'abondance sur la flotte. (L.)

» des alliés tels que nous, vous vous souviendrez alors de
» mes paroles. »

LXIII. Ce discours fit changer de résolution à Eurybiades. Pour moi, je pense qu'il en changea parce qu'il craignait de se voir abandonné des Athéniens s'il menait l'armée navale à l'isthme; car, ceux-ci venant à se séparer, le reste de la flotte n'était plus assez fort pour résister aux attaques des Barbares. Il donna donc la préférence à l'avis de Thémistocles, et il fut décidé qu'on combattrait à Salamine.

LXIV. Les capitaines de la flotte, qui jusqu'alors s'étaient harcelés de paroles, se préparèrent à combattre en cet endroit dès qu'Eurybiades en eut pris la résolution. Le jour parut, et, au moment que le soleil se levait, il y eut un tremblement de terre qu'on sentit aussi sur mer. Là-dessus on fut d'avis d'adresser des prières aux dieux, et d'appeler les Æacides au secours de la Grèce. Cette résolution prise, on fit des prières à tous les dieux; et de Salamine même, où l'on était alors, on invoqua Ajax et Télamon, et l'on envoya un vaisseau à Égine pour en faire venir Æachus avec le reste des Æacides.

LXV. Dicéus d'Athènes, fils de Théocyde, banni, et jouissant alors d'une grande considération parmi les Mèdes, racontait que s'étant trouvé par hasard dans la plaine de Thria avec Démarate de Lacédémone, après que l'Attique, abandonnée par les Athéniens, eut éprouvé les ravages de l'armée de terre de Xerxès, il vit s'élever d'Éleusis une grande poussière qui semblait excitée par la marche d'environ trente mille hommes; qu'étonné de cette poussière, et ne sachant à quels hommes l'attribuer, tout à coup ils entendirent une voix qui lui parut le mystique Iacchus[1].

[1] Le 20 du mois boédromion, qui était le sixième jour de la fête des mystères de Cérès, on portait du Céramique à Éleusis une figure d'Iacchus ou de Bacchus, couronnée de myrte et tenant à la main un flambeau. Pendant la marche on chantait en l'honneur du dieu un hymne qui s'appelait le mystique Iacchus, et dans lequel on répétait souvent *Iacche*. Or c'était cet hymne que disait avoir entendu Dicéus. Cet hymne ne se chantait pas en l'honneur de Bacchus Thébain, fils de Jupiter et de Sémélé; mais en celui de Bacchus fils de Jupiter et de Proserpine. Celui-ci était, selon Cicéron, le premier des cinq Bacchus, parmi lesquels il ne comprend pas le fils de Sémélé.

Il ajoutait que Démarate, n'étant pas instruit des mystères d'Éleusis, lui demanda ce que c'était que ces paroles. « Démarate, lui répondit-il, quelque grand malheur me» nace l'armée du roi, elle ne peut l'éviter. L'Attique étant » déserte, c'est une divinité qui vient de parler. Elle part » d'Éleusis, et marche au secours des Athéniens et des » alliés, cela est évident. Si elle se porte vers le Pélopon» nèse, le roi et son armée de terre courront grand risque ; » si elle prend le chemin de Salamine, où sont les vais» seaux, la flotte de Xerxès sera en danger de périr. Les » Athéniens célèbrent tous les ans cette fête en l'honneur » de Cérès et de Proserpine, et l'on initie à ces mystères » tous ceux d'entre eux et d'entre les autres Grecs qui le » désirent[1]. Les chants que vous entendez sont ceux qui » se chantent en cette fête en l'honneur d'Iacchus. » Làdessus Démarate lui dit : « Continuez, Dicéus, soyez » discret, et ne parlez de cela à qui que ce soit; car, si » l'on rapportait au roi votre discours, vous perdriez votre » tête, et ni moi ni personne ne pourrait obtenir votre » grâce. Restez tranquille, les dieux prendront soin de » l'armée. »

Tel fut, disait Dicéus, l'avis que lui donna Démarate. Il ajoutait qu'après cette poussière et cette voix, il parut un nuage qui, s'étant élevé, se porta à Salamine, vers l'armée des Grecs, et qu'ils connurent par là, Démarate et lui, que la flotte de Xerxès devait périr. Tel était le récit de Dicéus, fils de Théocydes, qu'il appuyait du témoignage de Démarate et de quelques autres personnes.

LXVI. Lorsque les troupes navales de Xerxès eurent considéré la perte des Lacédémoniens, elles se rendirent de Trachis à Histiée, où elles s'arrêtèrent trois jours ; elles traversèrent ensuite l'Euripe, et en trois autres jours elles se trouvèrent à Phalère. Les armées de terre et de mer des Barbares n'étaient pas moins nombreuses, à ce que je

---

[1] Ceci ne s'était pas toujours observé : Hercule, les Dioscures furent initiés, mais auparavant ils furent adoptés par un Athénien. Anacharsis, quoique Barbare, le fut aussi; mais auparavant il s'était fait adopter. Les Athéniens ne se rendirent pas dans la suite si difficiles, non-seulement à l'égard des Grecs, comme le prouve ce passage, mais encore à l'égard des Barbares, puisqu'ils initièrent Sylla, Pomponius Atticus, Auguste, etc.

pense, à leur entrée dans l'Attique, qu'à leur arrivée aux Thermopyles et au promontoire Sépias. Car en la place de ceux qui avaient péri dans la tempête, au passage des Thermopyles et au combat naval d'Artémisium, je mets tous les peuples qui ne suivaient pas encore le roi, comme les Méliens, les Doriens, les Locriens, les Béotiens, qui accompagnèrent Xerxès avec toutes leurs forces, excepté les Thespiens et les Platéens. Il fut encore suivi par les Carystiens, les Andriens, les Téniens et les autres insulaires, excepté les habitants des cinq îles dont j'ai rapporté ci-devant les noms. En effet, plus Xerxès avançait en Grèce, et plus son armée grossissait par le nombre des nations qui se joignaient à lui.

LXVII. Toutes ces troupes étant arrivées, les unes à Athènes, les autres à Phalère, excepté les Pariens, qui attendaient à Cythnos les événements de la guerre, Xerxès lui-même se rendit sur la flotte pour conférer avec ses principaux officiers, et pour savoir quels étaient leurs sentiments. Il s'assit sur son trône à son arrivée, et les tyrans des différentes nations, et les capitaines des vaisseaux qu'il avait mandés, prirent place chacun suivant la dignité qu'ils tenaient de lui, le roi de Sidon le premier, celui de Tyr ensuite, et le reste après eux. Quand ils se furent tous assis à leurs rangs, Xerxès, voulant les sonder, leur fit demander par Mardonius s'il devait donner bataille sur mer. Mardonius les interrogea tous, à commencer par le roi de Sidon, et tous furent d'avis de livrer bataille, excepté Artémise, qui lui adressa ces paroles :

LXVIII. « Mardonius, dites au roi de ma part : Sei-
» gneur, après les preuves que j'ai données de ma valeur
» aux combats livrés sur mer près de l'Eubée, et les belles
» actions que j'y ai faites, il est juste que je vous dise mon
» sentiment, et ce que je crois le plus avantageux à vos
» intérêts. Je suis d'avis que vous épargniez vos vaisseaux,
» et que vous ne donniez pas ce combat naval, parce que
» les Grecs sont autant supérieurs sur mer à vos troupes
» que les hommes le sont aux femmes. Y a-t-il donc une
» nécessité absolue de risquer un combat sur mer? N'êtes-
» vous pas maître d'Athènes, l'objet principal de cette ex-

» pédition ? le reste de la Grèce n'est-il pas en votre puis-
» sance? Personne ne vous résiste, et ceux qui l'ont fait
» ont eu le sort qu'ils méritaient. Je vais vous dire main-
» tenant de quelle manière tourneront, à mon avis, les
» affaires de vos ennemis. Si, au lieu de vous presser de
» combattre sur mer, vous retenez ici vos vaisseaux à la
» rade, ou si vous avancez vers le Péloponnèse, vous vien-
» drez facilement à bout, seigneur, de vos projets; car les
» Grecs ne peuvent pas faire une longue résistance ; vous
» les dissiperez, et ils s'enfuiront dans leurs villes, car ils
» n'ont point de vivres dans cette île, comme j'en suis
» bien informée ; et il n'est pas vraisemblable que, si vous
» faites marcher vos troupes de terre vers le Péloponnèse,
» les Péloponnésiens qui sont venus à Salamine y restent
» tranquillement; ils ne se soucieront pas de combattre
» pour les Athéniens. Mais, si vous précipitez la bataille,
» je crains que la défaite de votre armée de mer n'entraîne
» encore après elle celle de vos troupes de terre. Enfin,
» seigneur, faites attention que les bons maîtres ont ordi-
» nairement de mauvais esclaves, et que les méchants en
» ont de bons. Vous êtes le meilleur de tous les princes,
» mais vous avez de mauvais esclaves parmi ceux que l'on
» compte au nombre de vos alliés, tels que les Égyptiens,
» les Cypriens, les Ciliciens et les Pamphiliens, peuples
» lâches et méprisables. »

LXIX. Les amis d'Artémise craignaient que le discours qu'elle avait tenu à Mardonius ne lui attirât quelque disgrâce de la part du roi, parce qu'elle tâchait de le détourner de combattre sur mer. Ceux qui lui portaient envie, et qui étaient jaloux de ce que ce prince l'honorait plus que tous les autres alliés, furent charmés de sa réponse, ne doutant pas qu'elle n'occasionnât sa perte. Lorsqu'on eut fait à Xerxès le rapport des avis, celui d'Artémise lui fit beaucoup de plaisir. Il regardait auparavant cette princesse comme une femme de mérite ; mais, en cette occasion, il en fit encore un plus grand éloge. Cependant il voulut qu'on suivît l'avis du plus grand nombre ; et comme il pensait que ses troupes n'avaient pas fait leur devoir de propos délibéré dans le combat près de l'Eubée, parce qu'il ne s'y était pas trouvé, il se disposa à être spectateur de celui de Salamine.

LXX. L'ordre du départ donné, la flotte des Perses s'avança vers Salamine et se rangea à loisir en ordre de bataille. Le peu de jour qui restait alors leur fit différer l'attaque; et, la nuit étant survenue, on s'y prépara pour le lendemain. Cependant la frayeur s'empara des Grecs, et surtout des Péloponnésiens. Ils craignaient, parce qu'ils étaient sur le point de combattre à Salamine pour les Athéniens, que, s'ils perdaient la bataille, on ne les assiégeât dans l'île tandis que leur pays serait sans défense.

LXXI. L'armée de terre des Barbares partit cette même nuit pour le Péloponnèse, quoiqu'on eût mis tout en usage pour l'empêcher d'y pénétrer par le continent. Car les Péloponnésiens n'eurent pas plutôt appris la défaite et la mort de Léonidas et de ses troupes aux Thermopyles, qu'ils accoururent de toutes leurs villes à l'isthme, sous la conduite de Cléombrote, fils d'Anaxandrides et frère de Léonidas.

Lorsqu'ils furent à l'isthme, ils bouchèrent avec de la terre le chemin de Sciron, et, suivant la résolution prise dans le conseil, ils travaillèrent ensuite à fermer d'un mur l'isthme d'un bout à l'autre. L'ouvrage avançait beaucoup, et personne, parmi tant de milliers d'hommes, ne s'exemptait du travail. Les uns portaient des pierres, les autres des briques, du bois, des hottes pleines de sable; l'ouvrage ne discontinuait ni jour ni nuit.

LXXII. Ceux d'entre les Grecs qui marchèrent avec toutes leurs forces à la défense de l'isthme furent les Lacédémoniens, tous les Arcadiens, les Éléens, les Corinthiens, les Sicyoniens, les Épidauriens, les Phliasiens, les Trézéniens et les Hermionéens. Tels sont les peuples qui, effrayés du péril dont la Grèce était menacée, vinrent à son secours. Quant au reste des Péloponnésiens, ils ne s'en inquiétèrent en aucune manière, et restèrent chez eux, quoique les jeux olympiques et les fêtes carniennes fussent déjà passés.

LXXIII. Il y a dans le Péloponnèse sept nations différentes. Deux, originaires du pays, occupent encore aujourd'hui le même canton qu'elles habitaient autrefois : ce sont les Arcadiens et les Cynuriens. Une troisième, celle des Achéens, n'est point sortie du Péloponnèse[1], mais du canton où elle demeurait, pour se fixer dans un autre. Les quatre autres nations, les Doriens, les Étoliens, les Dryopes et les Lemniens, sont étrangères. Les Doriens ont beaucoup de villes célèbres; les Etoliens n'ont que celle d'Elis; les Dryopes possèdent Hermione et Asine, vers Cardamyle de Laconie. Les Paroréates sont tous Lemniens[2]. Les Cynuriens, quoique autochthones, paraissent Ioniens à quelques-uns; avec le temps, ils sont devenus Doriens sous la domination des Argiens, ainsi que les Ornéates et leurs voisins. Toutes les villes de ces sept nations, excepté celles dont j'ai parlé, se séparèrent de la cause commune; et, s'il m'est permis de dire librement ma pensée, ils le firent par attachement pour les Mèdes.

LXXIV. Les Grecs qui étaient à l'isthme s'occupaient de ce travail avec autant d'ardeur que si c'eût été leur dernière ressource, et qu'ils eussent perdu l'espoir de se distinguer sur mer. Ceux qui étaient à Salamine, apprenant la marche des Barbares, étaient également saisis de crainte, quoique ce fût moins pour eux que pour le Péloponnèse. Étonnés de l'imprudence d'Eurybiades, ils se communiquèrent d'abord en secret ce qu'ils en pensaient; mais enfin ils éclatèrent, et il fallut assembler le conseil. La même question fut beaucoup agitée : les uns furent d'avis de cingler vers le Péloponnèse, et de s'exposer plutôt pour sa défense que de rester à Salamine, et d'y combattre pour un pays déjà subjugué; les Athéniens, les Éginètes et les

---

[1] Les Achéens, ayant été chassés de la Laconie et de l'Argolide par les Héraclides, s'emparèrent du pays alors occupé par les Ioniens, et qui prit d'eux le nom d'Achaïe; ainsi cette nation n'est pas sortie du Péloponnèse. (L.)

[2] Les Minyens, ou descendants des Argonautes, ayant été chassés de l'île de Lemnos par les Pélasges, vinrent dans le Péloponnèse. S'étant emparés peu après du pays des Paroréates et de celui des Caucons, ils en chassèrent les anciens habitants et y bâtirent six villes. Cet événement est de la même époque que la fondation de Théra, comme on le voit dans Hérodote, et par conséquent il est de l'an 3564 de la période julienne, 1150 ans avant notre ère. Il y avait donc, dans le temps de la bataille de Salamine, 670 ans que les Minyens portaient le nom de Paroréates. (L.)

Mégariens soutinrent, au contraire, qu'il fallait livrer bataille à l'endroit où l'on se trouvait.

LXXV. A peine Thémistocles se fut-il aperçu de la supériorité que prenait l'avis des Péloponnésiens, qu'il sortit secrètement du conseil, et qu'il dépêcha dans une barque à la flotte des Mèdes un exprès, avec des instructions sur ce qu'il devait leur dire. Cet envoyé s'appelait Sicinnus ; il était son domestique, et précepteur de ses enfants. Quelque temps après cette guerre, Thémistocles l'enrichit, et le fit recevoir parmi les citoyens de Thespies, lorsqu'ils accordèrent le droit de cité à différentes personnes. Arrivé avec sa barque à la flotte des Perses, Sicinnus adressa ce discours à leurs chefs : « Le général des Athéniens, qui est
» bien intentionné pour le roi, et qui préfère le succès de
» vos armes à celui des Grecs, m'a dépêché vers vous à
» leur insu, avec ordre de vous dire que les Grecs, effrayés,
» délibèrent s'ils ne prendront point la fuite. Il ne tient
» donc qu'à vous de faire la plus belle action du monde,
» à moins que par votre négligence vous ne les laissiez
» échapper. Ils ne sont point d'accord entre eux, et, au
» lieu de résister, vous verrez les deux partis aux prises
» l'un contre l'autre, et se détruire mutuellement. » Cet avis donné, Sicinnus se retira sur-le-champ.

LXXVI. Comme ce conseil leur parut sincère, ils firent d'abord passer un grand nombre de Perses dans la petite île de Psyttalie, située entre Salamine et le continent ; ensuite, quand on fut au milieu de la nuit, l'aile de leur armée navale qui regardait l'occident avança vers Salamine, afin d'envelopper les Grecs, et les vaisseaux qui étaient autour de Céos et de Cynosure levèrent l'ancre, et couvrirent tout le détroit jusqu'à Munychie. Ils avaient fait avancer leur flotte en cet ordre afin d'empêcher les Grecs de se sauver, et que, les tenant investis à Salamine, ils tirassent vengeance des batailles d'Artémisium. Quant au débarquement des Perses à Psyttalie, on l'avait fait parce que, cette île étant dans le détroit où devait se donner la bataille, et les hommes et les vaisseaux endommagés devant naturellement s'y rendre après que l'action aurait été engagée, ils auraient pu sauver les leurs et tuer leurs ennemis. Ils firent ces dispositions secrètement pendant la nuit, et sans prendre aucun repos, afin d'en dérober la connaissance aux Grecs.

LXXVII. Quand je réfléchis sur ces événements, je ne puis contester la vérité des oracles, et je ne cherche point à les détruire, lorsqu'ils s'énoncent d'une manière aussi claire que celui-ci :

« Quand ils auront couvert de leurs vaisseaux le rivage
» sacré de Diane et celui de Cynosure, et que, pleins d'un
» fol espoir, ils auront saccagé l'illustre ville d'Athènes, la
» vengeance des dieux réprimera le Dédain, fils de l'Inso-
» lence, qui, dans sa fureur, s'imagine faire retentir l'u-
» nivers entier de son nom : l'airain se mêlera avec
» l'airain [1], et Mars ensanglantera la mer. Alors le fils de
» Saturne et la Victoire respectable amèneront aux Grecs
» le beau jour de la liberté. »

Bacis s'exprimant d'une manière si claire, je n'ose contredire les oracles; et je n'approuve point que d'autres le fassent [2].

LXXVIII. Les altercations continuaient à Salamine entre les généraux de la flotte grecque. Cependant ils ignoraient qu'ils étaient enveloppés, et croyaient les Barbares au même endroit où ils les avaient vus pendant le jour.

LXXIX. On était encore au conseil, lorsque arriva d'Egine, Aristide, fils de Lysimaque. Il était Athénien : le peuple l'avait banni par ostracisme [3], quoique, suivant ce

---

[1] Cette expression fait-elle allusion à l'airain dont les proues des vaisseaux étaient armées, ou aux plus anciens temps où les armes étaient d'airain, le fer n'ayant pas encore été trouvé ?

[2] Ce seul trait suffit pour faire voir qu'en fait d'oracles notre historien, écrivain d'ailleurs si plein de sens, avait la même maladie que la plupart des autres hommes de son siècle. Mais il prouve en même temps qu'il y avait déjà des gens plus clairvoyants et moins crédules. (WALCKENAER.)

[3] Ostracisme est un mot grec qui vient d'ὄστρακον, test de pot de terre ou écaille. C'était un jugement en usage à Athènes, par lequel on exilait, ordinairement pour dix ans (pour cinq ans selon Diodore de Sicile), ceux qu'on croyait trop puissants, et dont on craignait le crédit et les richesses. L'ostracisme fut imaginé par les Athéniens après qu'ils eurent secoué le joug des Pisistratides; ils se défaisaient par ce moyen de ceux qu'ils croyaient capables de détruire le gouvernement populaire. Pour ces sortes de jugements, on fermait la place publique de planches, on y laissait dix portes; le peuple

que j'ai appris de ses mœurs, ce fût un homme de bien et très-juste. Aristide se présente à l'entrée du conseil, appelle Thémistocles, qui, bien loin de l'aimer, le haïssait au contraire beaucoup. Mais la grandeur des maux présents lui faisant oublier tout ressentiment, il l'appelle pour conférer avec lui. Il avait déjà entendu parler de l'empressement des Péloponnésiens pour se retirer vers l'isthme. Thémistocles étant sorti : « Remettons à un autre temps,
» lui dit Aristide, nos querelles, et disputons, dans les cir-
» constances présentes, à qui rendra de plus grands services
» à la patrie. Que les Péloponnésiens parlent peu ou beau-
» coup sur le départ de la flotte, cela est égal. L'ennemi
» nous tient investis, j'en suis témoin oculaire ; les Corin-
» thiens et Eurybiades lui-même ne pourraient se retirer,
» quand même ils le voudraient. Rentrez au conseil, et
» faites-lui part de cette nouvelle. ».

LXXX. « Votre avis, repartit Thémistocles, est très-avan-
» tageux, ainsi que la nouvelle que vous venez m'appren-
» dre, et dont vous êtes témoin oculaire ; c'est ce que je
» désire le plus. Sachez que les Perses n'agissent que par
» mon impulsion. Les Grecs n'étant point portés d'eux-
» mêmes à livrer bataille, il fallait les y forcer. Mais, puisque
» vous venez avec de si bonnes nouvelles, communiquez-
» les vous-même au conseil ; car, si je le faisais, on me
» soupçonnerait de les avoir inventées, et je ne persuade-
» rais pas plus que si les Barbares n'avaient point fait cette
» manœuvre. Entrez donc, et faites part aux Grecs de l'état
» des affaires. Si l'on vous croit, tant mieux ; si l'on ne
» vous croit pas, cela sera égal : car si, comme vous le
» dites, nous sommes enfermés de toutes parts, ils ne
» pourront prendre la fuite. »

LXXXI. Aristide, étant entré au conseil, dit qu'il venait d'Égine, et qu'il avait eu bien de la peine à passer sans être aperçu de la flotte des Perses, qui enveloppait la leur de toutes parts ; qu'ainsi il leur conseillait de se mettre en

---

entrait par tribus, et chacun mettait dans l'urne son *ostracon*, sur lequel était écrit son suffrage. S'il se trouvait six mille voix contre l'accusé, il fallait que dans dix jours il sortît de la ville ; sans ce nombre il n'était pas condamné. (BELLANGER.)

défense. Cet avis donné, il se retira. Il y eut encore après cette nouvelle beaucoup d'altercations entre les généraux, la plupart ne voulant pas le croire.

LXXXII. Ils en doutaient encore, lorsqu'on vit arriver une trirème de Téniens transfuges, commandée par Panétius, fils de Sosimènes, qui leur apporta des nouvelles certaines. En mémoire de cette action, on grava sur le trépied consacré à Delphes le nom des Téniens parmi ceux qui avaient eu part à la défaite de Xerxès. Ce vaisseau ténien, qui passa du côté des Grecs à Salamine, compléta, avec celui de Lemnos qui les était venu joindre auparavant à Artémisium, le nombre de la flotte grecque, qui, étant de trois cent soixante et dix-huit vaisseaux, fut alors de trois cent quatre-vingts.

LXXXIII. Les Grecs, ayant ajouté foi au rapport des Téniens, se préparèrent au combat. Dès que l'aurore commença à paraître, on assembla les troupes. Thémistocles anima les siennes par sa harangue. Il fit dans son discours un parallèle des grandes actions et des lâches; et parmi toutes celles qui dépendent de la nature de l'homme ou de sa position, il les exhorta à choisir celles qui pouvaient leur être glorieuses. Sa harangue finie, il leur ordonna de monter sur leurs vaisseaux. Ils s'étaient à peine embarqués, qu'arriva d'Égine le vaisseau qu'on avait envoyé vers les Æacides. Aussitôt après les Grecs levèrent l'ancre.

LXXXIV. Dès qu'ils commencèrent à s'ébranler, les Perses fondirent sur eux. Les Grecs reculèrent vers le rivage, sans virer de bord, pour tomber ensuite sur l'ennemi, lorsque Aminias, Athénien et du bourg de Pallène, s'avança devant les autres, et alla attaquer un vaisseau. Les deux vaisseaux s'étant accrochés de manière qu'ils ne pouvaient plus se séparer, le reste des Grecs accourut au secours d'Aminias, et le combat s'engagea. Ce fut ainsi qu'il commença, suivant les Athéniens. Mais les Éginètes prétendent que le vaisseau envoyé vers les Æacides donna le premier. On dit aussi qu'un fantôme apparut aux Grecs sous la forme d'une femme, et que, d'une voix assez forte pour être entendue de toute la flotte, il les anima après

leur avoir fait des reproches : « Malheureux, quand ces-
» serez-vous donc de reculer ? »

LXXXV. Les Phéniciens étaient rangés vis-à-vis des Athéniens, à l'aile qui regardait Éleusis et l'occident ; et les Ioniens en face des Lacédémoniens, à l'aile opposée à l'orient et au Pirée. Quelques Ioniens en petit nombre se conduisirent lâchement de dessein prémédité, suivant les exhortations de Thémistocles, mais il n'en fut pas ainsi du gros de leur flotte. Je pourrais dire ici les noms d'un grand nombre de leurs capitaines qui enlevèrent des vaisseaux aux Grecs ; mais je me bornerai à ceux de Théomestor, fils d'Androdamas, et de Phylacus, fils d'Histiée, tous deux de Samos. Ils sont les seuls dont je fasse mention, parce que cette action valut à Théomestor la souveraineté de Samos, que les Perses lui donnèrent, et parce que Phylacus ayant été inscrit parmi ceux qui avaient bien mérité du roi, il eut pour récompense une grande étendue de terres. Ceux qui rendent au roi des services importants s'appellent en langue perse orosanges.

LXXXVI. La flotte des Perses fut en grande partie mise en pièces et détruite par les Athéniens et les Éginètes. Les Barbares, combattant avec confusion, sans règle, sans jugement, contre des troupes qui se battaient avec ordre et en gardant leurs rangs, devaient éprouver un pareil sort. Ils se comportèrent cependant beaucoup mieux en cette journée qu'ils ne l'avaient fait près de l'Eubée, et se surpassèrent eux-mêmes, chacun faisant tous ses efforts par la crainte que lui inspirait Xerxès, dont il croyait être aperçu.

LXXXVII. Parmi tant de combattants, je ne puis assurer de quelle manière se conduisirent en particulier les Barbares ou les Grecs. Mais voici une action d'Artémise [1]

---

[1] Il y a dans le grec *Artemisia*. L'usage a prévalu en français de dire Artémise. Elle était fille de Lygdamis et reine de Carie. Elle n'en possédait cependant qu'une petite partie, Halicarnasse, qui en était la capitale, et les trois petites îles de Cos, Nisyros et Calydnes. Ainsi il ne faut pas confondre Calydnes avec Calynde, ville sur les frontières de Lycie, dont Damasithyme était roi. Il ne faut pas non plus confondre cette princesse avec une autre Artémise qui fut aussi reine de Carie, et qui était fille d'Hécatomus, sœur et

qui augmenta l'estime que le roi avait déjà pour elle. Les affaires de ce prince étaient dans un grand désordre, lorsque cette princesse, ne pouvant échapper à la poursuite d'un vaisseau athénien, parce qu'elle avait devant elle plusieurs vaisseaux amis, et que le sien était le plus proche de ceux des ennemis, elle prit sur-le-champ son parti, et se conduisit d'une manière qui lui réussit. Poursuivie par le vaisseau athénien, elle fondit sur un vaisseau ami, monté par des Calyndiens et Damasithyme leur roi. Je ne puis dire si elle avait eu un différend avec ce prince, tandis que les Perses étaient encore dans l'Hellespont, ni si elle en agit ainsi de dessein prémédité, ou si le vaisseau des Calyndiens se trouva par hasard devant le sien. Quoi qu'il en soit, Artémise l'attaque, le coule à fond sur-le-champ, et se procure par cet heureux événement un double avantage; car le commandant de la trirème athénienne voyant qu'elle attaquait un vaisseau barbare, et s'imaginant que ce vaisseau était grec, ou qu'ayant passé du côté des alliés il combattait pour eux, il se détourna pour en combattre d'autres.

LXXXVIII. D'un autre côté, Artémise évita par ce moyen de périr; et d'un autre, en faisant du mal au roi, elle s'attira encore plus son estime. Car on dit que ce prince, attentif à regarder le combat, aperçut le vaisseau de la princesse qui en attaquait un autre, et que quelqu'un de ceux qui étaient près de sa personne lui dit: « Seigneur, voyez-vous
» avec quel courage Artémise combat, et comme elle a coulé
» à fond ce vaisseau ennemi? » Alors Xerxès s'informa si cette action était véritablement d'Artémise : ils l'en assurèrent, sur ce qu'ils connaissaient parfaitement son vaisseau à la figure qui était à la proue, et parce qu'ils ne doutaient pas que le vaisseau coulé à fond n'appartînt aux ennemis. Indépendamment des avantages que nous venons de rapporter, elle eut encore le bonheur qu'il ne se sauva personne du vaisseau calyndien qui pût l'accuser. On assure que Xerxès répondit: « Les hommes se sont conduits en
». femmes, et les femmes en hommes. »

femme de Mausole, lequel mourut vers la cent sixième olympiade, ou 356 ans avant notre ère. (L.)

LXXXIX. Ariabignès, fils de Darius et frère de Xerxès, général de l'armée navale, périt à cette bataille, ainsi qu'un grand nombre de personnes de distinction, tant Perses que Mèdes, et autres alliés. La perte des Grecs ne fut pas considérable. Comme ils savaient nager, ceux qui ne périssaient pas de la main des ennemis, quand leur vaisseau était détruit, gagnaient Salamine à la nage. Mais la plupart des Barbares se noyaient dans la mer, faute de savoir nager. Les vaisseaux qui étaient au premier rang ayant été mis en fuite, les autres furent alors détruits pour la plupart. Car ceux qui étaient derrière le premier rang, s'efforçant de gagner le devant afin de donner aussi au roi des preuves de leur valeur, se brisaient contre les vaisseaux de leur parti qui fuyaient.

XC. Des Phéniciens, ayant perdu leurs vaisseaux dans ce tumulte, accusèrent auprès du roi les Ioniens de trahison, et d'être la cause de leur perte. Les généraux ioniens ne furent pas cependant punis de mort, et les Phéniciens qui les avaient accusés reçurent le salaire qu'ils méritaient. Ils parlaient encore, lorsqu'un vaisseau samothrace fondit sur un vaisseau athénien et le coula à fond. En même temps un vaisseau éginète tomba sur le vaisseau samothrace et le coula aussi à fond ; mais les Samothraces, excellents hommes de trait, chassèrent à coups de javelot les soldats du vaisseau qui avait coulé à fond le leur, et, s'étant jetés dessus, ils s'en rendirent maîtres. Cette action sauva les Ioniens. Témoin de cet exploit, Xerxès se tourna vers les Phéniciens ; et comme il était très-affligé de la perte de la bataille, et qu'il les accusait tous d'en être les auteurs, il leur fit couper la tête, afin que des lâches ne pussent plus calomnier des gens plus braves qu'eux. Assis au pied du mont Ægaléos, qui est vis-à-vis de Salamine, il considérait tout, et, quand il apercevait quelque action remarquable, il s'informait de celui qui l'avait faite, et ses secrétaires écrivaient son nom, celui de son père et de quelle ville il était. Ariaramnès, seigneur perse, qui était ami des Ioniens, et qui se trouvait présent au récit des Phéniciens, contribua beaucoup par ses accusations au malheur de ceux-ci.

XCI. Tandis que ces choses se passaient à l'égard des

Phéniciens, les Barbares, mis en fuite, tâchaient de gagner le port de Phalère; mais les Éginètes, placés dans le détroit, firent des actions mémorables. Dans le trouble et la confusion où se trouvaient les ennemis, les Athéniens détruisaient et les vaisseaux qui leur résistaient et ceux qui fuyaient; d'un autre côté, les Éginètes ne maltraitaient pas moins ceux qui cherchaient à s'échapper : de sorte que quand un vaisseau s'était tiré des mains des Athéniens, il tombait dans celles des Éginètes.

XCII. Sur ces entrefaites, Thémistocles, qui était à la poursuite des Perses, rencontra Polycrite, fils de Crios d'Égine, qui attaquait un vaisseau sidonien. Celui-ci avait pris le vaisseau éginète envoyé à la découverte près de l'île de Sciathos, que montait Pythès, fils d'Ischénoüs, qui fut criblé de coups en se battant contre les Perses, et que ceux-ci avaient conservé par admiration pour son courage. Ce vaisseau sinodien ayant été pris par Polycrite avec les Perses qui le montaient, Pythès recouvra la liberté et s'en retourna à Égine. Polycrite [1] reconnut aussitôt le vaisseau amiral athénien à la figure dont il était orné, et, appelant à haute voix Thémistocles, il le railla d'une manière sanglante sur l'attachement qu'on reprochait aux Éginètes pour les Mèdes; et, sans discontinuer de lancer ces traits contre Thémistocles, il attaquait le vaisseau sidonien. Quant aux Barbares qui conservèrent leurs vaisseaux par la fuite, ils se retirèrent au port de Phalère sous la protection de l'armée de terre.

XCIII. Les Éginètes se distinguèrent le plus à cette journée, et, après eux, les Athéniens; et parmi les Éginètes, Polycrite; et du côté des Athéniens, Eumènes d'Anagyronte et Aminias de Pallène, qui poursuivit Artémise. S'il eût su que cette princesse était sur ce vaisseau, il n'aurait pas cessé de lui donner chasse qu'il ne l'eût prise, ou bien il aurait été pris lui-même. Tel était l'ordre qu'avaien reçu les capitaines athéniens. On avait même promis une récompense de dix milles drachmes [2] à celui qui la ferait

---

[1] Voyez les reproches faits à son père Crios, reproches qui occasionnent la récrimination de Polycrite, liv. VI, § L et LXXIII.

[2] 9,000 livres de notre monnaie.

prisonnière, tant les Athéniens étaient indignés qu'une femme fût venue en armes contre eux; mais elle trouva moyen d'échapper, comme on l'a dit plus haut. Il y eut encore d'autres vaisseaux barbares qui se retirèrent au port de Phalère sans être endommagés.

XCIV. Les Athéniens disent qu'Adimante, général des Corinthiens, saisi de frayeur au premier choc des ennemis, déploya ses voiles et se sauva; que les Corinthiens, voyant leur vaisseau amiral s'enfuir, se retirèrent aussi; qu'arrivés près du temple de Minerve Sciras, sur la côte de Salamine, ils rencontrèrent une felouque envoyée par les dieux. On conjecture qu'il y avait là quelque chose de divin, sur ce que celui qui l'envoyait ne parut point, et que cette felouque s'étant approchée des Corinthiens, qui ignoraient ce qui se passait sur la flotte, et étant à la portée de leurs vaisseaux, ceux qui la montaient leur dirent : « Adi- » mante, traître envers les Grecs, tu t'enfuis à la hâte, et ce- » pendant ils sont victorieux et remportent tous les avan- » tages qu'ils ont désirés; » qu'Adimante ne les croyant pas, ceux qui montaient la felouque ajoutèrent, selon les Athéniens, qu'on les retînt pour otages, et qu'on les fît mourir si les alliés n'étaient pas victorieux ; que là-dessus Adimante et les siens virèrent de bord et arrivèrent à la flotte grecque après l'action. Tel est le bruit généralement répandu à Athènes ; mais les Corinthiens, bien loin de convenir de la vérité de ce fait, prétendent s'être signalés des premiers dans le combat naval, et le reste de la Grèce leur rend aussi ce témoignage.

XCV. Aristide, fils de Lysimaque, Athénien, dont j'ai parlé un peu plus haut comme d'un homme de bien, se distingua aussi à cette journée parmi les cris et le tumulte des combattants. Prenant avec lui beaucoup de soldats athéniens pesamment armés qu'il trouva le long du rivage de Salamine, il les fit passer dans la petite île de Psyttalie[1],

---

[1] « Aristide, voyant que Psyttalie, petite île près de Salamine et dans le détroit, était pleine de troupes ennemies, prit avec lui les plus zélés et les plus braves de ses concitoyens, et, les ayant embarqués sur des bâtiments légers, il fit une descente dans cette île; il livra bataille aux Barbares, et les passa tous au fil de l'épée, excepté les plus distingués, qui furent faits pri-

et tailla en pièces tous les Perses qu'il rencontra [1].

XCVI. Le combat fini, les Grecs remorquèrent à Salamine tous les vaisseaux brisés qu'ils trouvèrent encore subsistants aux environs de cette île, et se disposèrent à une autre action, comptant que le roi livrerait une seconde bataille avec ce qui lui restait de vaisseaux. Cependant le vent d'ouest poussa sur la côte de l'Attique appelée Colias beaucoup de débris de la flotte perse. Ainsi furent accomplis tous les oracles de Bacis et de Musée [2] touchant ce combat naval, de même qu'un autre publié plusieurs années avant ces événements par Lysistrate, devin athénien, concernant les débris de vaisseaux portés sur cette côte. Cet oracle, dont le sens avait jusqu'alors échappé à tous les Grecs, était conçu dans ces termes : « Les femmes de Co- » lias feront griller l'orge avec des rames. » Cela devait arriver après le départ du roi.

XCVII. Aussitôt que Xerxès connut sa défaite [3], crai-

sonniers. De ce nombre furent trois frères, fils de Sandauce, sœur du roi. Aristide les ayant envoyés à Thémistocles, on dit qu'ils furent immolés à Bacchus Omestès : le devin Euphrantidès l'ayant ainsi ordonné en vertu d'un oracle. » (Plutarque, *Vie d'Aristide*.)

[1] Voyez § LXXVI.

[2] Il y a eu plusieurs Musée. Celui dont il est ici question était Athénien, e d'Éleusis, fils d'Antiphémus ou Antiophémus, comme l'appelle Pausanias. Il a écrit des préceptes en vers adressés à son fils Eumolpe, sur lesquels on peu consulter Pausanias. Cet auteur dit cependant qu'on n'a rien qui soit certainement de Musée, si ce n'est un hymne en l'honneur de Cérès, qu'il fit pour être chanté par les Lycomèdes. Il avait aussi composé des oracles qu'on attribuait à Onomacrite. Il fut enterré à Athènes, sur une colline qui est dans l'enceinte de l'ancienne ville, vis-à-vis de la citadelle, où il avait coutume de se retirer pour y chanter ses vers. Il eut un petit-fils de son nom, à qui Diogène Laërce attribue une théogonie et un Traité de la sphère en vers. (L.)

[3] Cette journée, si glorieuse pour les Grecs, et surtout pour les Athéniens, donna l'essor à leur courage et à leur génie. Les Perses les avaient fait trembler; ils les méprisèrent, et finirent par les subjuguer. Leur génie se développa; ils enfantèrent ces chefs-d'œuvre dans l'éloquence, la poésie, la philosophie, et dans les arts, dont ont approché plus ou moins les nations civilisées, et qu'elles n'ont jamais pu atteindre. Cette gloire a été sentie dans tous les temps et particulièrement par les Romains, à l'époque la plus brillante de leur histoire. Dans cette célèbre naumachie où Auguste donna aux Romains le spectacle d'un véritable combat naval, deux flottes s'attaquèrent : l'une avait pris le nom de flotte des Perses, l'autre de flotte des Athéniens. Celle-ci, fière de ce beau nom, en soutint la gloire, et battit complétement celle qui portait le nom des Perses. C'est ce que nous apprend un fragment

gnant que les Grecs ne songeassent d'eux-mêmes ou par le conseil de quelques Ioniens à faire voile vers l'Hellespont pour rompre les ponts, et que, surpris en Europe, il ne fût en danger d'y périr, il pensa à prendre la fuite. Mais, voulant donner le change aux Grecs et à ses troupes, il essaya de joindre Salamine au continent par une chaussée, fit lier ensemble les vaisseaux de charge phéniciens pour tenir lieu de pont et de muraille, et fit tous les préparatifs nécessaires, comme s'il eût eu dessein de donner une autre bataille navale. En le voyant agir de la sorte, on fut persuadé qu'il voulait rester et qu'il se préparait à continuer la guerre ; mais ses desseins ne purent échapper à la sagacité de Mardonius, qui connaissait parfaitement sa manière de penser.

XCVIII. Pendant ces préparatifs, Xerxès dépêcha un courrier en Perse pour y porter la nouvelle de son malheur actuel. Rien de si prompt parmi les mortels que ces courriers. Voici en quoi consiste cette invention [1]. Autant il y a de journées d'un lieu à un autre, autant, dit-on, il y a de postes avec un homme et des chevaux tout prêts, que ni la neige, ni la pluie, ni la chaleur, ni la nuit, n'empêchent de fournir leur carrière avec toute la célérité possible. Le premier courrier remet ses ordres au second, le second au troisième : les ordres passent ainsi de suite de l'un à l'autre, de même que chez les Grecs le flambeau passe de main en main dans les fêtes de Vulcain. Cette course à cheval s'appelle en langue perse angaréion [2].

---

du livre LV de l'Histoire de Dio Cassius, tiré d'un manuscrit de la bibliothèque de Saint-Marc à Venise, qui avait appartenu au cardinal Bessarion. M. Morelli, bibliothécaire de cette célèbre bibliothèque, l'a publié à Bassano. (L.)

[1] Nous connaissons aussi une autre invention qui regarde la grandeur de son empire, par le moyen de laquelle il (Cyrus) savait promptement l'état des choses les plus éloignées. Ayant examiné ce qu'un cheval pouvait faire de chemin dans un jour sans s'excéder, il fit construire à cette distance autant d'écuries où l'on mit des chevaux avec des hommes pour en prendre soin. Il plaça aussi dans chacun de ces endroits un homme propre à recevoir les lettres et les remettre à d'autres, et à dépêcher des hommes et des chevaux frais en la place de ceux qui étaient fatigués. On dit que quelquefois ces courses ne s'arrêtent pas même la nuit, et que le courrier de la nuit succède à celui du jour. Voilà donc l'origine de la poste qui remonte à Cyrus. (L.)

[2] L'angaréion est positivement ce que les modernes nomment estafette.

XCIX. Quand on apprit à Suses, par le premier courrier, que Xerxès était maître d'Athènes, les Perses qui y étaient restés en eurent tant de joie, que toutes les rues furent jonchées de myrthe, qu'on brûla des parfums, et qu'on ne s'occupa que de festins et de plaisirs. La seconde nouvelle les consterna ; ils déchirèrent leurs habits, jetant sans cesse des cris lamentables, et imputant leur malheur à Mardonius. Ils étaient cependant moins affligés de la perte de leurs vaisseaux qu'alarmés pour le roi. Leurs inquiétudes continuèrent tant qu'il fut absent, et ne furent calmées qu'à son retour.

C. De son côté Mardonius, voyant Xerxès très-affligé de la perte de la bataille navale, soupçonna ce prince de songer à s'enfuir d'Athènes. S'occupant ensuite de lui-même, et pensant qu'il serait puni pour lui avoir conseillé de porter la guerre en Grèce, il crut qu'il devait s'exposer à de nouveaux dangers, et qu'il fallait ou qu'il subjuguât ce pays, ou qu'il pérît d'une mort honorable. Tout bouffi d'orgueil, le désir de soumettre la Grèce prévalut dans son esprit. Après y avoir donc réfléchi mûrement, il s'adressa à Xerxès : « Seigneur, lui dit-il, ne vous attristez pas de
» cette perte, et ne la regardez pas comme un grand mal-
» heur. Le succès de cette guerre ne dépend pas de vos
» vaisseaux, mais de votre cavalerie et de votre infanterie.
» Ces Grecs, qui s'imaginent que tout est terminé, ne sor-
» tiront point de leurs vaisseaux pour s'opposer à vos
» armes, et ceux du continent n'oseront pas s'essayer con-
» tre vous. Ceux qui l'ont fait en ont été punis. Attaquons
» donc sur-le-champ le Péloponnèse, si telle est votre vo-
» lonté. Mais si vous voulez suspendre vos coups, suspen-
» dons-les ; mais cependant ne vous découragez pas. Les
» Grecs n'ont plus de ressources, et ne peuvent éviter ni
» l'esclavage, ni le compte que vous leur demanderez du
» présent et du passé. Voilà, seigneur, ce que vous avez
» surtout à faire. Mais, si vous avez résolu de vous en re-
» tourner avec votre armée, j'ai cet autre conseil à vous
» donner. Ne permettez pas, seigneur, que les Perses ser-

L'usage de ce moyen de transmission remonte, comme on voit, bien haut dans l'antiquité (MIOT.)

» vent de jouet aux Grecs; vos affaires n'ont encore rien
» souffert par la faute des Perses, et vous ne pouvez nous
» accuser de nous être comportés lâchement en quelque
» occasion. Si les Phéniciens, les Égyptiens, les Cypriens
» et les Ciliciens ont mal fait leur devoir, leur faute ne
» nous regarde pas, et l'on ne doit pas nous l'imputer.
» Maintenant donc, seigneur, puisque les Perses ne sont
» point coupables, daignez suivre mon conseil. Si vous
» avez résolu de ne pas rester ici plus longtemps, re-
» tournez dans vos États avec la plus grande partie de
» votre armée; mais donnez-moi trois cent mille hommes
» à mon choix, et je m'engage à faire passer la Grèce sous
» votre joug. »

CI. Xerxès, sentant à ce discours sa douleur se calmer et la joie renaître dans son âme, répondit à Mardonius qu'après en avoir délibéré avec son conseil, il lui ferait part de ses intentions. Tandis qu'il agitait cette question avec les Perses qu'il avait convoqués, il voulut avoir aussi l'avis d'Artémise, parce qu'il avait reconnu auparavant qu'elle était la seule qui lui eût donné de bons conseils. Il l'envoya donc chercher; et, lorsqu'elle fut arrivée, il ordonna aux Perses de son conseil et à ses gardes de se retirer, et lui parla en ces termes :

« Mardonius m'exhorte à rester ici et à attaquer le Pé-
» loponnèse, en me représentant que les Perses et mon
» armée de terre ne sont point cause de notre défaite, et
» qu'ils offrent de m'en donner des preuves. Mais il me
» conseille d'un autre côté de retourner dans mes États
» avec mes troupes, et de lui laisser trois cent mille
» hommes à son choix, avec lesquels il me promet de sub-
» juguer la Grèce. Vous donc, qui m'aviez si sagement
» détourné de combattre sur mer, dites-moi maintenant
» lequel de ces deux partis vous me conseillez de pren-
» dre. »

CII. « Seigneur, répondit Artémise, il est difficile de
» vous donner le meilleur conseil; mais, dans les con-
» jonctures présentes, je suis d'avis que vous retourniez
» en Perse, et que vous laissiez ici Mardonius avec les
» troupes qu'il vous demande, puisqu'il le désire, et qu'il

» s'engage à subjuguer la Grèce. S'il en fait la conquête,
» et qu'il réussisse dans ses desseins, vous en aurez tout
» l'honneur, puisque cette conquête sera l'ouvrage de vos
» esclaves. Si, au contraire, son entreprise n'a pas le
» succès dont il se flatte, ce ne sera pas un grand malheur,
» pourvu que vous viviez et que votre maison demeure
» florissante. En effet, seigneur, tant que vous vivrez et
» que votre maison subsistera, les Grecs auront de fré-
» quents combats à livrer pour défendre leur liberté. Si
» Mardonius éprouve quelque revers, ce revers ne sera
» d'aucune conséquence ; et en faisant périr un de vos
» esclaves, les Grecs n'auront remporté qu'un faible
» avantage. Quant à vous, seigneur, vous vous en retour-
» nerez après avoir brûlé la ville d'Athènes, comme vous
» vous l'étiez proposé lorsque vous entreprîtes cette expé-
» dition. »

CIII. Cet avis fit d'autant plus de plaisir à Xerxès, qu'il s'accordait avec sa manière de penser. Mais, quand même tout le monde lui aurait conseillé de rester, je crois qu'il ne l'aurait pas fait, tant il était épouvanté ! Après avoir donné de grandes louanges à Artémise, il la renvoya avec quelques-uns de ses fils naturels qui l'avaient suivi dans cette expédition, et qu'elle eut ordre de conduire à Éphèse. Hermotime de Pédases, qui tenait le premier rang parmi les eunuques du roi, les accompagnait pour les garder.

CIV. (Les Pédasiens habitent au-dessus d'Halicarnasse. On dit que lorsqu'ils sont menacés de quelque malheur, eux et leurs voisins, il vient une longue barbe à la prêtresse de Minerve qui est à Pédases, et qu'on a déjà vu ce prodige arriver deux fois.)

CV. Je ne connais personne qui se soit plus cruellement vengé d'une injure que cet Hermotime. Ayant été pris par des ennemis, il fut vendu à Panionius, de l'île de Chios. Cet homme vivait d'un trafic infâme : il achetait de jeunes garçons bien faits, les faisait eunuques, et les menait ensuite à Sardes et à Éphèse, où il les vendait très-cher; car la fidélité des eunuques les rend, chez les Barbares, plus précieux que les autres hommes. Panionius, qui vivait, dis-je, de ce trafic, fit eunuques un grand nombre de jeunes garçons, et entre autres Hermotime. Cet Hermotime ne fut pas malheureux en tout : conduit de Sardes au roi avec d'autres présents, il parvint avec le temps, auprès de Xerxès, à un plus au point de faveur que tous les autres eunuques.

CVI. Tandis que le roi était à Sardes, et qu'il se disposait à marcher avec ses troupes contre Athènes, Hermotime étant allé pour quelque affaire dans l'Atarnée, canton de la Mysie, cultivé par les habitants de Chios, y rencontra Panionius. L'ayant reconnu, il lui témoigna beaucoup d'amitié ; et, commençant par un grand détail de tous les biens qu'il lui avait procurés, il passa ensuite à ceux qu'il promettait de lui faire par reconnaissance, s'il voulait venir avec toute sa famille demeurer chez lui. Panionius, charmé de ces offres, alla chez Hermotime avec sa femme et ses enfants. Quand celui-ci l'eut en sa puissance avec toute sa famille : « O de tous les hommes le plus scélérat, » lui dit-il, qui gagnes ta vie au plus infâme métier ! quel » mal t'avions-nous fait, moi et les miens, à toi ou à quel- » qu'un des tiens, pour m'avoir privé de mon sexe, et m'a- » voir réduit à n'être plus rien ? T'étais-tu donc imaginé » que les dieux n'auraient aucune connaissance de ton ac- » tion ? Scélérat ! par un juste jugement ils t'ont attiré par » un appât trompeur entre mes mains, afin que tu ne » puisses te plaindre de la peine que je vais t'infliger. » Après ces reproches, il se fit amener les quatre enfants de Panionius, et le força de les mutiler lui-même. Panionius, s'y voyant contraint, le fit ; et, cet ordre exécuté, Hermotime obligea les enfants à faire la même opération à leur propre père. C'est ainsi que fut puni Panionius, et qu'Hermotime se vengea.

CVII. Xerxès ayant remis ses enfants à Artémise, afin de les mener à Éphèse, manda Mardonius, et lui ordonna de choisir dans toute son armée les troupes qu'il voudrait garder, et de tâcher de faire répondre ses actions à ses paroles. Telles sont les choses qui se passèrent ce jour-là ; mais, pendant la nuit, les commandants de la flotte partirent de Phalère, par ordre du roi, avec leurs vaisseaux, pour regagner l'Hellespont avec toute la célérité possible, afin de garder les ponts sur lesquels le roi devait passer. Lorsque le Barbares furent près de Zoster [1], ils prirent pour des vaisseaux les petits promontoires qui s'avancent dans la mer. Ils en furent tellement effrayés, qu'ils s'enfuirent en désordre ; mais, ayant enfin reconnu leur erreur, ils se réunirent et continuèrent leur route.

CVIII. Quand le jour parut, les Grecs, voyant l'armée de terre des Perses au même endroit, crurent que leurs vaisseaux étaient aussi à Phalère, et, s'imaginant qu'ils leur livreraient un autre combat naval, ils se disposèrent à se défendre ; mais lorsqu'ils eurent appris le départ de la flotte, ils résolurent sur-le-champ de la poursuivre. Ils le firent jusqu'à Andros ; mais, ne pouvant l'apercevoir, ils abordèrent à cette île, où ils tinrent conseil. Thémistocles conseilla de poursuivre l'ennemi à travers la mer Égée, et d'aller droit à l'Hellespont pour rompre les ponts. Eurybiades fut d'un avis contraire. Il représenta qu'en rompant les ponts on attirerait sur la Grèce le plus grand de tous les malheurs ; que, si le roi était intercepté et forcé de rester en Europe, il ne se tiendrait pas en repos, parce que, s'il s'y tenait, il ne pourrait ni réussir dans ses projets, ni retourner en Asie, et qu'il faudrait que son armée pérît de faim ; que si au contraire il tentait quelque entreprise, et s'y attachait fortement, toutes les nations et toutes les villes de l'Europe se joindraient à lui de gré ou de force ; enfin que la récolte annuelle des Grecs lui fournirait toujours des vivres. Il ajouta qu'il croyait que le roi, après la perte d'une bataille navale, ne resterait point en Europe ; qu'il fallait donc le laisser fuir jusqu'à ce qu'il fût arrivé dans ses États, et qu'alors on pourrait l'y attaquer, et qu'il les y exhortait. Cet avis fut approuvé par le reste des généraux péloponnésiens.

CIX. Thémistocles, ayant reconnu qu'il ne persuaderait

---

[1] « On dit que Latone étant enceinte du fait de Jupiter, la jalouse Junon la poursuivit par mer et par toute la terre ; que la douleur de l'enfantement, l'ayant surprise dans notre pays, elle y détacha sa ceinture ; que cet endroit s'appelle par cette raison depuis ce temps-là Zoster (ceinture), et qu'étant ensuite passée dans l'île de Délos, elle accoucha de deux dieux jumeaux, Diane et Apollon. » (*Joan. Siceliotes, Comment. mss. in Hermogenem.*)

pas, du moins à la plupart des alliés, de faire voile vers l'Hellespont, changea de sentiment, et s'adressant aux Athéniens, qui, étant surtout indignés de ce qu'on laissait échapper l'ennemi, voulaient, après en avoir délibéré en leur particulier, aller dans l'Hellespont quand même les alliés refuseraient de les suivre ; s'adressant, dis-je, aux Athéniens, il leur tint ce discours : « Je me suis déjà
» trouvé en de pareilles occasions, et j'ai plus souvent en-
» core ouï dire que des troupes vaincues et réduites au dés-
» espoir avaient repris cœur, et que dans une nouvelle
» action elles avaient rétabli leurs affaires. Ainsi, Athé-
» niens, puisque nous avons, nous et les Grecs, dissipé,
» contre notre attente, cette effroyable nuée de Barbares,
» ne poursuivons point un ennemi qui fuit. Ce n'est point
» à nos forces que nous devons cette victoire, mais aux
» dieux et aux héros ; ils ont été jaloux qu'un seul homme,
» qu'un impie, qu'un scélérat qui, sans mettre de distinc-
» tion entre le sacré et le profane, a brûlé les temples des
» dieux et renversé leurs statues ; qui a fait aussi fustiger
» la mer, et lui a donné des fers ; ils ont, dis-je, été jaloux
» que cet homme eût lui seul l'empire de l'Asie et de l'Eu-
» rope : mais, puisque nous sommes à présent dans une po-
» sition heureuse, restons en Grèce, et occupons-nous de
» nous-mêmes et de nos familles. Le Barbare est entière-
» ment chassé ; que chacun rétablisse sa maison et s'ap-
» plique avec ardeur à ensemencer ses terres. Au retour
» du printemps, nous irons dans l'Hellespont et en Ionie. »
Thémistocles parlait ainsi dans la vue de se ménager l'a-
mitié du roi, et de se procurer un asile en cas que les Athéniens lui suscitassent dans la suite quelque fâcheuse affaire ; ce qui ne manqua pas d'arriver.

CX. Ce discours trompeur persuada les Athéniens. Ils étaient en effet d'autant plus disposés à croire Thémisto-
cles, qu'il s'était fait auparavant la réputation d'un homme sage, et que, dans l'occasion présente, il avait donné par ses bons conseils des preuves de sa prudence. Les Athéniens n'eurent pas plutôt approuvé son avis, qu'il fit partir sur un esquif des gens de confiance et incapables de révé-
ler ce qu'il leur avait ordonné de dire au roi, quand même

on les aurait mis à la torture. L'esclave Sicinnus fut encore de ce nombre. Lorsqu'ils furent arrivés sur les côtes de l'Attique, Sicinnus laissa les autres dans l'esquif, et se rendit auprès de Xerxès. « Thémistocles, fils de Néoclès,
» lui dit-il, général des Athéniens, le plus brave et le plus
» sage de tous les alliés, m'a envoyé vous dire que, par
» zèle pour votre service, il a retenu les Grecs qui vou-
» laient poursuivre votre flotte et rompre les ponts de
» l'Hellespont. Vous pouvez donc maintenant vous retirer
» tranquillement. » Cet ordre exécuté, ils s'en retournèrent.

CXI. Les Grecs, ayant résolu de ne pas poursuivre plus loin la flotte des Barbares, et de ne point rompre les ponts de l'Hellespont, assiégèrent Andros dans le dessein de la détruire. Ces insulaires refusèrent les premiers à Thémistocles l'argent qu'il exigeait d'eux. Comme ce général alléguait qu'ils ne pouvaient se dispenser d'accorder cet argent à deux grandes divinités, la Persuasion et la Nécessité, dont les Athéniens étaient accompagnés, ils lui répondirent qu'Athènes, protégée par deux divinités favorables, était avec raison grande, riche et florissante; que le territoire d'Andros était très-mauvais; que deux divinités pernicieuses, la Pauvreté et l'Impuissance, se plaisaient dans leur île, et ne la quittaient jamais; qu'étant au pouvoir de ces deux divinités, ils ne pouvaient donner d'argent, et que jamais la puissance d'Athènes ne serait plus forte que leur impuissance. Sur cette réponse et leur refus, on les assiégea.

CXII. Avide d'argent, Thémistocles ne cessait d'en amasser. Il en envoya demander aux autres insulaires par les mêmes députés, qui leur tinrent le même langage qu'à ceux d'Andros, et les menacèrent, en cas de refus, de les assiéger avec l'armée grecque, et de les détruire entièrement. Il tira par cette voie de grandes sommes des Carystiens et des Pariens, qui les envoyèrent dans la crainte d'être traités comme Andros, dont ils avaient appris qu'on formait le siége à cause de son attachement aux Mèdes, et parce qu'ils savaient que Thémistocles jouissait auprès des généraux du plus grand crédit. J'ignore si quelques autres îles en donnèrent aussi. Je croirais volontiers qu'il y en eut d'autres, et que celles-là ne furent pas les seules. Le malheur des Carystiens ne fut pas pour cela différé. Quant aux Pariens, ils apaisèrent Thémistocles avec de l'argent, et l'armée n'alla pas chez eux. Ce fut ainsi que Thémistocles, à l'insu des autres généraux, tira beaucoup d'argent des insulaires, à commencer par ceux d'Andros.

CXIII. L'armée de terre, ayant séjourné quelques jours dans l'Attique après le combat naval, prit avec Xerxès la route de la Béotie et le même chemin qu'elle avait tenu en venant. Mardonius avait jugé à propos d'accompagner le roi, parce que la saison n'était plus propre aux opérations de la guerre, et qu'il croyait plus avantageux de passer l'hiver en Thessalie, et d'attaquer ensuite le Péloponnèse au commencement du printemps. Lorsqu'on fut arrivé en Thessalie, Mardonius choisit d'abord tous les Perses qu'on appelle Immortels, excepté Hydarnes, leur commandant, qui ne voulut point abandonner le roi. Il prit ensuite parmi les autres Perses les cuirassiers et le corps de mille chevaux, auxquels il joignit toutes les troupes mèdes, saces, bactriennes et indiennes, tant infanterie que cavalerie. Quant au reste des alliés, il ne fit choix que d'un petit nombre, et ne prit que les beaux hommes et ceux qui avaient fait de belles actions et dont la valeur lui était connue. Il choisit aussi la plus grande partie des Perses, ceux surtout qui portaient des colliers et des bracelets, et ensuite les Mèdes. Ceux-ci étaient égaux en nombre aux Perses, mais inférieurs du côté de la force. Toutes ces troupes réunies faisaient trois cent mille hommes, y compris la cavalerie.

CXIV. Pendant que Mardonius était occupé du choix de l'armée et que Xerxès était aux environs de la Thessalie, il vint aux Lacédémoniens un oracle de Delphes qui leur ordonnait de demander à Xerxès justice de la mort de Léonidas, et d'accepter comme un augure la réponse qu'il leur ferait. Aussitôt les Spartiates dépêchèrent un héraut, qui fit tant de diligence, qu'il rencontra encore toute l'armée en Thessalie avec Xerxès. Ce prince lui ayant donné audience : « Roi des Perses, lui dit-il, les La-
» cédémoniens et les Héraclides de Sparte vous demandent

» justice de la mort de leur roi, qui a été tué par vous en
» combattant pour la défense de la Grèce. » A ces mots,
Xerxès se mit à rire ; et après avoir été longtemps sans
répondre : « Voilà, dit-il en montrant Mardonius, qui était
» présent, voilà celui qui la leur fera comme il convient. »
Le héraut accepta l'augure et se retira.

CXV. Xerxès, laissant Mardonius en Thessalie, se hâta de gagner l'Hellespont. Il arriva en quarante-cinq jours au passage du détroit, n'ayant, pour ainsi dire, avec lui qu'une très-petite partie de son armée. Cependant partout où passaient ces troupes, elles enlevaient les grains, et, à leur défaut, elles se nourrissaient de l'herbe des campagnes, de l'écorce et des feuilles des arbres sauvages et cultivés, et ne laissaient rien, tant la faim était pressante. La peste et la dyssenterie qui survinrent en firent périr beaucoup en route. Xerxès laissait les malades dans toutes les villes qu'il traversait, ordonnant aux magistrats de les nourrir et d'en prendre soin. Il y en eut quelques-uns qui restèrent en Thessalie, d'autres à Siris en Pæonie et en Macédoine. En allant en Grèce, Xerxès avait laissé dans la Macédoine le char sacré de Jupiter ; il ne le retrouva plus : les Pæoniens l'avaient donné aux Thraces ; et, quand il le redemanda, ils lui répondirent que les cavales de ce char avaient été enlevées dans les pâturages par les peuples de la Thrace supérieure, qui habitaient vers les sources du Strymon.

CXVI. Ce fut dans ce pays que le roi des Bisaltes et de la Crestonique, Thrace de nation, fit une action bien atroce. Après avoir déclaré qu'il ne se soumettrait jamais volontairement à Xerxès, il se retira sur le mont Rhodope, et défendit à ses fils de porter les armes contre la Grèce. Soit mépris de ses ordres, soit envie de voir la guerre, ils accompagnèrent l'armée ; mais, étant revenus tous six sains et saufs de cette expédition, leur père leur fit arracher les yeux, et les punit ainsi de leur désobéissance.

CXVII. Les Perses partirent de la Thrace, et, dès qu'ils furent arrivés au détroit, ils se pressèrent de traverser l'Hellespont sur leurs vaisseaux pour gagner Abydos ;

parce que les ponts de bateaux ne subsistaient plus, la tempête les ayant rompus. Ils firent quelque séjour en ces lieux, et, y ayant trouvé des vivres en plus grande abondance que dans leur marche, ils mangèrent avec excès, ce qui, joint au changement d'eau, fit périr une grande partie de ce qui restait de cette armée. Les autres arrivèrent à Sardes avec Xerxès.

CXVIII. On raconte aussi de la manière suivante la retraite de ce prince. Étant arrivé à Éion, sur le Strymon, après son départ d'Athènes, il ne continua plus sa route par terre; mais, laissant à Hydarnes le soin de conduire son armée sur les bords de l'Hellespont, il monta sur un vaisseau phénicien qui le transporta en Asie. Pendant qu'il voguait, il s'éleva du Strymon un vent impétueux qui, soulevant les flots, rendit la tempête d'autant plus dangereuse qu'il y avait jusque sur les ponts un très-grand nombre de Perses qui s'étaient embarqués avec Xerxès, et qui surchargeaient le vaisseau. Le roi, effrayé, cria au pilote s'il y avait quelque espérance de salut. « Aucune, » seigneur, lui répondit-il, si l'on n'allége le vaisseau » d'une grande partie de ses défenseurs. » On ajoute que sur cette réponse Xerxès s'adressa aux Perses : « C'est à » vous maintenant à montrer l'intérêt que vous prenez à » votre roi ; ma vie dépend de vous. » Il dit, et les Perses, s'étant prosternés, se jetèrent dans la mer. Le vaisseau allégé, le roi arriva sain et sauf en Asie. On dit que, aussitôt après qu'il eut débarqué, il donna une couronne d'or au pilote pour avoir sauvé la vie au roi, mais qu'il lui fit couper la tête pour avoir causé la perte d'un grand nombre de Perses.

CXIX. Cette autre manière de raconter la retraite de Xerxès ne me paraît nullement croyable par bien des raisons, et surtout à cause du malheur des Perses. En effet, si le pilote a dit véritablement au roi qu'il fallait alléger le vaisseau, je suis persuadé que de mille personnes il n'y en a pas une qui ne convînt que le roi aurait fait descendre à fond de cale ceux qui étaient sur les ponts, d'autant plus qu'ils étaient Perses et des premiers de sa cour, et qu'il aurait plutôt fait jeter dans la mer autant de rameurs phéniciens qu'il y avait de Perses. Mais, comme je l'ai dit plus haut, Xerxès retourna par terre en Asie avec le reste de son armée.

CXX. En voici une forte preuve. Il est certain qu'en s'en retournant il passa par Abdère, où il se lia d'amitié avec les Abdérites, et qu'il leur fit présent d'un cimeterre d'or et d'une tiare tissue en or. Ce fut en cette ville, au rapport des mêmes Abdérites, que Xerxès détacha sa ceinture pour la première fois depuis son départ d'Athènes, comme étant alors délivré de toute crainte. Mais cette circonstance ne me paraît point croyable. Or Abdère est plutôt vers l'Hellespont que vers le Strymon et la ville d'Éion, où l'on dit qu'il s'embarqua.

CXXI. Les Grecs, ne pouvant prendre Andros, tournèrent leurs armes contre Caryste, et, après avoir ravagé son territoire, ils revinrent à Salamine. On commença par mettre de côté les prémices du butin pour les dieux, et entre autres trois vaisseaux phéniciens. Ils en envoyèrent un à l'isthme pour y être consacré aux dieux, on l'y voyait encore de mon temps; un autre à Sunium, et le troisième fut dédié à Ajax dans l'île de Salamine. On partagea ensuite le butin, et l'on en envoya les prémices à Delphes. On en fit une statue de douze coudées de haut, tenant à la main un éperon de vaisseau. On la plaça au même endroit où est la statue d'or d'Alexandre, roi de Macédoine.

CXXII. Ces prémices envoyées à Delphes, les Grecs demandèrent au dieu, au nom de tous les confédérés, s'il avait reçu des prémices complètes et qui lui fussent agréables. Le dieu répondit qu'il en avait reçu de tous les Grecs, excepté des Éginètes, dont il exigeait un présent, parce qu'ils s'étaient plus distingués que les autres au combat naval de Salamine. Sur cette réponse, les Éginètes lui consacrèrent trois étoiles d'or, qui sont sur un mât d'airain à l'angle, fort près du cratère de Crésus.

CXXIII. Le butin partagé, les Grecs firent voile vers l'isthme pour donner le prix de la valeur à celui d'entre eux qui s'était le plus distingué dans cette guerre. Lorsqu'ils y furent arrivés, les généraux se partagèrent les ballottes auprès de l'autel de Neptune, afin de donner leurs suffrages à ceux qu'ils croiraient dignes du premier et du second prix. Chacun pensant s'être plus distingué que les autres se donna la première voix; mais, pour le second prix, la plupart l'adjugèrent d'un commun accord à Thémistocles. Les généraux n'eurent par ce moyen qu'un seul suffrage chacun, et Thémistocles eut la très-grande pluralité pour le second prix.

CXXIV. Quoique l'envie eût empêché les Grecs de porter un jugement, et que chacun, en retournant dans sa patrie, eût laissé la chose indécise, Thémistocles n'en fut pas moins célébré, et n'en passa pas moins dans toute la Grèce pour le plus prudent des Grecs. Comme ceux avec qui il avait combattu à Salamine ne lui avaient pas rendu les honneurs qu'il méritait par sa victoire, il se rendit à Lacédémone aussitôt après le départ des alliés pour y recevoir les marques de distinction qui lui étaient dues. Les Lacédémoniens le reçurent magnifiquement et de la manière la plus honorable. Ils donnèrent, il est vrai, à Eurybiades une couronne d'olivier pour prix de la valeur; mais ils adjugèrent à Thémistocles celui de la prudence et de l'habileté, et le couronnèrent aussi d'olivier. Ils lui firent, outre cela, présent du plus beau char qu'il y eût à Sparte, et, après lui avoir donné de grandes louanges, trois cents Spartiates d'élite, qu'on appelle les chevaliers, l'escortèrent, à son retour, jusqu'aux frontières de Tégée[1]. De tous les hommes que nous connaissions, c'est le seul que les Spartiates aient reconduit.

CXXV. Lorsque Thémistocles fut de retour de Lacédémone à Athènes, Timodème d'Aphidnes, qui n'était guère connu que par la haine qu'il lui portait et la rage jalouse dont il était animé contre lui, lui reprochait son voyage de Sparte, en lui disant que les Lacédémoniens ne lui

[1] L'art de monter à cheval n'entrait point dans l'éducation militaire des Lacédémoniens. Ils se servaient rarement de cavalerie; et quand ils en avaient, elle était presque toujours inférieure dans les combats à celle des autres Grecs. Dans la première guerre de Messénie, ils en avaient peu, ainsi que les Messéniens, et elle ne fit rien de mémorable, car les Péloponnésiens ne savaient pas encore dresser les chevaux. La cavalerie lacédémonienne ne commença à avoir de la réputation que lorsqu'elle admit les cavaliers étrangers. (L.)

avaient point rendu des honneurs à cause de son propre mérite, mais par égard pour la ville d'Athènes. Comme il répétait sans cesse ce reproche : « Vous avez raison, lui » dit-il ; si j'étais Belbinite, je n'aurais pas reçu tant d'hon- » neurs des Spartiates, et jamais ils ne vous en feraient » autant, quand même vous seriez Athénien. » Mais en voilà assez là-dessus.

CXXVI. Pendant ce temps-là, Artabaze, fils de Pharnace, qui depuis longtemps s'était fait une grande réputation parmi les Perses, et qui en acquit encore davantage à la bataille de Platées, accompagna le roi jusqu'au passage de l'Hellespont avec soixante mille hommes de l'armée que Mardonius avait choisie. Xerxès étant passé en Asie, et Artabaze se trouvant à son retour aux environs de la presqu'île de Pallène ; comme Mardonius, qui avait pris son quartier d'hiver dans la Thessalie et dans la Macédoine, ne le pressait pas de venir le rejoindre, il crut que le hasard l'ayant conduit près des Potidéates, il devait les remettre sous le joug des Perses, qu'ils avaient secoué. Ces peuples s'étaient ouvertement révoltés contre les Barbares aussitôt après le départ du roi et la fuite de l'armée navale des Perses, et leur exemple avait été suivi du reste des habitants de la presqu'île de Pallène.

CXXVII. Artabaze assiégea alors Potidée, et, soupçonnant les Olynthiens de vouloir se révolter contre le roi, il les assiégea aussi. Leur ville était en ce temps-là occupée par les Bottiéens, qui avaient été chassés du golfe de Therme par les Macédoniens. Artabaze ayant pris cette ville, en fit égorger les habitants dans un marais [1] où on les conduisit. Il y mit ensuite des habitants de la Chalcidique, et en confia le gouvernement à Critobule de Torone. Ce fut ainsi que les Chalcidiens devinrent les maîtres d'Olynthe.

CXXVIII. Après la prise de cette place, Artabaze s'occupa sérieusement du siége de Potidée. Tandis qu'il le pressait avec ardeur, Timoxène, stratége (premier magistrat) des Scionéens, convint avec lui de lui livrer cette ville. On ne sait pas quelle fut l'origine de leur correspon-

---

[1] Ce marais était au sud de la ville d'Olynthe, et attenant l'enfoncement du golfe Toronéen : on le nommait Bolyca. (L.)

dance, et je n'en puis rien dire ; mais enfin voici ce qui arriva. Toutes les fois que Timoxène et Artabaze voulaient s'écrire, ils attachaient la lettre à une flèche, et l'entortillaient autour de son entaille, de façon qu'elle lui servît d'ailes ; on tirait ensuite cette flèche dans l'endroit convenu. La trahison de Timoxène fut ainsi reconnue : Artabaze voulant tirer dans l'endroit convenu, la flèche s'écarta du but, et frappa à l'épaule un homme de Potidée. Aussitôt accourut beaucoup de monde à l'entour du blessé, comme il arrive ordinairement dans ces sortes d'occasions. On prit sur-le-champ la flèche ; et quand on eut reconnu qu'il y avait une lettre, on la porta aux stratéges assemblés avec ceux des alliés du reste des Palléniens. La lecture de cette lettre ayant fait connaître l'auteur de la trahison, les stratéges furent d'avis de ne point accuser Timoxène de trahison, par égard pour la ville de Scioné, de crainte qu'à l'avenir les Scionéens ne fussent considérés comme des traîtres. Ainsi fut découverte la conspiration de Timoxène.

CXXIX. Il y avait déjà trois mois qu'Artabaze assiégeait Potidée lorsqu'il arriva un reflux considérable, et qui dura fort longtemps. Les Barbares, voyant que le lieu occupé auparavant par la mer n'était plus qu'une lagune, se mirent en route pour entrer dans la Pallène. Ils avaient déjà fait les deux cinquièmes du chemin, et il leur en restait encore trois pour y arriver, lorsqu'il survint un flux si considérable, qu'au rapport des habitants on n'en a jamais vu de pareil en ce pays, quoiqu'ils y soient fréquents. Ceux qui ne savaient pas nager périrent dans les eaux, et ceux qui savaient nager furent massacrés par les Potidéates, qui les poursuivirent dans des bateaux. Les Potidéates attribuent ce flux considérable et cette perte des Perses à Neptune, qui fit ainsi périr dans les eaux ceux d'entre les Perses qui avaient profané son temple et insulté sa statue qu'on voyait dans le faubourg. Ce sentiment des Potidéates me paraît très-juste. Artabaze alla rejoindre Mardonius en Thessalie avec les débris de cette armée. Tel fut le sort des troupes qui avaient accompagné le roi dans sa retraite.

CXXX. Le reste de l'armée navale de Xerxès étant arrivé en Asie après s'être sauvé de Salamine, et ayant transporté le roi et ses troupes de la Chersonèse à Abydos, alla passer l'hiver à Cyme. Cette flotte se rassembla ensuite, dès le commencement du printemps, à Samos, où quelques-uns de ses vaisseaux avaient aussi passé l'hiver. La plupart des troupes qu'elle avait à bord étaient perses et mèdes. Il leur était venu deux généraux, Mardontès, fils de Bagée, et Artayntès, fils d'Artachée, qui s'était associé son neveu Ithamitrès, et avait partagé avec lui le commandement. Comme les Perses avaient reçu un échec considérable à la bataille de Salamine, ils n'avancèrent pas plus loin vers l'occident, et personne ne les y contraignit. Ils avaient encore trois cents vaisseaux, y compris ceux des Ioniens, avec lesquels ils se tinrent à Samos pour garder l'Ionie, et l'empêcher de se révolter. Bien loin de s'attendre à voir les Grecs venir en Ionie, ils croyaient qu'ils se contenteraient de défendre leur propre pays ; et cette conjecture leur paraissait d'autant mieux fondée qu'au lieu de les poursuivre dans leur fuite, après la bataille de Salamine, les Grecs s'étaient trouvés très-heureux de se retirer. Les Perses étaient persuadés en eux-mêmes qu'ils avaient été complétement battus sur mer; mais ils s'attendaient que sur terre Mardonius aurait avec ses troupes de très-grands avantages. Tandis qu'ils étaient à Samos, et qu'ils délibéraient entre eux sur les moyens de nuire à leurs ennemis, ils étaient attentifs aux démarches de Mardonius, afin de voir quel en serait l'événement.

CXXXI. Le retour du printemps et la présence de Mardonius, qui était alors en Thessalie, réveillèrent les Grecs. Leur armée de terre ne s'assemblait point encore ; mais leur flotte, consistant en cent dix vaisseaux, était déjà partie pour Égine ; Léotychides la commandait. Ce prince comptait parmi ses ancêtres, en remontant en ligne directe, Ménarès, Agésilas, Hippocratides, Léotychides, Anaxilas, Archidamus, Anaxandrides, Théopompe, Nicandre, Charillus, Eunomus, Polydectes, Prytanis, Euryphon, Proclès, Aristodémus, Aristomachus, Cléodæus, fils d'Hyllus et petit-fils d'Hercule. Il était de la seconde maison royale, et tous ses ancêtres, excepté les sept que j'ai nommés les premiers après Léotychides, avaient été rois de

Sparte. Quant aux Athéniens, ils étaient commandés par Xanthippe, fils d'Ariphron.

CXXXII. Lorsque tous les vaisseaux furent arrivés à Égine, les ambassadeurs des Ioniens, parmi lesquels était Hérodote, fils de Basilides, vinrent y trouver les Grecs. C'étaient les mêmes qui, peu de temps auparavant, avaient été à Sparte prier les Lacédémoniens de rendre la liberté à l'Ionie. Ils étaient d'abord sept, et avaient conjuré entre eux la mort de Strattis, tyran de Chios. Mais ayant été découverts par un de leurs complices, les six autres s'étaient retirés secrètement de Chios à Sparte ; et, dans ce temps-là, ils s'étaient rendus à Égine pour engager les Grecs à faire voile en Ionie. Mais ils eurent bien de la peine à les mener jusqu'à Délos. Tout ce qui était au delà de cette île effrayait les Grecs, parce qu'ils avaient peu de connaissance de ces pays, et parce qu'ils s'étaient imaginé qu'ils étaient pleins de troupes. Samos même leur paraissait aussi éloignée que les colonnes d'Hercule. Ainsi les Barbares effrayés n'osèrent pas avancer vers l'occident au delà de Samos ; et les Grecs, de leur côté, malgré les prières de ceux de Chios, n'allèrent point vers l'orient plus loin que Délos. La crainte les empêchait de franchir de part et d'autre l'espace qui les séparait.

CXXXIII. Tandis que les Grecs allaient à Délos, Mardonius, qui avait passé l'hiver en Thessalie, se mit en marche. A son départ, il envoya aux oracles un Européen, nommé Mys, avec ordre d'aller partout autant qu'il lui serait possible pour consulter les dieux. Je ne puis dire ce que Mardonius voulait apprendre des oracles, et les ordres qu'il avait donnés à son député, personne n'en ayant connaissance ; mais je pense qu'il les envoya consulter seulement sur les affaires présentes.

CXXXIV. Il est certain que Mys vint à Lébadie ; qu'ayant gagné avec de l'argent un homme du pays, il descendit dans l'antre de Trophonius[1], qu'il alla à l'oracle

---

[1] Trophonius descendait d'Athamas par Phrixus, Presbon, Clyménus et Erginus. On prétend que la terre l'engloutit. La Béotie étant affligée d'une grande sécheresse, les Béotiens eurent recours à l'oracle de Delphes, qui leur répondit d'aller à Lébadie consulter Trophonius, qu'il apporterait du re-

d'Abes[1] en Phocide ; qu'il vint ensuite à Thèbes, et que dès qu'il y fut arrivé il consulta Apollon Isménien par la flamme des victimes, comme cela se pratique aussi à Olympie, et avec de l'argent il obtint d'un étranger, et non d'un Thébain, la permission d'aller dormir dans le temple d'Amphiaraüs, où il n'est permis à aucun citoyen de Thèbes de consulter l'oracle, par la raison suivante : Amphiaraüs ayant ordonné aux Thébains par des oracles de le choisir pour leur devin ou pour leur allié, ils préférèrent de l'avoir pour allié ; les citoyens de Thèbes ne peuvent, par cette raison, coucher dans le temple d'Amphiaraüs.

CXXXV. Les Thébains racontent une merveille très-grande à mon avis. Mys, ayant parcouru tous les oracles, visita aussi le temple d'Apollon surnommé Ptoüs[2]. Ce temple, qui s'appelle le Ptoon, appartient aux Thébains, et est situé au-dessus du lac Côpaïs, au pied d'une montagne, près de la ville d'Acræphia. Mys étant arrivé à ce temple, trois citoyens choisis par la république l'y suivirent pour mettre par écrit la réponse de l'oracle. Aussitôt l'archiprêtresse lui répondit en langue barbare. Les Thébains dont il était accompagné furent étonnés de lui entendre parler une langue différente de la grecque. Comme ils étaient embarrassés sur ce qu'ils feraient dans les circonstances présentes, Mys leur arracha les tablettes qu'ils avaient entre les mains, et y ayant écrit la réponse que lui avait dictée le prophète, et qui était, à ce qu'on dit, en carien, il s'en retourna en Thessalie.

mède à leurs maux. Étant arrivés dans cette ville, et ne pouvant trouver l'oracle en question, Saon, le plus âgé de ces députés, aperçut un essaim de mouches à miel qui volait vers un antre ; il les y suivit, et découvrit de cette manière l'oracle. On prétend que Trophonius l'instruisit lui-même de toutes les cérémonies qu'il fallait pratiquer pour le consulter. (L.)

[1] Apollon rendait ses oracles dans cette ville, qui lui était consacrée. Les Perses brûlèrent son temple lorsqu'ils entrèrent en Grèce. Un corps de Phocidiens s'y étant réfugié durant la guerre sacrée, les Thébains y mirent le feu, et achevèrent de le détruire. Cet oracle avait de la réputation, et ce fut un de ceux que Crésus envoya consulter. (L.)

[2] Un sanglier s'offrit tout à coup en cet endroit à la vue de Latone ; elle en fut épouvantée. De là vint le nom qu'on donna à son fils, au temple qui lui fut dédié, et à la montagne voisine. Il paraît par Plutarque que cette montagne était près de celle de Délos. Cet oracle était très-ancien et très-renommé.

CXXXVI. Mardonius, ayant lu les réponses des oracles, envoya en ambassade à Athènes Alexande de Macédoine, fils d'Amyntas. Il choisit ce prince parce qu'il avait avec les Perses de l'affinité, sa sœur Gygée, fille d'Amyntas, ayant épousé un Perse nommé Bubarès, dont elle avait un fils qui s'appelait Amyntas, du nom de son aïeul maternel. Cet Amyntas était alors en Asie, et le roi lui avait donné Alabandes, ville considérable de Phrygie. Mardonius envoya aussi Alexandre, parce qu'il avait appris qu'il était uni avec les Athéniens par les droits de l'hospitalité, et qu'ils le regardaient comme leur bienfaiteur. Il s'imaginait que, par ce moyen, il se concilierait surtout les Athéniens, dont il entendait parler comme d'un peuple nombreux et vaillant, et qu'il savait avoir le plus contribué à la défaite des Perses sur mer. Il se flattait que s'ils se joignaient à lui, il se rendrait aisément maître de la mer; ce qui serait certainement arrivé. Comme il se croyait beaucoup plus fort que les Grecs par terre, il comptait alors avoir sur eux une grande supériorité. Peut-être aussi les oracles qu'il avait consultés lui conseillaient-ils de faire alliance avec les Athéniens, et ce fut peut-être cette raison qui l'engagea à leur députer Alexandre.

CXXXVII. Alexandre descendait au septième degré de Perdiccas, qui s'empara de la couronne de Macédoine, ainsi que je vais le dire. Gavanes, Aéropus et Perdiccas, tous frères et descendants de Téménus[1], s'enfuirent d'Argos en Illyrie, et, passant de là dans la haute Macédoine, ils arrivèrent à la ville de Lébæa, où ils s'engagèrent au

---

[1] Téménus descendait d'Hercule par Aristomachus. Ayant tiré au sort trois royaumes du Péloponnèse avec Proclès, Eurysthènes et Cresphontes, Argos lui échut, Lacédémone à Proclès et Eurysthènes, fils d'Aristodémus, et Messène à Cresphontes. Les descendants de Téménus furent appelés Téménides. Gavanes, Aéropus et Perdiccas étaient de cette maison. Ils subjuguèrent la Macédoine, et leur postérité y régna pendant plusieurs siècles, jusqu'à Philippe qui perdit une bataille contre les Romains. Pausanias rapporte la prédiction d'une sibylle, conçue en ces termes : « Macédoniens, qui vous glorifiez d'avoir des rois originaires d'Argos, deux Philippes feront votre bonheur et votre malheur. Le premier donnera des rois à des villes et à des nations; le second, dompté par des peuples sortis de l'Occident et de l'Orient, vous couvrira de toute sorte d'ignominie. » (L.)

service du roi pour un certain prix[1]. L'un menait paître les chevaux, l'autre les bœufs; et Perdiccas, le plus jeune, gardait le menu bétail : car, autrefois, non-seulement les républiques, mais encore les monarchies n'étaient pas riches en argent. La reine elle-même leur préparait à manger. Toutes les fois que cuisait le pain du jeune Perdiccas son domestique, il devenait plus gros de moitié. La même chose arrivant toujours, elle en avertit son mari. Là-dessus il vint sur-le-champ à ce prince en la pensée que c'était un prodige, et qu'il présageait quelque chose de grand. Il manda les trois frères et leur commanda de sortir de ses terres. Ils répondirent au roi qu'il était juste qu'ils reçussent auparavant leur salaire. A ce mot de salaire, il leur dit, en homme à qui les dieux avaient troublé la raison : « Je vous donne ce soleil (le soleil entrait alors » dans la maison par l'ouverture de la cheminée[2]); ce » salaire est digne de vous. » A ces paroles, les deux aînés, Gavanes et Aéropus, demeurèrent interdits; mais le plus jeune répondit au roi : « Seigneur, nous acceptons l'augure » que vous nous donnez. » Prenant ensuite son couteau, il traça sur l'aire de la salle une ligne autour de l'espace qu'éclairait le soleil, et, après avoir reçu par trois fois ses rayons dans son sein, il s'en alla avec ses deux frères.

CXXXVIII. Ils étaient à peine partis, qu'un des assesseurs du roi l'instruisit de ce que pourrait faire le plus jeune des trois frères, et, des vues qu'il avait sans doute en acceptant ce qu'il lui avait donné. Ce prince irrité envoya après eux des cavaliers pour les tuer. Il y a dans ce pays un fleuve auquel les descendants de ces hommes d'Argos offrent des sacrifices comme à leur libérateur. Lorsque les Téménides l'eurent traversé, il grossit tellement, que les cavaliers ne purent le passer. Arrivés dans

[1] La haute Macédoine est celle du milieu des terres, et la basse celle qui s'étend le long de la mer Égée. La haute comprenait les Lyncestes, les Élimiotes, et d'autres nations au-dessus de celles-là, qui forment des royaumes particuliers, quoiqu'elles leur soient soumises et alliées. (L.)

[2] Les cheminées des anciens n'étaient pas faites comme les nôtres. Il n'y avait point de tuyau pour conduire la fumée; le feu se faisait au milieu de la chambre, qui allait en se rétrécissant par le haut, et avait la forme d'un entonnoir renversé. (L.)

un autre canton de la Macédoine, les trois frères établirent leur demeure près des jardins qu'on dit avoir appartenu à Midas, fils de Gordius, où viennent d'elles-mêmes, et sans culture, des roses à soixante pétales, dont l'odeur est plus agréable que celles qui croissent ailleurs. Ce fut aussi dans ces jardins que le Silène fut pris, comme le rapportent les Macédoniens. Le mont Bermion, inaccessible en hiver, est au-dessus de ces jardins. Lorsque les Téménides se furent emparés de ce canton, ils en sortirent pour subjuguer le reste de la Macédoine.

CXXXIX. Alexandre descendait de ce Perdiccas de la manière suivante. Il était fils d'Amyntas, Amyntas d'Alcétas, Alcétas d'Aéropus, Aéropus de Philippe, Philippe d'Argæus, et celui-ci de Perdiccas, qui avait conquis ce royaume. Telle était la généalogie d'Alexandre, fils d'Amyntas.

CXL. Alexandre étant arrivé à Athènes, où Mardonius l'avait député, adressa ce discours au peuple : « Athéniens,
» Mardonius vous dit par ma bouche : Il m'est venu un
» message de la part du roi, conçu en ces termes :

» Je pardonne aux Athéniens toutes leurs fautes. Exé-
» cutez donc mes ordres, Mardonius, rendez-leur leur pays;
» qu'ils en choisissent encore un autre à leur gré ; qu'ils
» vivent selon leurs lois ; et s'ils veulent faire alliance avec
» moi, relevez tous les temples que je leur ai brûlés.

» Ces ordres m'ayant été envoyés, je suis tenu de les
» exécuter, à moins que de votre côté vous n'y mettiez
» obstacle. Je vous adresse maintenant la parole en mon
» nom. Quelle est donc votre folie de vouloir faire la guerre
» au roi ? vous ne le vaincrez jamais, et vous ne pourrez
» pas toujours lui résister. Les grandes actions de Xerxès
» et la multitude de ses troupes vous sont connues; vous
» avez entendu parler de mes forces; quand même vous
» auriez l'avantage sur moi, quand même vous remporte-
» riez la victoire, ce dont vous ne pouvez vous flatter, du
» moins si vous êtes sages, il nous viendra d'autres armées
» encore plus fortes. Ne vous exposez pas, en vous égalant
» au roi, à être privés de votre patrie, et à courir perpé-
» tuellement le risque de la vie même. Rentrez donc en

» grâce avec Xerxès; profitez de l'occasion; jamais il ne
» s'en présentera où vous puissiez le faire à des conditions
» plus honorables. Le roi vous en presse, soyez libres, et
» contractez avec nous une alliance sincère, sans fraude
» ni tromperie.

» Voilà, Athéniens, ce que Mardonius m'a commandé
» de vous dire : quant à moi, je ne vous parlerai pas de
» ma bienveillance pour vous; je n'ai pas attendu jus-
» qu'au moment présent à la faire connaître : suivez, je
» vous en conjure, les conseils de Mardonius. Vous n'êtes
» pas en état de soutenir la guerre jusqu'au bout contre
» Xerxès. Si je vous avais vus assez puissants pour lui ré-
» sister, je ne serais pas venu ici avec les propositions que
» je vous apporte de sa part. La puissance du roi est im-
» mense et plus qu'humaine. Si vous n'acceptez pas sur-le-
» champ l'alliance que vous offrent les Perses à des
» conditions si avantageuses, je crains d'autant plus pour
» vous, que de tous les confédérés vous êtes les plus ex-
» posés, et que vous trouvant enclavés au milieu des
» ennemis, et votre pays entre deux armées, vous êtes tou-
» jours les seuls sur qui tombe la perte. Ces offres sont
» d'un prix inestimable. Ne les rejetez donc pas, et cela
» d'autant plus que vous êtes les seuls à qui le grand
» roi veuille pardonner, et les seuls dont il recherche l'al-
» liance. » Ainsi parla Alexandre.

CXLI. Les Lacédémoniens ayant appris que ce prince venait à Athènes pour engager les Athéniens à traiter avec le roi, se rappelèrent que les oracles avaient prédit qu'ils seraient nécessairement chassés du Péloponnèse avec le reste des Doriens par les Mèdes unis aux Athéniens. Craignant donc qu'ils n'acceptassent cette alliance, ils résolurent de leur envoyer sur-le-champ une députion. Les ambassadeurs de Lacédémone se trouvèrent à l'assemblée du peuple. Les Athéniens l'avaient différée, parce qu'ils étaient persuadés que les Lacédémoniens apprendraient qu'on était venu négocier avec eux de la part du Barbare, et que sur cette nouvelle ils se hâteraient de faire partir des députés. Ils avaient donc différé l'assemblée du peuple de dessein prémédité, afin de faire connaître leurs dispositions aux Lacédémoniens.

CXLII. Dès qu'Alexandre eut cessé de parler, les ambassadeurs de Sparte prirent la parole. « Les Lacédémo-
» niens, dirent-ils, nous ont députés pour vous prier de ne
» rien entreprendre au préjudice de la Grèce, et de ne
» point prêter l'oreille aux propositions du roi. Une pareille
» alliance serait injuste et plus flétrissante encore pour vous
» que pour le reste des Grecs, et cela pour plusieurs rai-
» sons. Vous avez allumé contre notre gré la guerre pré-
» sente ; et quoique dans l'origine elle ne regardât que
» vous, elle gagne maintenant la Grèce entière. Ne serait-
» il pas odieux qu'étant originairement les auteurs de tous
» ces troubles, vous contribuiez à rendre la Grèce esclave,
» vous surtout qui, dès les temps les plus reculés, vous
» êtes montrés les défenseurs de la liberté des peuples ?

» Pour nous, Athéniens, nous compatissons à votre triste
» situation, et nous voyons avec douleur vos maisons ren-
» versées depuis longtemps, et que deux années de suite
» vous avez été privés du produit de vos terres. Sensibles
» à vos malheurs, les Lacédémoniens et les alliés s'enga-
» gent à nourrir, tant que durera la guerre, vos femmes
» et tout ce qu'il y a dans vos familles de personnes inuti-
» les à la guerre. Ne vous laissez pas séduire, nous vous
» en conjurons, par les paroles douces qu'Alexandre vous
» dit de la part de Mardonius. Il fait ce qu'il doit faire.
» C'est un tyran qui épouse les intérêts d'un tyran. Mais, si
» vous êtes sages, vous ne suivrez pas ses conseils, puisque
» vous n'ignorez pas qu'on ne peut se fier aux Barbares,
» et qu'il n'y a rien de vrai dans leurs paroles. »

CXLIII. Tel fut le discours des députés de Sparte. Quant aux Athéniens, ils répondirent à Alexandre en ces termes :
« Il était fort inutile de grossir avec amphase les forces
» des Perses ; nous savions aussi bien que vous que les
» nôtres sont inférieures aux leurs. Cependant, brûlant du
» beau feu de la liberté, nous nous défendrons de tout notre
» pouvoir. Ne cherchez donc pas à nous persuader de faire
» alliance avec le Barbare, jamais vous n'y parviendrez.

» Allez, rapportez à Mardonius la réponse des Athéniens :
» tant que le soleil fournira sa carrière accoutumée, nous
» ne ferons jamais d'alliance avec Xerxès ; mais, pleins de
» confiance en la protection des dieux et des héros, dont,
» sans aucun respect, il a brûlé les temples et les statues,
» nous irons à sa rencontre, et le repousserons courageuse-
» ment.

» Quant à vous, ne tenez jamais aux Athéniens de sem-
» blables discours, et ne venez pas désormais nous exhor-
» ter à faire des choses horribles, sous prétexte de vouloir
» nous rendre des services importants ; car, étant unis avec
» nous par les liens de l'hospitalité et de l'amitié, nous se-
» rions fâchés de vous traiter d'une manière qui ne vous
» serait pas agréable [1]. »

CXLIV. S'adressant ensuite aux envoyés de Sparte : « La
» crainte qu'ont les Lacédémoniens que nous ne traitions
» avec le Barbare est dans la nature. Mais elle aurait bien
» dû vous paraître honteuse, à vous qui connaissez la ma-
» gnanimité des Athéniens. Non, il n'est point assez d'or
» sur terre ; il n'est point de pays assez beau, assez riche,
» il n'est rien enfin qui puisse nous porter à prendre le
» parti des Mèdes pour réduire la Grèce en esclavage : et
» quand même nous le voudrions, nous en serions détour-
» nés par plusieurs grandes raisons. La première et la
» plus importante, les statues et les temples de nos dieux
» brûlés, renversés et ensevelis sous leurs ruines ; ce
» motif n'est-il pas assez puissant pour nous forcer bien

---

[1] Cette expression renferme une menace très-grave : en effet, peu s'en fallut qu'Alexandre ne fût lapidé. « Nos ancêtres aimaient tellement leur patrie, dit Lycurgue, que peu s'en fallut qu'ils ne lapidassent Alexandre, ambassadeur de Xerxès, et précédemment leur ami, parce qu'il exigeait d'eux la terre et l'eau. » Il paraît par Hérodote que Xerxès ne demandait point aux Athéniens la terre et l'eau, et cela est confirmé par Aristide. « Au lieu de la terre et l'eau, dit ce rhéteur, qu'il avait exigées d'eux auparavant, il leur faisait des dons immenses. Il leur rendait leur ville avec tout leur pays. Il y joignait la Grèce entière en pur don, et outre cela plus de richesses qu'il n'y en avait dans toute la Grèce. » Mais, pour revenir à Alexandre, le même Aristide ajoute que sa qualité d'hôte des Athéniens lui sauva la vie ; mais qu'ils ne le renvoyèrent pas cependant tout à fait tranquille, car ils lui ordonnèrent sous peine de mort de sortir de leur pays avant le coucher du soleil. (L.)

» plutôt à nous venger de tout notre pouvoir qu'à nous
» allier à celui qui est l'auteur de ce désastre ? Seconde-
» ment, le corps hellénique étant d'un même sang, par-
» lant la même langue, ayant les mêmes dieux, les mêmes
» temples, les mêmes sacrifices, les mêmes usages, les
» mêmes mœurs, ne serait-ce pas une chose honteuse aux
» Athéniens de le trahir ? Apprenez donc, si vous l'avez
» ignoré jusqu'à présent, apprenez que tant qu'il restera
» un Athénien au monde, nous ne ferons jamais alliance
» avec Xerxès. Nous admirons l'offre que vous nous faites
» de nourrir nos familles et de pourvoir aux besoins d'un
» peuple dont les maisons et la fortune sont renversées,
» et vous portez la bienveillance jusqu'à son comble ; mais
» nous subsisterons comme nous le pourrons, sans vous
» être à charge. Les choses étant donc ainsi, mettez au
» plus tôt votre armée en campagne. Car aussitôt que le
» Barbare aura appris que nous ne voulons point accepter
» ses offres, il entrera sans différer sur nos terres, comme
» nous le conjecturons. Il est donc à propos de prévenir
» son irruption dans l'Attique, et d'aller au-devant de lui
» en Béotie. »

FIN DU HUITIÈME LIVRE.

LIVRE NEUVIÈME.

CALLIOPE.

MARDONIUS S'EMPARE UNE SECONDE FOIS D'ATHÈNES. — LES ATHÉ-
NIENS ENVOIENT DES DÉPUTÉS A SPARTE. — LYCIDAS EST LAPIDÉ.
— MORT DE MASISTIUS, GÉNÉRAL PERSE. — TISAMÈNE DEVIENT
CITOYEN DE SPARTE. — BATAILLE DE PLATÉES. — MORT DE
MARDONIUS. — PILLAGE DU CAMP. — LES GRECS MARCHENT SUR
THÈBES POUR SE VENGER DE SA TRAHISON. — BATAILLE NAVALE
DE MYCALE, GAGNÉE LE MÊME JOUR QUE LA BATAILLE DE PLA-
TÉES. — SIÉGE DE SESTOS. — FUITE DES PERSES. — ARTAYCTÈS
EST MIS A MORT.

I. Sur cette réponse des Athéniens, les envoyés de Lacédémone retournèrent à Sparte, et Alexandre en Thessalie. Ce prince ne l'eut pas plutôt communiquée à Mardonius, que celui-ci partit de Thessalie, faisant marcher ses troupes à grandes journées vers Athènes, et emmenant avec lui tous les hommes des lieux où il passait. Les princes de Thessalie, loin de se repentir de leur conduite précédente, animaient encore plus Mardonius qu'auparavant; et Thorax de Larisse, qui avait accompagné Xerxès dans sa fuite, livrait alors ouvertement le passage à ce général pour entrer en Grèce.

II. Lorsque l'armée perse fut en Béotie, les Thébains tâchèrent de réprimer l'ardeur de Mardonius, en le dissuadant d'aller plus avant. Ils lui représentèrent qu'il n'y avait pas de lieu plus commode pour camper, et que s'il voulait y rester il se rendrait bien maître de la Grèce entière sans coup férir : car il était bien difficile, même à tous les hommes, d'en venir à bout par la force tant qu'elle resterait unie, comme ils l'avaient éprouvé par le passé. « Si vous suivez notre conseil, ajoutaient-ils, vous décon-

» certerez sans peine leurs meilleurs projets. Envoyez de
» l'argent à ceux d'entre eux qui ont le plus de crédit dans
» chaque ville; la division se mettra dans toute la Grèce,
» et, avec le secours de ceux qui prendront votre parti,
» vous subjuguerez facilement ceux qui n'épouseront pas
» vos intérêts. »

III. Tel fut le conseil que lui donnèrent les Thébains; mais le désir ardent de se rendre une seconde fois maître d'Athènes l'empêcha de le suivre. Il en fut encore détourné par sa folle présomption, et par l'espérance de faire connaître au roi, qui était encore à Sardes, la prise d'Athènes, par le moyen de torches allumées dans les îles [1]. A son arrivée dans l'Attique, il n'y trouva pas même alors les Athéniens; la plupart étaient, comme il l'apprit, à Salamine et sur leurs vaisseaux. Il s'empara pour la seconde fois de cette ville déserte, dix mois après que Xerxès l'eut prise pour la première fois.

IV. Tandis qu'il était à Athènes, il dépêcha en Salamine Murichides, Hellespontien, avec les mêmes propositions qu'Alexandre de Macédoine avait déjà portées de sa part aux Athéniens. Il leur faisait cette seconde députation, quoiqu'il sût d'avance qu'ils étaient malintentionnés; mais il se flattait qu'en voyant l'Attique subjuguée et réduite sous sa puissance, ils se relâcheraient de leur obstination.

V. Murichides, ayant été admis dans le sénat, s'acquitta de la commission dont Mardonius l'avait chargé. Un sénateur, nommé Lycidas, dit qu'il lui paraissait avantageux de recevoir les propositions de l'envoyé, et d'en faire le rapport au peuple. Il fut de cet avis ; soit que cet avis lui plût, ou qu'il eût reçu de l'argent de Mardonius. Incontinent, les Athéniens indignés, tant ceux du sénat que ceux du dehors, s'attroupèrent autour de lui, et le lapidèrent [2] :

[1] Des hommes placés de distance en distance avertissaient de tout ce qui se passait. Le premier qui s'apercevait de quelque chose en donnait avis par des torches allumées qu'il élevait. Le second élevait autant de torches allumées qu'il en avait vu. Le troisième, et ainsi de suite, en faisait autant. De cette manière un avis quelconque parvenait en très-peu de temps à ceux à qui il importait de le connaître. (L.)

[2] C'est à cette histoire que fait allusion Lycurgue, lorsque s'adressant aux

on renvoya ensuite l'Hellespontien Murichides sans lui faire aucun mal. Le tumulte arrivé à Salamine au sujet de Lycidas étant venu à la connaissance des femmes d'Athènes, elles s'animèrent les unes les autres, coururent à sa maison, et lapidèrent aussi sa femme et ses enfants.

VI. Voici les raisons qui engagèrent les Athéniens à passer à Salamine. Tant qu'ils espérèrent des secours du Péloponnèse, ils restèrent dans l'Attique. Mais la lenteur, la nonchalance des alliés, et l'approche de Mardonius, qu'on disait déjà en Béotie, les déterminèrent à transporter en Salamine tous leurs effets, et à y passer ensuite eux-mêmes. Ils envoyèrent une députation aux Lacédémoniens, en partie pour se plaindre de ce qu'au lieu d'aller avec eux en Béotie au-devant du Barbare, ils l'avaient laissé entrer dans l'Attique par leur négligence, et en partie pour leur rappeler les promesses de Mardonius en cas qu'ils voulussent changer de parti, et pour leur dire que, s'ils ne les secouraient pas, ils trouveraient eux-mêmes le moyen de se soustraire aux maux qui les menaçaient. On célébrait alors à Sparte la fête d'Hyacinthe, et les Lacédémoniens s'en faisaient un devoir indispensable. Ils étaient encore occupés à la muraille de l'isthme, et déjà on en élevait les créneaux.

VII. Les députés d'Athènes étant arrivés à Lacédémone avec ceux de Mégare et de Platées, qui les avaient accompagnés, s'adressèrent aux éphores, et leur tinrent ce discours :

« Les Athéniens nous ont envoyés pour vous dire que
» le roi de Perse nous rend notre pays, qu'il veut traiter
» avec nous d'égal à égal, sans fraude, sans tromperie, et
» qu'outre notre propre pays il consent à nous en donner
» un autre à notre choix. Nous cependant, pleins de res-
» pect pour Jupiter Hellénien[1], et persuadés que nous ne

juges : « Le décret fait au sujet de celui qui périt à Salamine mérite votre attention. Il avait seulement tâché, par ses propos, de trahir le république ; et cependant le sénat lui ôta sa couronne et le fit mourir : décret noble et digne de nos ancêtres. Ils avaient l'âme grande et élevée, et s'empressaient de punir les coupables. » (L.)

[1] Jupiter Hellénien, le même que Jupiter Panhellénien. La Grèce étant affligée d'une grande sécheresse, la Pythie répondit à ses députés qu'il fallait

» pourrions sans crime trahir la Grèce, nous avons rejeté
» ces offres, quoique abandonnés et trahis par les Grecs.
» Nous n'ignorons pas qu'un traité avec le roi nous serait
» beaucoup plus avantageux que la guerre, toutefois nous
» n'en ferons jamais avec lui de notre plein gré.

» Telle est la manière franche et sincère dont nous nous
» sommes conduits à l'égard des Grecs. Mais vous, Lacédé-
» moniens, qui craigniez tant alors notre accommodement
» avec le roi : depuis que la noblesse de nos sentiments
» vous est parfaitement connue; depuis que vous êtes per-
» suadés que jamais nous ne trahirons la Grèce; enfin,
» depuis que la muraille qui ferme l'isthme est presque
» achevée, vous n'avez plus aucun égard pour les Athé-
» niens; et quoique vous fussiez convenus avec nous d'aller
» en Béotie au-devant de Mardonius, vous l'avez laissé en-
» trer, par votre négligence, dans l'Attique, et vous nous
» avez abandonnés. Les Athéniens sont irrités de ce que
» dans les circonstances actuelles vous avez manqué à vos
» engagements. Maintenant ils vous exhortent à leur en-
» voyer au plus tôt des troupes, afin de recevoir l'ennemi
» dans l'Attique. En effet, puisque nous n'avons pu nous
» rendre en Béotie, du moins la plaine de Thria, dans
» notre pays, est très-commode pour livrer bataille. »

VIII. Les éphores remirent leur réponse au lendemain; le lendemain, au jour suivant, et ainsi de suite pendant dix jours, renvoyant les Athéniens d'un jour à l'autre. Pendant ce temps, les Péloponnésiens travaillaient tous avec ardeur à fermer l'isthme d'un mur, et ce mur était près d'être achevé. Mais pourquoi les Lacédémoniens montrèrent-ils, à l'arrivée d'Alexandre de Macédoine à Athènes, tant d'empressement à détourner les Athéniens d'épouser les intérêts des Perses, et qu'alors ils n'en tinrent aucun compte? Je n'en puis donner d'autre raison que celle-ci. L'isthme étant fermé, ils croyaient n'avoir plus besoin des

---

apaiser Jupiter, et employer à cet effet la médiation d'Éacus. On envoya de toutes les villes des députés à ce prince, qui fit des sacrifices et des prières à Jupiter Panhellénien (commun à toute la Grèce), et l'on eut de la pluie. La montagne sur laquelle était placé ce temple s'appelait aussi le mont de Jupiter Panhellénien.

Athéniens: mais, lorsque Alexandre vint à Athènes, le mur n'était pas encore achevé; et les Lacédémoniens, effrayés de l'arrivée des Perses, y travaillaient sans relâche.

IX. Mais enfin voici comment les Spartiates répondirent et se mirent en campagne. La veille du jour où l'on devait s'assembler à ce sujet pour la dernière fois, Chiléus de Tégée, qui jouissait à Lacédémone d'un plus grand crédit que n'en avaient tous les autres étrangers, ayant appris de l'un des éphores les représentations des Athéniens, leur parla en ces termes : « Éphores, tel est l'état des affaires. » Si les Athéniens, au lieu de rester unis avec nous, s'al- » lient avec le Barbare, une forte muraille a beau régner » d'un bout de l'isthme à l'autre, le Perse trouvera tou- » jours des portes pour entrer dans le Péloponnèse. Prêtez » donc l'oreille à leurs demandes, avant qu'ils aient pris » quelque résolution funeste à la Grèce. »

X. Les éphores, ayant réfléchi sur ce conseil, firent partir sur-le-champ, quoiqu'il fût encore nuit, et sans en rien communiquer aux députés des villes[1], cinq mille Spartiates, accompagnés chacun de sept Ilotes, sous la conduite de Pausanias, fils de Cléombrote. Le commandement appartenait à Plistarque, fils de Léonidas; mais il était encore enfant, et Pausanias était son tuteur et son cousin : car Cléombrote, fils d'Anaxandrides et père de Pausanias, était mort peu de temps après avoir ramené de l'isthme l'armée qui avait construit le mur. Il l'avait, dis-je, ramenée, parce qu'il était arrivé une éclipse de soleil pendant qu'il sacrifiait pour savoir s'il attaquerait le Perse[2]. Pausanias choisit pour son lieutenant Euryanax, fils de Doriée, de la même maison que lui.

XI. Ces troupes étaient parties de Sparte avec Pausanias. Les députés, qui n'en avaient aucune connaissance, allèrent trouver les éphores dès que le jour parut, dans l'intention, sans doute, de retourner chacun chez soi. « Lacédé- » moniens, leur dirent-ils, tandis que vous passez ici le

---

[1] Athènes, Mégare et Platées. *Voyez* § vii.

[2] Cette éclipse arriva, suivant l'astronome Pingré, le 2 octobre 479 avant l'ère vulgaire Hérodote la fixe à une époque antérieure à la bataille de Platées ; mais il se trompe, elle est postérieure à cette bataille.

» temps à célébrer la fête d'Hyacinthe [1] et à vous réjouir,
» vous trahissez la cause de vos alliés. Mais votre injustice
» à l'égard des Athéniens et le petit nombre de leurs con-
» fédérés vont les déterminer à faire la paix avec le roi,
» aux conditions qu'ils pourront en obtenir. Devenus ses
» alliés, ne doutez pas que nous ne marchions partout où
» nous conduiront ses lieutenants, et vous apprendrez
» alors ce qui en résultera pour vous. » Les députés ayant
ainsi parlé, les éphores leur dirent avec serment que les
troupes de Sparte étaient en marche contre les étrangers
(tel était le nom qu'ils donnaient aux Barbares), et qu'ils
les croyaient déjà arrivées à Orestium. Les députés, n'étant
point instruits de ce qui s'était passé, leur demandèrent
une explication. Quand on la leur eut donnée, ils furent
fort surpris, et partirent en diligence pour les joindre.
Cinq mille Lacédémoniens des villes voisines de Sparte,
tous hommes choisis et pesamment armés, les accompagnèrent.

XII. Tandis qu'ils se hâtaient de gagner l'isthme, les
Argiens, qui avaient promis précédemment à Mardonius
d'empêcher les Spartiates de se mettre en campagne, dépêchèrent à ce général le meilleur hémérodrome (courrier)
qu'ils purent trouver, aussitôt qu'ils surent la nouvelle
que Pausanias était parti de Sparte avec un corps de troupes. Lorsque le courrier fut arrivé à Athènes : « Mardo-
» nius, dit-il, les Argiens m'ont envoyé vous dire qu'il
» est sorti de la jeunesse de Lacédémone sans qu'ils
» aient pu l'empêcher. Profitez de cet avis pour prendre
» une bonne résolution. » Ayant ainsi parlé, il s'en retourna.

XIII. Ce nouvelle fit perdre à Mardonius l'envie de demeurer plus longtemps dans l'Attique. Il y était resté avant
que de l'avoir apprise, parce qu'il voulait savoir à quoi se
détermineraient les Athéniens. Il n'avait pas encore ravagé

---

[1] Hyacinthe, fils d'Amyclas, était aimé d'Apollon. Ce dieu jouait au disque avec lui. A peine le disque avait-il frappé la terre, que Hyacinthe se pressa de le lever. Le disque fit un bond, le frappa au visage et le tua. Les Lacédémoniens célébraient en son honneur une fête au mois hécatombéon. Cette fête durait trois jours. (Voyez *Athénée*, lib. iv, cap. vii.)

leurs terres, et n'y avait fait aucun dégât, espérant toujours qu'ils s'accommoderaient avec lui. Mais n'ayant pu les y engager, instruit de tous leurs desseins, il se retira avant que Pausanias fût arrivé avec ses troupes à l'isthme. En sortant d'Athènes, il y mit le feu, et fit abattre tout ce qui subsistait encore, murs et édifices, tant sacrés que profanes. Il en partit parce que l'Attique n'est pas commode pour la cavalerie, et parce que, dans le cas où il aurait été vaincu, il n'aurait pu se retirer que par des défilés, où un petit nombre d'hommes auraient suffi pour l'arrêter. Il résolut donc de retourner à Thèbes, afin de combattre près d'une ville amie, et dans un pays commode pour la cavalerie.

XIV. Il était déjà en marche, lorsqu'un courrier vint à toutes jambes lui annoncer qu'un autre corps de mille Lacédémoniens allait du côté de Mégare. Aussitôt il délibéra sur les moyens de l'intercepter, comme il le désirait. Il rebroussa chemin avec son armée, et la conduisit vers Mégare, faisant prendre les devants à la cavalerie, qui parcourut toute la Mégaride. Cette armée ne pénétra pas plus avant en Europe du côté de l'occident.

XV. Un courrier étant ensuite venu lui apprendre que les Grecs étaient assemblés à l'isthme, il retourna sur ses pas, prenant sa route par Décélée. Les béotarques[1] avaient mandé les voisins des Asopiens pour lui servir de guides. Ceux-ci le conduisirent à Sphendalées, et de là à Tanagre, où il passa la nuit. Le lendemain, ayant tourné vers Scolos, il arriva sur les terres des Thébains, et les ravagea, quoiqu'ils fussent dans les intérêts des Perses. Aussi ne fut-ce pas par haine contre eux, mais parce qu'il était dans la nécessité de fortifier son camp, afin d'y trouver un asile en cas qu'il livrât bataille, et que l'événement ne répondît pas à ses espérances. Le camp des Perses commençait à Érythres, passait près d'Hysies, et s'étendait jusqu'au territoire de Platées, le long de l'Asope. Le mur qu'il fit élever n'occupait pas toute cette étendue, mais environ dix stades en carré. Tandis que les Barbares étaient occupés à

---

[1] Les magistrats des Béotiens.

ce travail, Attaginus de Thèbes, fils de Phrynon, fit les apprêts d'un grand festin, auquel il invita Mardonius avec cinquante Perses des plus qualifiés, qui se rendirent à Thèbes, où le repas se donna.

XVI. Quant à ce qui s'y passa, je le tiens de Thersandre, l'un des principaux citoyens d'Orchomène. Il me raconta que lui-même avait été invité à ce repas par Attaginus; que cinquante Thébains y avaient été aussi priés ; qu'à table on n'était point séparément, mais que sur chaque lit il y avait un Perse et un Thébain ; que le repas fini, comme on buvait à l'envi l'un de l'autre, le Perse qui était avec lui sur le même lit lui demanda en grec de quel pays il était, et que lui ayant répondu qu'il était d'Orchomène, le Perse lui dit alors : « Puisque nous sommes à la même
» table, et que nous avons part aux mêmes libations, je
» veux vous laisser un témoignage de mes sentiments qui
» me rappelle à votre souvenir, afin qu'instruit vous-même
» aussi de ce qui doit arriver, vous puissiez prendre le
» parti qui vous sera le plus avantageux. Voyez-vous ces
» Perses qui sont à table, et cette armée que nous avons
» laissée campée sur les bords du fleuve? Eh bien! de tous
» ces hommes, il n'en restera dans peu qu'un très-petit
» nombre. »

En disant cela, le Perse répandait beaucoup de larmes. Thersandre, étonné de ce discours, lui dit : « Ne faudrait-
» il point communiquer cela à Mardonius et aux Perses les
» plus distingués après lui? Non, mon cher hôte, répondit
» le Perse ; ce que Dieu a résolu, l'homme ne peut le dé-
» tourner : car personne n'ajoute foi aux meilleurs avis.
» Grand nombre de Perses sont instruits de ce que je vous
» apprends ; cependant, enchaînés par la nécessité, nous
» suivons Mardonius. Le plus cruel chagrin pour l'homme,
» c'est de voir que le sage n'a pas la moindre autorité. »
Voilà ce que je tiens de Thersandre d'Orchomène, à qui j'ai ouï dire aussi qu'il avait raconté la même chose à plusieurs autres personnes avant la bataille de Platées.

XVII. Pendant que Mardonius campait en Béotie, tous les Grecs de ce pays attachés aux intérêts des Perses lui donnèrent des troupes, et firent une irruption avec lui dans l'Attique, excepté les Phocidiens, qui ne se trouvèrent point à cette expédition; car s'ils avaient pris avec chaleur le parti des Mèdes, c'était moins volontairement que par nécessité. Ils vinrent, quelques jours après le retour de Mardonius à Thèbes, avec mille hommes pesamment armés, commandés par Harmocydes, un de leurs plus illustres citoyens. Lorsqu'ils furent aussi arrivés à Thèbes, Mardonius leur envoya dire par des cavaliers de camper en leur particulier dans la plaine. Ils le firent, et aussitôt parut toute la cavalerie perse. Le bruit courut ensuite, parmi les Grecs campés avec les Perses, que cette cavalerie allait les tuer à coups de javelot. Ce même bruit s'étant aussi répandu dans le camp des Phocidiens, Harmocydes, leur commandant, les anima par ce discours : « Phocidiens, leur dit-il, les Thessaliens nous ont calomniés, comme je le soupçonne, et notre perte est assurée. » C'est maintenant qu'il faut que chacun de nous montre » sa valeur : car il vaut mieux mourir en attaquant et en se » défendant avec courage, que de se laisser tuer honteu» sement. Que les Perses apprennent qu'ils ne sont que » des Barbares, et que ceux dont ils ont tramé la perte » sont des Grecs. »

XVIII. Ce fut ainsi qu'Harmocydes anima les siens. Lorsque la cavalerie les eut investis, elle fondit sur eux, comme si elle eût voulu les exterminer. Déjà les traits étaient prêts à partir, et peut-être y en eut-il quelques-uns de lancés. Alors les Phocidiens serrèrent extrêmement leurs rangs, et firent face de tous côtés. A cette vue, les Barbares tournèrent bride et se retirèrent. Je ne puis assurer si cette cavalerie était venue dans le dessein de massacrer les Phocidiens à la prière des Thessaliens, ni si les Barbares, voyant ces mille hommes se mettre en défense, et craignant d'en recevoir quelque échec, se retirèrent, comme s'ils en avaient reçu l'ordre du général, ou si le général voulait éprouver leur courage. Quoi qu'il en soit, la cavalerie s'étant retirée, Mardonius leur fit dire par un héraut : « Soyez tranquilles, Phocidiens; vous vous êtes » montrés gens de cœur, et non point tels qu'on me l'avait » dit. Conduisez-vous maintenant avec ardeur dans cette

» guerre; vos services ne l'emporteront jamais sur la géné-
» rosité du roi ni sur la mienne. » Voilà ce qui se passa
à l'égard des Phocidiens.

XIX. Les Lacédémoniens ne furent pas plutôt arrivés à
l'isthme [1] qu'ils y assirent leur camp. Sur cette nouvelle,
les peuples du Péloponnèse les mieux intentionnés pour la
patrie se mirent en marche, ainsi que ceux qui avaient
été témoins du départ des Spartiates, les uns et les autres
ne voulant pas que les Lacédémoniens eussent en cela
quelque avantage sur eux. Les sacrifices étant favorables,
ils sortirent tous de l'isthme, et arrivèrent à Éleusis. On
renouvela en cet endroit les sacrifices; et comme ils ne
présageaient rien que d'heureux, ils continuèrent leur
marche, accompagnés des Athéniens, qui, ayant passé de
Salamine sur le continent, les avaient joints à Éleusis.
Ayant appris, à leur arrivée à Érythres en Béotie, que les
Barbares campaient sur les bords de l'Asope, ils tinrent
conseil là-dessus, et allèrent se poster vis-à-vis d'eux, au
pied du mont Cithéron.

XX. Comme ils ne descendaient pas dans la plaine, Mardonius envoya contre eux toute sa cavalerie, commandée
par Masistius, homme de grande distinction parmi les Perses. Ce général, que les Grecs appellent Macisius, était
monté sur un cheval niséen, dont la bride était d'or et le
reste du harnais magnifique. La cavalerie s'étant approchée des Grecs en bon ordre, fondit sur eux et leur fit
beaucoup de mal, leur reprochant en même temps qu'ils
n'étaient que des femmes.

XXI. Les Mégariens se trouvaient par hasard placés dans
l'endroit le plus aisé à attaquer, et d'un plus facile accès
pour les chevaux. Pressés par la cavalerie, ils envoyèrent

---

[1] Lorsque les Grecs furent assemblés à l'isthme, ils résolurent de faire un serment qui resserrât leur union, et qui les forçât de soutenir courageuse-
ment les dangers. Il était conçu en ces termes : « Je ne préférerai point la vie à la liberté; je n'abandonnerai mes généraux ni vivants ni morts; j'accorderai la sépulture à tous les alliés qui auront péri dans le combat. Après avoir vaincu les Barbares, je ne détruirai aucune ville qui aura contribué à leur défaite; je ne relèverai aucun des temples qu'ils auront brûlés ou renversés, mais je les laisserai dans l'état où ils sont, pour servir à la postérité de monument de l'impiété des Barbares. » (*Diodore*, lib. xi)

un héraut aux généraux grecs, qui leur parla ainsi :

« Les Mégariens vous disent : Alliés, nous ne pouvons
» pas soutenir seuls le choc de la cavalerie perse dans le
» poste où l'on nous a d'abord placés. Quoique fort pres-
» sés, nous avons jusqu'ici résisté avec fermeté et courage ;
» mais si vous n'envoyez des troupes pour nous relever,
» nous quitterons notre poste et nous nous retirerons. »
Le héraut ayant fait ce rapport, Pausanias sonda les Grecs
pour voir s'il ne s'en trouverait point qui s'offrissent volontairement pour défendre ce poste en la place des Mégariens. Tous le refusèrent, excepté les trois cents Athéniens
d'élite commandés par Olympiodore, fils de Lampon, qui
se chargèrent de ce soin.

XXII. Ce corps de troupes qui prit sur lui la défense
de ce poste, préférablement au reste des Grecs campés à
Érythres, emmena aussi des gens de trait. Le combat ayant
duré quelque temps, il se termina comme je vais le rapporter. La cavalerie perse fit son attaque en ordre et par
escadrons ; mais Masistius l'ayant devancée, son cheval fut
atteint d'un coup de flèche aux flancs : il se cabra de douleur, et jeta Masistius par terre. Les Athéniens fondirent
incontinent sur lui, se saisirent du cheval, et tuèrent
le cavalier malgré sa résistance. Ils ne le purent d'abord, à
cause de la cuirasse d'or en écailles qu'il avait sous son habit de pourpre, et c'était en vain qu'ils lui portaient des
coups. Mais quelqu'un, s'en étant aperçu, le frappa à l'œil,
et il mourut. La cavalerie ne fut pas d'abord informée du
malheur arrivé à son général. Comme tantôt elle revenait
à la charge, et tantôt elle se battait en retraite, elle ignorait ce qui s'était passé ; car on n'avait pas vu Masistius
tomber de cheval, on ne l'avait pas vu périr. Mais les Barbares s'étant arrêtés, et voyant que personne ne leur donnait l'ordre, ils en furent sur-le-champ affligés ; et ayant
appris que leur général n'était plus, ils s'exhortèrent mutuellement, et poussèrent leurs chevaux à toutes jambes
pour enlever le corps de Masistius.

XXIII. Les Athéniens les voyant accourir tous ensemble,
et non plus par escadrons, appelèrent à eux le reste de
l'armée. Pendant que l'infanterie venait à leur secours, il

y eut un combat très-vif pour le corps de Masistius. Tant que les trois cents Athéniens furent seuls, ils eurent un très-grand désavantage, et ils abandonnèrent le corps. Mais lorsque le secours fut arrivé, la cavalerie ne put en soutenir le choc ; et, loin d'enlever le corps de son général, elle perdit beaucoup de monde. Les cavaliers, s'étant éloignés d'environ deux stades, délibérèrent sur ce qu'ils devaient faire ; et comme ils n'avaient plus personne pour les commander, il fut décidé qu'on retournerait vers Mardonius.

XXIV. La cavalerie étant arrivée au camp, toute l'armée témoigna la douleur qu'elle ressentait de la perte de Masistius, et Mardonius encore plus que tous les autres. Les Perses se coupèrent la barbe et les cheveux ; ils coupèrent les crins à leurs chevaux [1] et le poil à leurs bêtes de charge, et poussèrent des cris lugubres dont retentit toute la Béotie : ils venaient de perdre un homme qui, du moins après Mardonius, était le plus estimé et des Perses et du roi. Ce fut ainsi que les Barbares rendirent à leur manière les derniers honneurs à Masistius.

XXV. Les Grecs ayant soutenu le choc de la cavalerie et l'ayant repoussée, cet avantage leur inspira beaucoup plus de confiance. D'abord ils mirent sur un char le corps de Masistius, et le firent passer de rang en rang. Il méritait d'être vu et par sa grandeur et par sa beauté ; et ce fut par cette raison qu'on le porta de tous côtés, et que chacun quitta son rang et courut pour le voir. On fut ensuite d'avis d'aller à Platées, dont le territoire paraissait beaucoup plus commode pour camper que celui d'Érythres par plusieurs raisons, et entre autres à cause de l'abondance de ses eaux. Il fut donc résolu de s'y rendre, et d'y camper en ordre de bataille, près de la fontaine de Gargaphie. Les Grecs, ayant pris leurs armes, marchèrent par le pied du mont Cithéron, passèrent près d'Hysies, et se rendirent

---

[1] On pourrait soupçonner que cette coutume ne s'observait que parmi les Barbares. On la trouve cependant pratiquée chez les Grecs dès les temps les plus anciens. Lorsque Admète apprend la mort d'Alceste, il ordonne que dans toute la Thessalie on coupe la crinière aux chevaux. Le même usage s'observa à la mort de Pélopidas, et Alexandre le Grand le renouvela à celle d'Héphestion ; mais peut-être voulut-il imiter les Perses. (L.)

dans le territoire de Platées. Lorsqu'ils y furent arrivés, ils se rangèrent par nation près de la fontaine de Gargaphie et du temple consacré au héros Androcrates[1], les uns sur des collines peu élevées, les autres dans la plaine.

XXVI. Quand les troupes voulurent prendre en cet endroit le rang qu'elles devaient occuper, il s'éleva de grandes contestations entre les Tégéates et les Athéniens ; les uns et les autres soutenant qu'ils devaient avoir le commandement de l'une des deux ailes, et rapportant, pour appuyer leurs prétentions, les belles actions qu'ils avaient faites, tant dans les derniers temps que dans les siècles les plus reculés. « Tous les alliés, dirent les Tégéates, nous
» ont toujours jugés dignes de ce poste dans les expédi-
» tions que les Péloponnésiens ont faites ensemble au
» dehors, soit dans les premiers temps, soit dans les der-
» niers. Lorsque, après la mort d'Eurysthée, les Héraclides
» tentèrent de rentrer dans le Péloponnèse, nous obtîn-
» mes cet honneur par les services que nous rendîmes en
» cette occasion. Nous marchâmes à l'isthme au secours
» de la patrie, avec les Achéens et les Ioniens qui habi-
» taient alors dans le Péloponnèse, et nous campâmes vis-
» à-vis des Héraclides. On dit qu'alors Hyllus représenta
» qu'au lieu d'exposer les deux armées au danger d'une
» action, il fallait que les Péloponnésiens choisissent parmi
» eux celui qu'ils jugeraient le plus brave pour se battre
» seul avec lui à de certaines conditions. Les Péloponné-
» siens furent d'avis d'accepter cette proposition. On s'en-
» gagea par serment, et l'on convint que les Héraclides
» rentreraient dans l'héritage de leurs pères si Hyllus rem-
» portait la victoire sur le chef des Péloponnésiens ; et
» que s'il était vaincu, les Héraclides se retireraient, au

[1] Androcrates avait été, dans les temps anciens, un chef des Platéens. Aristide ayant envoyé consulter l'oracle de Delphes, le dieu lui répondit que les Athéniens remporteraient la victoire s'ils faisaient des vœux à Jupiter, à Junon, adorée sur le Cithéron, à Pan et aux nymphes Sphragitides, et s'ils offraient des sacrifices aux héros Androcrates, Leucon, Pisandre, Damocrates, Hypsion, Actéon et Polyidus, qui avaient été des chefs des Platéens. Le temple du héros Androcrates était environné d'un bois fort épais. Il était à droite du chemin qui conduit de Platées à Thèbes. (L.)

[2] *Voyez* liv. I, § CXLV.

» contraire, avec leur armée, et que de cent ans ils ne
» chercheraient point à rentrer dans le Péloponnèse. Eché-
» mus[1], fils d'Aéropus et petit-fils de Céphée, notre géné-
» ral et notre roi, fut choisi volontairement par tous les
» alliés. Il se battit contre Hyllus et le tua. Cette action
» nous valut parmi les Péloponnésiens de ce temps-là,
» entre autres honneurs que nous conservons encore ac-
» tuellement, celui de commander une des ailes de l'ar-
» mée dans toutes les expéditions qu'ils font ensemble.
» Quant à vous, Lacédémoniens, nous ne vous disputons
» point le premier rang ; commandez celle des deux ailes
» que vous voudrez, nous vous en laissons le choix ; mais
» le commandement de l'autre nous appartient, de même
» que nous l'avons eu par le temps passé. Indépendam-
» ment de l'action que nous venons de raconter, nous mé-
» ritons mieux ce poste que les Athéniens, et par le grand
» nombre de combats que nous avons livrés pour vous et
» pour d'autres peuples, et par les heureux succès dont
» ils ont été couronnés. Il est donc juste que nous ayons le
» commandement d'une des deux ailes préférablement
» aux Athéniens, qui n'ont fait, ni dans les derniers temps
» ni dans les anciens, d'aussi belles actions que nous. »
Ainsi parlèrent les Tégéates.

XXVII. « Nous savons, répondirent les Athéniens, que
» les alliés sont ici assemblés pour combattre le Barbare,
» et non pour discourir. Mais, puisque les Tégéates se sont
» proposé de parler des exploits, tant anciens que récents,
» des deux peuples, nous sommes forcés de vous montrer
» d'où nous vient ce droit, que nous ont transmis nos pères,
» d'occuper toujours le premier rang, plutôt que les Ar-
» cadiens, tant que nous nous conduirons en gens de cœur.

---

[1] Sous le règne d'Échémus, fils d'Aéropus, petit-fils de Céphée, et arrière-petit-fils d'Aléus, les Achéens remportèrent une grande victoire près de l'isthme de Corinthe, sur Hyllus, fils d'Hercule, qui, à la tête d'une nombreuse armée de Doriens, voulait rentrer dans le Péloponnèse. Échémus, provoqué par Hyllus à un combat singulier, le tua de sa main. C'est le sentiment de plusieurs historiens ; et je le crois plus probable que celui de quelques autres qui disent qu'Oreste était pour lors roi des Achéens, et que ce fut sous son règne qu'Hyllus tenta de rentrer dans le Péloponnèse. Oreste n'était pas encore né lorsque Hyllus fut tué. (L.)

» Les Héraclides, dont les Tégéates se vantent d'avoir tué
» le chef près de l'isthme, chassés autrefois par tous les
» Grecs chez qui ils se réfugiaient pour éviter la servi-
» tude dont les menaçaient les Mycéniens, furent accueillis
» par nous seuls, et nous repoussâmes l'injure d'Eurys-
» thée, en remportant avec eux une victoire complète sur
» les peuples qui occupaient alors le Péloponnèse. Les Ar-
» giens [1], qui avaient entrepris une expédition contre Thè-
» bes avec Polynice, ayant été tués, et leurs corps restant
» sans sépulture, nous marchâmes contre les Cadméens,
» nous enlevâmes ces corps, et nous leur donnâmes la sé-
» pulture dans notre pays, à Éleusis. Nous avons fait aussi
» de belles actions contre les Amazones, ces redoutables
» guerrières qui, des bords du Thermodon, vinrent atta-
» quer l'Attique [2]. A Troie, nous ne nous sommes pas
» moins distingués que les autres alliés. Mais qu'est-il be-
» soin de rappeler ces exploits? Les mêmes peuples qui
» pour lors étaient braves pourraient être aujourd'hui des
» lâches, et ceux qui alors étaient des lâches pourraient
» avoir maintenant du courage. C'en est donc assez sur les
» temps anciens. Nous pourrions citer beaucoup d'autres
» belles actions, et en aussi grand nombre qu'aucun autre
» peuple de la Grèce; mais quand nous n'aurions pour nous
» que la journée de Marathon, elle seule nous rendrait
» dignes de cet honneur et de bien d'autres encore. Cette
» bataille, où, seuls d'entre les Grecs, nous combattîmes

[1] Polynice, ayant été chassé par son frère Étéocle, se réfugia à Argos, et vint faire le siége de Thèbes avec Adraste et d'autres Argiens. Étéocle et Polynice se tuèrent mutuellement : et la plupart des Argiens ayant péri devant les murs de cette ville, Créon, devenu roi, ou plutôt régent de Thèbes, défendit de leur donner la sépulture. Adraste alla implorer la protection des Athéniens. Thésée fit le siége de Thèbes, la prit, enleva les morts, et les rendit à leurs proches pour les enterrer. (L.)

[2] Cette guerre fut terminée par un traité de paix; et cela est fondé non-seulement sur le nom du lieu où cette paix fut jurée, qui s'appelle de là Horcomosion (prestation de serment), qui est vis-à-vis du temple de Thésée, mais encore sur l'ancien sacrifice qu'on fait tous les ans aux Amazones la veille des fêtes de ce héros. Les orateurs athéniens prenaient plaisir à célébrer cet exploit. Lysias, dans son Oraison funèbre pour les Athéniens morts en secourant les Corinthiens, fait un grand éloge de ces Amazones, et relève, par conséquent, la gloire de ceux qui les battirent. (L.)

» avec nos seules forces contre les Perses; où, malgré les
» difficultés d'une telle entreprise, nous fûmes victorieux
» de quarante-six nations, ne fait-elle pas assez voir que
» nous méritons ce poste?

» Mais, dans les circonstances actuelles, il ne convient
» pas de contester sur les rangs. Nous sommes prêts, Lacé-
» démoniens à vous obéir, quel que soit le poste que vous
» jugiez à propos de nous assigner, et quels que soient les
» ennemis que nous ayons en tête. Partout où vous nous
» placerez, nous tâcherons de nous comporter en gens de
» cœur. Conduisez-nous donc, et comptez sur notre obéis-
» sance. »

XXVIII. Telle fut la réponse des Athéniens. Toute l'armée des Lacédémoniens s'écria qu'ils méritaient mieux que les Arcadiens de commander une des ailes de l'armée. Les Athéniens eurent donc ce poste, et l'emportèrent sur les Tégéates. Toutes les troupes se rangèrent ensuite en cet ordre, tant celles qui étaient arrivées dès le commencement que celles qui depuis étaient survenues. A l'aile droite étaient dix mille Lacédémoniens, parmi lesquels il y avait cinq mille Spartiates, soutenus par trente-cinq mille Ilotes armés à la légère, chaque Spartiate ayant sept Ilotes autour de soi. Quinze cents Tégéates, pesamment armés, venaient immédiatement après eux; les Spartiates les avaient choisis pour remplir ce poste, tant à cause de leur courage que pour leur faire honneur. Après les Tégéates étaient cinq mille Corinthiens, et après ceux-ci les trois cents Potidéates venus de la presqu'île de Pallène; honneur que Pausanias leur avait accordé à la prière des Corinthiens. Venaient ensuite six cents Arcadiens d'Orchomène, suivis de trois mille Sicyoniens, et ceux-ci de huit cents Épidauriens, qui avaient après eux mille Trézéniens. Après les Trézéniens venaient deux cents Lépréates, et quatre cents hommes tant de Mycènes que de Tirynthe. On voyait ensuite mille Phliasiens, trois cents Hermionéens, six cents tant Érétriens que Styréens; et immédiatement après ceux-ci, quatre cents Chalcidiens. Après eux se trouvaient cinq cents Ampraciates, huit cents Leucadiens et Anactoriens, deux cents Paléens de Céphallénie et cinq cents Éginètes. Ils étaient suivis de trois mille hommes de Mégare et de six cents de Platées. Les Athéniens, au nombre de huit mille hommes commandés par Aristide, fils de Lysimachus, occupaient l'aile gauche de l'armée, et se trouvaient les derniers et en même temps les premiers.

XXIX. Ces troupes rassemblées contre les Barbares, si l'on excepte les sept Ilotes par Spartiate, étaient pesamment armées, et montaient en tout à trente-huit mille sept cents hommes. Quant aux troupes légères, celles qui étaient auprès des Spartiates allaient à trente-cinq mille hommes, chaque Spartiate ayant sept hommes autour de soi, tous bien armés. Celles qui accompagnaient le reste des Lacédémoniens et des Grecs étaient de trente-quatre mille cinq cents : c'était un soldat légèrement armé par chaque hoplite. Ainsi le nombre des soldats armés à la légère allait en tout à soixante-neuf mille cinq cents.

Les troupes grecques assemblées à Platées, tant celles qui étaient pesamment armées que celles qui l'étaient à la légère, montaient en tout à cent huit mille deux cents hommes. Mais, en ajoutant le reste des Thespiens qui se trouvait à l'armée, et qui allait à dix-huit cents hommes, on avait le nombre complet de cent dix mille. Les Thespiens n'étaient pas armés pesamment. Ces troupes campaient sur les bords de l'Asope.

XXX. Mardonius et les Barbares, ayant cessé de pleurer Masistius, se rendirent aussi sur l'Asope, qui traverse le territoire de Platées, où ils avaient appris que les Grecs étaient campés. Lorsqu'ils y furent arrivés, Mardonius les rangea de cette manière en face des ennemis. Il plaça les Perses vis-à-vis des Lacédémoniens, et, comme ils étaient en beaucoup plus grand nombre que ceux-ci, il les disposa en plusieurs rangs, et les étendit jusqu'aux Tégéates. Ainsi il opposa, suivant le conseil des Thébains, toutes ses meilleures troupes aux Lacédémoniens, et ses plus faibles aux Tégéates.

Il rangea les Mèdes immédiatement après les Perses, en face des Corinthiens, des Potidéates, des Orchoméniens et des Sicyoniens. Attenant les Mèdes étaient les Bactriens, vis-à-vis des Épidauriens, des Trézéniens, des Lépréates, des Tirynthiens, des Mycéniens et des Phliasiens. Venaient ensuite les Indiens contre les Hermionéens, les Érétriens, les Styréens et les Chalcidiens. Les Saces furent placés auprès des Indiens, vis-à-vis des Ampraciates, des Anactoriens, des Leucadiens, des Paléens et des Éginètes. Immédiatement après les Saces, il opposa aux Athéniens, aux Platéens et aux Mégariens les Béotiens, les Locriens, les Méliens, les Thessaliens et les mille Phocidiens : car les Phocidiens ne s'étaient pas tous déclarés pour les Perses ; quelques-uns fortifiaient le parti des Grecs. Enfermés sur le Parnasse, ils en sortaient pour piller et pour harceler l'armée de Mardonius et ceux d'entre les Grecs qui s'étaient joints à lui. Ce général plaça aussi les Macédoniens et les Thessaliens vis-à-vis des Athéniens.

XXXI. Les peuples que je viens de nommer, et que Mardonius rangea en bataille, étaient les plus considérables et en même temps les plus célèbres, et ceux dont on faisait le plus de cas. Des hommes de nations différentes étaient aussi mêlés et confondus avec ces troupes : il y avait des Phrygiens, des Thraces, des Mysiens, des Péoniens et autres ; on y voyait pareillement des Éthiopiens et de ces Égyptiens guerriers qu'on appelle Hermotybies et Calasiries, et qui sont les seuls qui fassent profession des armes. Ces Égyptiens étaient sur la flotte des Perses, et Mardonius les en avait tirés tandis qu'il était encore à Phalère ; car ils ne faisaient pas partie des troupes de terre que Xerxès mena avec lui à Athènes. L'armée des Barbares était, comme je l'ai déjà dit plus haut, de trois cent mille hommes ; mais personne ne sait le nombre des Grecs alliés de Mardonius, car on ne les avait pas comptés. Mais, si l'on peut former là-dessus des conjectures, je pense qu'ils allaient à cinquante mille. Tel était l'ordre de bataille de l'infanterie ; la cavalerie occupait des postes séparés.

XXXII. Les Grecs et les Barbares, s'étant ainsi rangés par nations et par bataillons, offrirent le lendemain les uns et les autres des sacrifices. Tisamène, fils d'Antiochus, qui avait suivi l'armée des Grecs en qualité de devin, sacrifiait pour eux. Quoique Éléen et de la famille des Clytiades[1], qui sont une branche des Jamides[2], les Lacédémoniens l'avaient admis au nombre de leurs citoyens à l'occasion que je vais rapporter. Tisamène ayant consulté l'oracle de Delphes sur sa postérité, la Pythie lui répondit qu'il remporterait la victoire dans cinq grands combats. N'ayant pas saisi d'abord le sens de l'oracle, il s'appliqua aux exercices gymniques, comme s'il eût dû être victorieux dans ces sortes de combats. S'étant exercé au pentathle, il remporta tous les prix, excepté celui de la lutte, qu'il disputa à Hiéronyme d'Andros. Les Lacédémoniens, ayant reconnu que la réponse de l'oracle ne regardait pas les combats gymniques, mais ceux de Mars, tâchèrent de l'engager par l'attrait des récompenses à accompagner les rois des Héraclides dans leurs guerres en qualité de conducteur[3]. S'étant aperçu que les Spartiates recherchaient avec empressement son amitié, il la mit à un haut prix, et leur déclara que, s'ils voulaient lui accorder la qualité de citoyen et lui faire part de tous les priviléges, il consentirait à leur demande ; mais qu'il ne le ferait pas, quelque autre récompense d'ailleurs qu'on dût lui offrir. Les Spartiates, indignés, ne pensèrent plus du tout à se servir de lui. Mais enfin, la terreur de l'armée des Perses étant suspendue sur leurs têtes, ils l'envoyèrent chercher, et lui accordèrent sa demande. Tisamène, les voyant changés, leur dit qu'il ne s'en contentait plus, qu'il fallait encore que son frère Hégias fût fait citoyen de Sparte aux mêmes conditions que lui.

XXXIII. Mais, s'il est permis de comparer la dignité royale au droit de citoyen, en faisant une pareille demande, Tisamène prit Mélampus pour modèle[4]. Les fem-

[1] Il paraît que les Clytiades, les Jamides et les Telliades sont trois différentes familles de devins. (L.)

[2] Cette race descendait de Jamus, et voici ce qu'on en raconte : Sa mère, en étant secrètement accouchée, le cacha parmi les joncs et les violettes ; et de là elle lui donna le nom de Jamus, ἴον signifiant violette. (L.)

[3] Les anciens Grecs se servaient toujours d'un devin pour les conduire et les guider dans toutes leurs entreprises, même dans celles qui concernaient la guerre. (L.)

[4] Les filles de Prœtus, roi d'Argos, étant devenues furieuses, Mélampus les purifia à condition qu'il aurait les deux tiers du royaume, dont il donna la moitié à son frère Bias. On sait qu'il guérit les Prœtides en les faisant baigner

mes d'Argos étant devenues furieuses, les Argiens offrirent à celui-ci une récompense pour l'attirer de Pylos et l'engager à les guérir. Mélampus exigea la moitié du royaume. Les Argiens rejetèrent sa demande, et s'en retournèrent chez eux ; mais comme le mal croissait, et que le nombre des femmes qui en étaient atteintes augmentait de jour en jour, ils subirent la loi qui leur avait été imposée, et retournèrent à Pylos dans l'intention de lui accorder les conditions qu'il exigeait. Mélampus les voyant changés, ses désirs augmentèrent, et il leur dit que s'ils ne donnaient point aussi à son frère Bias le tiers du royaume, il ne ferait point ce qu'ils souhaitaient de lui. Les Argiens, réduits à la dernière extrémité, consentirent encore à cette demande.

XXXIV. Il en fut de même des Spartiates. Ils accordèrent à Tisamène tout ce qu'il avait exigé, à cause de l'extrême besoin qu'ils avaient de lui. Il n'y a jamais eu que lui et son frère Hégias que les Spartiates aient admis au nombre de leurs citoyens. Tisamène, étant par cette concession devenu Spartiate d'Éléen qu'il était, les aida, en qualité de devin, à remporter la victoire dans cinq grands combats. Le premier se donna à Platées ; le second à Tégée, contre les Tégéates et les Argiens ; le troisième à Dipæa, contre tous les Arcadiens, excepté les Mantinéens ; le quatrième à Ithome, contre les Messéniens ; et le cinquième et dernier à Tanagre, contre les Athéniens et les Argiens [1].

XXXV. Ce Tisamène, que les Spartiates avaient mené avec eux à Platées, servait alors de devin aux Grecs. Les victimes leur annonçaient des succès s'ils se tenaient sur la défensive, et une défaite s'ils traversaient l'Asope et commençaient le combat.

XXXVI. Mardonius désirait ardemment commencer la bataille ; mais les sacrifices n'étaient pas favorables, et ne

dans la fontaine Clitorius. Tous ceux qui depuis ce temps burent des eaux de cette fontaine prirent le vin en aversion (L.)

[1] Ce combat se donna la troisième année de la quatre-vingtième olympiade, c'est-à-dire l'an 4256 de la période julienne, 458 ans avant Jésus-Christ, et 22 ans après le passage de Xerxès en Grèce.

lui promettaient des succès que dans le cas où il se tiendrait sur la défensive ; car il se servait pour sacrifier à la manière des Grecs du devin Hégésistrate d'Elée, le plus célèbre des Telliades. Cet Hégésistrate avait fait autrefois beaucoup de mal aux Spartiates, et ceux-ci l'avaient arrêté et mis dans les fers pour le punir de mort. Comme, dans cette situation fâcheuse, il s'agissait non-seulement de sa vie, mais encore de souffrir avant la mort des tourments très-cruels, il fit une chose au-dessus de toute expression. Il avait les pieds dans des entraves de bois garnies de fer. Un fer tranchant ayant été porté par hasard dans sa prison, il s'en saisit, et aussitôt il imagina l'action la plus courageuse dont nous ayons jamais ouï parler ; car il se coupa la partie du pied qui est avant les doigts, après avoir examiné s'il pourrait tirer des entraves le reste du pied. Cela fait, comme la prison était gardée, il fit un trou à la muraille, et se sauva à Tégée, ne marchant que la nuit, et se cachant pendant le jour dans les bois. Il arriva en cette ville la troisième nuit, malgré les recherches des Lacédémoniens en corps, qui furent extrêmement étonnés de son audace en voyant la moitié de son pied dans les entraves sans pouvoir le trouver. Ce fut ainsi qu'Hégésistrate, après s'être alors échappé des Lacédémoniens ; se sauva à Tégée, qui n'était pas en ce temps-là en bonne intelligence avec Sparte. Lorsqu'il fut guéri, il se fit faire un pied de bois, et devint ennemi déclaré des Lacédémoniens. Mais la haine qu'il avait conçue contre eux ne tourna pas, du moins à la fin, à son avantage ; car, ayant été pris à Zacynthe, où il exerçait la divination, ils le firent mourir. Mais sa mort est postérieure à la bataille de Platées.

XXXVII. Ce devin, à qui Mardonius donnait des sommes considérables, sacrifiait alors sur les bords de l'Asope avec beaucoup de zèle, tant par la haine qu'il portait aux Lacédémoniens que par l'appât du gain. Mais les entrailles des victimes ne permettant pas de donner bataille, ni aux Perses ni aux Grecs qui étaient avec eux, et qui avaient en leur particulier un devin nommé Hippomachus de Leucade, et l'armée grecque grossissant cependant tous les jours, Timégénidas de Thèbes, fils d'Herpys, conseilla à Mardonius de faire garder les passages du Cithéron, lui représentant que les Grecs accouraient en foule à l'armée ennemie, et qu'il en enlèverait un grand nombre.

XXXVIII. Il y avait déjà huit jours qu'ils étaient campés les uns vis-à-vis des autres lorsqu'il donna ce conseil à Mardonius. Ce général, qui en connut la sagesse, envoya, dès que la nuit fut venue, la cavalerie aux passages du Cithéron qui conduisent à Platées; les Béotiens les appellent les Trois-Têtes, et les Athéniens les Têtes-de-Chêne. Elle n'arriva point inutilement: elle enleva un convoi de cinq cents bêtes de charge, avec des voitures et leurs conducteurs, qui débouchait dans la plaine, et qui apportait des vivres du Péloponnèse au camp des Grecs. Lorsqu'ils les eurent en leur puissance, les Perses massacrèrent impitoyablement et les hommes et les bêtes, sans rien épargner; et, lorsqu'ils se furent rassasiés de carnage, ils chassèrent devant eux le reste, et retournèrent au camp vers Mardonius.

XXXIX. Après cette action, ils furent deux autres jours sans commencer de part et d'autre le combat. Les Barbares s'avancèrent jusque sur les bords de l'Asope, pour tâter les ennemis; mais ni l'une ni l'autre armée ne voulut passer la rivière. La cavalerie de Mardonius ne cessait d'inquiéter et de harceler les Grecs; car les Thébains, extrêmement zélés pour les Perses, faisaient la guerre avec ardeur, et s'approchaient continuellement, sans cependant engager l'action. Ils étaient ensuite relevés par les Perses et les Mèdes, qui se distinguèrent beaucoup.

XL. Il ne se fit rien de plus pendant dix jours de suite; mais le onzième depuis que les deux armées étaient campées à Platées en présence l'une de l'autre, comme les Grecs avaient reçu des renforts considérables, et que Mardonius s'ennuyait beaucoup de ce retardement, il conféra avec Artabaze, fils de Pharnaces, que Xerxès distinguait parmi le petit nombre de Perses qu'il honorait de son estime. Celui-ci fut d'avis de lever au plus tôt le camp, et de s'approcher des murs de Thèbes, où l'on avait fait porter des vivres pour les troupes et des fourrages pour les chevaux ; que dans cette position on terminerait tranquillement la guerre en s'y prenant de la manière suivante : qu'on avait beaucoup d'or monnayé et non monnayé, avec une grande quantité d'argent et de vases à boire ; qu'il fallait, sans rien épargner, envoyer toutes ces richesses aux Grecs, et surtout à ceux qui avaient le plus d'autorité dans les villes ; qu'ils ne tarderaient pas à livrer leur liberté, et qu'on ne serait pas dans le cas de courir les risques d'une bataille. Les Thébains se rangèrent de cet avis, le croyant le plus prudent. Celui de Mardonius fut violent, insensé. Il ne voulut point céder. Son armée était, disait-il, de beaucoup supérieure à celle de Grecs : il fallait incessamment livrer bataille, sans attendre que les ennemis, dont le nombre augmentait tous les jours, eussent reçu de nouveaux renforts ; il fallait abandonner les auspices d'Hégésistrate, ne point violer les lois des Perses, et combattre selon leurs usages.

XLI. Tel fut l'avis de Mardonius. Il prévalut, personne ne s'y opposant parce que le roi lui avait donné le commandement de l'armée, et non point à Artabaze. Il convoqua donc les principaux officiers de son armée et des troupes grecques qu'il avait avec lui, et leur demanda s'ils avaient connaissance de quelque oracle qui prédît aux Perses qu'ils devaient périr dans la Grèce. Ceux qu'il avait mandés n'ouvrant point la bouche, les uns parce qu'ils n'avaient aucune connaissance des oracles, les autres par crainte, Mardonius prit la parole, et leur dit : « Puisque
» vous ne savez rien, ou que vous n'osez rien dire, je
» vais parler en homme qui est bien instruit. Suivant un
» oracle, il est prescrit par les destins que les Perses pil-
» leront, à leur arrivée en Grèce, le temple de Delphes,
» et qu'après l'avoir pillé ils périront tous. Mais, puisque
» nous avons connaissance de cette prédiction, nous ne
» dirigerons point notre marche vers ce temple, nous
» n'entreprendrons point de le piller, et nous ne périrons
» point pour ce sujet. Que tous ceux d'entre vous qui ont
» de l'inclination pour les Perses se réjouissent donc dans
» l'assurance que nous aurons l'avantage sur les Grecs. »
Lorsqu'il eut cessé de parler, il ordonna de faire les pré-

paratifs nécessaires, et de tenir tout en bon ordre, comme si la bataille eût dû se donner le lendemain au point du jour.

XLII. Je sais que cet oracle, que Mardonius croyait regarder les Perses, ne les concernait pas, mais les Illyriens et l'armée des Enchéléens. Voici celui de Bacis sur cette bataille : « Les rives du Thermodon et les pâturages
» de l'Asope sont couverts de bataillons grecs, j'entends
» les cris des Barbares ; mais, quand le jour fatal sera
» venu, les Mèdes y périront en grand nombre, malgré
» les destins. » Cet oracle et plusieurs autres semblables de Musée ont été rendus au sujet des Perses. Quant au Thermodon, il coule entre Tanagre et Glisante.

XLIII. Après que Mardonius eut interrogé les officiers de son armée sur les oracles, et qu'il les eut exhortés à faire leur devoir, la nuit vint, et l'on posa des sentinelles. Elle était déjà bien avancée, un profond silence régnait dans les deux camps, et les troupes étaient plongées dans le sommeil, lorsque Alexandre, fils d'Amyntas, général et roi des Macédoniens, se rendit à cheval vers la garde avancée des Athéniens, et demanda à parler à leurs généraux. La plupart des sentinelles restèrent dans leur poste ; les autres coururent les avertir qu'il venait d'arriver du camp des Perses un homme à cheval, qui s'était contenté de leur dire, en nommant les généraux par leurs noms, qu'il voulait leur parler.

XLIV. Là-dessus, les généraux les suivirent sur-le-champ au lieu où était la garde avancée ; et, lorsqu'ils y furent arrivés, Alexandre leur parla en ces termes :
« Athéniens, je vais déposer dans votre sein un secret que
» je vous prie de ne révéler qu'à Pausanias, de crainte que
» vous ne me perdiez. Je ne vous le confierais pas sans le
» vif intérêt que je prends à la Grèce entière. Je suis Grec ;
» mon origine tient aux temps les plus reculés, et je serais
» fâché de voir la Grèce devenir esclave. Je vous apprends
» donc que les victimes ne sont point favorables à Mar-
» donius et à son armée ; sans cela, la bataille se serait
» donnée il y a longtemps. Mais, sans s'embarrasser des
» sacrifices, il a maintenant pris la résolution de vous

» attaquer demain à la pointe du jour : car il craint,
» comme je puis le conjecturer, que votre armée ne gros-
» sisse de plus en plus. Préparez-vous en conséquence.
» Si cependant Mardonius diffère le combat, restez ici
» avec constance ; car il n'a de vivres que pour peu de
» jours. Si cette guerre se termine selon vos souhaits, il
» est juste de songer aussi à remettre en liberté un homme
» qui, par zèle et par amour pour les Grecs, s'expose
» à un très-grand danger en venant vous avertir des des-
» seins de Mardonius, de crainte que les Barbares ne tom-
» bent sur vous à l'improviste ; je suis Alexandre de Macé-
» doine. » Ayant ainsi parlé, il s'en retourna au poste
qu'il occupait dans le camp.

XLV. Les généraux athéniens passèrent à l'aile droite, et rapportèrent à Pausanias ce qu'ils avaient appris d'Alexandre. Sur cette nouvelle, Pausanias, qui redoutait les Perses, leur dit : « Puisque la bataille doit se donner demain
» au point du jour, il faut, Athéniens, vous placer vis-à-
» vis des Perses, et nous contre les Béotiens et les Grecs
» qui vous sont opposés. Voici mes raisons. Vous con-
» naissez les Perses et leur façon de combattre, vous en
» avez fait l'épreuve à la journée de Marathon. Nous
» autres, nous ne nous sommes point essayés contre eux,
» et nous ne les connaissons pas, aucun Spartiate ne
» s'étant mesuré avec eux ; mais nous avons acquis de l'ex-
» périence au sujet des Béotiens et des Thessaliens. Prenez
» donc vos armes, et passez à l'aile doite, tandis que nous
» irons à la gauche. — Vous nous prévenez, répondirent
» les Athéniens ; cette pensée nous était aussi venue il y a
» longtemps, et dès que nous eûmes vu les Perses en face
» de vous. Nous n'osions vous en parler, de crainte de vous
» déplaire. Mais puisque vous nous en faites vous-même
» la proposition, nous l'acceptons avec plaisir, et nous
» sommes disposés à l'exécuter. »

XLVI. Cette proposition ayant été goûtée des deux côtés, les Spartiates et les Athéniens changèrent de poste au lever de l'aurore. Les Béotiens, l'ayant remarqué, en donnèrent avis à Mardonius. Il n'en eut pas plutôt eu connaissance, qu'il essaya aussi de changer son ordre de bataille en faisant passer les Perses vis-à-vis des Lacédémoniens. Pausanias, instruit par ce mouvement que l'ennemi l'avait pénétré, ramena les Spartiates à l'aile droite, et Mardonius, à son exemple, les Perses à l'aile gauche.

XLVII. Lorsqu'ils eurent repris leurs anciens postes, Mardonius envoya un héraut aux Spartiates. « Lacédémoniens, leur dit-il, on vous regarde dans ce pays-ci comme des gens très-braves ; on admire que vous ne fuyiez jamais du combat, que vous n'abandonniez jamais vos rangs, et que, fermes dans votre poste, vous donniez la mort ou la receviez : rien cependant n'est plus éloigné de la vérité ; car, même avant de commencer la bataille et d'en venir aux mains, nous vous voyons quitter vos rangs pour prendre la fuite, et, laissant aux Athéniens le soin de se mesurer les premiers contre nous, vous allez vous placer vis-à-vis de nos esclaves. Cette action n'est point celle d'hommes généreux. Nous nous sommes bien trompés à votre sujet : nous nous attendions, d'après votre réputation, que vous nous enverriez défier au combat par un héraut, que vous seuls vous vous battriez contre les Perses ; et, quoique nous soyons dans cette disposition, bien loin de vous entendre tenir ce langage, nous vous trouvons tremblants. Mais, puisqu'au lieu de nous présenter les premiers le défi nous vous le présentons, que ne combattons-nous en nombre égal, vous pour les Grecs, puisque vous passez pour très-braves ; et nous pour les Barbares ? Si vous êtes d'avis que le reste des troupes combatte aussi, qu'elles combattent, mais après nous. Si, au lieu de goûter cette proposition, vous croyez qu'il suffise que nous combattions seuls, nous y consentons ; mais que le parti victorieux soit censé avoir vaincu toute l'armée ennemie. »

XLVIII. Le héraut, ayant ainsi parlé, attendit quelque temps ; et comme personne ne lui répondit, il s'en retourna et fit son rapport à Mardonius. Ce général s'en réjouit, et, fier d'une victoire imaginaire, il envoya contre les Grecs sa cavalerie, qui, étant très-habile à lancer le javelot et à tirer de l'arc, les incommoda d'autant plus, que, ne se laissant point approcher, il était impossible de la combattre de près. Elle s'avança jusqu'à la fontaine de Gargaphie, qui fournissait de l'eau à toute l'armée grecque, la troubla et la boucha. Il n'y avait que les Lacédémoniens qui campassent près de cette fontaine ; les autres Grecs en étaient éloignés suivant la disposition de leurs quartiers. L'Asope se trouvait dans leur voisinage ; mais la cavalerie les repoussant à coups de traits, et les empêchant d'y puiser de l'eau, ils allaient en chercher à cette fontaine.

XLIX. Dans ces circonstances, comme les Grecs manquaient d'eau, et que la cavalerie ennemie les incommodait beaucoup, les généraux se rendirent à l'aile droite pour délibérer avec Pausanias sur ce sujet et sur d'autres ; car, malgré leur triste situation, il y avait encore d'autres choses qui les inquiétaient davantage. Ils manquaient de vivres, et leurs valets, qu'ils avaient envoyés chercher des provisions dans le Péloponnèse, ne pouvaient pas retourner au camp, parce que la cavalerie leur en fermait le passage.

L. Les généraux furent d'avis d'aller dans l'île, si les Perses différaient encore ce jour-là le combat. Cette île est vis-à-vis de Platées, à dix stades de l'Asope et de la fontaine de Gargaphie, auprès de laquelle ils campaient alors. On pourrait la regarder comme une île dans le continent. La rivière descend du mont Cithéron dans la plaine, se partage en deux bras éloignés l'un de l'autre d'environ trois stades, et réunit ensuite ses eaux dans un même lit : cette île se nomme OEroé. Les habitants de ce pays disent qu'OEroé est fille d'Asope [1]. Ce fut dans cette île que les Grecs résolurent de passer, tant pour avoir de l'eau en abondance, que pour ne plus être incommodés par la cavalerie, comme ils l'étaient quand ils se trouvaient vis-à-vis d'elle. Ils prirent la résolution de décamper la nuit, à la seconde veille, de crainte que les Perses, venant à s'apercevoir de leur départ, ne les suivissent et ne les inquiétassent dans leur marche. Ils étaient aussi convenus qu'arrivés au lieu qu'OEroé, fille d'Asope, coulant du Cithéron,

---

[1] Diodore de Sicile, qui fait mention de douze filles d'Asope, et Apollodore, qui en nomme vingt, ne parlent point de cette OEroé. (WESSELING.)

enferme de ses bras, ils enverraient, cette même nuit, la moitié de l'armée au Cithéron pour ouvrir les passages à leurs valets, qui avaient été chercher des vivres, et que l'ennemi tenait enfermés dans les gorges de la montagne.

LI. Cette résolution prise, on fut fort incommodé toute cette journée par les attaques de la cavalerie. Mais lorsqu'elle se fut retirée à la fin du jour, et quand la nuit fut venue, ainsi que l'heure à laquelle on était convenu de partir, la plupart levèrent le camp et se mirent en marche, sans avoir cependant intention d'aller à l'endroit où l'on avait décidé qu'on se rendrait. Dès qu'ils se furent mis en mouvement, ils se sauvèrent avec plaisir du côté de Platées, afin d'échapper à la cavalerie ennemie. L'ayant évitée, ils arrivèrent au temple de Junon, qui est devant cette ville, à vingt stades de la fontaine de Gargaphie, et y posèrent leur camp.

LII. Tandis qu'ils étaient campés aux environs de ce temple, Pausanias, qui les avait vus partir, et qui les croyait en marche pour se rendre au lieu convenu, ordonna aussi aux Lacédémoniens de prendre les armes et de les suivre. Les commandants étaient tous disposés à lui obéir, excepté Amopharète, fils de Poliades, capitaine de la compagnie des Pitanates [1], qui dit qu'il ne fuirait pas devant les étrangers, et que, de son plein gré, il ne ferait point à Sparte ce déshonneur. Comme il ne s'était pas trouvé au conseil précédent, il était étonné de la conduite des généraux. Pausanias et Euryanax, fâchés de ce qu'il refusait d'obéir à leurs ordres, l'auraient été encore bien plus d'abandonner les Pitanates, à cause du sentiment d'Amopharète, de crainte qu'en voulant exécuter la résolution prise en commun avec les autres Grecs, il ne pérît avec sa compagnie. Ces réflexions les engagèrent à rester tranquilles avec les troupes de Lacédémone, et pendant ce temps-là ils tâchèrent de l'engager à changer de conduite.

LIII. Amopharète était le seul parmi les Lacédémoniens

[1] Il y avait à Lacédémone un quartier qui portait le nom de Pitane, mais on ignore si ce quartier donna son nom au corps de troupes dont il est ici question.

et les Tégéates qui voulût rester. Pendant qu'on l'exhortait à obéir, les Athéniens, qui connaissaient le caractère des Lacédémoniens, et que ces peuples pensaient d'une façon et parlaient d'une autre, se tenaient tranquilles dans leurs quartiers. Mais, l'armée ayant commencé à s'ébranler, ils dépêchèrent un de leurs cavaliers pour voir si les Spartiates se mettaient en devoir de partir, ou s'ils n'y songeaient pas, et pour demander à Pausanias ses ordres.

LIV. Le héraut trouva à son arrivée les Lacédémoniens dans leurs postes, et leurs principaux officiers disputant contre Amopharète. Pausanias et Euryanax tâchaient, mais en vain, de l'engager à ne pas exposer au péril les Lacédémoniens, qui étaient restés seuls au camp; enfin on en était venu à se quereller, lorsque le héraut des Athéniens arriva. Dans la chaleur de la dispute, Amopharète prit une pierre des deux mains, et la mettant aux pieds de Pausanias : Avec cette ballotte [1], dit-il, je suis d'avis de ne point fuir devant les étrangers : c'est ainsi qu'il appelait les Barbares. Pausanias traita Amopharète de fou, d'insensé. S'adressant ensuite au héraut des Athéniens, qui lui exposait ses ordres, il lui dit de rapporter aux Athéniens l'état actuel des choses, et qu'il les priait de venir les trouver, et de se conduire, au sujet du départ, comme eux.

LV. Le héraut s'en retourna vers les Athéniens, et le jour surprit les généraux lacédémoniens et Amopharète se disputant encore. Pausanias était demeuré jusqu'alors; mais enfin, persuadé que si les Lacédémoniens partaient, Amopharète ne les abandonnerait pas, comme en effet la chose arriva, il donna le signal du départ, et mena le reste de ses troupes par les hauteurs. Les Tégéates le suivirent aussi : mais les Athéniens marchèrent en ordre de bataille par une route différente des Lacédémoniens ; car ceux-ci, de crainte de la cavalerie, prirent par la hauteur, et vers le pied du Cithéron, et les Athéniens par la plaine.

LVI. Amopharète, s'imaginant que Pausanias n'oserait

---

[1] On se servait de petits cailloux pour les suffrages.

jamais l'abandonner, ni lui ni les siens, faisait tous ses efforts pour contenir les troupes et les empêcher de quitter leur poste. Mais lorsqu'il les vit s'avancer avec Pausanias, jugeant alors qu'il en était ouvertement abandonné, il fit prendre les armes à sa compagnie, et la mena au petit pas vers le reste de l'armée. Quand Pausanias eut fait environ dix stades, il s'arrêta sur les bords du Moloéis, au lieu nommé Argiopius, où est un temple de Cérès Éleusinienne; il y attendit Amopharète dans l'intention de retourner à son secours, en cas qu'il se fût obstiné à rester dans son poste avec sa compagnie. Enfin Amopharète arriva avec les siens. Toute la cavalerie ennemie pressa vivement les Grecs, selon sa coutume. Les Barbares, ayant remarqué que le camp que les Grecs avaient occupé les jours précédents était abandonné, poussèrent leurs chevaux toujours en avant, et ne les eurent pas plutôt atteints, qu'ils se mirent à les harceler.

LVII. Quand Mardonius eut appris que les Grecs s'étaient retirés pendant la nuit, et qu'il eut vu leur camp désert, il manda Thorax de Larisse, avec Eurypile et Thrasydéius, ses frères, et leur parla ainsi : « Fils d'Aleuas,
» que direz-vous encore en voyant ce camp abandonné ?
» Vous autres qui êtes voisins des Lacédémoniens, vous
» souteniez qu'ils ne fuyaient jamais du combat, et qu'ils
» étaient les plus braves de tous les hommes. Vous les avez
» vus néanmoins changer d'abord de poste, et maintenant
» nous voyons tous qu'ils ont pris la fuite la nuit dernière.
» Quand il leur a fallu combattre contre des hommes vrai-
» ment braves, ils ont fait voir que, n'étant dans le fond
» que des lâches, ils ne se distinguaient que parmi des
» Grecs, qui sont aussi lâches qu'eux.

» Comme vous n'aviez point encore éprouvé la valeur
» des Perses, et que vous connaissiez aux Lacédémoniens
» quelque courage, je vous pardonnais les éloges que vous
» leur donniez ; j'étais beaucoup plus surpris qu'Artabaze
» redoutât les Lacédémoniens, et qu'il fût lâchement
» d'avis de lever le camp, et de s'enfermer dans la ville
» de Thèbes pour y soutenir un siége. J'aurai soin dans la
» suite d'informer le roi de ce conseil ; mais nous en par-

» lerons une autre fois. Maintenant il ne faut pas souffrir
» que les Grecs nous échappent; poursuivons-les jusqu'à
» ce que nous les ayons atteints, et punissons-les ensuite
» de tout le mal qu'ils nous ont fait. »

LVIII. Ayant ainsi parlé, il fit passer l'Asope aux Perses, et les mena contre les Grecs, en courant sur leurs traces, comme si ceux-ci prenaient véritablement la fuite. Il n'était occupé que des Lacédémoniens et des Tégéates, parce que les hauteurs l'empêchaient d'apercevoir les Athéniens, qui avaient pris par la plaine. Dès que les autres généraux de l'armée des Barbares virent les Perses s'ébranler pour courir après les Grecs, ils arrachèrent aussitôt les étendards, et les suivirent à toutes jambes, confusément et sans garder leurs rangs, poussant de grands cris et faisant un bruit épouvantable, comme s'ils allaient les enlever.

LIX. Pausanias, se voyant pressé par la cavalerie ennemie, dépêcha un cavalier aux Athéniens. « Athéniens,
» leur dit-il, dans un combat[1] de cette importance, où il
» s'agit de la liberté ou de la servitude de la Grèce, nous
» avons été trahis, et vous aussi, par nos alliés; la nuit
» dernière ils ont pris la fuite. Nous n'en avons pas moins
» résolu de nous défendre avec vigueur, et de nous secou-
» rir mutuellement. Si la cavalerie vous eût attaqués les
» premiers, il eût été de notre devoir de marcher à votre
» secours avec les Tégéates qui sont restés avec nous fidè-
» les à la patrie; mais, puisqu'elle fond tout entière sur
» nous, et que nous en sommes accablés, il est juste que
» vous veniez nous défendre. Mais s'il vous est impossible
» de nous secourir, du moins faites-nous le plaisir de nous
» envoyer des gens de trait. L'ardeur que vous avez mon-
» trée dans cette guerre, et à laquelle nous nous empres-
» sons de rendre témoignage, nous fait espérer que vous
» écouterez favorablement notre demande. »

LX. Là-dessus les Athéniens se mirent en mouvement pour aller à leur secours, et les défendre avec vigueur. Ils étaient déjà en marche, lorsqu'ils furent attaqués par les

---

[1] Allusion aux jeux de la Grèce où l'on propose des prix.

Grecs de l'armée du roi, qui leur étaient opposés. Cette attaque, qui les affligeait beaucoup, les empêcha de secourir les Lacédémoniens. Ceux-ci, avec les Tégéates, leurs inséparables alliés, quoique dépourvus de ce renfort, allaient avec les troupes légères, les premiers à cinquante mille hommes, les autres à trois mille. Ils sacrifiaient, dans l'intention de livrer bataille à Mardonius et aux troupes qu'il avait avec lui, mais les sacrifices n'étaient pas favorables; et pendant qu'on en était occupé il périssait beaucoup de Grecs, et il y en eut un plus grand nombre de blessés : car les Perses, s'étant fait un rempart de leurs boucliers, leur lançaient une quantité si prodigieuse de flèches, que les Spartiates en étaient accablés. Les sacrifices continuant à ne point être favorables, Pausanias tourna ses regards vers le temple de Junon, près de Platées, implora la déesse, et la supplia de ne pas permettre que les siens se vissent frustrés de leurs espérances.

LXI. Il l'invoquait encore, lorsque les Tégéates, se levant les premiers, marchèrent aux Barbares. Il eut à peine achevé sa prière, que, les sacrifices devenant enfin favorables, les Lacédémoniens marchèrent aussi aux Perses ; et ceux-ci, quittant leurs arcs, en soutinrent le choc. Le combat se donna d'abord près du rempart de boucliers. Lorsqu'il eut été renversé, l'action devint vive, et dura longtemps près du temple même des Cérès, jusqu'à ce qu'on fût venu à les en chasser ; car les Barbares saisissaient les lances des Grecs, et les brisaient entre leurs mains. A cette journée, les Perses ne cédèrent aux Grecs ni en force ni en audace ; mais étant armés à la légère, et n'ayant d'ailleurs ni l'habileté ni la prudence de leurs ennemis, ils se jetaient un à un, ou dix ensemble, ou même tantôt plus, tantôt moins, sur les Spartiates, qui les taillaient en pièces.

LXII. Les Perses pressaient vivement les Grecs du côté où Mardonius, monté sur un cheval blanc, combattait en personne à la tête des mille Perses d'élite. Tant qu'il vécut, ils soutinrent l'attaque des Lacédémoniens, et en se défendant vaillamment ils en tuèrent un grand nombre. Mais après sa mort, lorsque ce corps, le plus fort de l'armée, au milieu duquel il combattait, eut été renversé, le reste tourna le dos, et abandonna la victoire aux Lacédémoniens. Les Perses avaient deux désavantages : leur habit long et embarrassant[1], et leurs armes légères. Celui-ci était d'autant plus grand, qu'ils avaient à combattre des hommes pesamment armés.

LXIII. A cette journée, les Spartiates vengèrent sur Mardonius la mort de Léonidas, comme l'avait prédit l'oracle ; et Pausanias, fils de Cléombrote et petit-fils d'Anaxandrides, y remporta la plus belle victoire dont nous ayons connaissance. Nous avons parlé des ancêtres de ce prince en faisant mention de ceux de Léonidas, ce sont les mêmes pour l'un et pour l'autre. Mardonius fut tué par Aïmnestus, citoyen distingué de Sparte, qui, quelque temps après la guerre contre les Perses, périt avec trois cents hommes qu'il commandait, en se battant à Stényclare contre tous les Messéniens.

LXIV. Battus et mis en fuite à Platées par les Lacédémoniens, les Perses se sauvèrent en désordre dans leur camp, et en dedans du mur de bois qu'ils avaient construit sur le territoire de Thèbes. Le combat s'étant donné près du bocage consacré à Cérès, je suis étonné qu'on n'ai vu aucun Perse s'y réfugier, ou mourir autour du temple de la déesse, et que la plupart périrent dans un lieu profane. S'il est permis de dire son sentiment sur les choses divines, je pense que la déesse leur en interdit l'entrée, parce qu'ils avaient brûlé son temple à Éleusis. Telle fut l'issue de cette bataille.

LXV. Artabaze, fils de Pharnaces, qui, dès les commencements, n'avait point été d'avis que le roi laissât Mardonius en Grèce, voyant que, malgré toutes les raisons qu'il alléguait pour dissuader ce général de donner bataille, il n'avançait en rien, prit les mesures suivantes, parce que ses opérations ne lui plaisaient pas. Il commandait un

---

[1] On ignore quelle était originairement la manière de se vêtir des Perses ; mais l'on sait que, lorsqu'ils eurent subjugué les Mèdes, Cyrus, qui avait observé que l'habillement de ceux-ci avait plus de grâce que celui de sa nation, l'adopta, et engagea les grands à l'imiter, parce que cet habillement cache les défauts du corps, donne de la grâce, et fait paraître les hommes plus grands. (L.)

corps considérable de troupes, qui montait à quarante mille hommes. Pendant qu'on se battait, comme il savait parfaitement bien quelle devait être l'issue du combat, il marcha en avant, leur ordonnant de le suivre tous en un seul et même corps partout où il les conduirait quand ils le verraient doubler le pas. Ces ordres donnés, il les mena d'abord comme s'il eût voulu aller à l'ennemi ; mais lorsqu'il se fut avancé quelque peu, s'étant aperçu que les Perses étaient en déroute, il n'observa plus le même ordre dans sa marche, et s'enfuit de toutes ses forces, non vers le mur de bois, ou vers la ville de Thèbes, mais du côté des Phocidiens, dans l'intention d'arriver le plus tôt possible à l'Hellespont. Ces troupes tournèrent donc de ce côté.

LXVI. Les Béotiens combattirent longtemps contre les Athéniens; mais tous les autres Grecs du parti du roi se conduisirent lâchement de dessein prémédité. Ceux des Thébains qui tenaient le parti des Mèdes, loin de fuir, se battirent avec tant d'ardeur, que trois cents des principaux et des plus braves d'entre eux tombèrent sous les coups des Athéniens. Mais, ayant aussi tourné le dos, ils s'enfuirent à Thèbes, et non du même côté que les Perses, et que cette multitude d'alliés qui, loin d'avoir fait aucune action éclatante, avait pris la fuite, sans même avoir combattu.

LXVII. Cela prouve l'influence des Perses sur les Barbares : et, en effet, si ceux-ci se sauvèrent, même avan que d'en être venus aux mains avec l'ennemi, ce fut parce que les Perses leur en donnèrent l'exemple. Ainsi toute l'armée prit la fuite, excepté la cavalerie, et particulièrement celle des Béotiens. Celle-ci favorisa les Perses dans leur fuite, s'approchant continuellement des ennemis, et protégeant leurs amis contre les Grecs, qui, après leur victoire, poursuivaient les Perses et en faisaient un grand carnage.

LXVIII. Tandis que les Barbares fuyaient de toutes parts, on vint dire aux Grecs campés autour du temple de Junon, et qui ne s'étaient point trouvés au combat, que la bataille s'était donnée, et que Pausanias était vainqueur. Là-dessus, les Corinthiens, les Mégariens et les

Phliasiens, pêle-mêle et sans observer aucun ordre, prirent, les premiers par le bas de la montagne et le chemin des collines pour aller droit au temple de Cérès, et les autres par la plaine, c'est-à-dire par le chemin le plus uni. Lorsque les Mégariens et les Phliasiens furent près des ennemis, la cavalerie des Thébains, commandée par Asopodore, fils de Timandre, les ayant vus se hâter sans garder leurs rangs, tomba sur eux, en coucha six cents par terre, et poursuivit le reste jusqu'au Cithéron, où elle les poussa : ce fut ainsi qu'ils périrent sans gloire.

LXIX. Les Perses et toute la multitude des Barbares ne se furent pas plutôt réfugiés dans leurs retranchements, qu'ils se hâtèrent de monter sur les tours avant l'arrivée des Lacédémoniens, et de fortifier la muraille le mieux qu'ils purent. Les Lacédémoniens s'en étant approchés, l'attaque du mur fut très-vive ; la défense des Perses ne le fut pas moins : et même ceux-ci eurent de très-grands avantages avant l'arrivée des Athéniens, parce que les Lacédémoniens ignoraient l'art d'attaquer les places. Mais, les Athéniens s'étant joints aux assiégeants, l'attaque fut rude et longue. Enfin, leur valeur et leur constance les rendirent maîtres du mur ; et, en ayant abattu une partie, les Grecs se jetèrent en foule dans le camp. Les Tégéates, y étant entrés les premiers, pillèrent la tente de Mardonius, et entre autres choses la mangeoire de ses chevaux, toute de bronze, et remarquable par sa beauté. Ils la consacrèrent dans le temple de Minerve Aléa. Quant au reste du butin[1], ils le portèrent au même endroit que les Grecs.

Le mur renversé, les Barbares se débandèrent, et pas un ne se rappela son ancienne valeur. Dans cet état de stupeur où se trouve une multitude d'hommes effrayés de se voir renfermés dans un petit espace, ils se laissèrent tuer avec si peu de résistance, que de trois cent mille hommes qu'ils étaient, il n'y en eut pas trois mille qui

---

[1] Le siége de Mardonius, dont les pieds étaient d'argent, avec son cimeterre qui valait 300 dariques, à peu près 300 louis, échurent aux Athéniens, qui les placèrent dans la citadelle comme un monument de leur victoire. Glaucétès, questeur ou garde du trésor national, les enleva dans la suite. (*Voyez* la Harangue de Démosthènes contre Timocrates.) (L.)

échappèrent, si l'on excepte les quarante mille avec lesquels Artabaze s'était sauvé. Les Lacédémoniens de Sparte ne perdirent en tout que quatre-vingt-onze des leurs, les Tégéates seize, et les Athéniens cinquante-deux.

LXX. L'infanterie perse, la cavalerie sace et Mardonius se signalèrent le plus parmi les Barbares. Du côté des Grecs, les Tégéates et les Athéniens se comportèrent en gens de cœur ; mais les Lacédémoniens les surpassèrent, et voici la preuve que je puis en rapporter. Les Tégéates et les Athéniens vainquirent ceux qu'ils avaient en tête ; mais les Lacédémoniens attaquèrent les meilleures troupes de l'ennemi et les battirent. Aristodémus se distingua, à mon avis, beaucoup plus que les autres. Il était le seul des trois cents Spartiates qui se fût attiré des reproches, et qui se fût déshonoré en se sauvant des Thermopyles. Posidonius, Philocyon et le Spartiate Amopharète firent après lui les plus belles actions. Cependant, lorsqu'on s'entretenait de ceux qui s'étaient le plus signalés à cette journée, les Spartiates qui s'y étaient trouvés répondaient qu'Aristodémus, voulant mourir à la vue de l'armée, afin de réparer sa faute, était sorti de son rang comme un furieux, et avait fait des prodiges de valeur ; que Posidonius fit de très-belles actions, sans avoir dessein de mourir, et que cela n'en était que plus glorieux pour lui : mais l'envie a peut-être beaucoup de part à ces discours. On rendit de grands honneurs à tous ceux que j'ai nommés, et qui avaient été tués à cette bataille, excepté à Aristodémus. Celui-ci n'en reçut point, parce qu'il avait voulu mourir pour effacer la honte dont il s'était couvert.

LXXI. Tels sont ceux qui se distinguèrent à Platées. Callicrates, le plus bel homme qui fût à l'armée, non-seulement parmi les Lacédémoniens, mais encore parmi le reste des Grecs, ne périt point dans l'action. Assis à son rang, il fut blessé d'une flèche au côté tandis que Pausanias faisait des sacrifices ; et comme on l'emportait pendant le combat, il témoignait à Arimneste de Platées ses regrets : non qu'il se plaignît de perdre la vie pour la Grèce, mais parce qu'il ne s'était point servi de son bras, et qu'il n'avait fait aucune action digne de lui et du courage dont il était animé.

LXXII. On dit que Sophanès, fils d'Eutychides, du bourg de Décélée, se couvrit de gloire parmi les Athéniens. Les habitants de cette bourgade, comme le racontent les Athéniens eux-mêmes, tinrent autrefois une conduite qui leur a été utile dans tous les temps. Les Tyndarides (Castor et Pollux) étant entrés dans l'Attique avec une armée considérable, afin de recouvrer Hélène, dont ils ignoraient l'asile, chassaient les peuples de leurs anciennes demeures. On assure qu'alors ceux de Décélée, ou Décélus lui-même, indignés du rapt commis par Thésée, et craignant pour l'Attique entière, découvrirent tout aux Tyndarides, et les conduisirent à Aphidnes, que Titacus, originaire du pays, leur livra. Cette action mérita aux Décéléens[1] d'être exempts, à perpétuité dans Sparte, de toute contribution, et d'y avoir la première place dans les assemblées. Ils jouissent encore maintenant de ces priviléges; en sorte que dans la guerre du Péloponnèse, qui s'est allumée bien des années après le temps dont je parle, l'armée des Lacédémoniens épargna Décélée[2] et ravagea le reste de l'Attique.

LXXIII. On rapporte de deux façons la manière dont Sophanès de Décélée se signala alors parmi les Athéniens : la première, qu'il portait une ancre de fer attachée avec une chaîne de cuivre à la ceinture de sa cuirasse; que, toutes les fois qu'il s'approchait des ennemis, il la jetait à terre, afin qu'ils ne pussent pas l'ébranler en fondant sur lui, et que lorsqu'ils s'enfuyaient il la reprenait et les poursuivait. Telle est la première manière de raconter cette histoire, qui est contredite par la seconde : car on dit aussi qu'il portait, non une ancre réelle de fer à la ceinture de sa cuirasse, mais la figure d'une ancre à son

---

[1] Cela doit s'entendre des Décéléens qui auraient voulu s'établir à Sparte.

[2] Cela doit s'entendre de la première année de la guerre du Péloponnèse, où Archidamus ravagea l'Attique, c'est-à-dire de la seconde année de la quatre-vingt-septième olympiade, la guerre du Péloponnèse ayant commencé au printemps précédent, c'est-à-dire à la fin de la première année de la quatre-vingt-septième olympiade. (L.)

bouclier, qu'il tournait continuellement et sans jamais se reposer.

LXXIV. Il y a aussi de Sophanès une autre action brillante. Tandis que les Athéniens faisaient le siége d'Égine, il défia à un combat singulier Eurybatès d'Argos [1], qui avait été vainqueur au pentathle, et le tua. Mais quelque temps après la bataille de Platées, comme il commandait les Athéniens avec Léagrus, fils de Glaucon, il fut tué lui-même à Datos par les Édoniens, en combattant courageusement pour les mines d'or.

LXXV. Les Grecs ayant battu les Barbares à Platées, une femme transfuge vint les y trouver. C'était une concubine de Pharandates, fils de Téaspis, seigneur perse. Lorsqu'elle eut appris la défaite totale des Perses et la victoire des Grecs, elle arriva sur un harmamaxe (char), toute brillante d'or, ainsi que ves suivantes, et vêtue des habits les plus superbes, mit pied à terre, et se rendit au quartier des Lacédémoniens, qui étaient encore occupés au carnage. Elle reconnut Pausanias aux ordres qu'elle lui voyait donner ; et comme elle en avait souvent entendu parler, elle savait depuis longtemps et son nom et sa patrie. Elle s'approcha de lui, et tenant ses genoux embrassés, elle lui dit : « Roi de Sparte [2], délivrez de la servitude
» une humble suppliante à qui vous avez déjà rendu ser-
» vice en exterminant ces Barbares qui ne respectaient ni
» les dieux ni les génies. Je suis de l'île de Cos, et fille
» d'Hégétorides, fils d'Antagoras. Un Perse, m'ayant enle-
» vée de ma patrie, m'a gardée avec lui. — Femme, ré-
» pondit Pausanias, prenez confiance en moi, et comme
» suppliante et, si d'ailleurs vous dites la vérité, comme
» fille d'Hégétorides de Cos, le principal hôte que j'aie
» dans cette île. » Ayant ainsi parlé, il la remit entre les

[1] Il ne faut pas confondre cet Eurybatès avec Eurybatès qui trahit Crésus, et dont le nom passa depuis en proverbe pour désigner un traître. Celui-ci était d'Éphèse, et l'autre d'Agos. (L.)

[2] Cléomène n'ayant point laissé d'enfants mâles, le royaume passa à Léonidas, fils d'Anaxandrides, et frère de Doriée. Léonidas fut tué aux Thermopyles. Après lui, Pausanias, fils de Cléombrote, gouverna en qualité de tuteur de Plistarque, fils de Léonidas. Cette femme l'appelle roi, parce qu'il en faisait les fonctions. (BELLANGER.)

mains de ceux d'entre les éphores qui étaient présents ; et dans la suite il l'envoya à Égine, où elle avait dessein d'aller.

LXXVI. Les Mantinéens arrivèrent après l'action, et incontinent après le départ de cette femme. Affligés d'apprendre qu'ils étaient venus après la bataille, ils dirent qu'il était juste qu'ils s'en punissent eux-mêmes. Ayant su que les Mèdes commandés par Artabaze avaient pris la fuite, ils voulurent les poursuivre jusqu'en Thessalie ; mais les Lacédémoniens les en dissuadèrent ; et, lorsqu'ils furent de retour dans leur pays, ils bannirent leurs généraux. Après les Mantinéens arrivèrent les Éléens : ils s'en retournèrent aussi affligés que les Mantinéens ; et aussitôt après leur arrivée, ils bannirent aussi leurs capitaines. Mais en voilà assez sur les Mantinéens et les Éléens.

LXXVII. Lampon, fils de Pythéas, le citoyen le plus distingué d'Égine, alors au camp des Éginètes à Platées, vint en diligence trouver Pausanias, et lui donna un conseil impie. « Fils de Cléombrote, lui dit-il, vous avez fait
» une action admirable et par sa grandeur et par son éclat.
» En délivrant la Grèce, Dieu vous a accordé une gloire
» où jamais n'a pu atteindre aucun des Grecs que nous
» connaissons. Achevez cet ouvrage, afin que votre répu-
» tation aille en augmentant, et que désormais les Barbares
» craignent de se permettre contre les Grecs des actions
» atroces. Léonidas ayant été tué aux Thermopyles, Mar-
» donius et Xerxès lui firent couper la tête, et attacher
» son corps à une croix. En traitant de même Mardonius,
» vous serez loué non-seulement de tous les Spartiates,
» mais encore du reste des Grecs ; car, en le faisant mettre
» en croix, vous vengerez Léonidas, votre oncle paternel. »
Ainsi parla Lampon, croyant que Pausanias lui en saurait gré.

LXXVIII. « Mon hôte d'Égine, répondit ce prince,
» j'estime votre bienveillance et votre prudence ; mais vo-
» tre avis pèche contre la droite raison : car, après m'a-
» voir élevé fort haut, moi, mes actions, ma patrie, vous
» me rabaissez jusqu'à terre en me conseillant d'outrager
» un mort. Vous ajoutez qu'en suivant ce conseil ma ré-

» putation ira en augmentant. Mais une pareille conduite
» convient mieux à des Barbares qu'à des Grecs, et même
» nous la blâmons dans eux. Aux dieux ne plaise que je
» veuille, à ce prix, complaire aux Éginètes et à ceux qui
» approuveraient une telle action. Il me suffit de mériter
» l'estime des Spartiates, en ne faisant et en ne disant rien
» que d'honnête. Quant à Léonidas, que vous voulez que
» je venge, je pense qu'il l'est suffisamment, et qu'il tire
» un assez grand lustre de cette multitude innombrable de
» morts, lui et le reste de ceux qui ont péri aux Thermo-
» pyles. Au reste, ne vous adressez plus à moi[1] pour me
» tenir de pareils discours, ou pour me donner de sembla-
» bles conseils, et sachez-moi gré de ce que je les laisse
» impunis. » Là-dessus Lampon se retira.

LXXIX. Pausanias fit publier une défense de toucher au butin, et ordonna aux Ilotes de l'apporter dans un même lieu. Ils se répandirent dans le camp, trouvèrent des tentes tissues d'or et d'argent, des lits dorés, des lits argentés, des cratères, des coupes, et autres vases à boire qui étaient d'or; et, sur des voitures, des chaudières d'or et d'argent dans des sacs. Ils enlevèrent aux morts leurs bracelets, leurs colliers et leurs cimeterres qui étaient d'or, sans s'embarrasser de leurs habits de diverses couleurs. Les Ilotes volèrent beaucoup d'effets qu'ils vendirent aux Éginètes, et ne montrèrent que ce qu'ils ne purent cacher. Telle fut la source des grandes richesses des Éginètes, qui achetaient des Ilotes l'or, sans doute comme si c'eût été du cuivre.

LXXX. Lorsqu'on eut porté toutes ces richesses dans un même lieu, on en préleva la dixième partie pour les dieux. On en fit faire au dieu de Delphes le trépied d'or, soutenu par un serpent d'airain à trois têtes[2], qu'on voit près de l'autel; au dieu d'Olympie, un Jupiter de bronze de dix coudées de haut[3], et au dieu de l'Isthme, un

---

[1] Pausanias changea totalement dans la suite. Il donna dans la magnificence et dans le luxe, devint fier, colère, aspira à la tyrannie, et voulut donner des fers à sa patrie. Ce fut la vraie cause de sa mort.

[2] Les chefs des Phocidiens en firent usage dans le temps de la guerre sacrée; mais le serpent d'airain subsistait encore du temps de Pausanias. (L.)

[3] Cette statue regarde le levant. Elle est dédiée par tous les peuples de la

Neptune de bronze de sept coudées de haut. Le dixième du butin mis à part, on distribua le reste à chacun selon son mérite, les concubines des Perses, les bêtes de somme, l'or, l'argent et autres effets précieux. Personne ne dit ce qui fut donné, par manière de distinction, à ceux qui se signalèrent à la journée de Platées. Je crois cependant qu'on leur accorda quelque récompense particulière : on mit à part, pour Pausanias, le dixième de tout, femmes, chevaux, talents, chameaux, et semblablement de toutes les autres richesses, et on lui en fit présent.

LXXXI. On dit aussi que Xerxès, en s'enfuyant de Grèce, avait laissé à Mardonius son ameublement, qui consistait en vaisselle d'or et d'argent, et en tapis de diverses couleurs ; que Pausanias, voyant toutes ces richesses, ordonna aux boulangers et aux cuisiniers de Mardonius de lui préparer un repas comme si c'eût été pour leur maître. Cet ordre exécuté, Pausanias vit des lits d'or et d'argent richement couverts, des tables d'or et d'argent, et l'appareil d'un festin splendide. Surpris d'une si grande magnificence, il ordonna, pour se divertir, à ses serviteurs, de lui apprêter à manger à la manière de Lacédémone. Comme la différence entre ces deux repas était prodigieuse, Pausanias ne put s'empêcher de rire. Il envoya chercher les généraux grecs ; et, lorsqu'ils furent arrivés, il leur dit, en leur montrant l'appareil des deux repas : « Grecs, je vous ai mandés pour vous rendre témoins de » la folie du général des Perses, qui, ayant une si bonne » table, est venu pour nous enlever celle-ci, qui est si » misérable. » Tel fut, à ce qu'on dit, le langage de Pausanias aux généraux des Grecs.

LXXXII. On trouva encore, longtemps après cette action, des coffres pleins d'or et d'argent, et d'autres richesses ; et, lorsque les cadavres eurent été dépouillés de

---

Grèce qui combattirent à Platées contre les Perses commandés par Mardonius. On a gravé sur la face du piédestal, qui est à main droite, les noms des villes qui eurent part à cette action. Les Lacédémoniens sont les premiers, ensuite les Athéniens, puis les Corinthiens, en quatrième lieu les Sicyoniens, et en cinquième lieu les Éginètes. Après les Éginètes viennent les Mégariens et les Épidauriens ; parmi les Arcadiens, les Tégéates et les Orchoméniens. Après ceux-là sont les Phliasiens, ceux de Trézène et d'Hermione.

leur chair, on reconnut un crâne d'homme sans suture et d'un seul os parmi les ossements que les Platéens transportèrent dans un même endroit. On vit aussi les deux mâchoires, l'inférieure et la supérieure, dont les dents, quoique distinguées, étaient toutes d'un seul os, tant les molaires que les autres, et les ossements d'un homme de cinq coudées [1].

LXXXIII. Le lendemain de la bataille, le corps de Mardonius fut enlevé secrètement; mais par qui le fut-il? C'est ce que je ne puis assurer. J'ai ouï dire que plusieurs personnes, et même de différentes nations, lui avaient donné la sépulture, et je sais qu'il y en eut beaucoup qui furent magnifiquement récompensés de cette action par Artontès, fils de Mardonius. Mais je n'ai pu savoir avec certitude quel est celui d'entre eux qui l'enleva furtivement et lui rendit les derniers devoirs. Il court cependant un bruit que ce fut Dionysiophanès d'Éphèse.

LXXXIV. Lorsqu'on eut partagé le butin fait à Platées, les Grecs donnèrent la sépulture à leurs morts, chaque nation aux siens à part. Les Lacédémoniens firent trois fosses : dans l'une, ils enterrèrent les irènes [2], au nombre desquels étaient Posidonius, Amopharète, Philocyon et Callicrates; dans la seconde, ils mirent le reste des Spartiates, et dans la troisième, les Ilotes. Les Tégéates furent enterrés à part, mais tous pêle-mêle. Les Athéniens mirent leurs morts ensemble. Les Mégariens et les Phliasiens en agirent de même à l'égard de ceux d'entre eux qui avaient été tués par la cavalerie. Il y avait des corps dans les tombeaux de toutes ces nations ; mais les autres peuples, dont on montre la sépulture à Platées, honteux, comme je l'ai appris, de ne s'être pas trouvés au combat, érigèrent chacun des cénotaphes de terre amoncelée, afin de se faire honneur dans la postérité. L'élévation de terre qu'on appelle la sépulture des Éginètes fut faite, comme je l'ai

---

[1] 6 pieds 10 pouces et demi.

[2] Les Lacédémoniens appellent irènes ceux qui sont sortis de la classe des enfants depuis deux ans, et mellirènes les enfants les plus avancés en âge. Lorsque l'irène a atteint vingt ans, il commande sa cohorte dans les combats. (PLUTARQUE, *de Lycurgo*.)

ouï dire, dix ans après cette bataille, à la prière de ceux d'Égine, par Cléadas de la ville de Platées, fils d'Autodicus, leur hôte.

LXXXV. Dès que les Grecs eurent rendu, à Platées, les derniers devoirs aux morts, ils résolurent, après une mûre délibération, de marcher contre Thèbes, et d'en sommer les habitants de leur livrer ceux d'entre eux qui avaient pris les intérêts des Perses, spécialement Timégénidas et Attaginus, chefs de ce parti, et de leur signifier que, si on ne les leur remettait pas, on ne lèverait point le siége qu'on eût détruit la place. Cette résolution prise, ils arrivèrent devant la ville le onzième jour après la bataille, et en formèrent le siége. Ils firent aussitôt sommer les Thébains de leur livrer ceux dont on vient de parler; et, sur leur refus, on fit le dégât sur leurs terres, et on se mit à battre les murailles.

LXXXVI. Comme les ravages ne cessaient point, le vingtième jour Timégénidas dit aux Thébains : « Thébains,
» puisque les Grecs ont résolu de ne point lever le siége
» de cette place qu'ils ne l'aient détruite, ou que vous ne
» nous ayez remis entre leurs mains, que la Béotie ne soit
» pas, pour l'amour de nous, plus longtemps accablée de
» maux. Si la demande de nos personnes est un prétexte
» pour exiger de l'argent, il faut leur en donner du trésor
» public, puisque nous ne sommes pas les seuls qui nous
» soyons déclarés pour les Perses, et que nous l'avons fait
» conjointement avec la république. Mais, s'ils n'assiégent
» Thèbes que pour nous avoir en leur puissance, nous
» nous présenterons devant eux pour y plaider notre
» cause. » Ce discours ayant paru juste et fort à propos, les Thébains envoyèrent sur-le-champ dire à Pausanias, par un héraut, qu'ils étaient dans l'intention de lui livrer ceux qu'il demandait.

LXXXVII. Cette convention faite, Attaginus prit la fuite; mais ses enfants ayant été amenés à Pausanias, ce prince les renvoya absous, disant qu'à cet âge ils ne pouvaient avoir eu aucune part au crime de ceux qui avaient épousé les intérêts des Perses. Quant aux autres que les Thébains remirent au général lacédémonien, ils croyaient qu'il leur serait permis de plaider leur cause ; et d'ailleurs ils se persuadaient qu'avec de l'argent ils viendraient à bout de se justifier. Pausanias, s'en étant douté, congédia toute l'armée des alliés, aussitôt qu'il eut ces traîtres en sa puissance, et les emmena à Corinthe, où il les fit punir du dernier supplice. Voilà ce qui se passa tant à Platées qu'à Thèbes.

LXXXVIII. Artabazes, fils de Pharnaces, qui s'était enfui de Platées, était déjà bien loin. Quand il fut en Thessalie, les Thessaliens lui rendirent tous les devoirs de l'hospitalité ; et comme ils ignoraient ce qui était arrivé à Platées, ils lui demandèrent des nouvelles du reste de l'armée. Artabaze savait qu'en disant la vérité, il courrait risque de périr avec toutes ses troupes ; car il était persuadé que tous ceux qui apprendraient ce qui s'était passé ne manqueraient pas de l'attaquer. Ces réflexions l'avaient détourné de communiquer aux Phocidiens ce qu'il savait ; mais il dit aux Thessaliens : « Je me hâte, comme vous voyez, » d'arriver au plus tôt en Thrace, où l'on m'a envoyé du » camp avec ces troupes pour une affaire importante. » Mardonius lui-même nous suit de près avec son armée, » et ne se fera pas longtemps attendre. Ayez soin de le » bien recevoir, et de lui rendre de bons offices. Vous n'aurez » pas sujet dans la suite de vous en repentir. » Ayant ainsi parlé, il traversa en diligence la Thessalie et la Macédoine avec ses troupes, alla droit en Thrace, comme un homme véritablement pressé, et, coupant ensuite par le milieu des terres, il arriva à Byzance, après avoir perdu dans sa marche un grand nombre de soldats, qui furent taillés en pièces par les Thraces, ou qui moururent de faim et de fatigue. De Byzance il traversa l'Hellespont, et retourna ainsi en Asie.

LXXXIX. Le même jour que les Barbares furent battus à Platées, ils le furent aussi à Mycale en Ionie. Tandis que la flotte grecque était à Délos [1], sous les ordres de Léotychides de Lacédémone, les Samiens y députèrent Lampon, fils de Thrasyclès, Athénagoras, fils d'Archestratidès, et

---

[1] Livre VIII, § CXXXI et CXXXII.

Hégésistrate, fils d'Aristagoras, à l'insu de Théomestor, fils d'Androdamas, leur tyran, et des Perses, qui lui avaient donné la tyrannie de Samos. S'étant adressé aux généraux, Hégésistrate, entre beaucoup de raisons qu'il allégua, leur dit qu'ils n'auraient qu'à se montrer pour faire révolter l'Ionie ; que les Barbares ne les attendraient pas, ou que, s'ils le faisaient, ils ne pourraient jamais trouver une plus riche proie. Invoquant ensuite les dieux qui leur étaient communs, il les exhorta à les délivrer de la servitude, eux qui étaient Grecs aussi, et à les venger des Barbares. Il leur représenta la facilité de cette entreprise ; que les vaisseaux des Perses voguaient mal, et qu'ils n'étaient pas si propres pour les combats que les leurs ; que, s'ils les soupçonnaient de vouloir les jeter frauduleusement dans quelque péril, ils consentaient à monter sur leurs vaisseaux pour leur servir d'otages.

XC. Comme le Samien faisait beaucoup d'instances, Léotychides lui demanda son nom, soit qu'il voulût en tirer un présage, soit par un coup de la fortune que Dieu dirigeait. Mon hôte de Samos, quel est votre nom ? Hégésistrate, répondit-il. J'accepte ce présage, reprit Léotychides, sans lui laisser achever son discours, en cas qu'il eût encore quelque chose à dire. Mettez à la voile sur-le-champ, après nous avoir promis avec serment, vous et ceux qui vous accompagnent, que les Samiens feront alliance avec nous, et qu'ils nous secourront avec zèle.

XCI. Il parlait encore, et le traité était déjà bien avancé. Sur-le-champ les Samiens engagent leur foi, promettent l'alliance avec serment, et remettent ensuite à la voile. Hégésistrate, dont le nom avait été regardé comme un présage, reçut ordre de monter sur la flotte.

XCII. Les Grecs ne démarrèrent point ce jour-là. Le lendemain, les sacrifices se trouvèrent favorables. Ils avaient pour devin Déiphonus d'Apollonie, sur le golfe Ionien, fils d'Événius, à qui arriva l'aventure que je vais rapporter. Il y a dans cette ville d'Apollonie des troupeaux consacrés au soleil. Le jour ils paissent sur les bords d'un fleuve qui, coulant du mont Lacmon, traverse le territoire d'Apollonie, et se jette dans la mer, près du port d'Oricum. Mais la nuit ils sont gardés par un homme choisi tous les ans parmi les citoyens de cette ville les plus distingués par leur bien et par leur naissance : car les Apolloniates font, suivant l'avertissement d'un certain oracle, beaucoup de cas de ces troupeaux. Ils passent la nuit dans un antre éloigné de la ville. Événius, choisi à son tour pour veiller sur ce troupeau, employa à dormir le temps qu'il aurait dû consacrer à le garder. Pendant son sommeil, des loups entrèrent dans l'antre, et en tuèrent environ soixante bêtes. Événius, s'étant aperçu de ce dégât, tint la chose secrète, et n'en dit rien à personne, dans le dessein d'acheter d'autres bêtes pour remplacer celles qui avaient été tuées. Cette aventure n'échappa point aux Apolloniates. Ils ne l'eurent pas plutôt apprise, qu'ayant traîné Événius en justice, ils le condamnèrent à perdre la vue, pour le punir d'avoir dormi pendant le temps de sa garde. Aussitôt après qu'on lui eut crevé les yeux, les troupeaux cessèrent d'engendrer, et la terre également de produire des fruits. Ce fléau leur avait été prédit à Dodone et à Delphes. Les prophètes, interrogés dans la suite sur la cause de ce malheur, répondirent que c'était une punition de l'injustice qu'ils avaient commise, en privant de la vue Événius, garde des troupeaux sacrés ; qu'ils avaient eux-mêmes envoyé les loups, et qu'ils ne cesseraient pas de le venger, jusqu'à ce que les Apolloniates lui eussent donné la satisfaction qu'il trouverait juste d'exiger, et que, lorsqu'on la lui aurait faite, ils lui accorderaient eux-mêmes un don qui le ferait regarder de beaucoup de personnes comme un homme heureux. Telle fut la réponse des oracles.

XCIII. Les Apolloniates, ayant tenu cette réponse secrète, ordonnèrent à quelques-uns de leurs citoyens de transiger avec Événius. Voici comment ils s'y prirent. Ils allèrent le trouver, il était assis sur un siége ; s'étant assis auprès de lui, ils s'entretinrent de choses indifférentes, et peu à peu ils firent tomber la conversation sur son malheur, auquel ils prirent beaucoup de part. L'ayant trompé par cette feinte douleur, ils lui demandèrent quelle satisfaction il souhaiterait, si les Apolloniates étaient dans l'intention de lui en promettre une. Événius, qui n'avait point entendu parler de

la réponse de l'oracle, dit que si on voulait lui donner des terres, il choisirait celles de deux citoyens d'Apollonie qu'il nomma, et qu'il savait être les meilleures de tout le pays, et qu'il voulait, outre cela, une maison qu'il regardait comme la plus belle de la ville; qu'à ces conditions il serait content, et cesserait d'être irrité contre ses concitoyens. « Événius, lui répondirent les députés assis
» auprès de lui, les Apolloniates vous accordent, suivant
» les ordres de l'oracle, la réparation que vous exigez pour
» la perte de vos yeux. » Événius, ayant tout appris par ce discours, fut bien fâché d'avoir été trompé. Les Apolloniates achetèrent des propriétaires les biens qu'il avait choisis, et lui en firent présent. Aussitôt après, les dieux lui accordèrent le don de la divination, et par ce moyen il acquit beaucoup de célébrité.

XCIV. Déiphonus était fils de cet Événius : les Corinthiens l'avaient mené avec eux; il faisait dans l'armée les fonctions de devin. J'ai pourtant ouï dire aussi que Déiphonus s'était emparé du nom d'Événius, et que, parcourant la Grèce, il rendait des oracles à prix d'argent, quoiqu'il ne fût pas son fils.

XCV. Les sacrifices que fit Déiphonus pour les Grecs étant favorables, la flotte partit de Délos, et cingla vers Samos. Quand ils furent arrivés aux Calames dans cette île, ils jetèrent l'ancre près de l'Héræum ou temple de Junon, et se disposèrent à un combat naval. Les Perses, ayant appris que la flotte des Grecs venait à eux, mirent aussi à la voile pour s'approcher du rivage, et permirent aux Phéniciens de se retirer : car il avait été résolu dans un conseil de ne point livrer bataille sur mer, parce qu'ils ne se croyaient pas égaux en force aux Grecs. Ils naviguèrent donc vers le continent, afin de se mettre sous la protection des troupes de terre qui campaient à Mycale, et qui, faisant partie de l'armée, avaient été laissées en cet endroit par ordre de Xerxès pour garder l'Ionie. Elles montaient à soixante mille hommes, et étaient commandées par Tigranes, le plus bel homme et de la plus haute taille qu'il y eût parmi les Perses. Les généraux de la flotte barbare avaient résolu de tirer leurs vaisseaux sur le rivage pour les mettre sous la protection de l'armée de terre, et de faire autour un rempart, tant pour les défendre que pour s'en faire à eux-mêmes un lieu de retraite.

XCVI. Cette résolution prise, ils levèrent l'ancre. Lorsqu'ils furent arrivés près du temple des Euménides, sur le territoire de Mycale, et de l'embouchure du Gæson et du Scolopoéis, où il y a un temple de Cérès Éleusinienne, bâti par Philistus, fils de Pasiclès, qui avait accompagné Nélée, fils de Codrus, quand celui-ci alla fonder Milet, ils tirèrent leurs vaisseaux à terre, les environnèrent d'un mur de pierres et de bois, coupant pour cet effet un grand nombre d'arbres fruitiers, enfoncèrent des pieux autour de ce rempart, et se disposèrent à soutenir un siége et à remporter la victoire : car, après y avoir bien réfléchi, ils se préparèrent à l'un et à l'autre.

XCVII. Les Grecs ayant appris que les Barbares s'étaient retirés sur le continent, en furent d'autant plus affligés, qu'ils les croyaient échappés de leurs mains. Embarrassés sur le parti qu'ils devaient prendre, ils ne savaient s'ils s'en retourneraient ou s'ils iraient vers l'Hellespont. Enfin ils résolurent de ne faire ni l'un ni l'autre, mais de cingler vers le continent. S'étant donc préparés à un combat naval, et ayant disposé les échelles et autres choses nécessaires pour une descente, ils naviguèrent vers Mycale. Comme ils étaient près du camp, et que, bien loin qu'il vînt des vaisseaux ennemis à leur rencontre, ils les voyaient tous sur le rivage environnés d'un mur, avec une nombreuse armée de terre rangée sur le bord de la mer, alors Léotychides devança les autres, s'approcha du rivage le plus près qu'il put ; et s'adressant aux Ioniens par un héraut, il leur dit : « Ioniens, que ceux d'entre vous qui m'enten- » dent prêtent une oreille attentive à mes paroles ; car les » Perses assurément n'y comprendront rien. Que chacun » de vous se ressouvienne dans l'action premièrement de » la liberté ; secondement, du mot du guet Hébé. Que celui » qui m'entend fasse part de ce que je dis à ceux qui ne » peuvent m'entendre. » Le but de Léotychides [1] était le

---

[1] Dans le grec : *Le sens de cette affaire.*

même que celui de Thémistocles¹ à Artémisium, ce discours devant faire impression sur les Ioniens s'il échappait à la connaissance des Barbares, ou les rendre suspects aux Perses s'il leur était rapporté.

XCVIII. Ce conseil donné, les Grecs approchèrent leurs vaisseaux du rivage, descendirent à terre et se rangèrent en bataille. Les Perses les voyant se préparer au combat, et instruits des exhortations qu'ils avaient faites aux Ioniens, désarmèrent d'un côté les Samiens, qu'ils soupçonnaient d'intelligence avec les Grecs. Ces soupçons étaient d'autant mieux fondés, que les Samiens avaient racheté cinq cents Athéniens qui, ayant été laissés dans l'Attique, avaient été faits prisonniers par les Perses et amenés sur leurs vaisseaux; et après les avoir rachetés, ils les avaient renvoyés à Athènes, et leur avaient fourni tout ce qui était nécessaire pour leur voyage, quoiqu'ils fussent ennemis de Xerxès. D'un autre côté, les Perses ordonnèrent aux Milésiens de garder les chemins qui conduisaient au sommet du mont Mycale, sous prétexte, sans doute, qu'ils connaissaient parfaitement le pays, mais en effet pour les éloigner du camp. Ce fut ainsi que les Perses se précautionnèrent contre ceux d'entre les Ioniens qu'ils croyaient dans le dessein de remuer, en cas qu'ils fussent assez forts pour l'entreprendre. Ils entassèrent ensuite leurs boucliers² les uns sur les autres pour s'en faire un rempart.

XCIX. Lorsque les Grecs se furent mis en ordre de bataille, ils allèrent aux ennemis. Tandis qu'ils s'avançaient, il parut un caducée sur le rivage, et il courut un bruit par toute l'armée que les Grecs avaient remporté en Béotie la victoire sur Mardonius. Ce qui arrive par la permission des dieux se reconnaît à bien des signes. En effet, le même jour que les Perses furent battus à Platées, et qu'ils devaient l'être à Mycale, le bruit de leur défaite s'étant répandu parmi les Grecs à Mycale, inspira à ceux-ci encore plus de confiance, et leur fit affronter les dangers avec plus d'ardeur.

C. On reconnut encore que cela était arrivé par la per-

---

¹ *Voyez* livre VIII, § XXII.
² *Voyez* ci-dessus, § LX.

mission des dieux, parce que les deux batailles se donnèrent près d'un temple de Cérès Éleusinienne : car on avait combattu dans le territoire de Platées, auprès du temple même de Cérès, comme je l'ai dit plus haut ; et il devait en être de même de la bataille de Mycale. Le bruit de la victoire remportée par les Grecs sous les ordres de Pausanias se répandit fort à propos dans l'armée ; car le combat de Platées se donna le matin, et celui de Mycale l'après-midi. Peu de temps après, on sut avec certitude que les deux actions s'étaient passées le même jour et le même mois. Avant que la nouvelle de la victoire de Platées se fût répandue, les Grecs qui étaient à Mycale, moins inquiets pour eux-mêmes que pour la Grèce, craignaient qu'elle n'échouât contre Mardonius. Mais, dès que cette nouvelle fut venue à leur connaissance, ils marchèrent au combat avec encore plus d'ardeur. Les Barbares n'en témoignèrent pas moins, les uns et les autres regardant les îles et l'Hellespont comme un prix destiné au vainqueur.

CI. Les Athéniens, qui faisaient, avec ceux dont ils étaient accompagnés[1], environ la moitié de l'armée, prirent le long du rivage et par un terrain uni, et les Lacédémoniens, par les ravins et par les montagnes, avec les troupes qui les suivaient. Mais pendant que ceux-ci les tournaient, les Barbares étaient déjà aux mains avec l'autre aile de l'armée grecque. Tant que subsista le rempart de boucliers, les Perses se défendirent, et ne montrèrent pas moins de courage que les Grecs ; mais lorsque les Athéniens, avec les troupes de leur suite, s'exhortant mutuellement à ne point laisser aux Lacédémoniens la gloire de cette journée, eurent redoublé d'efforts, le combat changea de face. Le rempart de boucliers renversé, ils se précipitèrent en foule sur les Perses ; ceux-ci soutinrent le choc et se défendirent longtemps ; mais enfin ils s'enfuirent dans leurs retranchements. Les Athéniens, les Corinthiens, les Sicyoniens et les Trézéniens, qui composaient cette aile, les suivirent et entrèrent en foule avec eux. La muraille emportée, les Barbares ne pensèrent plus à se défen-

---

[1] Les Corinthiens, les Sicyoniens et les Trézéniens.

dre, et prirent tous la fuite, excepté les Perses. Quoiqu'en petit nombre, ils combattirent contre les Grecs, qui se jetaient perpétuellement dans leurs retranchements. Les deux commandants de la flotte, Artayntès et Ithamitrès, s'enfuirent; mais Mardontès et Tigranes, qui commandaient l'armée de terre, périrent les armes à la main.

CII. Les Perses combattaient encore; les Lacédémoniens, étant arrivés avec les Grecs qui les accompagnaient, les passèrent au fil de l'épée. Il périt aussi en cet endroit beaucoup de monde du côté des Grecs, et entre autres quelques Sicyoniens avec leur commandant Périlas. Les Samiens qui se trouvaient dans le camp des Perses, et qu'on avait désarmés, n'eurent pas plutôt vu la victoire pencher, dès le commencement, du côté des Grecs, qu'ils les secondèrent de toutes leurs forces. Le reste des Ioniens se révolta à l'exemple des Samiens, et attaqua les Barbares.

CIII. Les Perses avaient ordonné, pour leur propre sûreté, aux Milésiens de garder les chemins qui conduisaient aux sommets du mont Mycale, afin que s'il leur arrivait quelque malheur, tel que celui qu'ils éprouvèrent, ils pussent, avec ces guides, s'y retirer comme dans un lieu sûr. On les avait chargés de ce soin et par la raison que je viens de dire, et pour les éloigner de l'armée, de crainte qu'ils ne formassent quelque entreprise contre elle. Ils firent tout le contraire de ce qu'on leur avait ordonné; car ils conduisirent les fuyards par des chemins qui menaient aux ennemis, et même enfin ils s'acharnèrent encore plus que les autres à les tuer. Ce fut ainsi que l'Ionie se révolta pour la seconde fois contre les Perses.

CIV. Du côté des Grecs, les Athéniens se distinguèrent le plus, et personne parmi eux ne se signala davantage qu'Hermolycus, fils d'Euthynus, qui avait acquis de la célébrité au pancrace. Mais depuis cette action, la guerre étant survenue entre les Athéniens et les Carystiens, il périt à une bataille qui se donna à Cyrne, sur le territoire de Caryste, et on l'enterra à Céræste. Les Corinthiens, les Trézéniens et les Sicyoniens se distinguèrent le plus après les Athéniens.

CV. Les Grecs ayant tué la plupart des ennemis, ou dans le combat ou dans la fuite, et ayant porté sur le rivage tout le butin, parmi lequel il se trouva beaucoup d'argent, ils brûlèrent les vaisseaux et les retranchements des Barbares. Lorsqu'ils furent réduits en cendres, ils remirent à la voile. Arrivés à Samos, ils agitèrent dans un conseil s'il n'était pas à propos d'abandonner l'Ionie aux Barbares, d'en transporter les habitants dans un autre pays ; et l'on examina dans quelle partie de la Grèce, soumise à leur puissance, il fallait les établir. En effet, il leur paraissait impossible de protéger et de défendre continuellement les Ioniens ; et ils voyaient bien que s'ils cessaient de le faire, ces peuples ne pourraient se flatter d'avoir abandonné impunément le parti des Perses. Les personnes en place parmi les Péloponnésiens opinèrent qu'il fallait chasser les nations qui avaient embrassé le parti des Perses, et donner leur pays et leurs villes de commerce aux Ioniens, pour y fixer leur demeure. Les Athéniens ne furent nullement d'avis de transporter les Ioniens hors de leur pays, et soutinrent qu'il ne convenait pas aux Péloponnésiens de délibérer sur leurs colonies. Les Péloponnésiens, les voyant persister dans le sentiment opposé, leur cédèrent volontiers. Ainsi les Grecs reçurent dans leur alliance les Samiens, ceux de Chios, de Lesbos, et les autres insulaires qui les avaient aidés dans cette expédition, après qu'on leur eut fait promettre avec serment qu'ils demeureraient fermes dans cette alliance, et que jamais ils ne la violeraient. Quand on les eut liés par ce serment, les Grecs firent voile vers l'Hellespont pour rompre les ponts, croyant les trouver encore entiers.

CVI. Tandis qu'ils naviguaient vers l'Hellespont, le petit nombre de Barbares qui s'étaient sauvés de la déroute, et qui s'étaient retirés sur le sommet du mont Mycale, se rendirent à Sardes. Masistès, fils de Darius, qui s'était trouvé à la défaite des Perses, fit en route de vifs reproches au général Artayntès, et entre autres injures il lui dit qu'en s'acquittant comme il avait fait des fonctions de général, il s'était montré plus lâche qu'une femme, et qu'il méritait toutes sortes de châtiments à cause du tort qu'il avait fait à la maison royale. Or, chez les Perses, dire à un homme qu'il est plus lâche qu'une femme, c'est le plus grand outrage qu'on puisse lui faire. Indigné de tant de reproches, Artayntès tira son cimeterre pour le tuer. Mais Xénagoras, fils de Praxilas d'Halicarnasse, qui était derrière lui, s'étant aperçu qu'il fondait sur Masistès, le saisit par le milieu du corps, et, l'enlevant, il le froissa contre terre. Les gardes de Masistès arrivèrent sur ces entrefaites. Cette action valut à Xénagoras les bonnes grâces de Masistès et de Xerxès. Le roi lui donna le gouvernement de toute la Cilicie pour le récompenser d'avoir sauvé la vie à son frère. Ils arrivèrent à Sardes sans avoir éprouvé d'autre accident sur la route. Le roi y était depuis qu'il s'était sauvé d'Athènes, après la perte de la bataille navale.

CVII. Pendant le séjour de Xerxès à Sardes, ce prince devint amoureux de la femme de Masistès, qui était aussi en cette ville. Il la fit, mais en vain, solliciter de répondre à sa passion, sans user cependant de violence, par égard pour son frère. Ces mêmes égards retenaient aussi cette femme, qui n'ignorait pas qu'on ne lui ferait point de violence. Xerxès, n'ayant plus de ressources, résolut de marier Darius, son fils, à la fille de Masistès et de cette femme, croyant, par cette alliance, gagner plus aisément ses bonnes grâces. Les ayant mariés avec toutes les cérémonies accoutumées, il partit pour Suses. Lorsqu'il y fut arrivé, il fit venir dans son palais la femme de Darius; il cessa alors d'aimer celle de Masistès, et, sa passion changeant d'objet, il devint épris d'Artaynte, femme de Darius et fille de son frère.

CVIII. Ce mystère se découvrit avec le temps, ainsi que je vais le dire. Amestris, femme de Xerxès, donna à ce prince un habit magnifique de diverses couleurs qu'elle avait elle-même tissu. Xerxès le reçut avec joie, et s'en revêtit pour aller voir Artaynte. Touché des charmes de cette princesse, il la pressa de lui demander ce qu'elle souhaiterait pour prix de ses faveurs, et l'assura qu'elle n'éprouverait de sa part aucun refus. Comme il devait arriver quelque grand malheur à toute la maison de Masistès, « Seigneur, lui dit Artaynte, m'accorderez-vous ma de-

» mandé ? » Le roi le lui promit avec serment, s'imaginant qu'elle exigerait toute autre chose plutôt que son habit. Ce serment fait, Artaynte demanda hardiment ce vêtement. Xerxès employa tous les moyens possibles pour l'engager à se désister de sa demande. Son refus n'était fondé que sur la crainte qu'Améstris ne le convainquît d'un amour dont elle se doutait depuis longtemps. Il lui offrit en la place des villes, une immense quantité d'or, et une armée dont elle seule aurait le commandement. Une armée est chez les Perses le plus grand don qu'on puisse faire. Mais comme ces offres ne la persuadaient pas, il lui donna cet habillement. Artaynte, enchantée de ce présent, se fit un plaisir de s'en parer.

CIX. Amestris ayant appris qu'elle portait cet habit, découvrit ainsi la conduite du roi. Au lieu de se fâcher contre Artaynte, elle résolut la perte de la mère de cette princesse, la croyant coupable et la cause du désordre. Elle attendit le festin royal. Ce festin se fait une fois par an, le jour de la naissance du roi. On l'appelle tycta en langue perse, et le parfait en grec. C'est le seul temps de l'année où le roi se fait frotter la tête[1] avec quelque chose de détersif, et où il fait des présents aux Perses. Amestris, ayant observé ce jour, demanda à Xerxès la femme de Masistès.

CX. Ce prince crut qu'il était d'autant plus horrible et d'autant plus criminel de livrer la femme de son frère, qu'elle n'était nullement coupable, et qu'il n'ignorait pas le motif qui la lui faisait demander. Mais enfin, vaincu par ses pressantes sollicitations, et forcé par la loi, qui ne permet pas au roi de refuser les grâces qu'on lui demande le jour du festin royal, il la lui accorda malgré lui, et dit à la reine, en la lui remettant, d'en faire ce qu'elle voudrait. Il manda ensuite son frère : « Masistès, lui
» dit-il, vous êtes fils de Darius et mon frère, et d'ailleurs
» homme de bien. N'habitez plus avec votre épouse, je
» vous donne ma fille en sa place ; acceptez-la pour femme,

---

[1] Il faut sans doute entendre cela d'un soin particulier que les rois prenaient en ce jour de leur chevelure, et peut-être se parfumaient-ils alors la tête. (L.)

» et renvoyez celle que vous avez actuellement : telle est
» ma volonté.

» Quel étrange discours me tenez-vous, seigneur? ré-
» pondit Masistès étonné. Vous voulez que je me sépare
» d'une femme que j'aime, et dont j'ai trois fils encore
» jeunes, et des filles parmi lesquelles vous avez choisi une
» femme à votre fils ; vous m'ordonnez de la renvoyer, et
» vous me donnez en sa place votre fille ! J'estime comme
» je le dois l'honneur que vous me faites de me donner
» votre fille, mais je ne puis ni l'accepter ni renvoyer ma
» femme. Ne me faites, je vous prie, aucune violence, puis-
» que rien ne vous y oblige, et laissez-moi vivre avec ma
» femme ; vous trouverez pour votre fille un parti non
» moins avantageux. » Ainsi parla Masistès. Xerxès, irrité,
répliqua en ces termes : « C'en est fait, Masistès, vous
» n'auriez point actuellement ma fille quand vous la vou-
» driez ; et vous ne conserverez pas plus longtemps votre
» femme, afin de vous apprendre une autre fois à accepter
» mes offres. » Là-dessus Masistès se retira, et en sortant
il se contenta de dire : « Seigneur, vous ne m'avez pas en-
» core ôté la vie. »

CXI. Tandis que Xerxès parlait à son frère, Amestris
manda les gardes du roi, et fit mutiler la femme de Masistès. On lui coupa, par son ordre, les mamelles, qu'on
jeta aux chiens, et, après lui avoir fait aussi couper le nez,
les oreilles, les lèvres et la langue, elle la renvoya chez elle
ainsi mutilée.

CXII. Masistès ignorait ce qui venait de se passer ; mais,
comme il s'attendait à quelque chose de funeste, il accourt
chez lui en diligence, et voyant sa femme traitée avec tan
d'indignité, il délibère sur-le-champ avec ses enfants, et
part aussitôt avec eux et quelques autres personnes pour
la Bactriane, dans l'intention de faire soulever cette province, et de faire au roi tout le mal qu'il pourrait. Je suis
persuadé qu'il y aurait réussi, s'il n'eût pas été prévenu
avant son arrivée dans la Bactriane et chez les Saces ; car
les Bactriens, dont il était gouverneur, l'aimaient beaucoup. Mais Xerxès, ayant eu avis de ses desseins, envoya
contre lui un corps d'armée qui le massacra en chemin

avec ses enfants et les troupes qui l'accompagnaient. En voilà assez sur les amours de Xerxès et la mort de Masistès.

CXIII. Les Grecs partirent de Mycale pour l'Hellespont ; mais les vents contraires les obligèrent de s'arrêter d'abord aux environs du promontoire Lectum. De là ils allèrent à Abydos, et trouvèrent rompus les ponts qu'ils croyaient encore entiers, et qui étaient le principal objet de leur voyage. Léotychides et les Péloponnésiens furent d'avis de retourner en Grèce. Mais les Athéniens résolurent, avec leur général Xanthippe, de rester en cet endroit et d'attaquer la Chersonèse. Les Péloponnésiens partirent. Quant aux Athéniens, ils passèrent d'Abydos dans la Chersonèse, et firent le siége de Sestos.

CXIV. Comme Sestos était la plus forte place de tout le pays, on s'y rendit des villes voisines aussitôt qu'on eut appris l'arrivée des Grecs dans l'Hellespont ; et il y vint aussi de Cardia un Perse nommé OEobasus qui y avait fait porter les agrès des vaisseaux qui avaient servi aux ponts. Cette ville était occupée par des Éoliens nés dans le pays ; il s'y trouvait aussi des Perses et un grand nombre d'alliés.

CXV. Artayctès, Perse de nation, homme cruel et impie, gouvernait cette province sous les ordres de Xerxès. Sur un faux exposé qu'il avait fait à Xerxès, tandis que ce prince marchait à Athènes avec ses troupes, il avait enlevé d'Éléonte les trésors de Protésilas [1], fils d'Iphiclus. On voit en cette ville, qui est de la Chersonèse, le tombeau de ce héros avec sa chapelle et la portion de terre qui lui est consacrée.

On y gardait de grandes richesses, des vases d'or et d'argent, du cuivre, des habits et d'autres offrandes, dont Artayctès s'était emparé avec la permission du roi, qui, trompé par ses discours artificieux, lui en avait fait présent. « Seigneur, lui avait-il dit, il y a ici la maison d'un » Grec qui, étant entré sur vos terres avec des troupes [2],

---

[1] Protésilas était Thessalien. Il alla au siége de Troie à la tête des troupes de Phylacé, de Pyrrhasus, d'Iton, etc. Il fut tué par un Dardanien en débarquant. (L.)

[2] Les Perses regardaient l'Asie non-seulement comme étant à eux, mais

» a reçu par sa mort la juste punition de son entreprise ;
» je vous prie de me donner sa maison, afin qu'on ap-
» prenne à ne pas porter la guerre dans vos États. » Xerxès, n'ayant aucun soupçon de ses desseins, se laissa aisément persuader par ce discours de lui donner cette maison.
Artayctès disait que Protésilas était entré à main armée sur
les terres du roi, parce que les Perses s'imaginent que
l'Asie entière leur appartient, ainsi qu'au roi et à tous ses
successeurs. Telle était sa pensée. Xerxès ayant donné ces
trésors à Artayctès, celui-ci les transporta d'Éléonte à Sestos, fit labourer et ensemencer le champ consacré à Protésilas, et, toutes les fois qu'il allait à Éléonte, il avait commerce avec des femmes dans le sanctuaire. Comme il ne
s'attendait pas à voir venir les Grecs, il ne s'était point
préparé à soutenir un siége ; et lorsque les Athéniens l'assiégèrent dans Sestos, ils tombèrent en quelque sorte à
l'improviste sur lui.

CXVI. L'automne vint pendant qu'on était occupé du
siége. Les Athéniens, affligés de se voir éloignés de leur
patrie, et de ne pouvoir prendre cette place, prièrent leurs
généraux de les ramener à Athènes. Ceux-ci leur répondirent qu'ils ne le feraient pas que la ville ne fût en leur
pouvoir, ou que le peuple ne les rappelât, tant ils étaient
ardents à pousser leur entreprise.

CXVII. Les assiégés furent réduits à un tel excès de misère, qu'ils firent bouillir les courroies qui soutenaient
leurs lits pour les manger. Ces courroies étant venues à
leur manquer, Artayctès, OEobasus et les Perses descendirent, vers le commencement de la nuit, derrière la ville,
à un endroit que les ennemis n'occupaient pas, et se sauvèrent. Dès que le jour parut, les Chersonésites apprirent,
par les signaux qu'ils firent du haut des tours aux assiégeants, la fuite des Perses, et leur ouvrirent les portes. La
plupart des Athéniens les poursuivirent ; les autres s'emparèrent de la ville.

CXVIII. OEobasus se sauva en Thrace, où il fut pris par

même comme leur ayant toujours appartenu, probablement parce qu'ils pensaient avoir succédé aux droits des princes qu'ils avaient vaincus. (L.)

des Thraces Apsinthiens, qui l'immolèrent, suivant leurs rites, à leur dieu Plistore [1]. Quant à ceux qui l'accompagnaient, ils les firent mourir d'une autre manière. Artayctès et les siens, qui s'étaient sauvés les derniers, ayant été atteints un peu au delà d'Ægos Potamos, les uns furent tués après s'être longtemps défendus, les autres faits prisonniers. On chargea ceux-ci de chaînes, de même qu'Artayctès et son fils, et les Grecs les menèrent à Sestos.

CXIX. Il arriva à un de ceux qui gardaient les prisonniers un prodige que je vais rapporter d'après les Chersonésites. Ce garde faisait cuire des poissons salés. Dès que ces poissons furent sur le feu, ils sautèrent et palpitèrent comme des poissons récemment pris. Les spectateurs furent étonnés de ce prodige; mais Artayctès ne l'eut pas plutôt vu, qu'appelant celui qui faisait cuire ces poissons : « Athénien, lui dit-il, ne t'alarme point de ce prodige, il » ne te regarde pas. Protésilas, qui est à Éléonte, m'apprend que, quoique mort et salé, les dieux lui ont accordé le pouvoir de punir celui qui l'a offensé. Je veux » donc lui payer le prix de ma rançon, et, pour le dédommager des richesses que j'ai enlevées de sa chapelle, je » lui donnerai cent talents [2], et deux cents [3] aux Athéniens » s'ils veulent m'accorder la vie à moi et à mon fils. » Ces offres ne touchèrent point Xanthippe. Ceux d'Éléonte demandaient la mort d'Artayctès pour venger Protésilas [4], et

---

[1] Cette divinité, aussi barbare que le peuple qui l'adorait, est tout à fait inconnue. Les sacrifices qu'on lui faisait me font conjecturer que c'était le dieu de la guerre que les Thraces représentaient sous la forme d'une épée. Les Scythes égorgeaient sur un vase le centième de leurs prisonniers, et arrosaient cette épée de son sang. Les Ciliciens rendaient au dieu de la guerre un culte aussi barbare. Ils suspendaient la victime, soit que ce fût un homme ou un animal, à un arbre, et, s'éloignant à une certaine distance, ils la tuaient à coups de javelots. Quand ils atteignaient la victime, ils croyaient que le dieu agréait le sacrifice. (L.)

[2] 540,000 livres de notre monnaie.

[3] 1,080,000 livres.

[4] Ce héros était fils d'Iphiclus. Il régnait dans la Phthiotide, près de Thèbes, sur les peuples de Phylacé, d'Antron, de Ptéléum, de Pyrrhasus et d'Iton. Les Grecs étant arrivés à Troie, il fut le premier qui descendit à terre : un Dardanien le tua. On l'enterra à Éléonte dans la Chersonèse, vis-à-vis la ville de Troie. On éleva dans la suite une chapelle à ce héros sur le lieu de sa sépulture. (L.)

c'était aussi l'intention du général athénien. On le mit en croix sur le rivage où Xerxès avait fait construire le pont ; d'autres disent que ce fut sur la colline au-dessus de la ville de Madytos. Son fils fut lapidé sous ses yeux.

CXX. Les Athéniens retournèrent, après cette expédition en Grèce avec un riche butin, et consacrèrent dans les temples les agrès des vaisseaux qui avaient servi aux ponts. Il ne se passa rien de plus cette année.

CXXI. Cet Artayctès qu'on mit en croix était petit-fils d'Artembarès, qui tint aux Perses un discours qu'ils rendirent à Cyrus, et que voici : « Puisque Jupiter a donné
» l'empire aux Perses, et qu'après avoir renversé Astyages
» de dessus le trône, il vous y a élevé par préférence à tout
» autre, quittons notre pays petit et montueux, et occu-
» pons-en un meilleur. Il y en a plusieurs dans notre voi-
» sinage ; il y en a de plus éloignés. Choisissons-en un
» pour nous y établir, et la plupart des peuples nous trou-
» veront plus dignes de leur admiration. Cela convient à
» une nation qui a en main la puissance souveraine. Or,
» quand se présentera-t-il une plus belle occasion que celle
» où nous dominons sur un grand nombre de peuples et
» sur l'Asie entière ? » Cyrus ne goûta point ce discours. Il consentit cependant à leur demande ; mais en même temps il avertit les Perses de se préparer à devenir les esclaves des peuples auxquels ils commandaient ; car, ajouta-t-il, les pays les plus délicieux ne produisent ordinairement que des hommes mous et efféminés, et la même terre qui porte les plus beaux fruits n'engendre point des hommes belliqueux. Les Perses, convaincus que le sentiment de Cyrus était le meilleur, s'en allèrent en condamnant le leur, et préférèrent un pays incommode avec l'empire à un excellent avec l'esclavage.

FIN DU NEUVIÈME ET DERNIER LIVRE.

VIE D'HOMÈRE

ATTRIBUÉE A HÉRODOTE.

I. Hérodote d'Halicarnasse, ne cherchant que la vérité, a composé cette histoire de la naissance et de la vie d'Homère.

Lorsque l'on bâtit anciennement la ville de Cyme en Æolie, il s'y rendit des hommes de différentes nations de la Grèce, et entre autres il en vint de la Magnésie. Parmi ceux-ci se trouva Ménalopus, fils d'Ithagènes et petit-fils de Crithon. Loin d'être riche, il n'avait pas même d'aisance. Arrivé à Cyme, il épousa la fille d'Omyrétis. De ce mariage il eut une fille qu'il nomma Crithéis. Le mari et la femme moururent tous deux, laissant leur fille en bas âge. Le père, avant que de mourir, en avait confié la tutelle à Cléanax d'Argos, avec qui il avait eu de très-grandes liaisons [1].

II. Dans la suite des temps, cette jeune fille, ayant eu un commerce secret avec un homme, se trouva enceinte. Cette aventure fut d'abord ignorée; mais Cléanax, s'en étant aperçu, en fut très-fâché, et, l'ayant prise en parti-

---

[1] Ce début est tout à fait dans la manière d'Hérodote; on y trouve la même simplicité que dans le premier livre de son Histoire; mais cette ressemblance, facile d'ailleurs à imiter, est-elle une raison suffisante pour attribuer l'ouvrage à Hérodote? Cette question a été longuement discutée par les savants, et elle n'est pas encore complètement résolue. Quoi qu'il en soit, on peut affirmer que, si l'ouvrage n'est pas d'Hérodote, il dut être composé dans un temps peu éloigné de celui où vivait cet historien, et par un écrivain d'un ordre supérieur. Les détails curieux qu'il contient des mœurs antiques, et le tableau touchant que l'auteur présente d'un homme de génie aux prises avec l'adversité, en rendent la lecture attachante et militent en faveur de son ancienneté.
L.)

culier et sans témoins, il lui reprocha sa faute et le déshonneur dont elle se couvrait aux yeux de ses concitoyens. Pour la réparer, voici le parti qu'il prit. Les Cyméens construisaient alors une ville dans l'enfoncement du golfe Herméen. Thésée [1], voulant éterniser la mémoire de son épouse, donna à cette ville le nom de Smyrne. Il était Thessalien et l'un des personnages les plus distingués de cette contrée. Il descendait d'Eumélus, fils d'Admète, et jouissait d'une fortune considérable. Cléanax la conduisit secrètement dans cette ville, et la confia à Isménias de Béotie, l'un de ses grands amis, sur qui le sort était tombé pour aller en cette colonie.

III. Crithéis, étant près de son terme, sortit un jour avec d'autres femmes pour se rendre à une fête que l'on célébrait sur les bords du Mélès. Les douleurs de l'enfantement la surprirent : elle accoucha d'Homère, qui, loin d'être aveugle, avait d'excellents yeux. Elle lui donna le nom de Mélésigènes, parce qu'il était né sur les bords de ce fleuve. Crithéis demeura quelque temps avec Isménias; mais dans la suite elle le quitta, et, se nourrissant, elle et son fils, du travail de ses mains et de celui que lui procuraient quelques personnes, elle l'éleva comme elle put.

IV. Il y avait alors à Smyrne un homme nommé Phémius, qui enseignait les belles-lettres et la musique. Comme il n'était pas marié, il prit à ses gages Crithéis, afin qu'elle lui filât les laines qu'il recevait de ses disciples pour le prix de ses soins. Elle s'en acquitta avec beaucoup d'adresse, et se conduisit avec tant de sagesse et de mo-

---

[1] Il ne faut pas confondre Thésée de Thessalie avec Thésée roi d'Athènes. Quoique celui-ci prétendît être fils de Neptune, il n'en descendait pas moins de Cécrops, premier roi de l'Attique. Il vint au monde vers l'an 3368 de la période julienne, 1346 ans avant notre ère, et mourut l'an 3421 de la même période, 1293 ans avant Jésus-Christ, âgé de 53 ans, dont il en avait régné vingt-neuf. Thésée, fondateur de la ville de Smyrne, descendait d'Eumélus, fils d'Admète, et remontait, par Phérès et Créthée, à Æole, fils d'Hellen et petit-fils de Deucalion. Ces deux généalogies prouvent que ces deux personnages ne sont pas de la même maison. Bien plus, Thésée, roi d'Athènes, est mort, comme on l'a observé, l'an 1293 avant notre ère; et Thésée, fondateur de Smyrne, florissait l'an 1102 avant la même ère, puisque ce fut l'année de la fondation de cette ville. Ainsi il y a eu 191 ans entre la mort du premier Thésée et le temps où a fleuri le second. (L.)

destie, qu'elle lui plut. Il lui proposa de l'épouser ; et, entre autres discours qu'il lui tint pour l'y engager, et qu'il crut les plus propres à l'amener à son but, il lui promit d'adopter son fils, lui faisant espérer que cet enfant, élevé avec soin et instruit par lui, deviendrait un jour un homme de mérite : car il apercevait déjà dans cet enfant de la prudence et un heureux naturel. Crithéis, touchée de ses offres, consentit à l'épouser.

V. Les soins et l'excellente éducation secondant les heureuses dispositions qu'il tenait de la nature, Mélésigènes surpassa bientôt tous ses condisciples ; et, lorsqu'il fut devenu grand, il ne fut pas moins habile que son maître. Phémius mourut, et lui laissa tous ses biens ; sa mère Crithéis ne survécut pas longtemps à son mari. Mélésigènes, devenu son maître, présida à l'école de Phémius. Tout le monde avait les yeux sur lui. Il excita l'admiration non-seulement des habitants de Smyrne, mais encore des étrangers, que le commerce y attirait en grand nombre, et surtout celui du blé qu'on y transportait abondamment des environs. Les étrangers, ayant terminé leurs affaires, fréquentaient son école.

VI. Il y avait parmi ces étrangers un maître de navire, nommé Mentès. Il était venu de Leucade pour le commerce du blé. Le vaisseau qu'il montait lui appartenait en propre. Il était instruit dans les lettres et savant pour ce temps-là. Mentès persuada à Mélégisènes de quitter son école et de l'accompagner dans ses voyages. Il lui proposa, pour l'y engager, de le défrayer de tout, de lui donner des honoraires, et lui fit entendre que, tandis qu'il était jeune, il était nécessaire qu'il vît par lui-même les villes et les pays dont il aurait dans la suite occasion de parler. Ces motifs le déterminèrent, à mon avis, d'autant plus aisément qu'il avait peut-être dès ce temps-là le dessein de se donner à la poésie. Il quitta son école, et, s'embarquant avec Mentès, il examina par lui-même toutes les particularités des pays où il abordait, et s'en instruisit avec le plus grand soin par les questions qu'il faisait aux uns et aux autres. Il est même naturel d'imaginer qu'il mit par écrit ce qui lui parut le plus digne de remarque.

VII. Après avoir voyagé en Tyrrhénie et en Ibérie, ils arrivèrent dans l'île d'Ithaque. Mélésigènes, qui avait déjà eu mal aux yeux, s'en sentit alors beaucoup plus incommodé. Mentès, pressé d'aller à Leucade, sa patrie, le laissa dans l'île d'Ithaque afin qu'il s'occupât de sa guérison, et le remit à un de ses intimes amis, à Mentor, fils d'Alcimus d'Ithaque, en le priant d'en prendre tout le soin possible. Il promit aussi à Mélésigènes de le reprendre à son retour. Mentor lui donna avec beaucoup de zèle tous les secours imaginables. Il avait de la fortune, et jouissait éminemment de la réputation d'un homme juste et ami de l'hospitalité. Ce fut dans cette ville que, sur les questions que fit Mélésigènes, il s'instruisit parfaitement de tout ce qui regardait Ulysse. Les habitants d'Ithaque prétendent qu'il devint aveugle dans leur pays. Quant à moi, je pense qu'il y guérit de son mal d'yeux, et que ce ne fut que dans la suite qu'il perdit la vue à Colophon. Les Colophoniens sont aussi de ce sentiment.

VIII. Mentès, s'étant rembarqué à Leucade, revint à Ithaque. Trouvant, à son retour, Mélésigènes guéri, il le prit sur son bord, fit avec lui beaucoup de voyages de côté et d'autre, et arriva enfin à Colophon. Ce fut dans cette ville que Mélésigènes fut de nouveau attaqué de son mal d'yeux ; son mal empira, et il perdit la vue. Ce malheur le détermina à quitter Colophon et à retourner à Smyrne, où il s'appliqua à la poésie.

IX. Quelque temps après, le mauvais état de ses affaires le disposa à aller à Cyme. S'étant mis en route, il traversa la plaine de l'Hermus, et arriva à Néon-Tichos, colonie de Cyme. Elle fut fondée huit ans après Cyme. On raconte qu'étant en cette ville, chez un armurier, il y récita ces vers, les premiers qu'il ait faits : « O vous, citoyens de l'ai-
» mable fille de Cyme, qui habitez au pied du mont Sar-
» dène, dont le sommet est ombragé de bois qui répandent
» la fraîcheur, et qui vous abreuvez de l'eau du divin
» Hermus, qu'enfanta Jupiter, respectez la misère d'un
» étranger qui n'a pas une maison où il puisse trouver un
» asile ! »

L'Hermus coule près de Néon-Tichos, et le mont Sardène domine l'un et l'autre. L'armurier s'appelait Tychius. Ces vers lui firent tant de plaisir, qu'il se détermina à le recevoir chez lui. Plein de commisération pour un aveugle réduit à demander son pain, il lui promit de partager avec lui ce qu'il avait. Mélésigènes, étant entré dans son atelier, prit un siége, et, en présence de quelques citoyens de Néon-Tichos, il leur montra un échantillon de ses poésies. C'était l'expédition d'Amphiaraüs contre-Thèbes et les hymnes en l'honneur des dieux. Chacun en dit son sentiment; et Mélésigènes ayant porté là-dessus son jugement, ses auditeurs en furent dans l'admiration.

X. Tant qu'il fut à Néon-Tichos, ses poésies lui fournirent les moyens de subsister. On y montrait encore de mon temps le lieu où il avait coutume de s'asseoir quand il récitait ses vers. Ce lieu, qui était encore en grande vénération, était ombragé par un peuplier qui avait commencé à croître dans le temps de son arrivée.

XI. Mais dans la suite, forcé par le besoin et trouvant à peine de quoi se nourrir, il résolut d'aller à Cyme pour voir s'il y jouirait d'une meilleure fortune. Prêt à se mettre en route, il récita ces vers : « Puissent mes pieds me porter » sur-le-champ dans cette ville respectable dont les habi- » tants n'ont pas moins de prudence que de sagacité ! » S'étant mis en route pour aller à Cyme, il passa par Larisse, qui était le chemin le plus commode. Ce fut dans cette ville, comme le disent les Cyméens, qu'il fit l'épitaphe de Midas, fils de Gordius, roi de Phrygie[1], à la prière du beau-père et de la belle-mère de ce prince. Elle est gravée sur le cippe du monument de Gordius ; on l'y voit encore à présent.

« Je suis vierge et représentée en bronze. Placée sur le
» monument de Midas, tant qu'on verra les eaux couler
» dans les plaines et les arbres refleurir au printemps ;
» tant qu'on verra le soleil réjouir à son lever les humains,

---

[1] Ce Midas était, selon M. le président Bouhier, le second prince de ce nom. Sa femme s'appelait Démodice ; elle était fille d'Agamemnon, roi de Cyme. Héraclides nomme cette princesse Hermodice. Il assure qu'elle n'était pas moins sage que belle, et qu'elle fut la première qui frappa de la monnaie à Cyme (L.)

» et la lune dissiper, par l'éclat de sa lumière, l'obscurité
» de la nuit ; tant que les fleuves continueront leur course
» rapide et que la mer couvrira le rivage de ses vagues,
» on me verra constamment sur ce triste tombeau annon-
» cer aux passants que Midas est inhumé en ces lieux. »

XII. Lorsque Mélésigènes fut à Cyme, il se rendit dans les assemblées des vieillards et leur récita ses vers. Enchantés de leur beauté, ils furent saisis d'admiration. Ravi de l'accueil que les Cyméens faisaient à ses poëmes et de la douce habitude qu'ils avaient prise de les lui entendre réciter, il leur témoigna un jour que s'ils voulaient le nourrir aux dépens du public, il rendrait la ville de Cyme très-célèbre. Ses auditeurs approuvèrent sa demande et l'engagèrent à se présenter au sénat, lui promettant de l'appuyer de leur crédit. Mélésigènes, encouragé par leurs conseils, se rendit au sénat un jour d'audience, et, s'adressant à celui qui était chargé d'admettre ceux qui avaient quelque demande à faire, il le pria de l'introduire. Cet officier ne manqua pas de le présenter aussitôt qu'il en eut trouvé l'occasion. Mélésigènes n'eut pas plutôt été admis, qu'il adressa au sénat la même prière qu'il avait déjà faite dans les assemblées des vieillards. Son discours fini, il se retira pendant que les sénateurs délibéraient sur la réponse qu'ils devaient lui faire.

XIII. Celui qui l'avait introduit, et tous ceux d'entre les sénateurs qui avaient assisté aux assemblées où il récitait ses vers, appuyèrent sa demande. On prétend qu'un seul s'y opposa, et qu'entre autres choses il dit que s'ils étaient d'avis de nourrir des *homères*, ils se trouveraient accablés par une multitude de gens inutiles. C'est de là, je veux dire du malheur qu'eut Mélésigènes d'avoir perdu la vue, que le nom d'Homère prévalut, car les Cyméens appellent dans leur dialecte les aveugles des homères. Les étrangers ne manquèrent pas de se servir de ce nom toutes les fois qu'ils eurent occasion de parler du poëte.

XIV. L'archonte conclut, en finissant son discours, qu'il ne fallait pas nourrir l'homère. Cet avis fit revenir les autres sénateurs, et l'emporta. L'officier qui l'avait introduit lui donna communication des différents avis sur sa demandé, et du décret du sénat à ce sujet. Déplorant alors son malheur, il prononça ces vers :

« A quelle triste destinée le père Jupiter a-t-il permis
» que je fusse en proie, moi qui ai été nourri délicatement
» sur les genoux d'une mère respectacle, dans le temps que
» les peuples du Phricium[1], habiles à dompter les chevaux
» et ne respirant que la guerre, élevèrent sur les bords de
» la mer, par les ordres de Jupiter, la ville æolienne, la
» respectable Smyrne, que traversent les eaux sacrées du
» Mélès! Les illustres filles de Jupiter voulaient, en par-
» tant de ces lieux, immortaliser par mes vers cette ville
» sacrée; mais, sourds à ma voix, ses habitants insensés
» dédaignèrent mes chants harmonieux. Non, non, il
» n'en sera pas ainsi : quiconque dans sa folie aura accu-
» mulé sur ma tête des outrages, ne l'aura pas fait impu-
» nément. Je supporterai courageusement le sort auquel le
» dieu m'a condamné dès ma naissance. C'en est fait, je ne
» demeurerai plus à Cyme. Mes pieds brûlent d'en sortir,
» et mon grand cœur me presse de me rendre dans une
» terre étrangère, et de me fixer dans un autre lieu, quel-
» que petit qu'il soit. »

XV. En sortant du Cyme pour se retirer à Phocée, il fit cette imprécation qu'il ne naquît jamais à Cyme de poëte qui pût la rendre célèbre et lui donner de l'éclat. Arrivé à Phocée, il y vécut de la même manière qu'il avait fait ailleurs, fréquentant assidûment les lieux d'assemblée, où il récitait ses vers. Il y avait en ce temps-là à Phocée un nommé Thestorides[2], qui instruisait les jeunes gens dans les lettres. Cet homme était sans probité. Ayant reconnu les talents d'Homère pour la poésie il lui offrit de le nourrir et de prendre soin de lui s'il voulait lui permettre d'écrire ses vers, et s'il voulait lui apporter tous ceux qu'il

---

[1] Mot à mot, les peuples du Phricon. Le mont Phricium est une montagne de la Locride, au-dessus des Thermopyles. Il en sortit une colonie qui bâtit la ville de Cyme : cette ville prit de là le nom de Phriconis. — (*Strabon*, lib. XIII.)

[2] Thestorides est un nom patronymique qui signifie fils de Thestor. Calchas, ce fameux devin qui accompagna les Grecs à l'expédition de Troie, était aussi surnommé Thestorides, parce qu'il était fils de Thestor; et c'est ainsi que le nomme souvent Homère. (J..)

composerait dans la suite. Homère avait besoin du ministère de quelqu'un dans les choses les plus nécessaires à la vie, il accepta ces offres.

XVI. Pendant son séjour à Phocée, chez Thestorides, il composa la petite *Iliade*[1], dont voici les deux premiers vers :

« Je chante Ilion et la Dardanie abondante en excellents
» chevaux, et les maux qu'ont soufferts dans ses campagnes
» les Grecs serviteurs de Mars. »

Il y composa la *Phocæide*, et c'est le sentiment des Phocæens. Quand Thestorides eut écrit ce poëme, et tous ceux qu'il tenait d'Homère, il le négligea, et, résolu de s'approprier ses ouvrages, il quitta Phocée. Homère lui adressa ces vers :

« Thestorides, de mille choses qui sont cachées aux mor-
» tels, la plus impénétrable est l'esprit humain. »

Thestorides, au sortir de Phocée, se rendit à Chios, où il établit une école de littérature. Ayant récité les vers d'Homère, comme s'il en eût été l'auteur, on lui donna de grandes louanges, et il en retira un profit considérable. Quant à Homère, il continua le même genre de vie, et ses vers lui procurèrent le moyen de subsister.

XVII. Peu de temps après, des marchands, étant venus de Chios à Phocée, se rendirent aux assemblées où se trouvait Homère. Surpris de lui entendre réciter des poëmes qu'ils avaient souvent entendu déclamer à Thestorides dans l'île de Chios, ils l'avertirent qu'il y avait à Chios un professeur en littérature qui s'attirait de grands applaudissements en chantant ces mêmes poëmes. Homère, comprenant aussitôt que c'était Thestorides, se hâta de se rendre à Chios. Étant allé au port, il ne trouva pas de navire prêt à mettre à la voile pour cette île; mais il en rencontra un que l'on appareillait pour aller chercher du bois à Érythrée. Comme cette ville lui parut commode pour passer à

---

[1] On appelle ce poëme la petite Iliade, afin de le distinguer de l'Iliade que nous avons. Pausanias en parle, ainsi que saint Clément d'Alexandrie, sans cependant en nommer l'auteur. Il paraît certain que c'est Leschès de Lesbos qui l'a composé; sur lequel on peut consulter Saumaise : *In exercitationibus Plinianis*, p. 847 et seq. (L.)

Chios, il aborda civilement les nautoniers, les pria de le recevoir parmi leurs compagnons de navigation, et, pour les y engager, il leur tint les propos les plus flatteurs. Ils agréèrent sa demande, et le prièrent de monter sur leur vaisseau. Homère y monta après leur avoir donné de grandes louanges, et, lorsqu'il se fut assis, il leur adressa ces vers :

« Soyez favorable à mes vœux, puissant Neptune qui
» régnez sur les vastes campagnes d'Hélice ; envoyez-nous
» un vent favorable et un heureux retour à ces nautoniers,
» compagnons de mon voyage, et au maître de ce vaisseau.
» Puissé-je aborder au pied du sourcilleux Mimas, et ren-
» contrer des hommes pieux et respectables ! Puissé-je aussi
» me venger de cet homme qui, par ses tromperies, a
» irrité contre lui Jupiter, qui préside à l'hospitalité, et
» qui, m'admettant à sa table, a violé en ma personne l'hos-
» pitalité. »

XVIII. Arrivés à Érythrée par un vent favorable, Homère demeura le reste du jour dans le vaisseau ; mais le lendemain il pria les matelots de lui donner quelqu'un d'entre eux pour le conduire à la ville. On lui accorda sa demande. Il se mit en route, et étant arrivé à Érythrée, qui est située sur un terrain rude et montueux, il récita ces vers :

« Terre sacrée, qui dispensez aux hommes vos riches-
» ses ; prodigue envers ceux que vous favorisez, vous ne
» donnez qu'un terrain rude et stérile à ceux contre qui
» vous êtes irritée. »

Il ne fut pas plutôt arrivé à la ville, qu'il s'informa de la navigation à Chios. Quelqu'un qui l'avait vu à Phocée l'aborde et l'embrasse. Homère le prie de lui chercher un vaisseau qui pût le mener à l'île de Chios.

XIX. N'en ayant point rencontré dans le port, il se rendit au lieu où se tenaient les bateaux des pêcheurs, et par hasard il en trouva quelques-uns prêts à mettre à la voile pour aller à Chios. Le conducteur d'Homère les pria de le prendre sur leur bord ; mais, sans daigner faire attention à ses prières, ils levèrent l'ancre. Homère fit là-dessus ces vers :

« Nautoniers qui traversez la mer, toujours en butte aux

» tristes malheurs, et qui, tels que les timides plongeons,
» tirez une subsistance pénible de cet élément, respectez
» l'auguste Jupiter Hospitalier, qui règne sur nous. Sa ven-
» geance est terrible : craignez qu'elle n'éclate sur la tête de
» ceux qui l'offensent. »

Les pêcheurs, ayant levé l'ancre, furent contrariés par les vents, et se virent forcés de revenir au lieu d'où ils étaient partis. Homère était encore assis sur le rivage. Apprenant leur retour, il leur adressa ces paroles : « Vous avez été
» contrariés par les vents; recevez-moi sur votre bord,
» vous en aurez un favorable. » Les pêcheurs, touchés de leur faute, l'engagent à monter sur leur navire, et lui promettent de ne le point abandonner.

XX. Ils le reçoivent sur leurs vaisseaux, lèvent l'ancre, et déjà ils touchent au rivage. Aussitôt ils se mettent à l'ouvrage. Homère passa la nuit sur le bord de la mer. Mais le jour ne commença pas plutôt à paraître, qu'il se mit en route; et comme il errait de côté et d'autre, il arriva à un lieu nommé Pitys, où il passa la nuit. Pendant qu'il y prenait son repos, le fruit d'un pin tomba sur lui. Les uns appellent ce fruit strobilus, et les autres cône. Homère fit là-dessus ces vers :

« Sur les sommets de l'Ida, toujours agité par les vents,
» est une espèce de pins, différente des tiens et dont les
» fruits sont plus agréables. Du sein de cette montagne
» sortira le fer consacré au dieu de la guerre, lorsqu'elle
» sera occupée par les Cébréniens. »

Des Cyméens se disposaient alors à bâtir Cébrénies au pied du mont Ida, à l'endroit d'où l'on tire le fer[1].

XXI. Homère, étant parti de ces lieux, se mit en route vers un troupeau de chèvres, dont les cris l'avaient attiré. Les chiens, le voyant approcher, aboyèrent après lui; il cria. Glaucus, c'était le nom du pasteur, entendant ses cris, accourt en diligence, rappelle ses chiens, et les écarte par ses menaces. Ce berger, surpris de ce qu'un aveugle était venu seul en ces lieux, et ne sachant quel motif l'y

---

[1] Si l'on n'a commencé à exploiter les mines de fer du mont Ida qu'après la fondation de Cébrénies, que devient la tradition qui attribue cette exploitation aux Dactyles-Idéens? (Wesseling.)

avait attiré, en fut longtemps émerveillé. L'ayant donc abordé, il lui demande comment il a pu venir dans ces lieux inhabités, où l'on ne trouve aucun sentier, et de quel guide il s'est servi. Homère lui raconta ses malheurs. Glaucus avait le cœur sensible, il en fut touché. Il le mène dans sa cabane, allume du feu, prépare son repas, et lorsqu'il l'eut servi il l'invita à manger.

XXII. Les chiens, au lieu de manger, ne discontinuant pas, selon leur usage, d'aboyer après Homère, celui-ci adressa ces vers à Glaucus :

« Glaucus, pasteur de ce troupeau, mettez-vous dans
» l'esprit ce que je vais vous dire. Donnez à manger à vos
» chiens devant la porte du vestibule. Ce conseil vous sera
» avantageux. Ils entendront plus facilement l'approche
» d'un homme, ou celle d'une bête qui dirigera sa marche
» vers le parc où est renfermé votre troupeau. »

Glaucus goûta ce conseil, le loua, et n'en eut que plus de vénération pour celui qui l'avait donné. Lorsqu'ils eurent pris leur repas, la conversation s'anima de part et d'autre. Homère lui raconta les aventures qu'il avait eues dans ses voyages et dans les villes qu'il avait parcourues. Glaucus était ravi d'admiration; mais comme il était l'heure de se coucher, il prit son repos.

XXIII. Le lendemain Glaucus fut d'avis d'aller rendre compte à son maître de l'heureuse rencontre qu'il avait faite. Ayant confié son troupeau à son compagnon d'esclavage, et laissé Homère dans sa cabane, il l'assura en le quittant qu'il ne tarderait pas à revenir. Étant arrivé à Bolissus, petite bourgade peu éloignée de la ferme, il raconta à son maître tout ce qu'il savait d'Homère, lui parla de son arrivée comme d'une chose étonnante, et lui demanda ses ordres à ce sujet. Le maître ne goûta pas beaucoup ce discours, et même il blâma Glaucus et le traita d'insensé, parce qu'il donnait l'hospitalité et admettait à sa table des aveugles. Cependant il lui ordonna de le lui amener.

XXIV. Glaucus, de retour, raconta à Homère l'entretien qu'il venait d'avoir avec son maître, et le pria de le suivre, l'assurant que sa fortune et son bonheur en dépendaient.

Homère y consentit. Glaucus le lui présenta. Cet homme de Chios, lui trouvant de l'esprit et beaucoup de connaissances, l'engagea à demeurer chez lui, et le chargea de l'éducation de ses enfants. Ils étaient dans la première jeunesse. Homère accepta ces conditions. Ce fut à Bolissus et chez ce citoyen de Chios qu'il composa les *Cercopes* [1], la *Batrachomyomachie*, les *Épicichlides* [2], et tous ces autres poëmes amusants qui lui acquirent une grande réputation. Thestorides n'eut pas plutôt appris qu'Homère était sur les lieux, qu'il quitta l'île de Chios.

XXV. Quelque temps après, Homère ayant prié ce citoyen de Chios de le mener à la ville de ce nom, il y établit une école où il donnait à la jeunesse des règles de poésie. Il s'en acquitta avec tant d'habileté, au jugement des habitants, que la plupart l'eurent en grande vénération. Ayant acquis par ce moyen une fortune honnête, il se maria et eut deux filles; l'une mourut avant que d'avoir été mariée; l'autre épousa un habitant de Chios.

XXVI. Il témoigna dans ses poëmes sa reconnaissance à ceux qui l'avaient obligé; premièrement à Mentor d'Ithaque dans l'Odyssée, parce qu'il avait pris un soin particulier de lui pendant son mal d'yeux. Il inséra son nom dans son poëme, le mit au nombre des compagnons d'Ulysse, et raconta que ce prince, à son départ pour Troie, lui remit le soin de sa maison et de son bien, le regardant comme le plus juste et le plus homme de bien qu'il y eût à Ithaque. Homère en fait souvent une honorable mention dans quelques autres endroits de son poëme; et lorsqu'il introduit Minerve s'entretenant avec quelqu'un, il lui donne la figure de Mentor.

---

[1] Suidas et Proclus mettent aussi les Cercopes au nombre des ouvrages d'Homère. Ce poëme n'est pas venu jusqu'à nous. Ces Cercopes étaient des hommes méchants, trompeurs. De là le proverbe κερκωπίζειν, qui signifie agir frauduleusement. (L.)

[2] Les Épicichlides étaient un poëme destiné à l'amusement des enfants. Comme ils prenaient un singulier plaisir à le lui entendre chanter, ils lui faisaient présent de grives, ainsi que nous l'apprenons de Ménæchmus dans un ouvrage sur les artistes. Les Grecs nommaient en leur langue une grive κίχλη. Ce poëme roulait en grande partie sur l'amour, au rapport de Cléarque dans le second livre des Érotiques. (L.)

Il témoigna aussi sa reconnaissance à Phémius, qui, non content de l'avoir instruit dans les belles-lettres, l'avait encore nourri à ses dépens. C'est ce que l'on peut voir surtout dans ces vers :

« Un héraut met une superbe lyre entre les mains de
» Phémius, le plus habile des élèves d'Apollon ; il la prend
» malgré lui, contraint de chanter parmi ces amants. Par-
» courant la lyre de ses doigts légers, il préludait par
» d'heureux accords et entonnait des chants mélodieux. »

Il célébra aussi le patron du navire avec qui il avait parcouru tant de villes et de pays. Ce patron s'appelait Mentès, et voici les vers où il en parle : « Mon nom est
» Mentès; né d'Anchiales, illustre par sa valeur, je règne
» sur les Taphiens, qui s'honorent de l'aviron. »

Il témoigna aussi sa reconnaissance à l'armurier Tychius, qui lui avait donné l'hospitalité à Néon-Tichos lorsqu'il se présenta à son atelier. C'est dans l'Iliade qu'il a placé les vers qu'il a faits en son honneur :

« Déjà le fils de Télamon le serre de près, portant un
» bouclier énorme semblable à une tour. Tychius, qui vi-
» vait dans Hylé, et dont nul armurier n'égalait l'industrie,
» lui fit ce bouclier, où éclata son art, de la dépouille en-
» tière de sept taureaux vigoureux qu'il couvrit ensuite
» d'une forte lame d'airain. »

XXVII. Ces poésies rendirent Homère célèbre en Ionie, et sa réputation commençait déjà à se répandre en Grèce. Elle lui attira un grand nombre de visites pendant son séjour à Chios, et on lui conseilla d'aller en Grèce. Ce conseil fut tellement de son goût, qu'il désira ardemment de s'y rendre.

XXVIII. Il avait fait en beaucoup d'endroits de grands éloges de la ville d'Argos; mais ayant reconnu qu'il n'avait rien dit de celle d'Athènes, il inséra ses louanges dans la grande Iliade, et parla d'Érechthée dans les termes les plus flatteurs et les plus magnifiques. C'est dans le catalogue des vaisseaux.

« La cité du généreux Érechthée, que la terre féconde,
» et que la fille de Jupiter, Minerve, éleva. »

Il fait ensuite le plus grand éloge de Ménesthée. Il excellait, dit-il, à ranger en bataille les chars et les gens de pied. C'est dans les vers suivants :

« Le fils de Pétéus, Ménesthée, conduit ces troupes.
» Entre tous les mortels que nourrit la terre, nul n'égala
» ce chef dans l'art de ranger en bataille les chars et les
» combattants. »

Il place près des Athéniens Ajax, fils de Télamon, qui commandait les Salaminiens. C'est dans ces vers :

« Ajax, fils de Télamon, a conduit douze vaisseaux de
» Salamine, et les a placés auprès des phalanges d'A-
» thènes. »

Enfin, dans l'Odyssée, il feint que Minerve, après un entretien qu'elle eut avec Ulysse, se rendit à Athènes, qu'elle honorait plus que toutes les autres villes.

« Prenant son vol vers les plaines de Marathon, elle se
» rend à la superbe ville d'Athènes, séjour fameux de l'an-
» tique Érechthée. »

XXIX. Après avoir inséré ces vers dans son poëme et s'être préparé à son voyage, il se rendit à Samos dans l'intention de passer en Grèce. Les Samiens célébraient la fête des Apaturies. Un habitant de Samos, qui avait vu Homère à Chios, l'ayant reconnu à la descente du vaisseau, courut en diligence faire part à ses compatriotes de l'arrivée de ce poëte, dont il leur fit le plus grand éloge. Les Samiens lui ordonnèrent de le leur amener. Incontinent il retourne sur ses pas, et, l'ayant rencontré, il lui dit : « Mon hôte, les Samiens célèbrent en ce jour la fête
» des Apaturies ; nos citoyens vous invitent à la célébrer
» avec eux. » Homère y consentit, et se mit en marche avec celui qui l'avait invité.

XXX. Il rencontra sur sa route des femmes qui offraient dans un carrefour un sacrifice à Courotrophos[1]. La prêtresse, l'ayant aperçu, lui dit d'un air chagrin : « Homme, éloigne-toi de nos sacrifices. » Homère, ayant réfléchi sur ces paroles, demanda à son conducteur quel était celui qui les lui avait adressées, et à quel dieu il sacrifiait. Le Samien lui répondit que c'était une femme

---

[1] Le père Politi prouve très-bien que Courotrophos est la même divinité que Lucine. (Voyez les *Commentaires d'Eustathe*, p. xiii.)

qui offrait un sacrifice à Courotrophos. Là-dessus il fit ces vers :

« Exaucez mes vœux, Courotrophos ; puisse cette femme
» avoir en horreur les caresses de l'aimable jeunesse!
» qu'elle ne se plaise qu'avec des vieillards blanchis par
» l'âge, dont le cœur est brûlant et les sens sont émoussés. »

XXXI. Lorsqu'il fut au lieu où la Phratrie était dans l'usage de prendre ses repas, il s'arrêta sur le seuil de la porte, et, tandis qu'on allumait le feu dans la salle, il lui récita ces vers ; d'autres disent qu'on n'alluma le feu qu'après qu'il les eut récités :

« Un homme s'enorgueillit de ses enfants, une ville de
» ses remparts, une campagne de ses chevaux, la mer des
» vaisseaux qui la couvrent ; les richesses sont l'ornement
» d'une maison ; de respectables magistrats, assis sur un
» tribunal, font un spectacle admirable ; mais le plus beau
» spectacle, à mon avis, est celui du feu qui brille dans
» une maison un jour d'hiver, lorsque le fils de Saturne
» répand sur la terre la neige avec les frimas. »

Il entra, et, s'étant mis à table avec ceux de la Phratrie, ils lui témoignèrent de grands égards et beaucoup de respect. Il passa la nuit en ces lieux.

XXXII. Le lendemain il sortit. Des potiers de terre l'ayant aperçu tandis qu'ils faisaient chauffer leur four, ils l'invitèrent d'autant plus volontiers à entrer chez eux, qu'ils n'ignoraient pas qu'il était plein de talents. Ils le prièrent de leur chanter quelques-unes de ses poésies, et lui promirent de reconnaître sa complaisance en lui faisant présent de quelques-uns de leurs vases, ou de toute autre chose qui serait en leur pouvoir. Il leur chanta donc ces vers qu'on appelle le Fourneau :

« Potiers, si vous m'accordez la récompense promise,
» je vous chanterai ces vers. Accourez à ma voix, Pallas,
» protégez ce fourneau. Que tous les cotyles, que toutes les
» corbeilles se couvrent d'un beau noir, soient cuits à
» propos, et rapportent à leur maître un prix considérable.
» Qu'il s'en vende beaucoup au marché, beaucoup dans
» les rues ; que le profit en soit grand. Puissiez-vous,
» déesse, m'accorder de croître ainsi en sagesse !

» Mais si, sans pudeur, vous cherchez à me tromper,
» j'invoque sur votre fourneau toutes les pestes : Syntrips,
» Smaragos, Asbetos, Abactos et Omodamos, qui portent à
» cet art les coups les plus funestes. Que le fourneau, que
» la maison soient la proie des flammes, et que, dans le
» trouble occasionné par l'incendie, on n'entende que les
» gémissements et les cris plaintifs des potiers. Tel le fré-
» missement du cheval, tel soit celui du fourneau lorsque
» les vases volent en éclats. Fille du Soleil, Circé, célèbre
» par vos enchantements, répandez vos poisons sur les po-
» tiers et sur leurs ouvrages. Et vous aussi, Chiron, ame-
» nez avec vous grand nombre de centaures, et ceux qui
» ont échappé aux coups d'Hercule, et ceux qui ont péri
» en combattant contre lui ; puissent-ils briser tous ces
» ouvrages ! Puisse le fourneau tomber sous vos coups, et
» les potiers, en se lamentant, être témoins de cet affreux
» spectacle ! Je me réjouirai cependant de leur triste mal-
» heur. Quiconque se baissera pour considérer de plus
» près cet incendie, qu'il ait le visage saisi par la flamme :
» afin que tout le monde apprenne à ne point commettre
» d'injustices. »

XXXIII. Il passa l'hiver à Samos. Dans les néoménies, ou nouvelles lunes, il se rendait aux maisons des riches, où il chantait ces vers qu'on appelle Éirésioné [1], et dont il tirait quelque récompense. Dans ces visites, il était toujours accompagné des enfants des plus illustres habitants du pays.

« Nous avons dirigé nos pas vers la demeure d'un homme
» puissamment riche, dont la maison regorge de biens.
» Portes, déployez vos battants ! Plutus se présente, ac-
» compagné de l'aimable gaîté et de la douce paix. Que
» les vases ne désemplissent pas, que le feu soit toujours
» allumé dans le foyer et la table toujours chargée de pain !
» Que la femme du fils de la maison vienne vous trouver
» portée sur un char attelé de mules ! que cette femme,

---

[1] L'Éirésioné était une branche d'olivier, et quelquefois, quoique assez rarement, de laurier, revêtue de bandelettes de laine, dont elle était entrelacée. On attachait à ces bandelettes des figues, des pains, du miel, de l'huile et du vin. (L.)

» assise sur un siége orné d'ambre, travaille en toile! Je
» reviendrai, oui, je reviendrai tous les ans, comme l'hi-
» rondelle. Je suis debout, ici, à votre porte. Soit que vous
» me fassiez quelque présent, soit que vous me refusiez,
» je n'y resterai pas ; je ne suis pas venu dans l'intention
» de demeurer avec vous. »

Les enfants chantaient à Samos ces vers toutes les fois qu'ils faisaient la quête en l'honneur d'Apollon. Cet usage subsista longtemps dans cette île.

XXXIV. Au commencement du printemps, Homère voulut partir de Samos pour se rendre à Athènes. Il mit à la voile avec quelques Samiens, et aborda à l'île d'Ios. Ils ne débarquèrent pas à la ville, mais sur le rivage. Homère, se voyant attaqué d'une maladie grave, se fit porter à terre. Les vents contraires ne permettant pas de continuer la navigation, on resta plusieurs jours à l'ancre. Homère reçut la visite de quelques habitants de l'île d'Ios, qui ne l'eurent pas plutôt entendu parler qu'ils furent pénétrés d'admiration.

XXXV. Pendant que les matelots et quelques-uns des habitants de la ville s'entretenaient avec Homère, des enfants de pêcheurs abordèrent en ces lieux ; et étant descendus sur le rivage, ils leur adressèrent ces parole :
« Écoutez-nous, étrangers ; expliquez, si vous le pouvez,
» ce que nous allons vous proposer. » Alors quelqu'un de ceux qui étaient présents les engagea à parler. « Nous lais-
» sons, dirent-ils, ce que nous prenons, et nous emportons
» ce que nous ne prenons pas. » Ne pouvant rien comprendre à cette énigme, les enfants des pêcheurs la leur expliquèrent. « Notre pêche ayant été malheureuse, leur
» dirent-ils, nous nous sommes assis sur le rivage ; et
» comme nous étions tourmentés par la vermine, ce que
» nous avons pris, nous l'avons laissé en ces lieux, et nous
» remportons chez nous ce que nous n'avons pu prendre. »
Homère fit là-dessus ces vers : « Enfants, vos pères ne pos-
» sèdent ni d'amples héritages, ni de nombreux troupeaux. »

XXXVI. Homère mourut de cette maladie à Ios, et non du chagrin de n'avoir pu comprendre l'énigme des enfants, comme quelques auteurs l'ont écrit. Il fut enterré sur les bords de la mer par ses compagnons de voyage et par ceux des habitants d'Ios qui l'avaient fréquenté pendant sa maladie. Longtemps après, et lorsque ses poëmes, devenus publics, furent admirés de tout le monde, les habitants d'Ios inscrivirent sur sa tombe ces vers élégiaques : certainement ils ne sont pas d'Homère :

« La terre recèle ici dans son sein la tête sacrée du divin
» Homère, dont la poésie a illustré les héros. »

XXXVII. On a vu par ce que je viens de dire qu'Homère n'était ni Dorien ni de l'île d'Ios, mais Æolien. On peut encore le conjecturer sur ce qu'un aussi grand poëte n'a pu parler dans ses poëmes que des plus beaux usages, ou de ceux de sa patrie. Vous en pourrez juger par ces vers :

« Ils lèvent la tête des taureaux vers le ciel, les égor-
» gent et les dépouillent; ils séparent les cuisses, les cou-
» vrent deux fois de graisse et des lambeaux sanglants de
» toutes les parties de la victime. »

Il n'est point parlé des reins dans ces vers, parce que les Æoliens sont les seuls d'entre les Grecs qui ne les brûlent pas. Homère fait voir aussi, dans les vers suivants, qu'étant Æolien, il suit les usages de son pays :

« Le vieillard fait brûler la victime sur le bois de l'autel,
» et verse dessus des libations de vin. Des jeunes gens, à
» côté de lui, tiennent des broches à cinq rangs. »

Les Æoliens sont les seuls peuples de la Grèce qui fassent cuire les entrailles des victimes avec des broches à cinq rangs; celles des autres Grecs n'en ont que trois. Les Æoliens disent aussi πέμπε pour πέντε ; *cinq*.

XXXVIII. J'ai rapporté ce qui regarde la naissance, la vie et la mort d'Homère. Il me reste à parler du temps où il a vécu. Il sera aisé de le déterminer avec exactitude et sans crainte de se tromper, si on l'examine de cette manière-ci. L'île de Lesbos n'avait point encore de villes ; on y en fonda cent trente ans après l'expédition de Troie, où commandaient Agamemnon et Ménélas. Cyme, ville æolienne, appelée aussi Phriconis, fut fondée vingt ans après Lesbos ; et dix-huit ans ensuite, Smyrne le fut par les Cyméens. Ce fut en ce temps-là qu'Homère vint au monde ¹. De la naissance de ce poëte jusqu'au passage de Xerxès en Grèce, il y a 622 ans. Il est aisé de calculer la suite des temps par les archontes. Il est donc prouvé qu'Homère est né 168 ans après la prise de Troie.

¹ Ce passage prouve évidemment qu'Hérodote n'est pas l'auteur de la Vie d'Homère. Ce poëte est né, selon Hérodote, 400 ans avant lui. Cet historien étant venu au monde l'an 4230 de la période julienne, 484 ans avant notre ère, Homère doit être né l'an 3830 de la période julienne, 884 ans avant Jésus-Christ. Selon l'auteur de la Vie d'Homère, il est né l'an 3612 de la période julienne, 1102 ans avant notre ère. Cela fait une différence de 218 ans. Il est donc évident que le même écrivain n'a pu composer ces deux ouvrages. (L.)

FIN DE LA VIE D'HOMÈRE.

CANON

CHRONOLOGIQUE D'HÉRODOTE,

PAR LARCHER.

	Pér. julien.	Années av. J.-C.
Le gouvernement théocratique établi en Égypte. Les grands prêtres des huit plus anciens dieux gouvernent ce pays. On ignore en quel temps commença leur règne.		
Les grands prêtres des douze dieux suivants s'emparent de l'autorité, et gouvernent vers l'an.		17570
Les grands prêtres des dieux du troisième ordre leur succèdent; celui d'Osiris gouverne vers l'an.		15570
Le grand prêtre d'Osiris est dépossédé par celui d'Orus. L'on ignore en quel temps.		
Le gouvernement théocratique est aboli. Ménès, premier roi d'Égypte, règne 62 ans, selon Eratosthènes.		12356
Son fils Manéros meurt jeune, vers l'an.		12340
Trois cent-vingt-neuf rois succèdent à Ménès. Le dernier de ces princes est Mœris. Ils commencent à régner vers l'an.		12294
Fondation de la ville de Tyr, selon les Tyriens.	1954	2760
Tous ces événements étant nécessairement postérieurs au déluge universel, qui est de l'an 2386 de la période julienne, 2328 avant Jésus-Christ, il faut en conclure que les prêtres égyptiens n'ont conté à Hérodote que des fables sur l'ancienneté de leur nation. Si ces faits sont réels, il faut les placer après l'époque du déluge, et abréger considérablement leur durée. On se fera par ce moyen une idée plus juste de la chronologie de ces anciens temps. Je n'ai pas cependant osé le faire, parce que c'est moins mon système que je présente que celui d'Hérodote. Je prie le lecteur équitable de ne point perdre cela de vue.		
Le déluge universel.	2386	2328
Commencement du royaume de Sicyone. Agamemnon en fit dans la suite la conquête. Voy. l'an 3431.	2550	2164
Commencement de l'empire d'Assyrie, selon Ctésias.	2607	2107
Commencement du même empire, selon Diodore de Sicile et Æmilius Sura.	2657	2057
Commencement du même empire, suivant Castor.	2687	2027
Inachus, né vers l'an.	2703	2011

	Pér. julien.	Années av. J.-C.
Inachus, premier roi de l'Argolide, règne 60 ans.	2728	1986
Phoronée, fils d'Inachus, né vers l'an.	2736	1978
Æzéus, fils d'Inachus, né vers.	2737	1977
Phégée, fils d'Inachus, né vers l'an.	2738	1976
Lycaon, fils d'Æzéus, né.	2769	1945
Niobé, fille de Phoronée, née en.	2769	1945
Sparton, fils de Phégée, né.	3771	1943
Naissance d'Argus, fils de Niobé.	2786	1928
Naissance de Pélasgus, fils de Niobé.	2787	1927
Phoronée, deuxième roi de l'Argolide, règne 30 ans. Eusèbe lui donne 60 ans de règne.	2788	1926
Ce prince réunit dans une seule ville les peuples épars dans l'Argolide, et lui donne le nom de ville Phoronique.	2790	1924
Fondation de la ville de Phèges en Arcadie par Phégée, fils d'Inachus. Étienne de Byzance nomme cette ville Phégia : elle fut depuis appelée Psophis. Elle portait le nom d'Erymanthus avant qu'elle fût connue sous celui de Phégia.	2792	1922
Naissance de Déjanire, fille de Lycaon.	2802	1912
Naissance de Mycénéus, fils de Sparton.	2804	1910
Pélasgus, fils de Niobé, fait la conquête du pays appelé depuis Arcadie.	2810	1904
Apis, troisième roi de l'Argolide, règne 30 ans.	2818	1896
Naissance d'Iasus, fils d'Argus et d'Evadné.	2819	1895
Naissance de Lycaon II, fils de Pélasgus et de Déjanire.	2819	1895
Tremblement de terre qui sépare l'Ossa de l'Olympe : les eaux qui couvraient la Thessalie s'écoulent dans la mer : elle devient habitable.	2829	1885
Mycénéus, fils de Sparton, fonde la ville de Mycènes.	2830	1884
Pélasgus, roi du pays nommé depuis Arcadie, passe en Thessalie : Lycaon, son fils, quoique à peine âgé de 12 ans, règne en sa place.	2831	1883
Institution des Pélories, ou Saturnales, chez les Pélasges-Thessaliens.	2832	1882
Argus, quatrième roi de l'Argolide, règne 20 ans : il donne à la ville Phoronique le nom d'Argos.	2848	1866
Naissance de Nyctimus, fils de Lycaon.	2849	1865
Naissance de Callisto.	2850	1864
Naissance d'Agénor, fils d'Iasus.	2852	1862
Naissance de Peucétius, fils de Lycaon.	2852	1862
Naissance d'OEnotrus, fils de Lycaon.	2853	1861
Criasus, fils d'Argus, cinquième roi d'Argos, règne 56 ans.	2868	1846
Peucétius et OEnotrus fondent chacun une colonie en Italie, dix-sept générations avant la guerre de Troie.	2877	1837
Arcas, fils d'Orchoménus, fait la conquête de l'Arcadie.	2880	1834

CHRONOLOGIE.

	Pér. julien	Années av. J.-C.
Argus, fils d'Agénor, surnommé Panoptès (qui voit tout, à la vue de qui rien n'échappe)......	2885	1829
Commencement de l'empire d'Assyrie, selon Velléius Paterculus................	2897	1817
Ninus, premier roi d'Assyrie............	2897	1817
Naissance d'Iasus, fils d'Argus Panoptès......	2918	1796
Ogygès, sous qui arriva l'inondation qui désola l'Attique, règne dans l'Attique et en Béotie 1020 ans avant l'olympiade de Corœbus...........	2918	1796
Phorbas, fils de Criasus, septième roi d'Argos, règne 48 ans.................	2924	1790
Phénomène singulier arrivé dans la couleur, dans la grosseur et dans le cours de la planète de Vénus, sous le règne d'Ogygès, selon les mathématiciens Adraste de Cyzique et Dion de Néapolis (Naples), au rapport de Varron...............	2947	1767
Io, fille d'Iasus selon Apollodore, fille d'Inachus selon un texte altéré d'Hérodote, née vers l'an.	2951	1763
Inondation dans l'Attique la trente-septième année du règne d'Ogygès. C'est ce qu'on appelle le déluge d'Ogygès....................	2955	1759
Les Athéniens célèbrent tous les ans l'anniversaire de ce déluge, et il s'observait encore 1673 ans après, lorsque Sylla prit Athènes.............	2955	1759
Enlèvement d'Io par des Phéniciens........	2969	1745
Triopas, fils de Phorbas, huitième roi d'Argos, règne 64 ans..................	2972	1742
Xanthus, fils de Phorbas, passe de la Lycie dans l'île de Lesbos, et la fonde avec des Pélasges, sur lesquels il régnait. Ce récit ne paraît pas vraisemblable.	2980	1734
Sidon fondée vers l'an..............	2984	1730
On ignore quel fut au juste le temps de sa fondation. Mais l'on présume avec beaucoup de vraisemblance que ce fut à cette époque. Elle fonda dans la suite la ville de Tyr; ce qui prouve combien la tradition des Tyriens, qui mettaient la fondation de leur ville 2760 ans avant notre ère, est dénuée de fondement.		
Pélasgus, fils de Neptune et de Larisse, passe en Thessalie avec ses frères Achæus et Phthius, et en chasse les habitants, la sixième génération après Pélasgus, roi d'Arcadie.............	2987	1727
Quelques-uns des Pélasges chassés de Thessalie s'établissent à Dodone.............	2988	1726
Crotopus, fils de Triopas, neuvième roi d'Argos, règne 53 ans..................	3036	1678
Sthénélus, fils de Crotopus, dixième roi d'Argos, règne 52 ans..................	3089	1625
Naissance de Moïse. Voyez l'an 3183........	3103	1611
Actæus règne dans l'Attique. Son règne est de 24 ans.....................	3120	1594

	Pér. julien.	Années av. J.-C.
Agénor, fils de Neptune, arrive en Phénicie, règne en ce pays, et fonde avec des Sidoniens la ville de Tyr.	3124	1590
Naissance de Cadmus, fils d'Agénor, roi de Tyr.	3134	1580
Naissance de Deucalion, fils de Prométhée, vers l'an.	3141	1573
Gélanor, fils de Sthénélus, onzième roi d'Argos, règne 2 ans.	3141	1573
Actæus, roi de l'Attique, marie sa fille unique à Cécrops.	3142	1572
Arrivée de Danaüs en Grèce. Ce prince n'est pas frère de Sésostris.	3142	1572
Gélanor dépossédé par Danaüs.	3143	1571
Mort d'Actæus : Cécrops I, son gendre, regardé comme le premier roi de l'Attique, règne 189 ans après le déluge d'Ogygès. Son règne est de 50 ans.	3144	1570
Les filles de Danaüs instituent les Thesmophories dans le Péloponnèse.	3146	1568
Enlèvement d'Europe.	3162	1552
Arrivée de Cadmus à Linde, dans l'île de Rhodes.	3163	1551
Fondation de l'île Calliste, depuis appelée Théra, et de celle de Thasos, par des Phéniciens de la suite de Cadmus.	3164	1550
Arrivée de Cadmus en Béotie : fondation de la Cadméide, qui servit depuis de citadelle à la ville de Thèbes.	3165	1549
Naissance de Minos I, roi de Crète.	3166	1548
Agraule, fille de Cécrops I, roi d'Athènes, se dévoue à la mort pour le salut de sa patrie.	3167	1547
Dardanus, roi de la Phrygie, appelée Dardanie, règne 48 ans.	3167	1547
Naissance d'Amphictyon, fils de Deucalion vers l'an.	3168	1546
Naissance de Bacchus, fils de Sémélé.	3170	1544
Deucalion, fils de Prométhée, passe en Thessalie avec des Curètes et des Lélèges, nommés depuis Ætoliens et Locriens, auxquels se joignent un grand nombre d'habitants du Parnasse, en chasse les Pélasges et s'y établit en leur place.	3173	1541
La plus grande partie des Pélasges chassés de Thessalie se retirent à Dodone, auprès des Pélasges qui en avaient été chassés précédemment.	3174	1540
Quelques-uns des Pélasges se rendent dans l'île de Crète, quelques autres dans celle de Lesbos.	3174	1540
Les Pélasges réfugiés à Dodone, s'apercevant qu'ils étaient à charge aux habitants, se retirent dans le pays appelé depuis Tyrrhénie, et font un traité avec les Aborigènes.	3175	1539
Découverte du fer.	3177	1537
Des Pélasges, chassés de Thessalie par Deucalion, se joignent à des Thraces et font une incursion en		

	Pér. julien	Années av. J.-C.
Béotie, où ils s'établissent.	3178	1536
Les Béotiens, chassés de leur pays, s'établissent en Thessalie, près d'Arné et d'Icolos.	3179	1535
Les Israélites sortent de l'Égypte sous la conduite de Moïse, âgé de 80 ans, vers la fin du règne de Cécrops I.	3183	1531
Déluge de Deucalion.	3185	1529
La colonie des Pélasges-Tyrrhéniens jouit d'une grande prospérité.	3190	1524
Naissance d'Hellen, fils de Deucalion.	3191	1523
Eurotas, troisième roi de Lacédémone de la dynastie qui régna avant la conquête des Héraclides. .	3192	1522
Amphictyon, fils de Deucalion, rassemble les peuples voisins des Thermopyles; leur donne le nom d'Amphictyons et règne sur eux.	3192	1522
Cranaüs, second roi d'Athènes, règne 10 ans. .	3194	1520
Penthée, fils d'Échion et petit-fils de Cadmus par Agavé sa fille, règne à Thèbes.	3200	1514
Amphictyon, fils de Deucalion et gendre de Cranaüs, chasse son beau-père, et règne 12 ans. C'est le troisième roi d'Athènes.	3204	1510
Origine des Scythes selon les Scythes.	3206	1508
Hyagnis, fils du Silène Marsyas, invente la flûte; l'an 1202 de l'ère attique.	3208	1506
Erichthonius, fils de Dardanus, roi de Dardanie, règne 44 ans.	3215	1499
Erichthonius, Athénien d'une naissance illustre, chasse Amphictyon, et règne 36 ans. C'est le quatrième roi d'Athènes.	3216	1498
Polydore, fils de Cadmus, roi de Thèbes. . . .	3217	1497
Erichthonius, roi d'Athènes, institue dans les différentes bourgades de l'Attique des Athénées, ou fêtes de Minerve, avec des jeux en l'honneur de la déesse. Je les place 10 ans après l'époque assignée par les marbres d'Oxford, parce que je n'ai pas cru devoir m'astreindre au système chronologique de ces marbres concernant les rois d'Athènes.	3218	1496
Naissance de Lycastus, fils de Minos I, roi de Crète.	3226	1488
Naissance de Dorus, fils d'Hellen. . . .	3238	1476
Naissance d'Æole, fils d'Hellen.	3240	1474
Naissance d'Érechthée, fils de Pandion I. . .	3241	1473
Naissance de Xuthus, fils d'Hellen.	3250	1464
Pandion I, fils d'Érichthonius, cinquième roi d'Athènes, règne 31.	3252	1462
Tros succède à Érichthonius au royaume de Dardanie : il règne 31 ans.	3259	1455
Labdacus, fils de Polydore, roi de Thèbes. . .	3264	1450
Naissance de Tectamus, fils de Dorus.	3268	1446
Naissance de Cécrops, fils d'Érechthée. . . .	3269	1445
Naissance d'Élatus, roi des Lapithes, le premier		

	Pér. julien.	Années av. J.-C.
ancêtre connu de Cypsélus, tyran de Corinthe.	3270	1444
Naissance de Salmonée, fils d'Æole.	3271	1443
Naissance de Pandorus, fils d'Érechthée.	3271	1443
Naissance de Métion, fils d'Érechthée.	3272	1442
Naissance de Créthée, fils d'Æole.	3280	1434
Érechthée, fils de Pandion 1, sixième roi d'Athènes, règne 34 ans.	3283	1431
Xuthus, fils d'Hellen, ayant été chassé de la Thessalie, se réfugie à Athènes.	3284	1430
Xuthus épouse Créusa, fille d'Érechthée.	3285	1429
Naissance d'Achæus, fils de Xuthus.	3286	1428
Naissance de Minos II, fils de Lycastus, roi de Crète.	3286	1428
Naissance de Salmonée, fils d'Æole.	3288	1426
Naissance de Déion, fils d'Æole.	3289	1425
Naissance de Magnès, fils d'Æole.	3290	1424
Mœris, le dernier des 330 rois d'Égypte, depuis et compris Ménès jusqu'à Sésostris, règne 68 ans.	3290	1424
Ilus succède à Tros; il règne 44 ans.	3290	1424
Fondation de la ville de Troie.	3291	1423
Naissance de Périérès, fils d'Æole.	3292	1422
Naissance d'Eupalamus, père de Dædale et fils de Métion.	3293	1421
Lycus, fils de Chthonius, chasse Laïus, fils de Labdacus, qui n'avait encore qu'un an, et règne à Thèbes.	3298	1416
Tectamus, fils de Dorus, passe en Crète avec des Æoliens, subjugue les Pélasges et règne sur eux.	3299	1415
Naissance de Cænée, fils d'Élatus, roi des Lapithes, l'un des ancêtres de Cypsélus, tyran de Corinthe.	3300	1414
Cérès arrive dans l'Attique et fait connaître le blé à Triptolème, ainsi que la manière de le cultiver.	3305	1409
Achæus, fils de Xuthus, ayant commis un meurtre involontaire, se retire dans le pays appelé depuis Laconie, et donne son nom aux habitants.	3307	1407
Ion, fils de Xuthus, est mis à la tête d'une colonie que les Athéniens envoient dans le Péloponnèse.	3308	1406
Triptolème ensemence les campagnes de Rharie, près d'Éleusis.	3308	1406
Ion épouse Hélice, fille de Sélinunte, roi d'Ægiale.	3309	1405
Achæus, fils de Xuthus, passe en Thessalie avec des troupes qu'il tire d'Athènes et d'Ægiale, et recouvre le royaume de ses pères.	3310	1404
Institution des mystères d'Éleusis.	3310	1404
Naissance de Tiro, fille de Salmonée.	3311	1403
Mort de Sélinunte, roi d'Ægiale : Ion lui succède.	3311	1403
Eumolphe, Thrace de naissance, arrive à Éleusis avec des troupes de son pays, et s'en empare.	3311	1403
Les Athéniens rappellent Ion du Péloponnèse, et lui donnent le commandement de l'armée qu'ils destinent à marcher contre les Thraces.	3312	1402

	Pér. julien.	Années av. J.-C.
Naissance d'Archandre, fils d'Achæus. . . .	3313	1401
Amphion, fils de Jupiter et d'Antiope, tue Lycus et s'empare de la couronne de Thèbes.	3313	1401
Naissance d'Architélès, fils d'Achæus.	3314	1400
Naissance de Dædale, fils d'Eupalamus, petit-fils de Métion, arrière-petit-fils d'Érechthée, roi d'Athènes.	3314	1400
Les Athéniens défèrent la principale autorité dans le gouvernement à Ion, et s'appellent de son nom Ioniens.	3315	1399
Victoire remportée par les Athéniens sur les Éleusiniens et les Thraces : Érechthée, roi d'Athènes, périt dans l'action; Immaradus, ou Ismaros selon Apollodore, fils d'Eumolpe, qui commandait les Thraces, y périt aussi : la paix se fait entre les deux peuples, à condition que les Eleusiniens reconnaîtront la souveraineté d'Athènes, et qu'ils auront la liberté de célébrer chez eux les mystères. Ce récit est de Pausanias ; celui d'Apollodore est un peu différent.	3316	1398
Cécrops II, l'aîné des enfants d'Érechthée, septième roi d'Athènes, règne 10 ans.	3317	1397
Les frères de Cécrops chassent Xuthus, parce qu'ayant été pris pour arbitre par les enfants d'Érechthée, qui se disputaient la couronne, il l'avait adjugée à Cécrops, l'aîné d'entre eux.	3318	1396
Première année du sacerdoce d'Alcyonice à Argos.	3318	1396
Cécrops II envoie une colonie en Eubée. . . .	3319	1395
Xuthus, âgé de 70 ans, meurt dans le pays d'Ægiale, où il s'était réfugié.	3320	1394
Ion passe en Asie et y forme quelques faibles établissements.	3323	1391
Amphion, roi de Thèbes, meurt : Laïus remonte sur le trône.	3324	1390
Créthée épouse Tyro, fille de son frère Salmonée.	3325	1389
Ion retourne dans le pays d'Ægiale.	3326	1388
Naissance d'Amythaon, fils de Créthée. . . .	3327	1387
Pandion II, fils de Cécrops II, huitième roi d'Athènes, règne 26 ans.	3327	1387
Naissance de Nélée, fille de Neptune et de Tyro.	3327	1387
Polybe, petit-fils de Sicyon, roi de Corinthe. .	3328	1386
Naissance de Sisyphe, qui fut depuis roi de Corinthe. Ce prince, dont on ignore l'origine, ne peut être le même que celui qui était fils d'Æole ; la plupart des écrivains les confondent.	3329	1385
Naissance de Pélops.	3329	1385
Naissance d'Hercule, fils d'Amphitryon. . . .	3330	1384
Naissance d'Orphée.	3332	1382
Naissance de Coronus, fils de Cænée, et l'un des ancêtres de Cypsélus, tyran de Corinthe. . . .	3334	1380
Laomédon, fils d'Ilus, règne à Troie 50 ans. . .	3334	1380

	Pér. julien.	Années av J.-C.
Archandre et Architélès, fils d'Achæus, quittent la Phthiotide et se rendent à Argos, où ils épousent chacun une fille de Danaüs, prince de la maison royale d'Argos.	3340	1374
Cænée, roi des Lapithes et l'un des ancêtres de Cypsélus, tyran de Corinthe, périt dans un combat contre les Centaures.	3341	1373
Les Pélasges, joints aux Aborigènes, chassent les Sicules : ceux-ci passent en Sicile, en chassent les Sicaniens et donnent leur nom au pays.	3344	1370
Fondation de Zancle par les Sicules.	3345	1369
Ion retourne à Athènes vers l'an.	3345	1369
Atys, fils de Manès, règne en Lydie.	3346	1368
Naissance de Mélampus, fils d'Amythaon.	3347	1367
Naissance de Bias, fils d'Amythaon et frère de Mélampus.	3348	1366
Naissance de Périclyménus, fils de Nélée, roi de Messénie.	3350	1364
Les Métionides, ou décendants de Métion, chassent Pandion, roi d'Athènes : ils se retirent à Mégare.	3351	1363
Pélops, fils de Tantale, arrive en Grèce, et s'empare de Pise et d'Élis.	3352	1362
Grande famine en Lydie.	3352	1362
Commencement des exploits d'Hercule.	3353	1361
Pandion II meurt de maladie à Mégare : ses enfants retournent dans l'Attique et chassent les Métionides : Égée, son fils aîné, neuvième roi d'Athènes, règne 39 ans.	3353	1361
Ion meurt à Athènes âgé de 67 ans, et est inhumé à Potamos, bourgade de l'Attique près de la mer, environ à deux lieues de Panormos.	3354	1360
Laïus est tué par son fils OEdipe, dans un âge où ses cheveux commençaient à blanchir.	3356	1358
Créon, fils de Ménécée et frère de Jocaste, veuve de Laïus, prend les rênes du gouvernement.	3356	1358
Sésostris, roi d'Égypte, succède à Mœris, et règne 44 ans.	3358	1356
Les femmes de Lemnos, outrées de la préférence des Lemniens pour leurs concubines, massacrent leurs maris.	3359	1355
Naissance de Péro, fille de Nélée et de Chloris.	3360	1354
OEdipe, fils de Laïus, épouse Jocaste sa mère, sans la connaître, et monte sur le trône.	3360	1354
Origine des Scythes selon les Grecs du Pont.	3360	1354
Lycus, fils de Pandion II, ayant été chassé d'Athènes par son frère Égée, se réfugie chez les Termiles auprès de Sarpédon, frère de Minos, roi de Crète.	3360	1354
Minos II étant allé en Sicile pour redemander Dædale, Cocalus, roi du pays, le fait étouffer par la vapeur d'un bain : il était âgé de 75 ans.	3361	1353

	Pér. julien.	Années av. J.-C.
Les Crétois qui avaient accompagné Minos en Sicile font le siége de Camicos.	3363	1351
Expédition des Argonautes : enlèvement de Médée.	3364	1350
Coronus, petit-fils d'Élatus, roi des Lapithes, et l'un des ancêtres de Cypsélus, tyran de Corinthe, se trouve à l'expédition des Argonautes.	3364	1350
Naissance d'Antigone, fille d'OEdipe.	3364	1350
Des Colchidiens s'établissent dans l'île des Phéaciens, depuis appelée Corcyre.	3365	1349
Naissance d'Ismène, fille d'OEdipe et de Jocaste.	3366	1348
Les Pélasges, appelés depuis Pélasges-Tyrrhéniens, sont affligés par la famine et par des maladies contagieuses. En proie à des séditions, ils quittent la plupart le pays appelé quelques années après Tyrrhénie, excepté un petit nombre qui y reste, deux générations avant la guerre de Troie.	3367	1347
Naissance de Nestor, fils de Nélée : il vit deux générations, et régnait sur la troisième la dernière année du siége de Troie.	3368	1346
Naissance de Thésée, fils d'Égée.	3368	1346
Des Crétois s'établissent en Italie sous le nom d'Iapyges-Messapiens.	3368	1346
Naissance d'Étéocle, fils d'OEdipe et de Jocaste.	3369	1345
Naissance de Polynice, fils d'OEdipe et de Jocaste.	3370	1344
Tyrrhénus, fils d'Athys, roi de Lydie, arrive en Italie avec ceux des Lydiens qui l'avaient accompagné, et donne au pays le nom de Tyrrhénie.	3370	1344
Thèbes ravagée par la peste.	3371	1343
L'oracle ordonne de venger la mort de Laïus : OEdipe se crève les yeux : il est renfermé par les ordres de Créon, tuteur des jeunes princes.	3372	1342
Mort de Polybe, roi de Corinthe. Créon, différent du précédent, succède à Polybe.	3372	1342
Musée, disciple d'Orphée.	3372	1342
Médée, forcée de quitter Iolcos, se retire à Corinthe avec Jason, où ils vivent tranquillement pendant 10 ans.	3375	1339
Guerre d'Hercule contre les Pyliens : selon Apollodore, Nélée, roi de Pylos, est tué avec onze de ses fils ; Nestor, qui était alors élevé chez les Géléniens, échappe au danger. Mais il vaut mieux s'en rapporter à Homère, qui, loin de dire que Nélée fut tué, assure que ce prince se trouva à la guerre des Pyliens contre les Épéiens.	3379	1335
Penthilus, fils de Périclyménus.	3379	1335
Bias, frère de Mélampus, épouse Péro, fille de Nélée.	3380	1334
Évandre fonde avec des Arcadiens une colonie dans le pays des Aborigènes.	3384	1330
Prise de Troie par Hercule avec 720 hommes montés sur six vaisseaux. Laomédon est tué. Priam lui		

	Pér. julien.	Années av. J.-C
succède : il règne 60 ans.	3384	1330
Nestor échappe à la vigilance de son père, se trouve au combat des Pyliens contre les Épéiens, et s'y distingue par plusieurs actions éclatantes. . . .	3385	1329
Jason répudie Médée et épouse Glaucé, fille de Créon, roi de Corinthe : Créon est tué avec ses enfants par les intrigues de Médée : Médée se réfugie à Athènes, auprès d'Égée.	3386	1328
Sisyphe, roi de Corinthe, premier roi de la dynastie des Sisyphides.	3386	1328
Naissance d'Hyllus, fils d'Hercule, de qui descendent les rois de Lacédémone.	3387	1327
Thésée vient à Athènes : Médée tente de l'empoisonner ; il est reconnu par Égée : Médée quitte la Grèce.	3387	1327
Naissance de Tlépolème, fils d'Hercule. . . .	3388	1326
Apothéose d'Hercule, âgé de 61 ans. . . .	3391	1323
Thésée tue le Minotaure sur la fin de l'année.	3391	1323
Égée, croyant son fils mort, se précipite du haut d'un rocher : Thésée, dixième roi d'Athènes, règne 29 ans.	3392	1322
Les Héraclides, chassés de Péloponnèse par Eurysthée, se mettent sous la protection de Thésée.	3393	1321
Ornythion, fils de Sisyphe, roi de Corinthe. . .	3394	1320
Étéocle, fils d'Œdipe, règne à Thèbes ; son frère Polynice se retire à Argos.	3394	1320
Polynice revient à Thèbes pour régner à son tour : Étéocle refuse de lui céder la couronne : Polynice retourne à Argos.	3395	1319
Polynice se ligue avec les Argiens contre Étéocle et les Thébains.	3396	1318
Œdipe, chassé de Thèbes, se retire dans l'Attique, où il meurt.	3397	1317
Guerre de Thèbes entre Étéocle et Polynice : ils s'entre-tuent.	3397	1317
Thésée transfère à Athènes les habitants des douze principales villes de l'Attique, et institue les petites Panathénées, qui se célébraient tous les ans. Les grandes le furent l'an 4148 de la période julienne.	3398	1316
Guerre de Thésée contre Créon, tuteur de Laodamas, fils d'Étéocle.	3400	1314
Phéron, roi d'Égypte, règne 18 ans.	3402	1312
Thésée marche contre Eurysthée avec Hyllus, fils d'Hercule : Eurysthée est battu et tué par Hyllus.	3403	1311
Hyllus passe dans le Péloponnèse, et en sort à cause de la contagion.	3404	1310
Atrée, fils de Pélops, règne à Argos.	3404	1310
Guerre des Épigones, ou seconde de Thèbes. .	3407	1307
Naissance d'Hélène, fille de Tyndare et de Léda.	3408	1306
Naissance de Timandra, fille de Tyndare et de Léda.	3409	1305

	Pér. julien.	Années av. J.-C.
Thoas, fils d'Ornythion, roi de Corinthe. . . .	3414	1300
Thersandre, fils de Polynice, roi de Thèbes. . .	1415	1299
Borus, fils de Penthilus, petit-fils de Périclyménus et arrière-petit-fils de Nélée, roi de Messénie. . .	3416	1298
Thésée, âgé de 50 ans, enlève, selon Hellanicus, Hélène, qui n'était pas encore nubile.	3418	1296
Tennès, fils de Cycnus, conduit une colonie dans l'île Leucophris, et de son nom l'appelle Ténédos.	3419	1295
Protée, roi d'Égypte, succède à Phéron et règne 50 ans.	3420	1294
Hyllus consulte l'oracle sur son retour dans le Péloponnèse.	3421	1293
Mort de Thésée : Ménesthée, fils de Pétée, petit-fils d'Ornée et arrière-petit-fils d'Érechthée, onzième roi d'Athènes, règne 23 ans.	3421	1293
Atrée s'empare de Corinthe.	3422	1292
Échémus, roi des Tégéates, épouse Timandra, fille de Tyndare et de Léda.	3423	1291
Hyllus retourne dans le Péloponnèse, sur la foi d'un oracle équivoque : il est tué dans un combat particulier par Échémus, roi des Tégéates. . . .	3424	1290
Enlèvement d'Hélène par Alexandre, fils de Priam, vulgairement appelé Pâris.	3424	1290
Préparatifs de guerre des Grecs contre les Troyens.	3425	1289
Tlépolème, fils d'Hercule, se retire à Argos. . .	3427	1287
Agamemnon, fils d'Atrée, succède à son père au royaume de Mycènes.	3429	1285
Les Cimmériens envahissent l'Asie Mineure. . .	3430	1284
Naissance d'Oreste, fils d'Agamemnon.	3431	1283
Agamemnon fait la conquête du royaume de Sicyone.	3431	1283
Tlépolème, fils d'Hercule, ayant tué involontairement Licymnius, son oncle maternel, passe dans l'île de Rhodes avec des forces considérables, y fonde les villes de Linde, d'Iyalyssos et de Camiros, et peu après devient roi des Rhodiens.	3432	1282
Thersandre, roi de Thèbes, ayant devancé la flotte des Grecs, est tué en Mysie.	3433	1281
Siége de Troie par les Grecs : leur armée montait à 135,610 hommes.	3434	1280
Léontéus, fils de Colonus, petit-fils de Cænée, arrière-petit-fils d'Élatus, et l'un des ancêtres de Cypsélus, tyran de Corinthe, se trouve au siége de cette ville.	3434	1280
Tisamène, fils de Thersandre, n'étant pas en âge de gouverner, Pénélée prend au siége de Troie le commandement des Béotiens.	3434	1280
L'île de Ténédos ravagée par les Grecs : Achille tue Tennès, fondateur de cette île : les Ténédiens rendent les honneurs divins à Tennès, en mémoire de sa vertu et de ses bienfaits.	3440	1274

	Pér. julien.	Années av. J.-C.
Achille, irrité contre Agamemnon, reste dans l'inaction : les Grecs sont battus.	3441	1273
Achille envoie Patrocles au secours des Grecs : Patrocles est tué : Achille prend les armes, les Troyens sont repoussés : Hector est tué.	3442	1272
Achille est tué : ses armes sont adjugées à Ulysse; Ajax se tue de désespoir.	3443	1271
Pénélée, commandant des Béotiens, est tué la dernière année du siége de Troie.	3444	1270
Prise de la ville de Troie, le 27 thargélion finissant (le 23 mai).	3444	1270
Ménesthée, roi d'Athènes, meurt dans l'île de Mélos, en revenant du siége de Troie : Démophon, fils de Thésée, douzième roi d'Athènes, règne 41 ans.	3444	1270
Teucer fonde Salamine dans l'île de Cypre. Sa postérité y régnait 806 ans après.	3444	1270
Agamemnon fonde dans l'île de Crète les villes de Mycènes, de Tégée et de Pergame.	3444	1270
Agamemnon retourne dans ses États : il est tué par Égisthe et par Clytemnestre.	3444	1270
Egisthe règne 7 ans à Mycènes.	3444	1270
Tisamène, fils de Thersandre, règne à Thèbes.	3445	1269
Thoas, qui avait été chassé de Corinthe 23 ans auparavant, remonte sur le trône.	3445	1269
La ville de Métaponte en Lucanie fondée par Épéus, compagnon de Nestor.	3445	1269
Damophon, fils de Thoas, roi de Corinthe.	3446	1268
Les Assyriens maîtres de l'Asie supérieure.	3447	1267
Amphilochus, fils d'Amphiaraüs, fonde la ville d'Argos-Amphilochium dans le golfe d'Ambracie.	3448	1266
Andropompus, fils de Borus, roi de Messénie.	3450	1264
Égisthe et Clytemnestre tués par Oreste : Oreste se retire en Arcadie et y demeure un an..	3451	1263
Oreste est absous par l'Aréopage du meurtre de sa mère.	3452	1262
Néoptolème, fils d'Achille et d'Andromaque, tué à Delphes par Oreste.	3452	1262
Oreste épouse Hermione, fille de Ménélas et veuve de Néoptolème..	3452	1262
Oreste règne 70 ans à Mycènes. Ces 70 ans doivent se compter de la mort d'Égisthe.	3453	1261
Naissance de Pan.	3454	1260
Mort de Tisamène, roi de Thèbes. Son fils Autésion, chassé par Damasichthon, fils d'Oopeltès et petit-fils de Pénélée, passe chez les Doriens : Damasichthon règne à Thèbes.	3465	1249
Troisième entreprise des Héraclides sur le Péloponnèse, sous la conduite de Cléodæus, fils d'Hyllus.	3469	1245
Rhampsinite, roi d'Égypte, règne 66 ans. Joseph le nomme Rhamsès.	3470	1244

	Pér. julien.	Années av. J.-C.
Naissance d'Aristomachus, fils de Cléodæus.	3475	1239
Ptolémée, fils de Damasichthon, roi de Thèbes.	3480	1234
Oxyntès, treizième roi d'Athènes, règne 30 ans.	3485	1229
Mélanthus, fils d'Andropompus, roi de Messénie.	3486	1228
Propodas, roi de Corinthe.	3494	1220
Fin de la dynastie des Atyades, rois de Lydie : le commencement de cette dynastie est incertain : dynastie des Héraclides, roi de Lydie : Agron, premier roi de cette dynastie.	3494	1220
Naissance de Théras, fils d'Autésion et petit-fils de Tisamène, roi de Thèbes : il était le dixième descendant de Cadmus.	3500	1214
Migration æolienne commence sous la conduite d'Oreste.	3504	1210
Quatrième entreprise des Héraclides sur le Péloponnèse, sous la conduite d'Aristomachus, fils de Cléodæus : il est battu par les Péloponnésiens et perd la vie dans l'action, laissant trois enfants en bas âge, Aristodémus, Téménus et Cresphontes.	3504	1210
Des Béotiens, chassés d'Arné en Thessalie, retournent en Béotie 60 ans après la prise de Troie.	3504	1210
Ceux des Pélasges qui étaient restés dans la Tyrrhénie en sont chassés par les Tyrrhéniens ; ils passent dans l'Attique.	3505	1209
Ceux des Pélasges qui avaient envahi la Béotie en sont chassés par les Béotiens lorsqu'ils reviennent dans leur pays.	3506	1208
Ces Pélasges se refugient dans l'Attique auprès des Pélasges-Tyrrhéniens.	3507	1207
Xanthus, fils de Ptolémée, roi de Thèbes.	3514	1200
Aphidas, quatorzième roi d'Athènes, règne un an.	3515	1199
Thymœthès, quinzième roi d'Athènes, règne 8 ans.	3516	1198
Oreste meurt en Arcadie âgé de 90 ans ; ses fils Penthilus et Tisaménus règnent 3 ans.	3521	1193
Les Pélasges-Tyrrhéniens, aidés par les Pélasges sortis de Béotie, bâtissent aux Athéniens la partie du mur de la citadelle appelée le mur Pélasgique.	3522	1192
Doridas et Hyantidas, fils de Propodas, règnent à Corinthe.	3523	1191
Conquête du Péloponnèse par Aristodémus, Téménus et Cresphontes, fils d'Aristomachus.	3524	1190
Penthilus et Tisaménus, fils d'Oreste, sont chassés par les Héraclides.	3524	1190
Mélanthus, roi de Messénie, chassé par les Héraclides, se réfugie à Athènes.	3524	1190
Naissance d'Antasus, descendant d'Élatus, roi des Lapithes, et l'un des ancêtres de Cypsélus, tyran de Corinthe.	3524	1190
Xanthus, roi de Thèbes, fait la guerre aux Athéniens ; provoque à un combat particulier Thymœtès, leur roi : Thymœtès refuse le combat et est chassé ;		

	Pér. julien.	Années av. J-C.
Mélanthus accepte le défi et règne en sa place 37 ans.	3524	1190
Xanthus est tué : Thèbes ne veut plus de rois et se gouverne en république.	3524	1190
Institution de la fête des Apaturies à l'occasion de la ruse de Mélanthus dans son combat contre Xanthus, roi de Thèbes.	3524	1190
Continuation de la migration æolienne par Penthilus, fils d'Oreste.	3525	1189
Les Achéens, chassés par les Héraclides, se réfugient dans le pays d'Ægiale, appelé depuis Achaïe, qui était alors possédé par les Ioniens.	3525	1189
Les Achéens et les Ioniens, ne pouvant s'accorder, se font la guerre; Tisaménus, fils d'Oreste et chef des Achéens, est tué dans une bataille : les Ioniens n'en sont pas moins chassés par les Achéens; ils retournent à Athènes.	3526	1188
Mort d'Aristodémus, premier roi de Lacédémone de la maison des Héraclides; il laisse la couronne à ses deux fils, Proclès et Eurysthènes, qui ne faisaient que naître : Théras, fils d'Autésion, leur oncle maternel, est leur tuteur.	3536	1178
Chéops, roi d'Égypte, règne 50 ans.	3536	1178
Fondation de la ville d'Halicarnasse.	3539	1175
Troisième migration æolienne, sous la conduite d'Échélatus, fils de Penthilus.	3540	1174
Les Pélasges, établis dans la Troade, sont chassés par les Æoliens.	3540	1174
Les Pélasges-Tyrrhéniens, chassés d'Athènes, font la conquête de l'île de Lemnos.	3552	1162
Alétès, premier roi de Corinthe, de la maison des Héraclides.	3554	1160
Mélas, fils d'Antasus, descendant d'Élathus, roi des Lapithes, l'un des ancêtres de Cypsélus, tyran de Corinthe, s'étant concilié Alétès, premier roi de Corinthe, de la maison des Héraclides, est reçu à Corinthe malgré l'oracle, qui lui avait défendu de le recevoir.	3554	1160
Les Minyens, descendants des Argonautes, chassés de Lemnos par les Pélasges-Tyrrhéniens, se réfugient à Lacédémone.	3554	1160
Majorité de Proclès et d'Eurysthènes, souche des deux maisons royales de Lacédémone.	3561	1153
Codrus, fils de Mélanthus, dix-septième et dernier roi d'Athènes, règne 21 ans.	3561	1153
Les Pélasges-Tyrrhéniens, outrés de l'affront que leur avaient fait les Athéniens, enlèvent des femmes d'Athènes, et les prennent pour leurs concubines.	3562	1152
Quatrième et dernière migration æolienne, sous la conduite de Grais, fils d'Échélatus.	3563	1151

Fondation de l'île Calliste, depuis nommée Théra, par Théras, qui emmène avec lui une partie des Mi-

	Pér. julien.	Années av. J.-C.
nyens qui s'étaient retirés à Lacédémone. . . .	3564	1150
Fondation de Lépréum, Macistos, Phrixes, Pyrgos, Épium et Nudium dans la Triphylie, par les Minyens.	3565	1149
Les Pélasges sont chassés de l'île de Lesbos par les Æoliens.	3574	1140
Fondation de la ville de Lesbos par les Æoliens. .	3574	1140
Les Pélasges-Tyrrhéniens de Lemnos tuent les enfants qu'ils avaient eus des Athéniennes, ainsi que les mères de ces enfants.	3575	1139
Dévoûment de Codrus, dernier roi d'Athènes : Médon, fils aîné de Codrus, premier archonte perpétuel, gouverne 27 ans.	3582	1132
Fondation de Mégare sur les confins de l'Attique.	3583	1131
Migration ionienne, selon Apollodore et Eratosthènes.	3584	1130
Chéphren, roi d'Égypte, règne 56 ans. . . .	3586	1128
Sous, roi de Lacédémone, de la seconde maison, règne 44 ans.	3589	1125
Ixion, deuxième roi de Corinthe, de la maison des Alétiades, règne 38 ans.	3592	1122
Fondation de la ville de Cyme en Æolie. . . .	3594	1120
Fondation de Milet, de Colophon, la treizième année de l'archontat de Médon.	3595	1119
Colonie envoyée dans l'île de Mélos par des Laconiens et des Spartiates.	3598	1116
Agis, fils d'Eurysthènes, roi de Lacédémone, de la première maison, règne 40 ans.	3600	1114
Fondation de Néon-Tichos par les habitants de Cyme.	3602	1112
Acastus, fils de Médon, second archonte perpétuel, gouverne 36 ans.	3609	1105
Fondation de la ville de Smyrne.	3612	1102
Naissance d'Homère selon l'auteur de sa Vie attribuée mal à propos à Hérodote, § III.	3612	1102
Agis subjugue les Ilotes.	3623	1091
Agélas, troisième roi de Corinthe, règne 37 ans.	3630	1084
Agis envoie une colonie en Achaïe, sous la conduite de Patréus, qui fonde la ville de Patres. . .	3632	1082
Naissance du premier ancêtre connu de l'historien Hécatée de Milet.	3632	1082
Eurypon, fils de Sous, roi de Lacédémone, de la seconde maison, règne 48 ans.	3633	1081
Échestratus, fils d'Agis, roi de Lacédémone, de la première maison, règne 39 ans.	3640	1074
Mycérinus, roi d'Égypte, règne 20 ans. . . .	3642	1072
Archippus, fils d'Acastus, troisième archonte perpétuel, gouverne 25 ans.	3645	1069
Saül est élu roi d'Israël.	3646	1068
Les Sicules, dit Thucydide, chassent les Sicaniens de Sicile, trois siècles avant l'établissement des Grecs en Sicile. Mais je crois préférable le sentiment de		

	Pér. julien.	Années av. J.-C.
Denys d'Halicarnasse, qui place la conquête de la Sicile par les Sicules un siècle avant la guerre de Troie................	3655	1059
Zancle, connue depuis sous le nom de Messène, fondée par les Sicules.	3656	1058
David est reconnu roi par la tribu de Juda. . .	3659	1055
Asychis, roi d'Égypte, règne 40 ans......	3662	1052
Prumnis, quatrième roi de Corinthe, règne 35 ans.....................	3667	1047
David est reconnu roi d'Israël par toutes les tribus.	3667	1047
Thersippus, fils d'Archippus, quatrième archonte perpétuel, gouverne 41 ans.........	3670	1044
Échestratus, roi de Lacédémone, de la première maison, chasse les Cynuriens de leur pays. . . .	3678	1036
Labotas, son fils, lui succède, et règne 40 ans. .	3679	1035
Prytanis, fils d'Eurypon, roi de Lacédémone, de la seconde maison, règne 6 ans........	3681	1033
Guerre des Lacédémoniens avec les Argiens au sujet de la Cynurie............	3682	1032
David meurt : Salomon lui succède......	3698	1016
Salomon pose les fondements du temple de Jérusalem..................	3702	1012
Bacchis, cinquième roi de Corinthe, règne 35 ans...................	3702	1012
Anysis, roi d'Égypte, règne 58 ans......	3702	1012
Anysis, chassé de ses États par un roi d'Ethiopie, se réfugie dans l'île d'Elbo.........	3703	1011
Dédicace du temple de Jérusalem, la douzième année du règne de Salomon.........	3710	1004
Phorbas, fils de Thersippus, cinquième archonte perpétuel, gouverne 37 ans.........	3711	1003
Doryssus, fils de Labotas, roi de Lacédémone, de la première maison, règne 42 ans.......	3715	999
Agélas, sixième roi de Corinthe, règne 30 ans. .	3737	977
Salomon meurt : Roboam lui succède.....	3739	975
Jéroboam se révolte contre Roboam ; il règne sur dix tribus : premier roi d'Israël.......	3739	975
Sésac, prince qui avait succédé à l'usurpateur éthiopien dans le royaume d'Égypte, pille le temple de Jérusalem.................	3744	970
Naissance d'Homère, selon Velléius Paterculus. .	3746	968
Mégaclès, fils de Phorbas, sixième archonte perpétuel, gouverne 36 ans...........	3748	966
Eunomus, fils de Prytanis, roi de Lacédémone, de la seconde maison, règne 53 ans......	3749	965
Anysis sort de l'île de l'Elbo après 50 ans, et se maintient sur le trône jusqu'à sa mort.....	3753	961
Abias, roi de Juda, règne 3 ans.......	3756	958
Agésilaüs, fils de Doryssus, roi de Lacédémone, de la première maison, règne 44 ans......	3757	957
Asa, cinquième roi de Juda, règne 41 ans. . .	3759	955

	Pér. julien.	Années av. J.-C.
Nadab, fils de Jéroboam, deuxième roi d'Israël, règne un an.	3760	954
Anysis meurt sept ans après être remonté sur le trône.	3760	954
Naissance de Polydectes, fils d'Eunomus, roi de Lacédémone, de la seconde maison.	3760	954
N. B. Il se trouve ici une lacune de 241 ans dans Hérodote, concernant l'histoire d'Égypte.		
Baasa, troisième roi d'Israël, règne 23 ans.	3761	953
Eudémus, septième roi de Corinthe, règne 25 ans.	3767	947
Naissance d'Homère. De toutes les opinions sur la naissance de ce poëte, celle-ci me paraît la plus vraisemblable.	3767	947
Hésiode fleurit.	3770	944
Diognète, fils de Mégaclès, septième archonte perpétuel, gouverne 34 ans.	3784	930
Héla, quatrième roi d'Israël, règne un an.	3784	930
Zamri tue Héla, et règne huit jours; Amri, sixième roi d'Israël, règne 11 ans.	3785	929
Naissance de Lycurgue, fils d'Eunomus, d'un second lit.	3790	924
Naissance de Phidon, roi d'Argos, frère de Caranus, roi de Macédoine.	3791	923
Aristodémus, huitième roi de Corinthe, règne 35 ans.	3792	922
Achab, septième roi d'Israël, règne 21 ans.	3797	917
Josaphat, sixième roi de Juda, règne 21 ans.	3800	914
Archélaüs, fils d'Agésilaüs, roi de Lacédémone, de la première maison, règne 60 ans.	3801	913
Eunomus, roi de Lacédémone, de la seconde maison, est tué dans une sédition : Polydectes, son fils aîné, lui succède; il règne 24 ans.	3802	912
Homère fleurit, selon les marbres de Paros. C'est l'année de sa naissance, suivant Porphyre.	3807	907
Naissance de Caranus, frère de Phidon, et premier roi de Macédoine.	3808	906
Achab, roi d'Israël, est tué dans une bataille contre les Syriens : Ochosias, son fils, lui succède, et meurt la même année.	3817	897
Joram, frère d'Ochosias, neuvième roi d'Israël, règne 12 ans.	3818	896
Phéréclès, fils de Diognète, huitième archonte perpétuel, gouverne 43 ans.	3818	896
Phidon, roi d'Argos, invente les poids, les mesures et les monnaies d'argent.	3819	895
Joram associé au trône par Josaphat, roi de Juda, son père.	3820	894
Josaphat meurt : Joram, son fils, lui succède, et règne 4 ans.	3825	889
Charillus, fils de Polydectes, roi de Lacédémone, de la seconde maison, règne 64 ans : Lycurgue est		

	Pér. julien	Années av. J.-C.
son tuteur.	3826	888
Télestès chassé de Corinthe par Agémon : Agémon, neuvième roi de Corinthe, règne 16 ans.	3827	887
Ochosias, huitième roi de Juda, règne un an.	3829	885

	Pér. julien	Années av. J.-C.	Olymp. d'Iphitus.
Les jeux olympiques, institués par Hercule, Pélops et Pisus, ayant été interrompus, sont renouvelés par Lycurgue de Lacédémone, Iphitus d'Élée et Cléosthènes de Pise.	3830	884	1. 1.
Iasius de Tégée y remporte la victoire.	3830	884	1. 1.
Naissance d'Homère et d'Hésiode, selon Hérodote.	3830	884	1. 1.
Ochosias, roi de Juda, étant mort, Athalie, sa mère, usurpe le trône : elle veut faire périr Joas, son petit-fils; le grand prêtre Joïadas soustrait ce jeune prince aux recherches de la reine.	3830	884	1. 1.
Jéhu, dixième roi d'Israël, règne 28 ans.	3830	884	1. 1.
Athalie ayant été tuée, Joas monte sur le trône, et règne 40 ans. C'est le neuvième roi de Juda.	3836	878	2. 3.
Alexandre, dixième roi de Corinthe, règne 25 ans.	3843	871	4. 2.
Thalès de Crète, célèbre poëte et musicien, persuade aux Lacédémoniens de recevoir les lois de Lycurgue.	3847	867	5. 2.
Législation de Lycurgue.	3848	866	5. 3.
Majorité de Charillus.	3851	863	6. 2.
Thalès de Crète guérit, par la musique, les Lacédémoniens de la peste.	3853	861	4.
Archélaüs, roi de Lacédémone, de la première maison, secondé par Charillus, prend la ville d'Ægis.	3854	860	7. 1.
Phidon, roi d'Argos, chasse les agonothètes des Éléens.	3858	856	8. 1.
Jéhu meurt : Joachaz, onzième roi d'Israël, règne 17 ans.	3858	856	8. 1.
Phidon est détrôné par les Lacédémoniens.	3860	854	8. 3.
Téléclus, roi de Lacédémone, de la première maison, règne 40 ans.	3861	853	4.
Ariphron, fils de Phéréclès, neuvième archonte perpétuel, gouverne 25 ans.	3861	853	4.
Télestès, onzième roi de Corinthe, remonte sur le trône : il règne 12 ans.	3868	846	10. 3.
Charillus attaque les Tégéates sur la foi d'un oracle équivoque : il est battu et fait prisonnier.	3872	842	11. 3.

	Pér. julien.	Années av. J.-C.	Olymp. d'Iphitus.
Mort de Lycurgue.	3874	840	12. 1.
Joachaz meurt : Joaz, son fils, douzième roi d'Israël, règne 16 ans.	3874	840	12. 1.
Amasias, onzième roi de Juda, règne 29 ans.	3876	838	3.
Automénès, douzième roi de Corinthe, règne un an.	3880	834	13. 3.
Prytanes annuels établis à Corinthe : ils subsistent 170 ans.	3881	833	4.
Thespiéus, fils d'Ariphron, dixième archonte perpétuel, gouverne 27 ans.	3886	828	15. 1.
Téléclus, roi de Lacédémone, prend les villes d'Amyclés, de Pharis, de Géranthres, et les détruit.	3888	826	3.
Joaz, roi d'Israël, remporte une victoire sur Amasias, roi de Juda, et pille Jérusalem.	3889	825	4.
Nicandre, fils de Charillus, roi de Lacédémone, de la seconde maison, règne 53 ans.	3890	824	16. 1.
Jéroboam, fils de Joaz, treizième roi d'Israël, règne 41 ans.	3890	824	16. 1.
Nicandre entre sur le territoire d'Argos, où il met tout à feu et à sang.	3893	821	4.
Fondation de Carthage, 65 ans avant celle de Rome.	3895	819	17. 2.
Téléclus est tué par les Messéniens dans un temple de Diane, à Limnes, sur les confins de la Messénie et de la Laconie. Alcamènes, son fils, lui succède : il règne 37 ans.	3901	813	18. 4.
Azarias, fils d'Amasias, monte sur le trône de Juda, âgé de 16 ans : il règne 52 ans.	3905	809	19. 4.
Les Asinéens s'étant unis aux Lacédémoniens pour ravager les terres des Argiens, ceux-ci les chassent de leur pays.	3908	806	20. 3.
Alcamènes, roi de Lacédémone, de la première maison, envoie Charmidas en Crète pour apaiser les troubles qui s'étaient élevés dans cette île.	3910	804	21. 1.
Agamestor, fils de Thespiéus, onzième archonte perpétuel, gouverne 23 ans.	3913	801	4.
Alcamènes attaque la ville d'Hélos, que les Achéens avaient rétablie, la détruit, et bat les Argiens qui étaient venus au secours. Cette ville avait été prise et ses habitants réduits en esclavage 292 ans auparavant.	3915	799	22. 2.
Jéroboam, roi d'Israël, meurt : interrègne de 11 ans.	3931	783	26. 2.
Æschyle, fils d'Agamestor, douzième archonte perpétuel, gouverne 23 ans.	3936	778	27. 3.
Dernière année des olympiades d'Iphitus.	3937	777	4.

	Pér. julien.	Années av. J.-C.	Olymp. de Corœbus.
Les vainqueurs aux jeux olympiques n'avaient point été jusqu'alors inscrits sur les registres publics. Ils le furent l'olympiade suivante. Cette olympiade est regardée comme la première, parce que c'est celle dont les Grecs se servent pour calculer les temps. On l'appelle l'olympiade de Corœbus, parce que Corœbus d'Élée y remporta le prix la troisième année de l'archontat d'Æschyle, selon Eusèbe ; et, par induction, d'après les Marbres d'Oxford. Eusèbe la fixe aussi la dernière année d'Alcamènes et la quarante-huitième du règne de Nicandre.	3938	776	1. 1.
Alcamènes meurt la trente-septième année de son règne.	3938	776	1. 1.
Polydore, fils d'Alcamènes, roi de Lacédémone, de la première maison, règne 55 ans.	3939	775	1.
Naissance d'Échécratès, descendant d'Élatus, roi des Lapithes, et grand-père de Cypsélus, tyran de Corinthe.	3940	774	3.
Zacharias, après un interrègne de 11 ans, monte sur le trône d'Israël, et règne six mois : Sellum lui succède, et règne un mois.	3942	772	2. 1.
Manahem, seizième roi d'Israël, règne 10 ans.	3943	771	2.
Théopompe, fils de Nicandre, roi de Lacédémone, de la seconde maison, succède à son père : il règne 47 ans.	3943	771	2.
Le poëte Eumélus fleurit.	3946	768	3. 1.
Phul, le même que Sardanapal, roi d'Assyrie.	3949	765	4.
Phul ravage le royaume d'Israël vers la huitième année du règne de Manahem.	3951	763	4. 2.
Sabacos, roi d'Éthiopie, fait la conquête de l'Égypte, et la conserve 50 ans.	3951	763	4. 2.
Phacéias, fils de Manahem, dix-septième roi d'Israël, règne 2 ans.	3953	761	4.
Phacée, fils de Romélie, tue Phacéias, et règne 20 ans sur Israël.	3955	759	5. 2.
Fondation de Crotone par Myscellus.	3955	759	5. 2.
Fondation de la ville de Naxos en Sicile par Theuclès.	3955	759	5. 2.
Fondation de Syracuse, la vingt et unième année de l'archontat perpétuel d'Æschyle.	3956	758	3.
Fondation de Locres en Italie.	3957	757	4.
Joatham, fils d'Ozias ou Azarias, treizième roi de Juda, règne 16 ans.	3957	757	4.

CHRONOLOGIE. 341

	Pér. julien.	Années av. J.-C.	Olymp. de Corœbus.
Fondation de l'île de Corcyre par Chersicrates, banni de Corinthe.........	3958	756	6. 1.
Les Colchidiens, établis dans l'île de Corcyre, passent sur le continent, et vont demeurer avec les Abantes et les Nestéens. .	3958	756	6. 1.
Alcméon, fils d'Æschyle, treizième archonte perpétuel, gouverne 2 ans. . . .	3959	755	2.
Fondation de Rome, selon Varron, au printemps............	3960	754	2.

	Pér. julien.	Années av. J.-C.	Olymp. de Corœbus.	Années de Rome.
Des Chalcidiens, partis de Naxos, chassent les Sicules de Léontium et fondent la ville de Catane.....	3961	753	6. 3	1.
Charops, fils d'Æschyle, premier archonte décennal.........	3962	752	4	1.
Trotilos en Sicile fondée par Lamis.	3962	752	7. 1	2.
Les Mèdes secouent le joug des Assyriens............	3966	748	8. 1	6.
Les Babyloniens secouent le joug des Assyriens : Phul, ou Sardanapal, est tué : Thelgath-Phalnazar lui succède.............	3967	747	1	7.
Nabonassar, établi roi de Babylone, règne 14 ans : institution de l'ère de Nabonassar, le 11 de thot, ou 26 février. Ce prince détruit toutes les histoires des rois ses devanciers, et par conséquent toutes les observations astronomiques auxquelles elles étaient intimement liées.....	3967	747	1	7.
Sémiramis, épouse de Nabonassar, roi de Babylone.........	3968	746	3	8.
Lamis se retire à Léontium, et la gouverne quelque temps.....	3970	744	9. 1	10.
Æsimédès, fils d'Æschyle, deuxième archonte décennal.....	3971	743	1	11.
Première guerre de Messénie, commence la deuxième année de la neuvième olympiade. Elle dure 20 ans. Cet auteur se trompe cependant lorsqu'il met le commencement de cette guerre la cinquième année de l'archontat décennal d'Æsimédès. . .	3971	743	9. 2	11.
Naissance d'Éétion, père de Cypsélus, tyran de Corinthe.....	3972	742	3	12.
Achaz, quatorzième roi de Juda,				

	Pér. julien.	Années av. J.-C.	Olymp. de Corœbus.	Années de Rome.
règne 14 ans : il surpasse en impiété tous les rois ses prédécesseurs.	3973	741	4	13.
Lamis est chassé de Léontium.	3974	740	10. 1	14.
Lamis bâtit la ville de Thapsos.	3975	739	2	15.
Osée, dix-neuvième roi d'Israël, règne 18 ans à différentes reprises.	3976	738	3	16.
Combat entre les Messéniens et les Lacédémoniens : l'aile droite des Messéniens mise en déroute par Polydore, roi de Lacédémone ; l'aile gauche, commandée par Euphaès, roi de Messénie, bat les Spartiates commandés par Théopompe.	3976	738	3	16.
Nabonassar tombe malade : Sémiramis, son épouse, règne en sa place pendant sa maladie, et peut-être les deux années de Nadius, à cause de son bas âge.	3977	737	4	17.
Midas, fils de Gordius, roi de Phrygie.	3977	737	4	17.
Archidamus, fils de Théopompus, roi de Lacédémone, meurt avant son père.	3980	734	11. 3	20.
Nadius, roi de Babylone, règne 2 ans.	3981	733	4	21.
Clidicus, fils d'Æsimédès, troisième archonte décennal.	3981	733	4	21.
Chozirus et Porus, rois de Babylone, règnent 5 ans.	3983	731	12. 2	23.
Euphaès perd la vie dans un combat entre les Messéniens et les Spartiates.	3983	731	12. 2	23.
Lamis meurt à Thaspos.	3985	729	4	25.
Thelgath-Phalnazar, roi d'Assyrie, marche contre Achaz, roi de Juda, vers la douzième année du règne de ce prince.	3985	729	4	25.
Les Chalcidiens, qui avaient accompagné Lamis à Thapsos, en sont chassés.	3986	728	13. 1	26.
Ils fondent la ville de Mégare en Sicile.	3987	727	2	27.
Salmanasar, roi d'Assyrie, impose un tribut à Osée, roi d'Israël.	3987	727	2	27.
Mort d'Achaz, roi de Juda : Ézéchias, prince religieux, lui succède, et règne 29 ans : c'est le quinzième roi de Juda.	3987	727	2	27.
Hulæus, roi de Babylone, le même que Baladan de l'Écriture, règne				

CHRONOLOGIE. 343

	Pér. julien.	Années av. J.-C.	Olymp. de Corœbus.	Années de Rome.
5 ans.	3988	726	3	28.
Théopompe, roi de Lacédémone, de la seconde maison, est tué dans une action contre les Messéniens. .	3990	724	14. 1	30.
Zeudixamus, fils d'Archidamus et petit-fils de Théopompe, succède à ce prince : il règne 40 ans. . . .	3990	724	14. 1	30.
La course au double stade, ou diaule, introduite aux jeux olympiques.	3990	724	14. 1	30.
Salmanasar assiége Samarie sur le refus que fait Osée de lui payer le tribut qui lui avait été imposé. . .	3990	724	14. 1	30.
Hippomènes, quatrième archonte décennal. C'est le dernier descendant de Codrus.	3991	723	2	31.
Prise d'Ithome par les Lacédémoniens : fin de la première guerre de Messénie.	3991	723	2	31.
Fondation de Tarente.	3992	722	3	32.
Salmanasar prend Samarie après un siège de trois ans, et transporte en Assyrie ses habitants avec ceux du royaume d'Israël.	3993	721	4	33.
Mardokempad, le même que Mérodach-Baladan de l'Écriture, roi de Babylone, règne 12 ans.	3994	720	15. 1	34.
Éclipse de lune, 19 mars. . . .	3994	720	15. 1	34.
Polydore, roi de Lacédémone, de la première maison, est tué par Polémarque : Eurycrates 1, son fils, lui succède : il règne 35 ans.	3994	720	15. 1	34.
Seconde fondation de Thasos par les Pariens.	3994	720	15. 1	34.
Archiloque fleurit.	3996	718	3	36.
Candaule, dernier roi de Lydie, de la race des Héraclides, tué par Gygès au mois de juin.	3999	715	16. 1	39.
Pythagore de Laconie remporte le prix du stade.	3999	715	16. 1	39.
Gygès, premier roi de Lydie de la maison des Mermnades, succède à Candaule : il règne 38 ans. . . .	3999	715	2	39.
Hippomènes déposé dans la dernière année de son archontat : Léocrates élu en sa place cinquième archonte décennal.	4000	714	3	40.
Numa Pompilius règne à Rome. .	4000	714	3	40.
Ézéchias, roi de Juda, qui était tombé dans une maladie très-dan-				

	Pér. julien.	Années av. J.-C.	Olymp. de Corœbus.	Années de Rome.
gereuse la quatorzième année de son règne, recouvre miraculeusement la santé.	4001	713	4	41.
Fondation de la ville de Géla. .	4001	713	4	41.
Séthos, roi d'Égypte, règne 40 ans.	4001	713	4	41.
Sanacharib, roi d'Assyrie, entre en Judée, envoie un de ses généraux à Jérusalem et passe en Égypte. .	4001	713	16. 4	41.
Sanacharib, battu par les Égyptiens devant Péluse, est tué peu après par Adramélus et Sanasar, ses fils. .	4002	712	17. 1	42.
Mardokempad, roi de Babylone, envoie des ambassadeurs à Ézéchias, roi de Juda, pour le complimenter sur le rétablissement de sa santé. .	4002	712	17. 1	42.
Adramélus et Sanasar, fils de Sanacharib, se réfugient en Arménie après le meurtre de leur père, et deviennent les souches de deux familles nombreuses.	4003	711	2	43.
Assarradon, troisième fils de Sanacharib, lui succède.	4003	711	2	43.
Arcianus, roi de Babylone, règne 5 ans.	4005	709	4	45.
Déjocès, élu roi des Mèdes, règne 53 ans.	4005	709	4	45.
La lutte introduite aux jeux olympiques.	4006	708	18. 1	46.
Arcianus, roi de Babylone, meurt: interrègne de deux ans.	4010	704	19. 1	50.
Apsandre, sixième archonte décennal.	4010	704	19. 1	50.
Aminoclès de Corinthe construit les quatre premières trirèmes pour les Samiens.	4010	704	19. 1	50.
Bélithus, roi de Babylone, règne 3 ans	4012	702	• 3	52.
Naissance de Cypsélus, fils d'Éétion, et l'un des descendants d'Élatus, roi des Lapithes.	4014	700	20. 1	54.
Apronadius, roi de Babylone, règne 6 ans.	4015	699	2	55.
Manassès, seizième roi de Juda, règne 55 ans.	4016	698		56.
Éryxias, septième et dernier archonte décennal.	4020	694	21. 3	60.
Rigébélus, roi de Babylone, règne un an.	4021	693	4	61.
Mésessimordachus, roi de Babylone, règne 4 ans.	4022	692	22. 1	62.

CHRONOLOGIE. 345

	Pér. julien.	Années av. J.-C.	Olymp. de Corœbus	Années de Rome.
Théodore et Rhœcus, tous deux habiles dans l'art de fondre le bronze et d'en faire des statues.	4023	691	2	63.
Manassès, roi de Juda, est emmené captif à Babylone.	4024	690	3	64.
Mésessimordachus meurt; interrègne de huit ans à Babylone. . . .	4026	688	23. 1	66.
Le pugilat introduit aux jeux olympiques.	4026	688	23. 1	66.
Acres en Sicile fondée par les Syracusains.	4026	688	23. 1	66.
Manassès est relâché et remonte sur le trône.	4027	687	2	67.
Anaxandre, fils d'Eurycrates I, roi de Lacédémone, de la première maison, règne 34 ans.	4029	685	4	69.
Créon, premier archonte annuel, en 420 de l'ère attique.	4030	684	4	69.
Anaxidamus, fils de Zeuxidamus, roi de Lacédémone, de la seconde maison, règne 60 ans.	4030	684	24. 1	70.
Tlésias, second archonte annuel.	4031	683	1	70.
Révolte des Messéniens. . . .	4031	683	2	71.
Lysias, troisième archonte annuel.	4032	682	2	71.
Seconde guerre de Messénie. . .	4032	682	3	72.
Action entre les Messéniens et les Lacédémoniens, près du monument du Sanglier, au printemps. . . .	4033	681	3	73.
Les Messéniens, battus par la perfidie d'Aristocrates, s'enferment dans Ira.	4034	680	25. 1	74.
Course des chars établie aux jeux olympiques : Pagondas de Thèbes remporta la victoire.	4034	680	25. 1	74.
Iearédinus, roi de Babylone, règne 13 ans.	4034	680	25. 1	74.
Siége d'Ira par les Lacédémoniens.	4035	679	2	75.
Ardys, roi Lydie, règne 49 ans.	4037	677	4	77.
Fondation de Chalcédoine. . .	4039	675	26. 2	79.
Les Samiens envoient du secours aux Lacédémoniens dans la guerre contre les Messéniens, au printemps.	4040	674	2	80.
Mort de Séthos, roi d'Égypte : anarchie de deux ans en Égypte. . .	4041	673	4	81.
Léostrato, treizième archonte annuel.	4042	672	4	81.
Douze rois, du nombre desquels est Psammitichus, règnent 15 ans en Égypte avec une égale autorité. .	4043	671	27. 2	83.
Naissance d'Arganthonius, roi de				

II.

	Pér. julien.	Années av. J.-C.	Olymp. de Corœbus.	Années de Rome.
Tartessus en Ibérie, actuellement Espagne..........	4045.	669	3	84.
Pisistrate, quinzième archonte annuel............	4045	669	3	84.
Antisthénès, seizième archonte annuel.............	4046	668	4	85.
Casmènes en Sicile fondée par les Syracusains.........	4046	668	28. 1	86.
Prise d'Ira par les Lacédémoniens.	4046	668	28. 1	86.
Nouvelle trahison d'Aristocrates punie............	4046	668	28. 1	86.
Fin de la seconde guerre de Messénie.............	4046.	668	28. 1	86.
Saosduchéus, roi de Babylone, règne 9 ans..........	4047	667	28. 2	87.
Miltiade, vingtième archonte annuel.............	4050	664	4	88.
Combat entre les Corinthiens et les Corcyréens........	4050	664	29. 1	89.
Zaleucus, législateur des Locriens, fleurit............	4050	664	29. 1	90.
Cypsélus abroge à Corinthe le gouvernement des prytanes, chasse les Bacchiades, et devient tyran de Corinthe : il règne 30 ans.....	4051	663	2	91.
Démaratus, l'un des Bacchiades, fuyant la tyrannie de Cypsélus, s'établit en Étrurie........	4054	660	30. 1	94.
Miltiade, vingt-cinquième archonte annuel............	4055	659	1	94.
Démaratus épouse en Étrurie une femme d'une illustre naissance. .	4055	659	2	95.
Naissance d'Aruns, son fils aîné.	4056	658	3	96.
Fondation de Byzance.....	4056	658	3	96.
Chyniladamus, roi de Babylone, règne 14 ans.........	4056	658	3	96.
Naissance de Lucumon, second fils de Démaratus. , ...	4057	657	4	97.
Phraortes, roi des Mèdes, règne 22 ans............	4058	656	31. 1	97.
Psammitichus chasse les onze rois ses collègues, et règne seul en Égypte 39 ans, en tout 54 ans.....	4058	656	31. 1	98.
Fondation des villes d'Achante, de Stagyre, patrie d'Aristote, de Lampsaque et de Borysthènes, près du Pont-Euxin........	4059	655	2	99.
Fondation d'Abdère par Timésias de Clazomènes.........	4059	655	2	99.
Orthagoras, tyran de Sicyone. .	4059	655	2	99.

CHRONOLOGIE. 347

	Pér. julien.	Années av.J.-C.	Olymp. de Corœbus.	Années de Rome.
Phraortes, roi des Mèdes, soumet les Perses et quelques autres nations asiatiques.	4060	654	3	100.
Naissance de Pittacus, tyran de Mitylène.	4062	652	32. 1	102.
Eurycrates II, roi de Lacédémone, de la première maison, succède à son père Anaxandre : il règne 36 ans. Hérodote le nomme Eurycratides.	4063	651	2	103.
Fondation de la ville d'Himère en Sicile.	4065	649	4	105.
Course des chevaux établie aux jeux olympiques.	4066	649	4	105.
Pisandre, fils de Pison, de Camiros, dans l'île de Rhodes, poëte célèbre, fleurit. Virgile a traduit de ce poëte la plus grande partie du second livre de l'Énéide.	4066	648	33. 1	106.
Nabuchodonosor, roi d'Assyrie, différent du roi de Babylone de même nom.	4068	646	3	108.
Timésias de Clazomènes est chassé d'Abdère par les Thraces.	4069	645	4	109.
Dropilus, quarantième archonte annuel.	4070	644	4	109.
Nabopolassar I, roi de Babylone, règne 21 ans.	4070	644	34. 1	110.
Amon, fils de Manassès, dix-septième roi de Juda, règne 2 ans.	4071	643	2	111.
Josias, son fils, prince très-religieux, dix-huitième roi de Juda : il monte sur le trône à l'âge de huit ans, et règne 31 ans.	4073	641	4	113.
Un vaisseau samien, commandé par Colæus, part pour l'Égypte. Poussés par les vents contraires à Tartessus en Ibérie, les Samiens font en ce port un profit immense sur leurs marchandises. Ce fut le premier vaisseau grec qui ait été à Tartessus.	4074	640	4	114.
Cylon remporte le prix du stade doublé aux jeux olympiques.	4074	640	35. 1	114.
Damasias I, quarante-cinquième archonte annuel.	4075	639	1	114.
Naissance de Thalès.	4075	639	1	114.
Battus fonde, avec des Théréens, l'île de Platée.	4075	639	2	115.
Naissance de Solon.	4076	638	3	116.

	Pér. julien.	Années av. J.-C.	Olymp. de Corœbus.	Années de Rome.
Naissance de Darius Mède, prince du sang royal de Médie.	4077	637	4	117.
Les Théréens se transportent avec Battus de l'île de Platée à Aziris en Libye, et y demeurent 6 ans.	4077	637	4	117.
Phraortes, second roi de Médie, fait la guerre aux Assyriens. . .	4078	636	36. 1	118.
Phraortes est tué dans une action : Cyaxares lui succède ; il règne 40 ans.	4080	634	3	120.
Prise de Sardes par les Cimmériens.	4080	634	3	120.
Fondation des villes d'Istros et de Tomes, près le Pont-Euxin, par les Milésiens.	4080	634	3	120.
Cyaxares forme le siége de Ninive.	4081	633	4	121.
Les Scythes envahissent l'Asie supérieure : Cyaxares lève le siége de Ninive, va au-devant des Scythes, est battu et leur paye tribut. . .	4081	633	4	121.
Cypsélus, tyran de Corinthe, meurt : Périandre, son fils, lui succède ; il règne 70 ans.	4081	633	36. 4	121.
Naissance de Thalès de Milet. S'il est mort, comme le dit Sosicrates, en 4171, âgé de 90 ans, il doit être né en 4081.	4081	633	4	121.
Lucumon, fils de Démaratus, s'établit à Rome après la mort de son père.	4082	632	37. 1	122.
Naissance de Stésichorus. . . .	4082	632	37. 1	122.
Battus I quitte Aziris et se rend à Cyrène, dont il est le fondateur. .	4083	631	2	123.
Arganthonius, roi de Tartessus, règne 80 ans.	4085	629	4	125.
Sadyattes, roi de Lydie, règne 12 ans.	4086	628	38. 1	126.
Les Scythes ravagent la Judée la quatorzième année de Josias, et prennent la ville d'Ascalon. . . .	4086	628	38. 1	126.
Les Scythes se mettent en marche pour aller en Égypte : Psammitichus va au-devant d'eux, et les engage, par ses présents, à s'éloigner.	4086	628	38. 1	126.
Sélinunte fondée par les Mégariens.	4087	627	2	127.
Arion, poëte dithyrambique, fleurit.	4088	626	3	128.

CHRONOLOGIE. 349

	Pér. julien.	Années av. J.-C.	Olymp. de Corœbus.	Années de Rome.
Thrasybule, tyran de Milet.	4089	625	4	129.
Dracon, soixantième archonte annuel, publie ses lois.	4090	624	4	129.
Agasiclès, fils d'Anaxandrides, roi de Lacédémone, de la seconde maison, règne 50 ans.	4090	624	39. 1	130.
Camarine fondée par les Syracusains.	4091	623	2	131.
Nabopolassar II, le même que Nabuchodonosor de l'Écriture et que Labynète I d'Hérodote, règne 43 ans.	4091	623	2	131.
Guerre entre Sadyattes, roi de Lydie, et les Milésiens.	4092	622	3	132.
Ésope fleurit.	4093	621	4	133.
Les Lacédémoniens essuient des pertes dans la guerre qu'ils ont avec les Tégéates.	4094	620	40. 1	134.
Nabopolassar II, autrement dit Nabuchodonosor, épouse Nitocris, princesse du sang royal de Médie.	4094	620	40. 1	134.
Darius Mède de Daniel, le même que Nérégasolarus du Canon de Ptolémée, et que Nériglissar de Bérose et de Mégasthènes, prince mède, vient à la cour de Nabopolassar avec la reine Nitocris, sa parente.	4094	620	40. 1	134.
Xénophanes de Colophon, fondateur de la secte ionique.	4095	619	1	135.
Nécos, roi d'Égypte, règne 16 ans.	4097	617	40. 4	137.
Alyattes, roi de Lydie, règne 57 ans.	4098	616	41. 1	138.
Héniochides, soixante-neuvième archonte annuel.	4099	615	1	138.
Léon, fils d'Euricrates II, roi de Lacédémone, de la première maison, règne 45 ans.	4099	615	2	139.
Lucumon, fils de Démaratus, élu roi de Rome sous le nom de Tarquinius.	4099	615	2	139.
Les Cimmériens chassés de l'Asie Mineure.	4101	613	4	141.
Mégaclès, soixante-douzième archonte annuel.	4102	612	4	141.
Conjuration de Cylon pour s'emparer de la souveraineté à Athènes.	4102	612	42. 1	142.
Naissance de Sappho.	4102	612	42. 1	142.
Pittacus tue Mélanchrus, tyran de Mitylène.	4102	612	42. 1	142.

	Pér. julien	Années av. J.-C.	Olymp. de Corœbus.	Années de Rome.
Le poëte Alcée fleurit.	4103	611	2	143.
Nécos entre en Judée pour aller au-devant des Assyriens ; Josias, roi de Juda, marche à sa rencontre, lui livre bataille à Mageddo, ville peu éloignée de la tour de Straton, appelée depuis Cæsarée, la perd et périt dans le combat.	4103	611	2	143.
Fin de la guerre des Lydiens contre les Milésiens.	4104	610	3	144.
Naissance du philosophe Anaximandre.	4104	610	3	144.
Joachaz, roi de Juda, règne trois mois : Joakim lui est substitué par Nécos : il regne 11 ans.	4104	610	3	144.
Des Phéniciens font, par ordre de Nécos, le tour de l'Afrique. . . .	4105	609	4	145.
Naissance de Pythagore. . . .	4106	608	43. 1	146.
Nabopolassar II, autrement dit Nabuchodonosor, prend Jérusalem, en emmène quelques habitants en captivité, parmi lesquels est Daniel, et retourne dans ses États après avoir imposé un tribut à Joakim, roi de Juda, la quatrième année de son règne. C'est de cette année qu'on commence à compter les 70 années de captivité.	4107	607	2	147.
Nécos fait le siége de Carchémis, ou plutôt Charmis, selon les Septante; est battu devant cette place par Nabuchodonosor, qui, poussant ses conquêtes de proche en proche, entre en Égypte la quatrième année de Joakim, roi de Juda, en fait la conquête et impose un tribut à Nécos et à ses successeurs.	4107	607	43. 2	147.
C'est probablement de cette année qu'il faut compter les 40 années de dévastations qu'éprouva l'Égypte, et qui furent prédites par Ézéchiel. Aristoclès, soixante-dix-neuvième archonte annuel.	4109	605	3	148.
Les Scythes chassés de l'Asie supérieure.	4109	605	4	149.
Acragas, autrement Agrigente, fondée par les habitants de Géla. .	4109	605	4	149.
Nabopolassar II, autrement dit Nabuchodonosor, tombe dans une mélancolie ou espèce de folie qui ne				

CHRONOLOGIE. 351

	Pér. julien.	Années av. J.-C.	Olymp. de Corœbus.	Années de Rome.
lui permet plus de gouverner : la reine Nitocris prend en ses mains les rênes de l'État, et gouverne pendant la maladie de son mari, qui dure 7 ans.	4110	604	44. 1	150.
Continuation de la guerre des Lacédémoniens contre les Tégéates : les Lacédémoniens essuient plusieurs échecs.	4110	604	44. 1	150.
Prise de Ninive par Cyaxares, roi des Mèdes.	4111	603	2	151.
Guerre entre Cyaxares, roi des Mèdes, et Alyattes, roi de Lydie, au sujet de quelques Scythes transfuges.	4112	602	3	152.
Psammis, fils de Nécos, roi d'Égypte, règne 6 ans.	4113	601	4	153.
Fondation de Marseille. . . .	4114	600	45. 1	154.
Les Cyrrhéens s'étant approprié une partie des terres consacrées à Apollon, les Amphictyons ordonnent que leur ville sera détruite : Euryloque de Thessalie est élu leur général : Clisthènes, tyran de Sicyone, donne du secours aux Amphictyons : commencement de la première guerre sacrée.	4114	600	45. 1	154.
Mort de Joakim, roi de Juda : Joachin, son fils, lui succède et règne trois mois : le roi de Babylone, ou plutôt un de ses généraux, sous les ordres de la reine Nitocris, le transporte dans ses États, et met en sa place Mathanias son oncle, à qui il fait prendre le nom de Sédécias. .	4115	599	2	155.
Éclipse de soleil du 9 juillet, prédite par Thalès..	4117	597	4	157.
Fin de la guerre entre Cyaxares, roi de Médie, et Alyattes, roi de Lydie.	4117	597	4	157.
Astyages, fils de Cyaxares, épouse Aryénis, fille d'Alyattes. . . .	4117	597	45. 4	157.
Nabopolassar II recouvre la santé.	4117	597	4	157.
Critias I, quatre-vingt-huitième archonte annuel.	4118	596	4	157.
Naissance de Mandane, fille d'Astyages..	4118	596	46. 1	158.
Sappho passe en Sicile. . .	4118	596	46. 1	158.
Épiménides vient de Crète à Athènes pour purifier les Athéniens du				

	Pér. julien.	Années av. J.-C.	Olymp. de Corœbus.	Années de Rome.
meurtre des partisans de Cylon.	4118	596	46. 1	158.
Philombrotus, quatre-vingt-neuvième archonte annuel.	4119	595	1	158.
Apriès, roi d'Égypte, règne 25 ans.	4119	595	2	159.
Naissance de Crésus, fils d'Alyattes, roi de Lydie.	4119	595	2	159.
Solon, quatre-vingt-dixième archonte annuel.	4120	594	2	159.
Cyaxares meurt : Astyages, roi des Mèdes, règne 35 ans.	4120	594	3	160.
Législation de Solon.	4120	594	3	160.
Dropides, quatre-vingt-onzième archonte annuel.	4121	593	3	160.
Eucrates, quatre-vingt-douzième archonte annuel.	4122	592	4	161.
Anacharsis, prince de la maison royale de Scythie, voyage en Grèce.	4122	592	47. 1	162.
Arcésilas I, roi de Cyrène, règne 16 ans.	4123	591	2	163.
Simon, quatre-vingt-quatorzième archonte.	4124	590	2	163.
Darius Mède épouse une fille de Nabopolassar II.	4124	590	3	164.
Pittacus, æsymnète ou tyran de Mitylène.	4124	590	3	164.
Guerre des Mityléniens contre les exilés, commandés par le poëte Alcée et par Antiménides.	4124	590	3	164.
Prise de la ville de Cyrrha par Eurylochus, général nommé par les Amphictyons : fin de la première guerre sacrée.	4124	590	3	164.
Sédécias, roi de Juda, se révolte : il est pris avec ses enfants ; on les égorge en sa présence : on lui crève ensuite les yeux ; il est emmené en captivité avec les Juifs.	4125	589	4	165.
Philippe, quatre-vingt-seizième archonte annuel.	4126	588	4	165.
Damasias II, quatre-vingt-dix-neuvième archonte annuel.	4129	585	48. 3	168.
Naissance de Téognis.	4131	583	49. 2	171.
Fin de la guerre des Mityléniens contre les Athéniens.	4133	581	49. 4	173.
Mort de Nabuchodonosor, autrement dit Nabopolassar II : Iluarodamus du Canon de Ptolémée, fils de Nabuchodonosor, le même qu'Évilmérodach de l'Écriture, et que Baltassar de Daniel, roi de Baby-				

CHRONOLOGIE.

	Pér. julien.	Années av. J.-C.	Olymp. de Corœbus.	Années de Rome.
Ione, succède à son père et règne 3 ans.	4134	580	50. 1	174.
Pittacus abdique la tyrannie de Mitylène.	4134	580	50. 1	174.
Aristée de Proconèse fleurit. . .	4134	580	50. 1	174.
Premiers essais de la comédie par Susarion.	4134	580	50. 1	174.
Archéstratides, cent huitième archonte annuel.	4137	577	3	176.
Iluarodamus, roi de Babylone, gouverne tyranniquement : il est massacré par un parti de conjurés à la tête desquels est Darius Mède, nommé Nérégasolarus par le Canon de Ptolémée, et Nériglissar par Bérose.	4137	577	4	177.
Darius Mède, le même que Nérégasolarus de Ptolémée, et Nériglissar de Bérose, monte sur le trône et règne 5 ans.	4137	577	4	177.
Mandane, fille d'Astyages, roi des Mèdes, épouse Cambyse, Perse de la plus haute naissance. . . .	4138	576	51. 1	178.
Anaximandre, de l'école de Milet, devient célèbre : il est l'inventeur des cartes géographiques. . . .	4139	575	2	179.
Naissance d'Anaximènes de Milet. S'il fut le disciple d'Anaximandre, et s'il lui succéda dans l'école ionienne, il devait avoir au moins 30 ans lorsque Anaximandre mourut. Il faut donc réformer les textes de Diogène Laërte et de Suidas. . .	4139	575	2	179.
Lycophron, fils de Périandre, tyran de Corinthe, est relégué par son père dans l'île de Corcyre. . .	4139	575	2	179.
Naissance de Cyrus, fils de Cambyse et de Mandane.	4139	575	2	179.
Battus II, surnommé l'Heureux, roi de Cyrène.	4139	575	2	179.
Ariston, roi de Lacédémone, de la seconde maison, règne 54 ans : il était contemporain d'Anaxandrides, roi de Lacédémone, de la première maison.	4140	574	3	180.
Crésus, associé au trône de Lydie par son père Alyattes.	4140	574	3	180.
Labossoaraschus de Bérose et de Mégasthènes, fils de Nérégasolarus ou Darius Mède, roi de Babylone. .	4141	573	51. 4	181.

	Pér. julien.	Années av J.-C.	Olymp. de Corœbns.	Années de Rome.
Apriès, roi d'Égypte, battu par les Cyrénéens.	4141	573	4	181.
Labossoaraschus, roi de Babylone, est massacré, après un an de règne, par un parti affectionné à la maison de Nabuchodonosor.	4142	572	52. 1	182.
Nabonadius, le même que Nabodid de Bérose et Nabanidoch de Mégasthènes, fils de Nabopolassar II, appelé Labynète par Hérodote, et Nabuchodonosor par l'Écriture, roi de Babylone, règne 34 ans.	4142	572	52. 1	182.
Clisthènes, tyran de Sicyone, remporte le prix aux jeux olympiques.	4142	572	52. 1	182.
Conquêtes de Crésus depuis qu'il est associé au trône par son père.	4142	572	52. 1	182.
Bias donne à Crésus un conseil salutaire aux Ioniens insulaires. On ignore le temps de la naissance de ce philosophe et celui de sa mort.	4142	572	52. 1	182.
Les Phocéens, effrayés des conquêtes de Crésus, élèvent leurs murs par les libéralités d'Arganthonius, roi de Tartessus.	4143	571	2	183.
Aristomènes, cent quatorzième archonte annuel.	4144	570	2	183.
Apriès, roi d'Égypte, est détrôné par Nabonadius, nommé par l'Écriture Nabuchodonosor, de même que son père.	4144	570	3	184.
Amasis, roi d'Égypte, règne 44 ans.	4144	570	3	184.
Mort de Pittacus, tyran de Mitylène.	4144	570	3	184.
Mégaclès, fils d'Alcméon, et petit-fils de Mégaclès, qui fut archonte 612 ans avant notre ère, épouse Agariste, fille de Clisthènes, tyran de Sicyone.	4144	570	3	184.
Voyage de Solon à Sardes.	4144	570	3	184.
Anaxandrides, fils de Léon, roi de Lacédémone, de la première maison, règne 55 ans.	4144	570	3	184.
Entretien d'Ésope avec Solon.	4145	569	4	185.
Paix simulée des Lacédémoniens avec les Tégéates.	4146	568	53. 1	186.
Les Lacédémoniens envoient consulter l'oracle de Delphes au sujet des Tégéates.	4147	567	2	187.

CHRONOLOGIE. 355

	Pér. julien.	Années av. J.-C.	Olymp. de Corœbus.	Années de Rome.
Rhodopis, célèbre courtisane, fleurit.	4147	567	2	187.
Hippoclides, cent dix-huitième archonte annuel.	4148	566	53. 2	187.
Institution des grandes Panathénées.	4148	566	3	188.
Lichas se rend à Tégée à la faveur de la paix, et enlève le corps d'Oreste : les Lacédémoniens deviennent supérieurs aux Tégéates.	4148	566	3	188.
Lycophron, fils de Périandre, tyran de Corinthe, est tué par les Corcyréens.	4148	566	3	188.
Périandre envoie à Alyattes trois cents enfants des plus illustres maisons de Corcyre pour être faits eunuques.	4149	565	4	189.
Périandre réconcilie Hégésistrate, fils de Pisistrate, avec les Mityléniens.	4150	564	54. 1	190.
Callias, fils de Phænippus, remporte aux jeux olympiques le prix à la course du cheval.	4150	564	54. 1	190.
Mort de Périandre, tyran de Corinthe.	4151	563	2	191.
Alalie fondée dans l'île de Cyrne (Corse) par les Phocéens, vingt ans avant la prise de Phocée par les Perses.	4152	562	3	192.
Comias, cent vingt-quatrième archonte annuel.	4153	561	3	193.
Pisistrate, tyran d'Athènes, règne 17 ans en trois fois différentes : commencement de sa tyrannie en janvier.	4153	561	3	193.
Hégésistrate, cent vingt-cinquième archonte annuel.	4154	560	4	194.
Ésope précipité de la roche Hyampée en mai ou en juin.	4154	560	4	194.
Crésus perd son fils aîné à la chasse.	4154	560	4	194.
Crésus monte sur le trône par la mort de son père vers la fin de mai.	4155	559	55. 1	195.
Cyrus, roi de Perse.	4155	559	55. 1	195.
Astyages, roi de Médie, battu et fait prisonnier par Cyrus, son petit-fils : conquête de la Médie par Cyrus. Pisistrate est chassé d'Athènes par les partisans de Mégaclès et de Lycurgue, qui s'étaient réunis.	4155	559	2	195.

	Pér. julien	Années av. J.-C	Olymp. de Corœbus.	Années de Rome.
Naissance d'Anacréon........	4155	559	2	195.
Mort de Solon sous l'archontat d'Hégéstrate...........	4155	559	2	195.
Inquiétudes de Crésus sur l'accroissement de la puissance de Cyrus.............	4156	558	3	196.
Naissance de Simonides, fils de Léoprépès..........	4156	558	3	196.
Abaris vient en Grèce.....	4157	557	4	197.
Euthydémus, cent vingt-huitième archonte annuel......	4158	556	4	198.
Mort du poëte Stésichore...	4158	556	56. 1	198.
Crésus envoie consulter l'oracle de Delphes...........	4158	556	56. 1	198.
Les Samiens enlèvent un corselet envoyé par Amasis, roi d'Égypte, aux Lacédémoniens.......	4158	556	56. 1	198.
Les mêmes enlèvent un cratère que les Lacédémoniens envoyaient à Crésus............	4159	555	2	199.
Les divisions recommencent entre les partisans de Lycurgue et de Mégaclès : celui-ci, qui était fils d'Alcméon et petit-fils de Mégaclès, qui fut archonte l'an 612 avant notre ère, ayant été chassé par les partisans de Lycurgue, fait proposer à Pisistrate de le rétablir, s'il veut épouser sa fille....	4159	555	2	199.
Mort de Clisthènes, tyran de Sicyone.............	4159	555	2	199.
Arcésilas II, surnommé le Mauvais, roi de Cyrène.......	4160	554	3	200.
Pisistrate épouse la fille de Mégaclès : il est rétabli avec les secours que lui donne son beau-père...	4160	554	3	200.
Crésus fait alliance avec les Lacédémoniens..........	4160	554	3	200.
Pisistrate traite sa femme d'une manière outrageante : elle se plaint à sa mère : Mégaclès, indigné de l'insulte faite à sa fille, chasse Pisistrate pour la seconde fois...	4161	553	4	201.
Fondation de la ville de Barcé en Libye.............	4161	553	4	201.
Mort de Pittacus. Si ce sage de la Grèce est né, comme le dit Suidas, l'an 4062, et s'il a vécu cent ans, comme le prétend Lucien, il doit être mort l'an......	4162	552	57. 1	202.

CHRONOLOGIE. 357

	Pér. julien.	Années av. J.-C.	Olymp. de Corœbus.	Années de Rome.
Naissance de Nitétis, fille d'Apriès, roi d'Égypte pendant la prison de son père............	4163	551	2	203.
Apriès est étranglé environ vingt ans après avoir été fait prisonnier par Amasis............	4164	550	3	204.
Naissance de Darius......	4164	550	3	204.
Mort d'Arganthonius, roi de Tartessus............	4165	549	4	205.
Naissance de l'historien Hécatée de Milet...........	4165	549	4	205.
Erxiclidès, cent trente-sixième archonte annuel.......	4166	548	4	205.
Incendie du temple de Delphes.	4166	548	58. 1	206.
Les Lacédémoniens recommencent la guerre contre les Tégéates, et après plusieurs avantages ils prennent la ville de Tégée...	4168	546	58. 3	208.
Le philosophe Anaximandre meurt âgé d'un peu plus de 64 ans............	4168	546	3	208.
Guerre entre les Spartiates et les Argiens au sujet des campagnes de Thyrée, au printemps...	4169	545	3	209.
Combat dans la Ptérie entre Cyrus et Crésus au commencement de l'été...........	4169	545	4	209.
Combat près de Sardes entre Cyrus et Crésus : prise de la ville de Sardes : Crésus détrôné vers le mois de septembre.........	4169	545	4	209.
Le philosophe Anaximènes, disciple d'Anaximandre, fleurit vers l'an............	4169	545	4	209.
Phérécydes de Syros fleurit...	4170	544	59. 1	210.
Combat particulier entre trois cents Argiens et trois cents Lacédémoniens au sujet de Thyrée, suivi d'un combat général où les Lacédémoniens remportent la victoire............	4170	544	59. 1	210.
Arcésilas II, roi de Cyrène, est empoisonné. Battus III, surnommé le Boiteux, lui succède...	4170	544	59. 1	210.
Les Neures vont demeurer dans le pays des Budins.....	4170	544	59. 1	210.
Conseil de Thalès aux Ioniens. Il meurt cette même année âgé de 90 ans, selon Sosicrates...	4171	543	2	211.
L'épouse d'Anaxandrides, roi de				

	Pér. julien	Années av. J.-C.	Olymp. de Corœbus.	Années de Rome.
Lacédémone, étant stérile, les éphores obligent ce prince à épouser une autre femme, en lui permettant de conserver la première.	4172	542	3	212.
Pisistrate rétabli à Athènes pour la troisième fois.	4172	542	3	212.
Prise de Phocée par Harpage, l'un des généraux de Cyrus.	4172	542	3	212.
Abdère fondée par les Téiens.	4173	541	4	213.
La seconde femme d'Anaxandrides accouche de Cléomène.	4173	541	4	213.
Cimon, fils de Stésagoras, remporte aux jeux olympiques le prix de la course du char à quatre chevaux, et fait proclamer vainqueur Miltiade, son frère utérin.	4174	540	60. 1	214.
Xénophanes de Colophon, chef de la secte éléatique, fleurit.	4174	540	60. 1	214.
La première femme d'Anaxandrides, qui avait été stérile, accouche de Doriée.	4174	540	60. 1	214.
Conseil de Bias aux Ioniens.	4174	540	60. 1	214.
La première femme d'Anaxandrides accouche de Léonidas, qui fut tué à la bataille des Thermopyles.	4175	539	2	215.
Alcméon de Crotone, Timée de Locres, disciples de Pythagore.	4175	539	2	215.
La première femme d'Anaxandrides accouche de Cléombrote, père de Pausanias, qui commanda les Grecs à la bataille de Platées.	4176	538	3	216.
Cyrus, roi de Perse, prend Babylone, la trente-quatrième année du règne de Nabonadius.	4176	538	3	216.
Les Juifs retournent dans leur patrie sous la conduite de Zorobabel, en vertu d'un édit de Cyrus, après 70 ans de captivité.	4177	537	3	217.
Alcée 1, cent quarante-huitième archonte annuel.	4178	536	4	217.
Les Phocéens battent les Carthaginois et les Tyrrhéniens.	4178	536	61. 1	218.
Représentation de l'Alceste de Thespis.	4178	536	61. 1	218.

Cimon, fils de Stésagoras et père de Stésagoras qui succéda à son oncle Miltiade dans la principauté de la Chersonèse, remporte à Olympie le prix de la course du char

CHRONOLOGIE. 359

	Pér. julien.	Années av. J.-C.	Olymp. de Corœbus.	Années de Rome.
à quatre chevaux, et fait proclamer Pisistrate en sa place.	4178	536	61. 1	218.
Naissance de Thémistocles. . .	4178	536	61. 1	218.
Hyèle dans l'OEnotrie fondée par les Phocéens.	4179	535	2	219.
Agrandissement de Marseille. .	4179	535	2	219.
Les fondements du temple de Jérusalem sont jetés.	4179	535	2	219.
Les Juifs reçoivent défense de continuer la construction du temple de Jérusalem.	4180	534	3	220.
Héraclides, cent cinquante et unième archonte annuel. . . .	4181	533	4	220.
Cimon remporte une troisième fois le prix aux jeux olympiques.	4181	533	62. 1	221.
Polycrates, aidé seulement de quinze soldats, s'empare de la tyrannie de Samos.	4182	532	2	222.
Stésagoras, fils de Cimon, succède à son oncle Miltiade dans la principauté de la Chersonèse. . .	4183	531	2	223.
Cyrus périt dans une bataille contre les Messagètes.	4184	530	3	224.
Anacréon vient à la cour de Polycrates.	4184	530	62. 3	224.
Cambyse, roi de Perse. . . .	4185	529	4	225.
Il confirme la défense qu'avait faite Cyrus aux Juifs de continuer la construction du temple de Jérusalem. Ce prince est nommé Assuérus dans Esdras.	4185	529	4	225.
Arcésilas III, roi de Cyrène. .	4185	529	4	225.
Nitétis, fille d'Apriès, roi d'Égypte, est envoyée à Cambyse. .	4186	528	63. 1	226.
Mort de Pisistrate: Hipparque, son fils aîné, lui succède: il gouverne 14 ans.	4186	528	63. 1	226.
Évelthon, roi de Salamine en Cypre.	4187	527	2	227.
Cimon est assassiné par ordre des enfants de Pisistrate. . . .	4187	527	2	227.
Amasis meurt: Psamménite lui succède et ne règne que six mois.	4188	526	3	228.
Conquête de l'Égypte par Cambyse, roi de Perse.	4189	525	3	229.
Les Spartiates envoient des troupes contre Polycrates, tyran de Samos.	4189	525	4	229.
Naissance d'Æschyle, célèbre poëte tragique.	4189	525	4	229.

	Pér. julien.	Années av. J.-C.	Olymp. de Corœbus.	Années de Rome.
Miltiade, fils de Cimon, frère de Stésagoras et neveu de Miltiade, fils de Cypsélus, fondateur de la Chersonèse, cent soixantième archonte annuel.	4190	524	4	229.
Fondation de Cydonie, dans l'île de Crète, par des Samiens exilés par Polycrates.	4190	524	64. 1	230.
Mort de Polycrates, tyran de Samos.	4191	523	2	231.
Mort de Cambyse après un règne de 7 ans 5 mois.	4192	522	2	232.
Hipparque, tyran d'Athènes, fait venir à sa cour Anacréon, qui était alors à Samos.	4192	522	3	232.
Le mage Smerdis règne 7 mois. Il confirme la défense de rebâtir le temple de Jérusalem. Ce prince est nommé Artaxerxès.	4192	522	3	232.
Le mage Smerdis est mis à mort: Darius, âgé d'environ 29 ans, élu roi de Perse, règne 36 ans.	4193	521	3	233.
Siromus, fils d'Évelthon, roi de Salamine en Cypre.	4193	521	3	233.
Démarate, fils d'Ariston, roi de Lacédémone, de la seconde maison, contemporain d'Anaxandrides et de Cléomène, règne 28 ans.	4194	520	65. 1	234.
Xénophanes de Colophon meurt.	4194	520	65. 1	234.
Édit de Darius qui permet aux Juifs de rebâtir le temple de Jérusalem.	4194	520	65. 1	234.
Les Platéens se mettent sous la protection des Athéniens 93 ans avant la destruction de leur ville par les Lacédémoniens.	4195	519	1	235.
Les exilés de Samos établis à Cydonie en Crète sont vaincus sur mer par les Éginètes et réduits en esclavage.	4196	518	3	236.
Arcésilas III, roi de Cyrène, est tué : Battus IV, surnommé le Beau, règne en sa place.	4196	518	3	236.
Miltiade, fils de Cimon et frère de Stésagoras, se retire dans la Chersonèse.	4196	518	3	236.

Les Barcéens sont assiégés par les Perses à la prière de Phérétime, veuve de Battus III et mère d'Arcésilas III : ayant été faits prison-

CHRONOLOGIE.

	Pér. julien.	Années av. J.-C.	Olymp. de Corœbus.	Années de Rome.
niers, ils sont transportés dans la Bactriane.	4196	518	3	236.
Naissance de Pindare, au mois munychion (avril).	4197	517	3	237.
Babylone se révolte contre Darius.	4198	516	66. 1	238.
Le temple de Jérusalem est achevé la sixième année du règne de Darius.	4198	516	66. 1	238.
Cléomène, fils d'Anaxandrides, roi de Lacédémone, de la première maison, règne 26 ans.	4199	515	2	239.
Doriée, son frère, conduit une colonie en Libye.	4199	515	2	239.
Chersis, fils de Siromus, roi de Salamine en Cypre.	4199	515	2	239.
Stésagoras, prince de la Chersonèse, est tué par un habitant de Lampsaque : son frère Miltiade est envoyé par les Pisistratides pour gouverner ce pays.	4199	515	2	239.
Cléomène fait la guerre aux Argiens, remporte sur eux une victoire complète, et fait passer au fil de l'épée ceux d'entre eux qui s'étaient réfugiés dans le bois consacré à Argos, fils de Niobé.	4200	514	3	240.
Hipparque, fils de Pisistrate, est tué par Harmodius et Aristogiton : Hippias lui succède.	4200	514	3	240.
Prise de Babylone par Darius.	4201	513	4	241.
Syloson obtient de Darius la tyrannie de Samos.	4202	512	67. 1	242.
Phrynicus remporte le prix de la tragédie.	4202	512	1	242.
On commence à frapper des monnaies d'argent à Athènes.	4202	512	1	242.
Les Amphictyons font marché avec les Alcméonides pour rebâtir le temple de Delphes à 300 talents (1,620,000 l.). Spintharus en fut l'architecte.	4202	512	67. 1	242.
Otanes soumet les habitants de Lemnos et d'Imbros.	4203	511	2	243.
Hippias est chassé d'Athènes : Cléomène, roi de Lacédémone, contribue à son expulsion.	4204	510	2	244.
Conjuration de Cylon de Crotone contre les pythagoriciens.	4204	510	2	244.
Mort de Pythagore, âgé de 98				

	Pér. julien.	Années av. J.-C.	Olymp. de Corœbus.	Années de Rome.
ans.	4204	510	3	244.
Miltiade, fils de Cimon, passe de la Chersonèse à Lemnos et en chasse les Pélasges, qui en étaient en possession depuis 752 ans. . .	4204	510	3	244.
Clisthènes, cent soixante-quinzième archonte annuel.	4205	509	3	244.
Les Athéniens élèvent des statues à Harmodius et à Aristogiton. . .	4205	509	4	245.
Les Athéniens se partagent en deux factions, celle de Clisthènes et celle d'Isagoras : Isagoras, ayant eu du dessous, a recours à Cléomène, roi de Lacédémone. . . .	4205	509	4	245.
Clisthènes établit à Athènes dix tribus, au lieu de quatre qu'il y en avait auparavant.	4205	509	4	245.
La royauté abolie à Rome. . .	4205	509	4	245.
Isagoras, fils de Tisandre, cent soixante-seizième archonte annuel.	4206	508	4	245.
Euryléon, associé de Doriée, s'empare de Minoa en Sicile et lui donne le nom d'Héraclée.	4206	508	4	245.
Cléomène vient à Athènes avec des troupes, s'empare de la citadelle et chasse Clisthènes avec les Alcméonides ; mais, ayant voulu casser le sénat, tout le pays prend les armes, le force d'évacuer la place et le chasse de l'Attique. . . .	4206	508	68. 1	246.
Euryléon, compagnon de Doriée, périt dans un combat contre les Carthaginois.	4206	508	68. 1	246.
Séjour de Darius à Sardes : son expédition contre les Scythes : il emmène avec lui Miltiade. . . .	4206	508	68. 1	246.
Naissance de Panyasis, poëte célèbre et oncle d'Hérodote. . . .	4206	508	68. 1	246.
Lasus, poëte dithyrambique, fleurit.	4206	508	68. 1	246.
Cléomène rentre dans l'Attique avec des forces considérables pour rétablir Hippias : abandonné par les Corinthiens et par Démarate, son collègue, il se retire.	4207	507	68. 2	247.
Invasion de la Chersonèse par les Scythes.	4207	507	2	247.
Retour de Miltiade dans la Chersonèse.	4207	507	2	247.
La ville de Sybaris est détruite				

CHRONOLOGIE.

	Pér. julien.	Années av. J.-C.	Olymp. de Corœbus.	Années de Rome.
63 ans avant son rétablissement par les Athéniens.	4207	507	2	247.
Les Athéniens battent les Béotiens, envahissent l'Eubée, vainquent les Chalcidiens et s'emparent de l'île.	4208	506	3	248.
Cléandre règne à Géla. . . .	4209	505	4	249.
Acestorides, cent quatre-vingtième archonte annuel. . . .	4210	504	4	249.
Commencement des troubles de l'Ionie.	4210	504	69. 1	250.
Hécatée de Milet, historien célèbre, fleurit.	4210	504	69. 1	250.
Héraclide d'Éphèse fleurit. . .	4210	504	69. 1	250.
Parménides d'Hyèle, nommée depuis Élée, fleurit.	4210	504	69. 1	250.
L'Ionie se soulève contre Darius : incendie de Sardes.	4211	503	2	251.
Eualcis, commandant des Érétriens, est tué dans une action. .	4211	503	2	251.
Gorgus, fils de Chersis, roi de Salamine en Cypre.	4212	502	2	251.
Les Cypriens se révoltent contre les Perses.	4212	502	2	251.
Les Cypriens sont remis sous le joug.	4213	501	4	252.
Myrus, cent quatre-vingt-quatrième archonte annuel. . . .	4214	500	4	252.
Naissance du philosophe Anaxagoras. Ce philosophe fut surnommé *Nous*, l'Intelligence, parce qu'il enseigna que c'était elle qui avait débrouillé le chaos et donné la forme à la matière.	4214	500	70. 1	254.
Diogène d'Apollonie, philosophe et orateur, contemporain d'Anaxagoras.	4214	500	70. 1	254.
Æschyle, âgé de 25 ans, concourt pour le prix de la tragédie avec Pratinas et Chœrilus. Il y a grande apparence qu'il ne lui fut pas adjugé.	4214	500	70. 1	254.
Course du char traîné par deux mules introduite aux jeux olympiques. Thersias de Thessalie y remporte la victoire.	4214	500	70. 1	254.
Camarine détruite par les Syracusains.	4215	499	2	355.
Cléandre, tyran de Géla, est tué par Sabyllus : Hippocrates règne en				

	Pér. julien.	Années av. J.-C.	Olymp. de Corœbus.	Années de Rome.
sa place 7 ans.	4216	498	70. 3	256.
Prise de Milet par les Perses. .	4216	498	3	256.
Aristagoras, qui avait fait révolter l'Ionie, est tué par les Thraces devant la ville des Neuf-Voies qu'il assiégeait.	4216	498	3	256.
Naissance de Sophocle. . . .	4216	498	3	256.
Représentation de la pièce de Phrynicus intitulée la prise de Milet.	4217	497	4	257.
Les Samiens s'emparent de Zancle en Sicile, depuis appelée Messine.	4217	497	4	257.
Scythès, tyran de Zancle, est fait prisonnier par Hippocrates, qui le relègue à Inycum.	4217	497	4	257.
Camarine rétablie par Hippocrates.	4217	497	4	257.
Prise des îles de Chios, Ténédos, etc., par les Perses : Métiochus, fils aîné de Miltiade, est pris avec son vaisseau par les Phéniciens : Miltiade se sauve à Imbros avec quatre autres vaisseaux : pacification de l'Ionie.	4217	497	4	257.
Fondation de Mésembria. . . .	4217	497	4	257.
Hipparchus, cent quatre-vingt-huitième archonte annuel. . . .	4218	496	4	257.
Course du calpé introduite aux jeux olympiques : Pataecus, de Dyme en Achaïe, remporte le prix. . . .	4218	496	71. 1	258.
Préparatifs de guerre de Darius contre la Grèce.	4218	496	71. 1	258.
Scythès, tyran de Zancle, se sauve en Perse.	4218	496	71. 1	258.
Naissance de l'historien Hellanicus de Mitylène. Il avait 65 ans au commencement de la guerre du Péloponnèse.	4218	496	71. 1	258.
Philippus, cent quatre-vingt-neuvième archonte annuel.	4219	495	1	258.
Mort de Théognis.	4219	495	1	258.
Mardonius se met en route au printemps pour se rendre en Grèce.	4219	495	1	259.
Une partie de la flotte de Mardonius périt dans une tempête près du mont Athos : retour de ce général en Asie.	4219	495	2	359.
Naissance de Sophocle.	4219	495	2	259.
Pythocritus, cent quatre-vingt-dixième archonte annuel. . . .	4220	494	2	259.
Anaxilas s'empare de Zancle et y				

CHRONOLOGIE. 365

	Pér. julien.	Années av. J.-C.	Olymp. de Corœbus.	Années de Rome.
règne 18 ans.	4220	494	3	260.
Thémistocles, cent quatre-vingt-onzième archonte.	4221	493	3	260.
Les Thasiens abattent leurs murs par ordre de Darius	4221	493	71. 4	261.
Les hérauts de Darius vont demander en Grèce la terre et l'eau.	4221	493	4	261.
Les Éginètes donnent à Darius la terre et l'eau.	4221	493	4	261.
Diognète, cent quatre-vingt-douzième archonte annuel.	4222	492	4	261.
Cléomène, roi de Lacédémone, passe dans l'île d'Égine pour saisir ceux des Éginètes qui étaient accusés de favoriser les Perses : les Éginètes lui résistent par le conseil de Démarate, l'autre roi de Lacédémone : Cléomène, de retour à Sparte, fait chasser Démarate et mettre en sa place Léotychides : Léotychides, roi de Lacédémone, de la seconde maison.	4222	492	72. 1	262.
Nouveaux préparatifs des Perses contre la Grèce.	4222	492	72. 1	262.
Hybrilides, cent quatre-vingt-treizième archonte annuel. . . .	4223	491	1	262.
Cléomène retourne avec Léotychides dans l'île d'Égine et se saisit des coupables.	4223	491	1	263.
Démarate se retire à la cour de Perse.	4223	491	2	263.
Gélon s'empare de la ville de Géla.	4223	491	2	263.
Phænippus, cent quatre-vingt-quatorzième archonte annuel. . .	4224	490	2	263.
Cléomène, voyant ses intrigues contre Démarate découvertes, passe en Thrace, de là en Arcadie, et tâche d'armer les Arcadiens contre les Lacédémoniens.	4224	490	3	264.
La crainte des intrigues de Cléomène le fait rappeler à Sparte. . .	4224	490	3	264.
Les Perses pillent l'île de Naxos et soumettent les villes de Caryste et d'Érétrie.	4224	490	3	264.
Bataille de Marathon, gagnée par Miltiade vers le 17 août. . . .	4224	490	3	264.
Le tyran Hippias est tué à cette bataille.	4224	490	3	264.
Aristide, cent quatre-vingt-quinzième archonte annuel.	4225	489	3	264.

	Pér. julien.	Années av. J.-C	Olymp. de Corœbus.	Années de Rome.
Cléomène se tue dans un accès de fureur : Léonidas, son frère, âgé de 50 ans, lui succède.	4225	489	4	265.
Miltiade, n'ayant pas réussi au siége de Paros, est poursuivi en justice et meurt en prison.	4225	489	4	265.
Darius fait de nouveaux préparatifs contre la Grèce.	4225	489	72. 4	265.
Anchises, cent quatre-vingt-seizième archonte annuel	4226	488	4	265.
Chionides, poëte de l'ancienne comédie, donne une pièce de théâtre.	4226	488	4	265.
Zeuxidamus, fils de Léotychides, meurt de maladie.	4226	488	73. 1	266.
Léotychides épouse en secondes noces Eurydamé, et en a une fille nommée Lampito.	4227	487	2	267.
Miltiade, différent du précédent, cent quatre-vingt-dix-huitième archonte annuel.	4228	486	2	267.
L'Égypte se révolte contre les Perses.	4228	486	3	268.
Polycrates, cent quatre-vingt-dix-neuvième archonte.	4229	485	3	268.
Æschyle remporte pour la première fois le prix de la tragédie.	4229	485	3	268.
Naissance d'Euripide.	4229	485	4	269.
Mort de Darius : Xerxès, roi de Perse.	4229	485	4	269.
Léostrate, deux centième archonte annuel.	4230	484	4	269.
Xerxès soumet l'Égypte.	4230	484	74. 1	270.
Achæménès, frère cadet de Xerxès, en est nommé gouverneur.	4230	484	74. 1	270.
Naissance d'Hérodote.	4230	484	74. 1	270.
Naissance de Charon de Lampsaque, célèbre historien.	4230	484	74. 1	270.
Gélon se rend maître de Syracuse.	4230	484	74. 1	270.
Gélon détruit Camarine pour la seconde fois, et en transporte les habitants à Syracuse.	4231	483	2	271.
Nisodémus, deux cent deuxième archonte annuel.	4232	482	2	271.
Gélon transporte à Syracuse la moitié des habitants de Géla.	4232	482	2	272.
Victoire remportée par les Phocidiens sur les Thessaliens.	4232	482	2	272.
Aristide, surnommé le Juste, banni du ban de l'ostracisme.	4232	482	2	272.

CHRONOLOGIE.

	Pér. julien	Années av. J.-C.	Olymp. de Corœbus.	Années de Rome.
Démarate donne avis aux Lacédémoniens de l'armement de Xerxès.	4232	482	3	272.
Gélon prend la ville de Mégare en Sicile, et la détruit.	4232	482	3	272.
Éclipse de soleil le 19 avril. .	4233	481	3	273.
Xerxès part de Suses vers la fin d'avril.	4233	481	3	273.
Xerxès arrive à Sardes au commencement de l'automne, et y passe l'hiver.	4233	481	4	273.
Calliades, deux cent quatrième archonte annuel.	4234	480	4	273.
Anaxagoras, âgé de 20 ans, fréquente l'école d'Anaximènes, suivant Diogène Laërte. Si cela est vrai, ce dernier philosophe avait alors au moins 95 ans. Voyez l'an 4169.	4234	480	4	274.
Députation des Grecs à Gélon pour l'engager à les secourir, vers le printemps.	4234	480	4	274.
Xerxès part de Sardes au printemps.	4234	480	4	274.
Combat des Thermopyles : Léonidas y est tué.	4234	480	75. 1	274.
Plistarque, encore en bas âge, lui succède : il règne trois ans et quelques mois : Pausanias, fils de Cléombrote, est son tuteur. . .	4234	480	75. 1	274.
Rappel d'Aristide, la troisième année de son exil.	4234	480	75. 1	274.
Xerxès prend la ville d'Athènes, et enlève les statues d'Harmodius et d'Aristogiton.	4234	480	75. 1	274.
Bataille de Salamine, le 20 boédromion (30 septembre). . . .	4234	480	75. 1	274.
Gélon bat les Carthaginois. . .	4234	480	75. 1	274.
Naissance d'Euripide selon Plutarque et Diogène Laërte. Mais voyez l'an 4272.	4234	480	75. 1	274.
Éclipse de soleil le 2 octobre. .	4234	480	75. 1	274.
Xanthippus, deux cent cinquième archonte annuel.	4235	479	1	274.
Bataille de Platées gagnée par Pausanias, tuteur de Plistarque. .	4235	479	2	275.
Victoire remportée à Mycale par Léotychides.	4235	479	2	275.
Camarine rétablie par Gélon. .	4235	479	2	275.

Chrysis, prêtresse de Junon à Argos, 48 ans avant la guerre du

	Pér. julien.	Années av. J.-C.	Olymp. de Corœbus.	Années de Rome
Péloponnèse.	4235	479	2	275.
Timosthènes, deux cent sixième archonte annuel.	4236	478	2	275.
Mort de Gélon, tyran de Syracuse : Hiéron, son frère, lui succède.	4236	478	3	276.
Les Athéniens rétablissent leurs murs.	4236	478	3	276.
Les Lacédémoniens envoient Pausanias dans l'île de Cypre et dans l'Hellespont pour en chasser les garnisons des Perses. Rappelé à Lacédémone sur quelques soupçons, il est absous quoique condamné à une amende. On ne le renvoie pas à la flotte.	4236	478	3	276.
Adimante, deux cent septième archonte annuel.	4237	477	75. 3	276.
Phrynicus fait jouer une de ses pièces sur le théâtre d'Athènes, le 12 élaphébolion ou 17 mars.	4237	477	3	277.
Pausanias retourne à l'armée : il manifeste le dessein qu'il a de subjuguer la Grèce : il est mandé à Lacédémone et mis à mort peu après : Plistarque, fils de Léonidas, meurt vers le même temps.	4237	477	3	277.
Exil de Thémistocles.	4237	477	3	277.
Le commandement sur la Grèce transféré des Lacédémoniens aux Athéniens.	4237	477	4	277.
Les Athéniens élèvent de nouvelles statues à Harmodius et à Aristogiton.	4237	477	4	277.
Simonides, âgé de 80 ans, fait une pièce de vers qui remporte le prix.	4237	477	4	277.
Phædon, deux cent huitième archonte annuel.	4238	476	4	277.
Plistoanax, fils de Pausanias, petit-fils de Cléombrote et arrière-petit-fils d'Anaxandrides, succède à Plistarque : il règne 65 ans.	4238	476	4	277.
Les habitants de Catane sont chassés par Hiéron, qui y envoie une colonie, et donne à la ville le nom d'Ætna.	4238	476	76. 1	278.
Mort d'Anaxilas, tyran de Rhégium et de Zancle.	4238	476	76. 1	278.
Démoclides, deux cent neuvième				

	Pér. julien.	Années av. J.-C.	Olymp. de Corœbus.	Années de Rome.
archonte annuel.	4239	475	1	278.
Acestorides, deux cent dixième archonte annuel.	4240	474	2	279.
Hiéron donne du secours aux habitants de Cumes, et bat les Tyrrhéniens.	4240	474	3	280.
Ménon, deux cent dizième archonte annuel.	4241	473	3	280.
Les Tarentins vaincus par les Iapyges.	4241	473	4	281.
Mort d'Aristide, environ quatre ans après l'exil de Thémistocles. .	4241	473	4	281.
Charès, deux cent douzième archonte annuel.	4242	472	4	281.
Mort de Théron, tyran d'Agrigente : son fils Thrasydée, vaincu par Hiéron, se sauve à Mégare près de l'Attique : les habitants d'Agrigente recouvrent leur liberté. .	4242	472	77. 1	282.
Callias, fils d'Hipponicus, surnommé Daduque, remporte aux jeux olympiques le prix du pancrace.	4242	472	77. 1	282.
Praxiergus, deux cent treizième archonte annuel.	4243	471	77. 1	282.
Thémistocles meurt à Magnésie, âgé de 65 ans.	4243	471	1	283.
Naissance de Thucydide, au printemps.	4243	471	1	283.
Naissance d'Euripide selon l'auteur anonyme de la vie de Sophocle.	4243	471	2	283.
Les Éléens, qui étaient dispersés dans un assez grand nombre de villes, se réunissent dans celle d'Élis et l'agrandissent.	4243	471	2	283.
Démotion, deux cent quatorzième archonte annuel. . . .	4244	470	2	283.
Cimon, fils de Miltiade, bat les Perses sur mer et sur terre. . .	4244	470	3	284.
Apséphion, deux cent quinzième archonte annuel.	4245	469	3	284.
Sophocle fait représenter sa première tragédie.	4245	469	3	284.
Naissance de Socrate.	4245	469	3	284.
Apséphion étant mort, ou ayant été dépossédé pour quelque cause que l'on ignore, Phædon lui succède vers le milieu de l'année. .	4245	469	4	285.
Léotychides marche en Thessalie				

	Pér. julien.	Années av. J.-C.	Olymp. de Corœbus.	Années de Rome.
pour punir les Aleuades : s'étant laissé corrompre, il est déposé : son petit-fils Archidamus II est mis en place ; il règne 42 ans.	4245	469	4	285.
Théagénides, deux cent seizième archonte annuel.	4246	468	4	285.
Archidamus II épouse Lampito, fille d'un second lit de son grand-père Léotychides.	4246	468	78. 1	286.
La ville de Mycènes détruite par les Argiens.	4246	468	78. 1	286.
Mort de Simonides, fils de Léoprépès, âgé de 90 ans	4246	468	78. 1	286.
Lysistrate, deux cent dix-septième archonte annuel.	4247	467	1	286.
Æschyle meurt près de Géla en Sicile.	4247	467	2	287.
Guerre des Athéniens contre les Carystiens ; le reste de l'Eubée n'y prend aucune part.	4247	467	2	287.
Hermolycus tué à Cyrne dans l'île d'Eubée, dans un combat entre les Athéniens et les Carystiens.	4247	467	2	287.
Hiéron, tyran de Syracuse, meurt : Thrasybule lui succède et règne un peu plus d'un an.	4247	467	78. 2	287.
Lysanias, deux cent dix-huitième archonte annuel.	4248	466	2	287.
Colonie envoyée par les Athéniens en Thrace, chassée par les Thraces.	4248	466	3	288.
Les Thasiens se révoltent contre les Athéniens.	4248	466	3	288.
Lysithéus, deux cent dix-neuvième archonte annuel.	4249	465	3	288.
Tremblement de terre dans la Laconie : les Ilotes se révoltent : troisième guerre de Messénie ; elle dure dix ans.	4249	465	4	289.
Thrasybule chassé de Syracuse au commencement de l'année : cette ville recouvre la liberté et la conserve 60 ans.	4249	465	4	289.
Artabane, capitaine des gardes de Xerxès, tue ce prince.	4249	465	4	289.
Archédémidès, deux cent vingtième archonte annuel.	4250	464	4	289.
Artaxerxès, roi de Perse.	4250	464	4	289.
Arcésilas IV, roi de Cyrène.	4250	464	79. 1	290.
Les Thasiens, après plusieurs combats contre les Athéniens, sont				

	Pér. julien	Années av. J.-C.	Olymp. de Corœbus.	Années de Rome.
subjugués.	4250	464	79. 1	290.
Zénon, d'Élée, communément dite Hyèle en Lucanie, fleurit. .	4250	464	79. 1	290.
Leucippe d'Élée, ou d'Abdère, ou de l'île de Mélos, disciple de Zénon, astronome et physicien. . . .	4250	464	1	290.
Tlépolémus, deux cent vingt-unième archonte annuel. . . .	4251	463	1	290.
Les Égyptiens se révoltent contre les Perses, et déclarent Inaros leur roi : Amyrtée règne probablement avec lui : les Athéniens leur envoient du secours.	4251	463	2	291.
Conon, deux cent vingt-deuxième archonte annuel.	4252	462	2	291.
Achæménès, fils de Darius, marche à la tête d'une armée formidable contre les Égyptiens. . . .	4252	462	3	292.
Les secours des Athéniens arrivent en Égypte : les Perses sont battus, et s'enferment dans la citadelle de Memphis. Achæménès est tué dans le combat.	4252	462	3	292.
Arcésilas IV, roi de Cyrène, remporte le prix de la course du char en la pythiade XXXI. . . .	4252	462	3	292.
Euthippus, deux cent vingt-troisième archonte annuel.	4253	461	3	292.
Mort d'Alexandre, roi de Macédoine : Perdiccas lui succède. .	4253	461	79. 3	292.
Les Athéniens marchent au secours des Lacédémoniens sous la conduite de Cimon : la jalousie empêche les Lacédémoniens de recevoir ce secours : source de la mésintelligence entre ces deux nations : Cimon est banni du ban de l'ostracisme.	4253	461	4	293.
Les anciens habitants de Catane reviennent dans leur ville, et en chassent la colonie qu'y avait conduite Hiéron.	4253	461	4	293.
Mégabyse assemble une armée considérable, et marche contre les Égyptiens : les Athéniens font le siège de la citadelle de Memphis.	4253	461	4	293.
Phrasiclides, deux cent vingt-quatrième archonte annuel. . .	4254	460	4	293.
Naissance du célèbre médecin Hippocrate.	4254	460	80. 1	294.

	Pér. julien.	Années av. J.-C.	Olymp. de Corœbus.	Années de Rome.
Voyage d'Hérodote en Égypte.	4254	460	80. 1	294.
Démocrite d'Abdère naît 40 ans après Anaxagoras.	4254	460	80. 1	294.
Philoclès, deux cent vingt-cinquième archonte.	4255	459	1	294.
Naissance de l'orateur Lysias.	4255	459	1	294.
Les Athéniens battent les Corinthiens et les Épidauriens à Halies, les Péloponnésiens auprès de Cécryphalie, et soumettent les Éginètes.	4255	459	2	295.
Bion, deux cent vingt-sixième archonte.	4256	458	2	295.
Les Égyptiens se soumettent : les Athéniens traitent avec les Perses. Inaros est trahi et mis en croix : Amyrtée se retire dans l'île d'Elbo vers le milieu de juin.	4256	458	2	296.
Commencement de la seconde guerre sacrée.	4256	458	2	296.
Les Athéniens remportent deux victoires sur les Corinthiens : ils sont battus à Tanagre par les Lacédémoniens. Diodore de Sicile prétend que la victoire des Lacédémoniens fut douteuse.	4256	458	3	296.
Lygdamis, tyran d'Halicarnasse, fait mourir Panyasis, oncle d'Hérodote.	4256	458	3	296.
Mnésithéidès, deux cent vingt-septième archonte annuel.	4257	457	3	296.
Les Athéniens, commandés par Myronidès, remportent une victoire complète sur les Thébains.	4257	457	4	297.
Fin de la seconde guerre sacrée.	4257	457	4	297.
Hérodote retourne à Halicarnasse et chasse Lygdamis, tyran de cette ville.	4257	457	4	297.
Callias, deux cent vingt-huitième archonte annuel.	4258	456	4	297.
Exploits de Tolmidès, général des Athéniens.	4258	456	81. 1	298.
Æschyle, célèbre poëte tragique, meurt en Sicile, âgé de 69 ans.	4258	456	81. 1	298.
Réduction de la ville d'Ithome : fin de la troisième guerre de Messénie.	4258	456	81. 1	298.
Hérodote lit une partie de son Histoire aux jeux olympiques.	4258	456	81. 1	298.
Sosiscrate, deux cent vingt-neuvième archonte annuel.	4259	455	1	298.

CHRONOLOGIE. 373

	Pér. julien.	Années av. J.-C.	Olymp. de Corœbus.	Années de Rome.
Périclès ravage le Péloponnèse, passe dans l'Acarnanie et en soumet les villes.	4259	455	2	299.
Cratinus et Platon, poëtes de l'ancienne comédie, fleurissent.	4259	455	2	299.
Ariston, deux cent trentième archonte annuel.	4260	454	2	299.
Le philosophe Archélaüs fleurit : Socrate fut son disciple. . . .	4260	454	3	300.
Trève de cinq ans entre les Athéniens et les Lacédémoniens. .	4260	454	3	300.
Les Romains envoient trois ambassadeurs à Athènes pour demander les lois de Solon.	4260	454	3	300.
Lysicrates, deux cent trente-unième archonte annuel. . . .	4261	453	3	300.
Sophanès et Léagrus, généraux athéniens, sont tués en Thrace dans une action contre les Édoniens.	4261	453	4	301.
Périclès ravage les campagnes des Sicyoniens, bat leurs troupes, passe ensuite en Acarnanie, s'enrichit des dépouilles des OEniades, et de là dans la Chersonèse, dont il partage les campagnes à mille citoyens d'Athènes..	4261	453	4	301.
Chæréphanès, deux cent trente-deuxième archonte annuel.. . .	4262	452	4	301.
Ion, de l'île de Chios, poëte tragique, fleurit.	4262	452	82. 1	302.
Antidotus, deux cent trente-troisième archonte annuel. . . .	4263	451	1	302.
Ducétius, général des Sicules, tantôt vainqueur, tantôt vaincu, se jette entre les bras des Syracusains, qui lui accordent la vie, mais le relèguent à Corinthe.	4263	451	2	303.
Euthydémus, deux cent trente-quatrième archonte annuel. . .	4264	450	82. 2	303.
Thessalus rétablit Sybaris, qui est de nouveau détruite par les Crotoniates.	4264	450	2	303.
Cimon, rappelé de son exil, bat les Perses par mer près de l'île de Cypre, et par terre en Cilicie : trève de cinq ans entre les Athéniens et les Péloponnésiens.	4264	450	3	304.
Pédiæus, deux cent trente-cinquième archonte annuel. . . .	4265	449	3	304.
Artaxerxès fait une paix honteuse				

	Pér. julien.	Années av J.-C.	Olymp de Corœbus.	Années de Rome.
avec les Grecs : mort de Cimon.	4265	449	4	305.
Philiscus, deux cent trente-sixième archonte annuel.	4266	448	4	305.
Les Mégariens se révoltent contre les Athéniens : ils sont battus.	4266	448	83. 1	306.
Timarchides, deux cent trente-septième archonte annuel.	4267	447	1	306.
Les Athéniens sont battus à Coronée : Clinias, père du célèbre Alcibiade, périt en cette journée.	4267	447	2	307.
Callimaque, deux cent trente-huitième archonte annuel.	4268	446	2	307.
Les Eubéens sont battus par Périclès.	4268	446	3	308.
Naissance de Xénophon. Voyez l'an 4358.	4268	446	3	308.
Plistoanax, roi de Lacédémone, de la première maison, entre dans l'Attique, et, après avoir pénétré jusqu'à Éleusis et la plaine Thriasienne, il s'en retourne sans avoir rien fait.	4268	446	3	308.
Lysimachides, deux cent trente-neuvième archonte annuel.	4269	445	3	308.
Aristomènes d'Égine remporte le prix de la lutte parmi les enfants aux jeux pythiques, qui se célébraient l'an 3 de chaque olympiade, au mois munychion (avril). Pindare célèbre sa victoire dans la huitième ode pythique.	4269	445	3	309.
Expiration de la trêve de cinq ans entre les Athéniens et les Lacédémoniens : nouvelle trêve de trente ans.	4269	445	3	309.
Pindare meurt peu après avoir célébré Aristomènes.	4269	445	4	309.
Plistoanax, accusé de s'être laissé corrompre, est exilé quatorze ans avant la guerre du Péloponnèse.	4269	445	4	309.
Périclès chasse les Histiéens de leur pays.	4269	445	4	309.
Praxitèles, deux cent quarantième archonte annuel.	4270	444	84. 1	310.
Hérodote lit une partie de son Histoire à Athènes, aux Panathénées, le 12 hécatombæon (25 juillet).	4270	444	84. 1	310.
Fondation de la ville de Thurium par les Athéniens douze ans avant				

CHRONOLOGIE. 375

	Pér. julien	Années av. J.-C.	Olymp. de Corœbus.	Années de Rome.
la guerre du Péloponnèse. Hérodote, âgé de 40 ans, et Lysias, âgé de 15 ans, qui fut depuis un orateur célèbre, sont du nombre des colons.	4270	444	84. 1	310.
Diodore de Sicile place cette fondation deux ans plus tôt, sous l'archontat de Callimaque. Phidias fleurit.	4270	444	84. 1	310.
Proclamation aux jeux olympiques par laquelle on introduit à ces jeux les courses des chars attelés de deux mules et celles du calpé.	4270	444	84. 1	310.
Lysanias, deux cent quarante-unième archonte annuel. . . .	4271	443	1	310.
Mélissus de Samos, philosophe et grand général, fleurit.	4271	443	1	310.
Protagoras d'Abdère, qui niait l'existence des dieux, et qui disait que, dans le cas où il y en aurait, il ignorait quels ils étaient, est chassé d'Athènes, et ses livres sont brûlés en place publique. Il fleurit, selon Eusèbe, vers l'an.	4271	443	2	311.
Diphilus, deux cent quarante-deuxième archonte annuel. . . .	4272	442	2	311.
Euripide, âgé de 43 ans, remporte pour la première fois le prix de la tragédie.	4272	442	2	312.
Empédocles fleurit vers l'an.	4272	442	2	312.
Timoclès, deux cent quarante-troisième archonte annuel. . . .	4273	441	3	312.
Périclès soumet l'île de Samos. On fit en cette occasion pour la première fois usage du bélier, de la tortue, etc., qui sont de l'invention d'Artémon de Clazomènes. .	4273	441	4	313.
Sophocle, poëte tragique, commande, avec Périclès et Thucydide, les troupes de la république d'Athènes.	4273	441	4	313.
Morichidès, deux cent quarante-quatrième archonte annuel. . .	4274	440	4	313.
Les ossements de Léonidas, roi de Sparte, rapportés des Thermopyles à Sparte 40 ans après sa mort. On fait tous les ans son oraison funèbre sur le lieu de sa sépulture, et l'on y célèbre des jeux où les Spartiates seuls sont admis. .	4274	440	84. 4	313.

	Pér. julien.	Années av. J.-C.	Olymp. de Corœbus.	Années de Rome.
Il est défendu à Athènes de jouer des comédies.	4274	440	4	313.
Zopyre, fils de Mégabyse, passe chez les Athéniens.	4274	440	85. 1	314.
Glaucidas, deux cent quarante-cinquième archonte annuel.	4275	439	1	314.
Commencement de la guerre des Corinthiens contre les Corcyréens.	4275	439	2	315.
Théodore, deux cent quarante-sixième archonte annuel.	4276	438	2	315.
Sophocle, âgé de 57 ans, et non de 65, comme le dit l'auteur anonyme de sa vie, commande la guerre contre les habitants d'Anæa en Carie, sept ans avant le commencement de la guerre du Péloponnèse.	4276	438	3	316.
Victoire remportée sur mer par les Corcyréens sur les Corinthiens.	4276	438	3	316.
Phidias finit la statue de Minerve. Le scoliaste d'Aristophane, sur la Paix, vers 604, met cela sous l'archontat de Pythodorus, la première année de la quatre-vingt-septième olympiade; mais voyez le P. Corsini, *Fast. Attic.*, t. III, p. 217 et seq.	4276	438	3	316.
Euthyménès, deux cent quarante-septième archonte annuel.	4277	437	3	316.
Le décret qui défendait de représenter des comédies à Athènes est annulé.	4277	437	3	316.
Les Athéniens envoient une colonie à Amphipolis : Agnon, fils de Nicias, en est le fondateur.	4277	437	4	317.
Construction des propylées de la citadelle d'Athènes. Elles furent achevées en cinq ans et coûtèrent 2,012 talents, c'est-à-dire 10,865,600 livres de notre monnaie.	4277	437	4	317.
Nausimachus, ou plutôt Lysimachus, deux cent quarante-huitième archonte annuel.	4278	436	4	317.
Naissance d'Isocrate, cinq ans avant la guerre du Péloponnèse.	4278	436	86. 1	318.
Les Corcyréens font alliance avec les Athéniens.	4278	436	1	318.
Antilochides, deux cent quarante-neuvième archonte annuel.	4279	435	1	318.

CHRONOLOGIE. 377

	Pér. julien.	Années av.J.-C.	Olymp. de Corœbus.	Années de Rome.
Les Potidéates se révoltent contre les Athéniens : ceux-ci se battent contre les Corinthiens. Aristéas, fils d'Adimante, enfonce l'aile qui lui est opposée : l'autre aile bat les Corinthiens.	4279	435	86: 2	319.
Charès, deux cent cinquantième archonte annuel.	4280	434	2	319.
Discorde entre les habitants de Thurium au sujet de celui qu'on devait reconnaître pour le fondateur de cette ville.	4280	434	3	302.
Naissance d'Aristippe de Cyrène, disciple de Socrate, vers l'an. . .	4280	434	3	320.
On ignore le temps de sa naissance et celui de sa mort. Je place le temps de sa naissance 35 ans avant la mort de Socrate, parce qu'il fut son disciple.	4281	433	3	320.
Apseudès, deux cent cinquante-unième archonte annuel. . . .				
Méton publie son Ennéadécaétéride : les Athéniens réforment leur année : à commencer de l'année suivante, les archontes entrent en fonction au commencement de l'olympiade. Apseudès, qui avait commencé son archontat en janvier 4281 de la période julienne et au commencement du second semestre de la troisième année de l'olympiade quatre-vingt-sixième, le continua jusqu'au solstice d'été 4282, et fut par conséquent archonte dix-huit mois.	4281 4282	433 432	4 87. 1	321. 322.
Pythodorus, deux cent cinquante-deuxième archonte annuel. Cet archonte fut le premier qui entra en exercice au commencement de l'olympiade.	4282	432	1	322.
Arcésilas IV, roi de Cyrène, est tué. Commencement de la guerre du Péloponnèse au printemps, Pythodorus étant encore archonte. .	4283	431	1	323.
Médée, tragédie d'Euripe, est jouée..	4283	431	1	323.
Euthydémus, deux cent cinquante-troisième archonte annuel.	4283	431	2	323.
Archidamus ravage l'Attique : Décélée épargnée par les Lacédé-				

	Pér. julien.	Années av. J.-C.	Olymp. de Corœbus.	Années de Rome.
moniens en mémoire d'un bienfait des Décéléens.	4283	431	2	323.
Apollodore, deux cent cinquante-quatrième archonte annuel. . . .	4284	430	3	324.
Eupolis commence à donner des comédies.	4284	430	3	324.
Nicolaos, fils de Boulis, et Anériste, fils de Sperthiès, mis à mort par les Athéniens avant le premier septembre.	4284 4284	430 430	87. 3 3	324. 324.
Naissance de Platon.				
La peste fait de grands ravages à Athènes.	4284	430	3	324.
Archidamus II, roi de Lacédémone, de la seconde maison, assiége Platées vers la fin de la troisième année de cette olympiade. .	4285	429	4	325.
Épaminondas, deux cent cinquante-cinquième archonte. . .	4285	429	4	325.
Prise de Potidée par les Athéniens.	4285	429	4	325.
Mort de Périclès, deux ans et demi après le commencement de la guerre du Péloponnèse.	4285	429	4	325.
Les Lesbiens se révoltent contre les Athéniens.	4286	428	4	326.
Diotimus, deux cent cinquante-sixième archonte.	4286	428	88. 1	326.
Les Lesbiens envoient des ambassadeurs aux Péloponnésiens. . .	4286	428	1	326.
Mort du philosophe Anaxagoras, âgé de 72 ans.	4286	428	1	326.
Les Mityléniens sont subjugués par les Athéniens.	4287	427	1	327.
Les Daïtaléens, comédie d'Aristophane, représentée sur le théâtre d'Athènes.	4287	427	1	327.
Eucléès, deux cent cinquante-septième archonte. C'est le même que Diodore de Sicile nomme Euclides.	4287	427	2	327.
La ville de Platées prise et détruite par les Lacédémoniens. . .	4287	427	2	327.
Agis I, roi de Lacédémone, de la seconde maison, monte sur le trône la cinquième année de la guerre du Péloponnèse.	4288	426	2	328.
Les Babyloniens, comédie d'Aristophane, représentée aux grandes Dionysiaques, ou Dionysiaques de la ville, dans le mois élaphébolion				

CHRONOLOGIE. 379

	Pér. julien.	Années av. J.-C.	Olymp. de Corœbus.	Années de Rome.
(mars).	4288	426	2	328.
Euthydémus, deux cent cinquante-huitième archonte. . . .	4288	426	3	328.
Les Athéniens purifient l'île de Délos.	4288	426	3	328.
Les mêmes ravagent les côtes de la Locride.	4288	426	3	328.
Hipponicus, fils de Callias Daduque, qui s'était trouvé à la bataille de Marathon, commande les Athéniens avec Eurymédon. . .	4288	426	3	328.
Héraclée Trachinienne fondée par les Lacédémoniens.	4288	426	88. 3	328.
Les Acharnes, comédie d'Aristophane, représentée.	4289	425	3	329.
Stratoclès, deux cent cinquante-neuvième archonte.	4289	425	4	329.
Cléon, créé général par les Athéniens.	4289	425	4	329.
Éclipse de lune, le 9 octobre. .	4289	425	4	329.
Éclipse de soleil, le 23 octobre. .	4289	425	4	329.
Cléon fait prisonniers les Lacédémoniens enfermés dans l'île de Sphactérie.	4289	425	4	329.
Mort d'Artaxerxès-Longuemain : Xerxès II lui succède ; il règne quelques mois.	4289	425	4	329.
Représentation des Chevaliers, comédie d'Aristophane.	4290	424	4	330.
Isarchus, deux cent soixantième archonte.	4290	424	89. 1	330.
Les Athéniens remportent à Tanagre une victoire complète sur les Thébains.	4290	424	89. 1	330.
Les Athéniens sont battus par les Béotiens près de Délium. . . .	4290	424	1	330.
Xénophon, âgé de 22 ans, entraîné par les fuyards, est renversé de dessus son cheval : Socrate le relève et le porte sur ses épaules pendant plusieurs stades, jusqu'à ce qu'il l'eût mis hors de danger.	4290	424	89. 1	330.
Sogdien succède à Xerxès II : il est tué après un règne de sept mois.	4290	424	89. 1	330.
La première représentation des Nuées d'Aristophane. Elle n'eut aucun succès. La Pytine de Cratinus et le Connus d'Amipsias eurent le prix.	4291	423	1	331.

	Pér. julien.	Années av. J.-C.	Olymp. de Corœbus.	Années de Rome.
Aminias, deux cent soixante-unième archonte.	4291	423	2	331.
Darius Nothus, roi de Perse.	4291	423	2	331.
Les Nuées, jouées pour la seconde fois aux Dionysiaques du Pirée avec des changements, n'eurent pas plus de succès que la première fois.	4292	422	2	332.
Les Guêpes d'Aristophane représentées aux grandes Dionysiaques au mois de mars.	4292	422	2	332.
Alcæus, deux cent soixante-deuxième archonte.	4292	422	3	332.
Cléon est tué dans un combat contre les Lacédémoniens : Brasidas, leur général, est tué dans la même action : trêve de 50 ans entre les Lacédémoniens et les Athéniens : la guerre n'en continue pas moins au dehors.	4292	422	89. 3	333.
Aristion, deux cent soixante-troisième archonte.	4293	421	4	333.
Les principales villes de la Grèce, mécontentes des conditions de la trêve, se liguent entre elles : les Lacédémoniens traitent leurs alliés avec douceur, les Athéniens traitent les leurs avec sévérité.	4293	421	4	333.
Astyphilus, deux cent soixante-quatrième archonte.	4294	420	90. 1	334.
Mort de Perdiccas, roi de Macédoine : Archélaüs lui succède.	4294	420	90. 1	334.
Les Olynthiens chassent la garnison athénienne de Mécyberne et s'en emparent.	4294	420	90. 1	334.
Représentation de la Paix, comédie d'Aristophane.	4295	419	1	335.
Archias, deux cent soixante-cinquième archonte.	4295	419	2	335.
Alcibiade entre avec des troupes dans le Péloponnèse.	4295	419	2	335.
Antiphon, deux cent soixante-sixième archonte.	4296	418	3	336.
Les Argiens font la paix avec les Lacédémoniens : les Mantinéens subissent le joug de Lacédémone.	4296	418	3	336.
Euphémus, deux cent soixante-septième archonte.	4297	417	4	337.
Aristomnestus, ou plutôt Arimnestus, deux cent soixante-huitième archonte.	4298	416	91. 1	338.

CHRONOLOGIE. 381

	Pér. julien.	Années av. J.-C.	Olymp. de Corœbus.	Années de Rome.
Les Athéniens entreprennent la guerre de Sicile : ils subjuguent les Méléens.	4298	416	91. 1	338.
Alcibiade remporte le prix aux jeux olympiques.	4298	416	91. 1	338.
Représentation du Palamède d'Euripide : ce poëte se proposait de représenter Socrate et sa mort sous l'image de Palamède, que les intrigues et les calomnies d'Ulysse firent condamner à la mort. Socrate ne périt que 17 ans après la représentation de cette pièce, et Euripide lui-même mourut huit ans avant Socrate. Mais ce grand poëte avait prévu longtemps auparavant le malheur qui arriva à son maître. Quant à ce que dit Diogène Laërce, que tout l'auditoire fondit en larmes lorsque le chœur chanta ces paroles : « Grecs, vous avez mis » à mort le plus savant rossignol » des Muses, qui n'avait fait de mal » à personne, le plus excellent » personnage de la Grèce, » cela ne doit s'appliquer qu'à une représentation de cette pièce postérieure à la mort de ce philosophe. . . .	4299	415	91. 1	339.
Chabrias, deux cent soixante-neuvième archonte.	4299	415	1	339.
Alcibiade s'embarque avec l'armée pour la Sicile : rappelé peu après par la cabale de ses ennemis qui voulaient le faire périr, il se réfugie à Sparte.	4299	415	2	339.
Les Oiseaux, comédie d'Aristophane, représentée aux grandes Dionysiaques au mois de mars.. .	4300	414	2	340.
Diagoras, surnommé l'Athée, ayant été accusé d'athéisme, s'enfuit d'Athènes. Les Athéniens mettent sa tête à prix et promettent un talent (5,400 liv.) à celui qui le tuera, et deux talents (10,800 liv.) à celui qui le leur amènera en vie.	4300	414	2	340.
Périandre, deux cent soixante-dixième archonte.	4300	414	3	340.
Les Syracusains demandent du secours aux Lacédémoniens et aux Corinthiens : ils sont battus, les				

	Pér. julien.	Années av. J.-C.	Olymp. de Coræbus.	Années de Rome.
Athéniens le sont à leur tour. . .	4300	414	3	340.
Agis I, roi de Lacédémone, s'empare de Décélée dans l'Attique et la fortifie au printemps.	4301	413	3	341.
Naissance de Diogène de Sinope.	4301	413	3	341.
Cléocrite, deux cent soixante-onzième archonte.	4301	413	4	341.
Les Athéniens sont battus en Sicile par terre et par mer. . . .	4301	413	4	341.
Callias, deux cent soixante-douzième archonte.	4302	412	92. 1	342.
Hyperbolus exilé : cessation de l'ostracisme.	4302	412	92. 1	342.
Quatre cents citoyens gouvernent la république d'Athènes au mois élaphébolion (mars).	4303	411	1	343.
Hyperbolus est tué dans l'île de Samos.	4303	411	1	343.
Représentation des Femmes célébrant la fête de Cérès, comédie d'Aristophane.	4303	411	1	343.
Mort de Plistoanax, roi de Lacédémone, de la première maison : Pausanias, son fils, lui succède. .	4303	411	1	343.
Théopompe, deux cent soixante-treizième archonte.	4303	411	2	343.
Le gouvernement des quatre cents est aboli : il ne subsista que quatre mois. Ayant commencé au mois de mars, il finit en juillet.	4303	411	93. 2	343.
Théopompe de Chios commence ici son Histoire grecque, et la continue jusqu'à la bataille de Cnide.	4304	410	2	344.
Glaucippus, deux cent soixante-quatorzième archonte.	4304	410	2	344.
Les Athéniens battent sur mer les Lacédémoniens.	4304	410	3	344.
Secours envoyé à Pylos sous la conduite d'Hermon.	4304	410	3	344.
Dioclès, deux cent soixante-quinzième archonte.	4305	409	4	345.
La ville d'Himère détruite par les Carthaginois 240 ans après sa fondation.	4305	409	4	345.
Prise de Pylos par les Lacédémoniens.	4305	409	4	345.

La première représentation du Plutus d'Aristophane : la seconde eut lieu vingt ans après. L'auteur de l'argument dit que le Plutus fut

	Pér. julien.	Années av. J.-C.	Olymp. de Corœbus.	Années de Rome.
joué sous l'archontat d'Antipater. Il a sans doute voulu parler de la seconde représentation, qui est de l'an 4326.	4306	408	4	346.
Euctémon, deux cent soixante-seizième archonte.	4306	408	93. 1	346.
Les Mèdes se révoltent contre les Perses et sont soumis.	4306	408	1	346.
Fondation de la ville de Rhodes : on y transporte les habitants d'Ialyssos, de Linde et de Camiros. .	4306	408	93. 1	346.
Naissance de Lycurgue, célèbre orateur d'Athènes.	4306	408	1	346.
Agis I part de Décélée pour surprendre Athènes ; l'ayant trouvée en état de défense, il ravage l'Attique et retourne sur ses pas, la vingt-quatrième année de la guerre du Péloponnèse.	4306	408	1	346.
Antigènes, deux cent soixante-dix-septième archonte.	4307	407	2	347.
Conon remporte sur les Lacédémoniens quelques avantages : il éprouve aussi quelques revers. . .	4307	407	2	347.
Mort d'Euripide.	4307	407	2	347.
Callias, deux cent soixante-dix-huitième archonte.	4308	406	3	348.
Sophocle meurt : il est inhumé à Décélée, dans le monument de ses ancêtres, avec la permission de Lysandre, commandant de la garnison lacédémonienne, qui l'accorda par égard pour le mérite supérieur de ce poëte.	4308	406	93. 3	348.
Les Athéniens battent sur mer les Lacédémoniens, aux Arginuses, dans le mois d'octobre.	4308	406	3	348.
Les généraux athéniens n'ayant pu enlever, à cause de la tempête qui survint, les corps de ceux qui avaient péri dans le combat, sont condamnés à mort peu après la fête des Apaturies, qui se célébrait au mois pyanepsion, c'est-à-dire au commencement de novembre. . .	4308	406	3	348.
Les Grenouilles, comédie d'Aristophane, représentées au mois anthestérion (février).	4309	405	3	348.
Denys l'Ancien s'empare de l'autorité souveraine à Syracuse, dans				

	Pér. julien.	Années av. J.-C.	Olymp. de Corœbus.	Années de Rome.
les six premiers mois de l'an. . .	4309	405	3	348.
Alexias, deux cent soixante-dix-neuvième archonte.	4309	405	4	349.
La flotte des Athéniens prise par Lysandre à Ægos-Potamos. . . .	4309	405	4	349.
Artaxerxès-Mnémon succède à Darius Nothus le dernier semestre de la quatrième année de la quatre-vingt-treizième olympiade. .	4310	404	4	350.
Le poëte Antimachus fleurit. .	4310	404	4	350.
La ville d'Athènes prise par les Lacédémoniens au printemps : fin de la guerre du Péloponnèse, Alexias étant encore archonte. . . .	4310	404	4	350.
Lysandre établit à Athènes trente magistrats connus sous le nom des Trente Tyrans : leur tyrannie est abolie huit mois après.	4310	404	4	350.
Lycophron, père de l'orateur Lycurgue, est mis à mort par les Trente Tyrans.	4310	404	4	350.
Anarchie à Athènes.	4310	404	94. 1	350.
Pythodorus, deux cent quatre-vingtième archonte.	4310	404	1	350.
Euclides, deux cent quatre-vingt et unième archonte.	4311	403	2	351.
Il fut ordonné sous cet archonte, sur la proposition d'Archinus, qu'on se servirait des voyelles longues dans les inscriptions et dans la transcription des lois. Ces voyelles n'étaient en usage auparavant que dans l'écriture cursive.	4311	403	2	351.
La démocratie est rétablie à Athènes : l'amnistie réunit tous les citoyens.	4312	402	94. 2	352.
Micion, deux cent quatre-vingt-deuxième archonte.	4312	402	3	352.
Commencement de l'expédition des Dix-Mille dans l'Asie supérieure : ils partent d'Éphèse au commencement d'avril.	4313	401	3	353.
Exænétus, deux cent quatre-vingt-troisième archonte. . .	4313	401	4	353.
Bataille de Cunaxa sur la fin d'octobre : les Grecs du parti de Cyrus le Jeune sont victorieux ; mais ce prince est battu de son côté, et il périt dans l'action.	4313	401	4	353.
Les Dix-Mille arrivent en Arménie				

	Pér. julien	Années av. J.-C.	Olymp. de Corœbus.	Années de Rome.
au commencement de février.	4314	400	4	353.
Lachès, deux cent quatre-vingt-quatrième archonte.	4314	400	95. 1	354.
Les Dix-mille arrivent à Cotyore au commencement de juillet.	4314	400	95. 1	354.
Les mêmes entrent au service de Seuthès, roi de Thrace, au commencement de décembre.	4314	400	1	354.
Les mêmes servent deux mois sous Seuthès, et, deux autres mois après, ils se joignent à l'armée de Thimbron, commandant en chef des troupes de Lacédémone, c'est-à-dire au commencement d'avril. Cette expédition dura en tout deux ans.	4315	399	1	355.
Agis I, roi de Lacédémone, de la seconde maison, meurt de maladie : Agésilas, son frère, lui succède.	4315	399	1	355.
Psammitichus, descendant de Psammitichus, qui régnait en Égypte en 4043 et 4058 de la période julienne, roi, ou plutôt satrape d'Égypte pour Artaxerxès Mnémon, fait égorger Tamos, son bienfaiteur, avec ses enfants, et s'empare de ses richesses et de sa flotte.	4315	399	1	355.
Mort de Socrate sous l'archontat de Lachès.	4315	399	1	355.
Aristocrates, deux cent quatre-vingt-cinquième archonte.	4315	399	2	355.
Thimbron est rappelé : Dercyllidas prend le commandement des troupes lacédémoniennes : Conon est nommé général des forces maritimes des Perses.	4315	399	2	355.
Ithyclès, deux cent quatre-vingt-sixième archonte.	4316	398	3	356.
La catapulte inventée ou plutôt perfectionnée à Syracuse.	4316	398	95. 3	356.
Ctésias finit ici son Histoire de Perse.	4316	398	3	356.
Philoxène, Cythéréus, Timothée de Milet, Télestès de Sélinunte, excellents poëtes dithyrambiques, fleurissent en ce temps, ainsi que Polycidus, habile musicien et grand peintre. François Junius a oublié ce peintre dans son catalogue des artistes.	4316	398.	3	356.

	Pér. julien.	Années av. J.-C.	Olymp. de Corœbus.	Années de Rome.
Agésipolis I, roi de Lacédémone, de la première maison. . . .	4317	397	3	357.
Lysiades, deux cent quatre-vingt-septième archonte.	4317	397	4	357.
Denys déclare la guerre aux Carthaginois : il remporte différents avantages et prend sur eux la ville de Motya après une vigoureuse défense.	4317	397	4	357.
Sophocle, fils d'Ariston, poëte tragique, ainsi que son grand-père, fait représenter sa première pièce : il remporte douze fois le prix sur ses émules. Suidas prétend qu'il était fils de Sophocle et non son petit-fils.	4318	396	4	358.
Phormion, deux cent quatre-vingt-huitième archonte. . . .	4318	396	96. 1	358.
Euclides de Mégare, disciple de Socrate et chef de la secte mégarique, fleurit vers l'an.	4318	396	1	358.
N. B. On ne sait en quel temps placer sa naissance et sa mort.				
Xénophon proclamé aux jeux olympiques pour avoir sauvé les Dix-Mille.	4318	396	1	358.
Naissance du philosophe Xénocrates. Voyez les années 4375 et 4400.	4318	396	1	358.
Diophante, deux cent quatre-vingt-neuvième archonte. . . .	4319	395	2	359.
On distribue sous cet archonte six oboles (18 s.) à chaque citoyen pour voir les pièces de théâtre, au lieu de trois qu'on leur donnait auparavant.	4320	394	2	360.
Eubulides, ou Eubulus, deux cent quatre-vingt-dixième archonte.	4320	394	3	360.
Conon, aidé par les forces des Perses, remporte à Cnide sur les Lacédémoniens une victoire navale : ceux-ci perdent l'empire de la mer.	4320	394	3	360.
L'historien Théopompe termine ici son Histoire grecque : elle comprend dix-sept années.	4320	394	3	360.
Éclipse de soleil, le 14 août. .	4320	394	96. 3	360.
Démostrate, deux cent quatre-vingt-onzième archonte.	4321	393	4	361.
Conon rétablit les longs murs et ceux du Pirée.	4321	393	4	361.

CHRONOLOGIE.

	Pér. julien	Années av. J.-C	Olymp. de Corœbus.	Années de Rome.
Agésilas, roi de Lacédémone, défait les Thébains à Coronée. Il paraît cependant que la victoire fut douteuse.	4321	393	4	361.
Statue élevée à Solon dans l'île de Salamine.	4322	392	4	362.
Philoclès, deux cent quatre-vingt-douzième archonte.	4322	392	97. 1	362.
Les Athéniens, commandés par Thrasybule, se rendent maîtres d'une partie de l'île de Lesbos.	4322	392	97. 1	362.
Nicotélès, deux cent quatre-vingt-treizième archonte.	4323	391	2	363.
Évagoras, descendant de Teucer, qui se distingua à la guerre de Troie, recouvre le royaume de Cypre.	4323	391	2	363.
Mort de Thucydide.	4323	391	2	363.
Représentation des Femmes tenant l'assemblée du peuple, comédie d'Aristophane.	4324	390	2	364.
Démostrate, deux cent quatre-vingt-quatorzième archonte.	4324	390	3	364.
Acrion et Échécrates de Locres, philosophes pythagoriciens, fleurissent.	4324	390	3	364.
Archytas de Tarente fleurit.	4324	390	3	364.
Antipater de Cyrène, disciple d'Aristippe.	4324	390	3	364.
Antipater, deux cent quatre-vingt-quinzième archonte.	4325	389	4	365.
Seconde représentation du Plutus d'Aristophane.	4326	388	4	366.
Pyrrhion, deux cent quatre-vingt-seizième archonte.	4326	388	98. 1	366.
Les vers de Denys le Tyran sont sifflés à Olympie : l'orateur Lysias exhorte la multitude à ne pas admettre ses Théores : ceux-ci, repoussés par les vents, ne peuvent arriver : ses chars, qui étaient entrés en lice, se brisent les uns contre les autres.	4326	388	1	366.
Théodotus, deux cent quatre-vingt-dix-septième archonte.	4327	387	2	367.
Paix d'Antalcidas entre les Perses et les Grecs, ignominieuse à ces derniers et surtout aux Spartiates.	4327	387	2	367.
Mystichides, deux cent quatre-vingt-dix-huitième archonte.	4328	386	3	368.
Évagoras, roi de Cypre, victo-				

	Pér. julien.	Années av. J.-C.	Olymp. de Corœbus.	Années de Rome.
rieux sur terre, est vaincu sur mer par les Perses. Assiégé dans sa capitale, il laisse le commandement à son fils Pythagore, et se retire en Égypte, où il s'abouche avec le roi de ce pays.	4328	386	98. 3	368.
Les Lacédémoniens assiégent Mantinée, malgré le traité de paix.	4328	386	3	368.
Dexithée, deux cent quatre-vingt-dix-neuvième archonte.	4329	385	4	369.
Naissance de Démosthène. . .	4329	385	4	369.
Prise de Mantinée par les Lacédémoniens.	4329	385	4	369.
Évagoras fait sa paix avec le grand roi, qui se contente de lui imposer un tribut.	4329	385	4	369.
Diotréphès, trois centième archonte.	4330	384	99. 1	370.
Naissance d'Aristote.	4330	384	1	370.
Denys le Tyran, sous prétexte de purger la mer des pirates, passe dans l'Étrurie, pille un temple très-riche à Pyrges, port de la ville d'Agylle. Le butin se montait à 500 tal. (2,500,000 l. de notre monnaie).	4330	384	1	370.
Phanostrate, trois cent unième archonte.	4331	383	1	371.
Denys le Tyran remporte une victoire signalée sur les Carthaginois : Magon, leur général, périt dans l'action. Denys accorde quelques jours de trêve aux Carthaginois. La trêve expirée, il y eut une seconde action où Denys fut entièrement défait.	4331	383	2	371.
Évandre, trois cent deuxième archonte. Diodore de Sicile le nomme Ménandre. Il faut corriger Évandre.	4332	382	3	372.
Phœbidas s'empare de la Cadmée, citadelle de Thèbes : les Lacédémoniens condamnent ce général à une amende; mais ils gardent la citadelle.	4332	382	3	372.
Démophile, trois cent troisième archonte.	4333	381	4	373.
Les Lacédémoniens font la guerre aux Olynthiens, qui se contentent de les harceler, sans en venir à une				

CHRONOLOGIE. 389

	Pér. julien.	Années av. J.-C.	Olymp. de Corœbus.	Années de Rome.
action décisive.	4333	381	4	373.
Pythéas, trois cent quatrième archonte.	4334	380	100. 1	374.
Agésipolis I, roi de Lacédémone, étant mort, son frère Cléombrote lui succède et règne 9 ans : Polybiadas, nommé général contre les Olynthiens, a sur eux différents avantages.	4334	380	100. 1	374.
Nicon, trois cent cinquième archonte.	4335	379	2	375.
L'orateur Lysias meurt âgé de 80 ans.	4335	379	2	375.
Cléombrote, roi de Lacédémone, engage Sphodriades à s'emparer du Pirée sans le consentement des éphores : celui-ci assemble dix mille hommes pour cette entreprise : les Athéniens, ayant pressenti ce dessein, le font avorter. Les Athéniens intentent une accusation à Sphodriades devant le sénat de Sparte : il est absous.	4335	379	2	375.
Nausinicus, trois cent sixième archonte.	4336	378	3	376.
Pélopidas part d'Athènes avec les réfugiés de Thèbes, et chasse les Lacédémoniens de la ville de Thèbes.	4337	377	3	376.
Callias, trois cent septième archonte.	4337	377	4	377.
Chabrias soumet Péparèthe, Sciathos et les autres Cyclades qui étaient attachées au parti des Lacédémoniens.	4337	377	4	377.
Anaxandrides, poëte de la moyenne comédie, remporte le prix sur ses émules. Il est auteur de soixante-cinq comédies. Il ne reste plus que les titres de vingt-huit de ces pièces.	4338	376	4	378.
Bataille navale auprès de Naxos, où Chabrias, général des Athéniens, défait les Lacédémoniens. . . .	4338	376	4	378.
Charisandre, trois cent huitième archonte.	4338	376	101. 1	378.
Timothée, général athénien, s'empare de l'île de Corcyre, et défait la flotte des Lacédémoniens près de l'île de Leucade.	4338	376	101. 1	378.

	Pér. julien.	Années av. J.-C.	Olymp. de Corœbus.	Années de Rome.
Eubulus d'Athènes, poëte de l'ancienne et de la moyenne comédie : Suidas lui attribue cinquante pièces de théâtre ; Meursius rapporte les titres d'une soixantaine. Il nous reste les fragments de quelques-unes de ces pièces. . . .	4339	375	1	379.
Hippodamus, trois cent neuvième archonte.	4339	375	2	379.
Artaxerxès-Mnémon, roi de Perse, pacifie la Grèce : les Lacédémoniens conservent l'empire de la terre, les Athéniens celui de la mer.	4339	375	2	379.
Socratides, trois cent dixième archonte.	4340	374	3	389.
Le roi de Perse envoie une armée pour réduire les Égyptiens qui s'étaient révoltés : Pharnabaze commande les troupes de terre ; Iphicrates, celles de mer : la mésintelligence qui s'était mise parmi les chefs rend cette expédition infructueuse : on accuse Iphicrates de son peu de succès ; les Athéniens, persuadés de son innocence ; lui continuent le commandement de leur flotte.	4340	374	101. 3	380.
Iphicrates substitue le pelte au bouclier des troupes pesamment armées, et perfectionne différentes choses relatives à l'art militaire. .	4340	374	3	380.
Évagoras, roi de Cypre, est tué par un eunuque : Nicoclès, son fils, lui succède.	4340	374	3	389.
Astéius, trois cent onzième archonte.	4341	373	4	381.
Platées détruite pour la seconde fois par les Thébains, la troisième année avant la bataille de Leuctres.	4341	373	4	381.
Naissance du peintre Protogènes.	4341	373	4	381.
Tremblements de terre dans le Péloponnèse : les villes d'Hélice et de Bura sont renversées. . . .	4342	372	4	382.
Alcisthènes, trois cent douzième archonte.	4342	372	102. 1	382.
Artaxerxès engage les Grecs à faire la paix entre eux : ils y consentent, excepté les Thébains. . .	4342	372	1	382.
Apparition d'une comète. Les Marbres d'Oxford la mettent l'année				

	Pér. julien.	Années av J.-C.	Olymp. de Corœbus	Années de Rome.
précédente.	4343	371	1	383.
Naissance de Théophraste. . .	4343	371	1	383.
Phrasiclides, trois cent treizième archonte.	4343	371	2	383.
Bataille de Leuctres, le 8 juillet : les Thébains, commandés par Epaminondas, battent les Lacédémoniens, qui avaient à leur tête Cléombrote, leur roi : ce prince est tué dans l'action.	4343	371	2	383.
Agésipolis II lui succède : il ne règne qu'un an.	4343	371	2	383.
Fondation de la ville de Mégalopolis en Arcadie, quelques mois après la bataille de Leuctres. . .	4343	371	2	383.
Alexandre, fils d'Amyntas, roi de Macédoine.	4343	371	2	383.
Dyscinétus, trois cent quatorzième archonte.	4344	370	3	384.
Les Messéniens rétablis dans leur patrie. Diodore de Sicile place ce rétablissement l'année suivante, sous l'archontat de Lysistrate. . .	4344	370	102. 3	384.
Cléomène, frère d'Agésipolis II, lui succède : il règne 60 ans et quelques mois.	4344	370	3	384.
Lysistrate, trois cent quinzième archonte.	4345	369	4	385.
Expédition d'Épaminondas en Laconie : les Athéniens, commandés par Iphicrates, vont au secours des Lacédémoniens, et s'en retournent sans avoir rien fait de mémorable.	4345	369	4	385.
Apharéus, fils adoptif d'Isocrates, publie trente-huit tragédies : la première parut sous l'archontat de Lysistrate, la dernière sous celui de Sosigènes.	4346	368	4	386.
Nausigènes, trois cent seizième archonte.	4346	368	103. 1	386.
Eudoxe de Cnide fleurit. . . .	4346	368	103. 1	386.
Décret de Phocus, qui ordonne que la fête des Apaturies sera célébrée pendant cinq jours. . . .	4346	368	103 1	386.
Mort de Denys l'Ancien, tyran de Syracuse : son fils, de même nom que lui, lui succède au printemps.	4347	367	1	387.
Polyzélus, trois cent dix-septième archonte.	4347	367	2	387.
Les Argiens font la guerre aux				

	Pér. julien.	Années av. J. C.	Olymp. de Corœbus.	Années de Rome.
habitants de Phliunte : les Athéniens envoient Charès au secours de ceux-ci: Charès remporte deux victoires sur les Argiens, et revient à Athènes après avoir délivré ceux de Phliunte................	4347	367	2	387.
Aristote, âgé de 18 ans, s'établit à Athènes, s'attache à Platon, et suit ce philosophe pendant 28 ans.	4347	367	2	387.
Céphisodore, trois cent dix-huitième archonte............	4348	366	3	388.
Thémison et Théodore, tyrans d'Érétrie, s'emparent de la ville d'Orope, qui appartenait aux Athéniens : ceux-ci étant prêts à marcher contre eux, ils mettent cette ville en dépôt entre les mains des Thébains, jusqu'à ce qu'il eût été décidé en justice réglée à qui elle devait appartenir. Les Thébains la gardent, sans vouloir la rendre ni aux uns ni aux autres......	4348	366	3	388.
Chion, trois cent dix-neuvième archonte...............	4349	365	4	389.
Les Éléens attaquent les Arcadiens : les Athéniens donnent du secours aux Arcadiens, et les Lacédémoniens aux Éléens.....	4349	365	103. 4	389.
Timocrates, trois cent vingtième archonte.............	4350	364	104. 1	390.
Les Éléens se battent avec acharnement contre les habitants de Pise : les Grecs, assemblés pour la célébration des jeux, et la couronne sur la tête, selon l'usage, sont spectateurs du combat, et applaudissent aux actions de valeur de l'un et de l'autre parti : les habitants de Pise, ayant remporté la victoire, président aux jeux : les Éléens ne comptent pas cette olympiade............	4350	364	104. 1	390.
Les Thébains détruisent la ville d'Orchomène..........	4350	364	1	390.
Pélopidas attaque et défait Alexandre, tyran de Phères, et périt lui-même dans le combat. .	4350	364	1	390.
Démosthène, devenu majeur, intente un procès à ses tuteurs pour lui avoir rendu un compte in-				

	Pér. julien.	Années av. J.-C.	Olymp. de Corœbus.	Années de Rome.
fidèle de ses biens.	4350	364		390.
Chariclides, trois cent vingt et unième archonte.	4351	363	2	391.
Héraclides de Pont, disciple de Platon.	4351	363	2	391.
Bataille de Mantinée: Epaminondas y périt de la main de Gryllus, fils de Xénophon, le douze du mois scirophorion (le 14 juin). .	4352	362	2	392.
Molon, trois cent vingt-deuxième archonte.	4352	362	3	392.
Agésilas, roi de Lacédémone, de la seconde maison, meurt en Égypte.	4352	362	3	392.
Archidamus II, son fils, lui succède.	4353	361	3	393.
Mort d'Artaxerxès-Mnémon, roi de Perse : Ochus lui succède. . .	4353	361	3	393.
Nicophémus, trois cent vingt-troisième archonte.	4353	361	4	393.
Alexandre, tyran de Phères, s'empare de Péparèthe, bat les Athéniens, fait 600 prisonniers, leur enlève cinq trirèmes : les Athéniens ôtent le commandement à Léosthènes, lui intentent une affaire criminelle, confisquent ses biens : ils nomment Charès en sa place : celui-ci va à Corcyre, y excite des troubles qui occasionnent le meurtre et le pillage d'un grand nombre de Corcyréens : cette conduite perd les Athéniens de réputation.	4353	361	104. 4	393.
Callimèdes, trois cent vingt quatrième archonte.	4354	360	105. 1	394
Mort de Xénophon. Mais voyez plutôt l'an 4358.	4354	360	1	394.
Philippe monte sur le trône de Macédoine.	4354	360	1	394.
Eucharistus, trois cent vingt-cinquième archonte.	4355	359	2	395.
Philippe, roi de Macédoine, fait la paix avec les Athéniens. . .	4355	359	2	395.
Céphisodotus, trois cent vingt-sixième archonte.	4356	358	3	396.
Denys le Jeune, tyran de Syracuse, veut faire mourir Dion : celui-ci s'enfuit de Sicile. . .	4356	358	3	396.
Guerre sociale : les villes de				

	Pér. julien.	Années av. J.-C.	Olymp. de Corœbus.	Années de Rome.
Chios, de Rhodes, de Cos et de Byzance se séparent des Athéniens : Charès et Chabrias attaquent Chios par terre et par mer : Chabrias périt dans le port.	4356	358	3	396.
Agathocles, trois cent vingt-septième archonte.	4357	357	4	397.
Dion s'embarque à Zacinthe pour la Sicile au mois d'août : son expédition en Sicile.	4357	357	4	397.
Alexandre, tyran de Phères, est assassiné par sa femme Thébé et par ses beaux-frères Tisiphonus, Pitholaüs et Lycophron. . . .	4357	357	4	397.
Elpinès, ou plutôt Elpinices, trois cent vingt-huitième archonte.	4358	356	106. 1	398.
Des pertes réciproques engagent les Athéniens et ceux qui s'étaient associés contre eux à terminer la guerre sociale : elle dura trois ans.	4358	356	1	398.
Commencement de la troisième guerre sacrée.	4358	356	1	398.
Naissance d'Alexandre pendant la célébration des jeux olympiques.	4358	356	106. 1	398.
Mort de Xénophon. Je l'ai placée en 4354, d'après le témoignage de Stésiclides. Mais Xénophon parlant lui-même de la mort d'Alexandre de Phères, qui est de l'an 4357, il faut placer la sienne au moins un an plus tard. S'il a vécu 90 ans, comme le dit Lucien, il doit être né l'an 4268.	4358	356	1	398.
Callistrate, trois cent vingt-neuvième archonte.	4359	355	106. 2	399.
Diotimus, trois cent trentième archonte.	4360	354	3	400.
Succès de Philomélus contre les Locriens dans la guerre sacrée.	4360	354	3	400.
Philomélus, battu par les Béotiens, se retire sur un rocher escarpé : ne pouvant échapper, il aime mieux se précipiter du haut du rocher que de s'exposer aux supplices dont il était menacé. . . .	4361	353	3	401.
Eudémus, trois cent trente et unième archonte.	4361	353	4	401.
Onomarchus, collègue de Philomélus, engage les Phocidiens à continuer la guerre.	4361	353	4	401.

	Pér. julien.	Années av. J.-C.	Olymp. de Corœbus.	Années de Rome.
Les Thébains envoient Pamménès au secours d'Artabaze, qui s'était révolté contre le grand roi : Pamménès remporte deux victoires signalées.	4361	353	4	401.
Les Lacédémoniens font la guerre aux Argiens; ils les battent près d'Ornées, et, après s'être emparés de cette ville, ils retournent à Sparte.	4361	353	4	401.
Mort de Mausole, roi de Carie : Artémise, sa sœur et son épouse, lui succède, et règne deux ans. .	4361	353	4	401.
Onomarchus passe en Thessalie, remporte deux victoires sur Philippe, roi de Macédoine; passe de là en Béotie, bat les Béotiens; retourne en Thessalie, où il est battu complétement par Philippe. Ce prince, l'ayant fait prisonnier, le fait pendre : Phayllus, son frère, lui succède au commandement des Phocéens.	4362	352	4	402.
Aristodémus, trois cent trente-deuxième archonte.	4362	352	107. 1	402.
Les Béotiens, enflés des succès qu'ils avaient eus contre Phayllus, font le siége de Naryca, place des Locriens-Épicnémidiens : Phayllus les bat et les force à en lever le siége : peu après il meurt d'une maladie qui le fit souffrir cruellement. Ce fut un juste châtiment de son impiété, comme le remarque Diodore de Sicile. Phalæcus, son neveu, et fils d'Onomarchus, lui succéda; mais, comme il était à peine en âge de puberté, Mnaséas, un de ses amis, gouverna en sa place : peu après il perdit la vie dans une action, où il fut vaincu.	4362	352	107. 1	402.
Les Athéniens envoient une colonie dans l'île de Samos : Néoclès, père d'Épicure, est du nombre des colons : Épicure y demeure jusqu'à l'âge de 18 ans.	4362	352	1	402.
Thessalus, trois cent trente-troisième archonte.	4363	351	2	403.
Les Thébains, fatigués de la guerre sacrée, et réduits à une				

	Pér. julien.	Années av. J.-C.	Olymp. de Corœbus.	Années de Rome.
grande disette d'argent, en demandent au grand roi : ce prince leur donne 300 talents (1,620,000 liv. de notre monnaie).	4363	351	2	403.
Le grand roi recouvre l'Égypte, la Phénicie et l'île de Cypre, qui s'étaient révoltées : ces pays ne furent totalement soumis que plusieurs années après.	4363	351	2	403.
Apollodore, trois cent trente-quatrième archonte.	4364	350	3	404.
Évagoras cherche à rentrer dans le royaume de ses pères avec le secours des Perses : accusé devant le grand roi, il en est abandonné : s'étant ensuite disculpé, il obtient un gouvernement plus considérable que son royaume : s'y étant mal conduit, il est puni du dernier supplice.	4364	350	3	404.
Callimaque, trois cent trente-cinquième archonte.	4365	349	4	405.
Hermias, tyran de l'Atarnée, s'étant révolté contre le grand roi, est pris et mis en croix. . . .	4365	349	4	405.
Les Olynthiens, assiégés par Philippe, implorent le secours des Athéniens.	4365	349	4	405.
Mentor, établi par Ochus gouverneur des côtes de l'Asie, remet sous la puissance de ce prince les villes qui s'étaient révoltées, au printemps.	4366	348	4	406.
Théophile, trois cent trente-sixième archonte.	4366	348	108. 1	406.
Philippe s'empare d'Olynthe par la trahison d'Euthycrates et de Lasthènes, principaux magistrats de cette ville, et la détruit de fond en comble.	4366	348	108. 1	406.
Mort de Platon au mois de mai.	4367	347	1	407.
Speusippus, fils de Potoné, sœur de Platon, succède à ce philosophe.	4367	347	1	407.
Thémistocles, trois cent trente-septième archonte.	4367	347	2	407.
Traité de paix et d'alliance entre Philippe et les Athéniens, conclu le 19 mars et ratifié par Philippe vers le milieu de mai.	4368	346	108. 2	408.
La plupart des chefs de la guerre				

	Pér. julien.	Années av. J.-C.	Olymp. de Corœbus.	Année de Rome.
sacrée périssent d'une manière digne de leur impiété : Philippe, roi de Macédoine, est adopté par le collége des Amphictyons : il termine cette guerre.	4368	346	2	408.
Archidamus III, roi de Lacédémone, de la seconde maison, marche au secours des Phocidiens attaqués par Philppe.	4368	346	2	408.
Philippe s'empare de la Phocide et termine la guerre sacrée.	4368	346	2	408.
Archias, trois cent trente-huitième archonte.	4368	346	3	408.
Les Syracusains, toujours divisés entre eux et tourmentés par diverses factions, envoient demander un chef aux Corinthiens, qui les avaient anciennement fondés.	4368	346	3	408.
Eubulus, trois cent trente-neuvième archonte.	4369	345	3	408.
Acrotatus, fils aîné de Cléomène, roi de Lacédémone, de la première maison, meurt avant son père : Cléonyme, frère cadet d'Acrotatus, ne régna pas.	4369	345	4	409.
Timoléon se rend en Sicile.	4369	345	4	409.
Lysiscus, trois cent quarantième archonte.	4370	344	109. 1	410.
Timoléon s'empare d'une partie de Syracuse : consterné de ce que les Carthaginois avaient fait entrer dans le port 150 trirèmes, de ce que Hicétas était maître de l'Achradine et de neuf villes, et de ce que Denys l'était du reste de l'île, il est rassuré par le secours qu'il reçoit de Corinthe et par ceux que lui donne Mamercus, tyran de Catane.	4370	344	109. 1	410.
Pythodotus, trois cent quarante-unième archonte.	4371	343	2	411.
Timoléon chasse de Syracuse Denys le Jeune, et le relègue à Corinthe : il établit à Syracuse des archontes sous le nom d'amphipoles (ministres) de Jupiter Olympien : ces amphipoles subsistèrent pendant plus de 300 ans, jusqu'au temps où les Syracusains acquirent sous Auguste le droit de colonie				

	Pér. julien.	Années av. J.-C.	Olymp. de Corœbus.	Années de Rome.
romaine.	4371	343	2	411.
Sosigène, trois cent quarante-deuxième archonte.	4372	342	109. 3	412.
Naissance de Ménandre, poëte comique.	4372	342	3	412.
Naissance d'Épicure au mois de janvier, sept ans après la mort de Platon.	4373	341	3	412.
Apharéus fait jouer sa dernière pièce.	4373	341	3	413.
Nicomachus, trois cent quarante-troisième archonte.	4373	341	3	413.
Philippe assiége la ville de Périnthe par terre et par mer. . .	4373	341	4	413.
Théophraste, différent du philosophe, trois cent quarante-quatrième archonte.	4374	340	110. 1	414.
Philippe, effrayé de la ligue des Athéniens avec ceux de Chios, de Cos et de Rhodes, et des secours qu'ils envoient aux Byzantins qu'il assiégeait, lève le siége de Périnthe et de Byzance, et fait la paix. . .	4374	340	1	414.
Le philosophe Anaxarque fleurit.	4374	340	1	414.
Hérophile, célèbre médecin anatomiste, fleurit.	4374	340	1	414.
Lysimachides, trois cent quarante-cinquième archonte. . . .	4375	339	2	415.
Mort de Speusippe : ce philosophe laisse après lui beaucoup d'ouvrages ; Aristote les achète trois tal. (16,400 l.).	4375	339	2	415.
Xénocrate lui succède dans l'école de Platon.	4375	339	2	415.
Charondas, ou plutôt Chæronides, trois cent quarante-sixième archonte.	4376	338	3	416.
Bataille de Chéronée, le 3 août.	4376	338		416.
Le même jour périt en Italie, dans une action contre les Lucaniens, Archidamus III, roi de Lacédémone, de la seconde maison.	4376	338	3	416.
Son fils Agis II lui succède. . .	4376	338	3	416.
Les Lucaniens refusent aux Tarentins le corps d'Archidamus, quoiqu'ils offrissent une somme d'argent considérable. Ce prince n'eut pas en conséquence les honneurs de la sépulture. Pausanias remarque, d'après Théopompe, que				

	Pér. julien.	Années av. J.-C.	Olymp. de Corœbus.	Années de Rome.
ce prince avait reçu, ainsi que sa femme, de l'argent provenant des dépouilles du temple de Delphes, et que ce fut par un effet de la colère d'Apollon contre ce prince sacrilége qu'il ne fut pas inhumé.	4376	338	3	416.
Isocrates meurt âgé de 98 ans.	4376	338	110. 3	416.
Phrynichus, trois cent quarante-septième archonte.	4377	337	4	417.
Timoléon, ayant rétabli le gouvernement républicain à Syracuse, meurt la huitième année de son administration : on lui décerne des honneurs funèbres de la valeur de 200 mines (18,000 l.).	4377	337	4	417.
Philippe est déclaré, dans une assemblée des Grecs tenue à Corinthe, généralissime des Grecs contre les Perses.	4377	337	4	417.
Pythodorus, ou plutôt Pythodémus, trois cent quarante-huitième archonte.	4378	336	111. 1	418.
Philippe, roi de Macédoine, est tué par Pausanias : Alexandre lui succède.	4378	336	1	418.
Evénétus, trois cent quarante-neuvième archonte.	4379	335	2	419.
La ville de Thèbes détruite par Alexandre.	4379	335	2	419.
Ctésiclès, trois cent cinquantième archonte.	4380	334	3	420.
Alexandre passe en Asie.	4380	334	3	420.
Nicocrates, trois cent cinquante-unième archonte.	4381	333	4	421.
Darius est battu à Issus en Cilicie : sa mère, sa femme, ses enfants tombent au pouvoir d'Alexandre au mois mæmactérion (novembre).	4381	333	4	421.
Nicératus, Anicétès suivant Arrien, Nicétès selon Denys d'Halicarnasse, trois cent cinquante-deuxième archonte.	4382	332	112. 1	422.
Prise de la ville de Tyr au mois hécatombéon (partie de juillet et d'août).	4382	332	1	422.
Aristophanes, trois cent cinquante-troisième archonte.	4383	331	2	423.
Fondation de la ville d'Alexandrie.	4383	331	2	423.

	Pér. julien.	Années av. J.-C.	Olymp de Corœbus.	Années de Rome.
Bataille d'Arbelles au mois pyanepsion (partie d'octobre et de novembre)...........	4383	331	2	423.
Aristophon, trois cent cinquante-quatrième archonte......	4384	330	3	424.
Période de Calippus, qui réforme celle de Méton. Elle est postérieure à celle-ci de 102 ans, et commence aussi au solstice d'été.....	4384	330	3	424.
Darius, roi de Perse, est tué par Satibarzanès et Barzaënthès...	4384	330	3	424.
Agis II, roi de Lacédémone, de la seconde maison, périt dans une bataille contre Antipater, au mois mai............	4385	329	3	425.
Eudamidas I, son frère, lui succède............	4385	329	112. 4	425.
Céphisophon, trois cent cinquante-cinquième archonte...	4385	329	4	425.
Alexandre donne congé à ceux de ses soldats qui veulent quitter le service : en se retirant, il fait présent à chaque cavalier d'un talent (5,400 livres), à chaque fantassin de dix mines (900 livres), sans compter tout ce qui leur était dû de leur paye, et l'argent nécessaire pour retourner dans leur patrie............	4385	329	4	425.
Philémon publie sa première comédie............	4386	328	4	426.
Euthycritus, trois cent cinquante-sixième archonte......	4386	328	113. 1	426.
L'orateur Lycurgue, âgé de 80 ans, se fait conduire au sénat, y rend compte de sa conduite ; les sénateurs l'approuvent tous, excepté Ménésæchmus : Lycurgue le réfute, s'en retourne chez lui couvert d'applaudissements, et meurt. .	4386	328	1	426.
Expédition d'Alexandre contre les Paropamisades........	4386	328	1	426.
Callistrate envoie en Grèce des observations astronomiques trouvées à Babylone, qui sont antérieures à la prise de cette ville de 1,903 ans.........	4386	328	113. 1	426.

N. B. Ces observations sont d'autant plus suspectes, que Nabonassar détruisit toutes les histoi-

CHRONOLOGIE. 401

	Pér. julien.	Années av. J.-C.	Olymp. de Corœbus.	Années de Rome.
res des rois ses devanciers, et, par conséquent, toutes les observations astronomiques auxquelles elles étaient intimement liées. C'est ce qu'assurent Alexandre Polyhistor et Bérose. Ajoutez à cela qu'aucun philosophe, qu'aucun astronome n'a trouvé dans la bibliothèque d'Aristote ces observations, quoiqu'on prétende qu'elles lui ont été envoyées. De plus, Babylone ayant été prise par les Grecs, ils fouillèrent partout, et cependant il n'est fait mention nulle part de ces observations. Bérose, Hipparque, Ptolémée, ne les ont pas vues, et nous ajouterions foi à leur authenticité sur le témoignage d'un Simplicius ! Si ces observations étaient réelles, elles remonteraient à l'an 2479 de la période julienne, 2335 ans avant notre ère, c'est-à-dire à 128 ans avant le commencement de l'empire d'Assyrie selon Ctésias, qui est, de tous les auteurs, celui qui le fait remonter le plus haut; et, ce qui est encore plus important, elles seraient postérieures de 93 ans au déluge universel, ce qui ferait remonter les observations astronomiques à un temps où on ne s'en occupait pas encore.				
Hégémon, trois cent cinquante-septième archonte.	4387	327	113. 2	427.
Porus, roi d'une partie de l'Inde, est battu par Alexandre.	4387	327	2	427.
Chrémès, trois cent cinquante-huitième archonte.	4388	326	3	428.
Harpalus, à qui Alexandre avait confié ses trésors, se sauve à Athènes avec 5,000 talents (27,000,000 l.), corrompt la plupart des orateurs par ses largesses, et Démosthène entre autres : obligé de s'enfuir d'Athènes, il est peu après tué par Thimbron, qu'il croyait son ami. Pausanias rapporte cette histoire différemment, et à l'avantage de Démosthène.	4388	326	3	428.
Anticlès, trois cent cinquante-				

	Pér. julien.	Années av. J.-C.	Olymp. de Corœbus.	Années de Rome.
neuvième archonte.	4389	325	4	429.
Héphestion meurt d'une débauche de table. Alexandre fait transporter à Babylone son corps, où on lui fait des funérailles superbes. . .	4389	325	4	429.
Hégésias, trois cent soixantième archonte.	4390	324	114. 1	430.
Alexandre reçoit une ambassade de la plupart des nations de l'Asie, de l'Europe et de quelques-unes de l'Afrique.	4390	324	1	430.
On fait aux jeux olympiques une proclamation d'Alexandre par laquelle on permet à tous les exilés de retourner dans leurs patries : les Athéniens, qui avaient partagé l'île de Samos entre leurs concitoyens, en sont révoltés ; cela donna occasion à la guerre lamiaque. Diodore de Sicile met cela dans l'archontat de Céphisodore, un an plus tard, ainsi que la mort d'Alexandre. . . .	4390	324	1	430.
Protogènes, célèbre peintre, fleurit.	4390	324	1	430.
Mort d'Alexandre le 29 du mois dæsius, qui répond au 30 thargélion des Athéniens et au 2 juin. .	4391	323	114. 1	431.
Épicure vient à Athènes à l'âge de 18 ans.	4391	323	1	431.
Mort de Diogène de Sinope. . .	4391	323	1	431.
Céphisodore, trois cent soixante-unième archonte.	4391	323	2	431.
Les Athéniens se portent avec ardeur à la guerre lamiaque : ils élisent pour leur général Léosthènes : celui-ci bat Antipater, général lacédémonien, près de la ville de Lamia, et le force à s'y retirer : peu après il est tué dans une autre action : les Athéniens, découragés, se remettent au pouvoir d'Antipater.	4391	323	2	431.
Démosthène se réfugie dans l'île Calauria, où il s'empoisonne. . .	4392	322	2	432.
Le philosophe Anaxarque, qui avait offensé Nicocréon, tyran de Cypre, ayant été obligé de relâcher dans cette île, à cause des vents contraires, ce tyran le fit piler dans un mortier avec des pilons de fer.	4392	322	2	432.
Philoclès, trois cent soixante-				

CHRONOLOGIE.

	Pér. julien.	Années av. J.-C.	Olymp. de Corœbus.	Années de Rome.
deuxième archonte.	4392	322	3	432.
Mort d'Aristote : Théophraste lui succède.	4392	322	3	432.
Archippus, trois cent soixante-troisième archonte.	4393	321	4	433.
Ménandre, célèbre poëte comique, fait jouer sa première pièce. Il ne nous en reste plus que 22 vers que nous ont conservés Stobée, Athénée, Julius Pollux et Hésychius.	4394	320	4	434.
Neæchmus, trois cent soixante-quatrième archonte.	4394	320	115.1	434.
Archidamus Sotius, ou plutôt Archidamus, fils de Sotis, fait représenter une de ses pièces ; Évius de Chalcis fait la musique. . .	4395	319	1	435.
Apollodore, trois cent soixante-cinquième archonte.	4395	319	2	435.
Les Athéniens envoient Démadès et son fils Déméas en ambassade à Antipater : celui-ci les fait mourir.	4395	319	2	435.
Archippus, trois cent soixante-sixième archonte.	4396	318	3	436.
Phocion condamné à boire la ciguë par les Athéniens le 19 munychion (22 avril).	4397	317	3	437.
Démogènes, trois cent soixante-septième archonte.	4397	317	115.4	437.
Agathocles, tyran de Syracuse.	4397	317	4	437.
Démoclides, trois cent soixante-huitième archonte.	4398	316	116.1	438.
La vigne d'or, qui était dans la citadelle de Suses, est enlevée par Antigonus. Cette vigne, y compris d'autres ouvrages en or, valait 15,000 talents. Il enleva encore de la Médie 5,000 talents. Ces 20,000 talents valent de notre monnaie 108,000,000 de liv.	4398	316	1	438.
Thèbes rétablie par Cassandre vingt ans après sa destruction. . .	4399	315	1	439.
Praxibule, trois cent soixante-neuvième archonte.	4399	315	2	439.
Nicodore, trois cent soixante-dixième archonte.	4400	314	3	440.
Xénocrate meurt âgé de 82 ans. Polémon lui succède à l'école de Platon.	4400	314	3	440.
Théophraste, trois cent soixante-onzième archonte.	4401	313	4	441.

	Pér. julien.	Années av. J.-C.	Olymp. de Corœbus.	Années de Rome.
Polémon, trois cent soixante-douzième archonte.	4402	312	117. 1	442.
Simonides, trois cent soixante-treizième archonte.	4403	311	2	443.
Hiéromnémon, trois cent soixante-quatorzième archonte.	4404	310	3	444.
Agathocles, vaincu par les Carthaginois auprès d'Himère, se réfugie à Syracuse : il passe ensuite en Afrique, où il bat les Carthaginois.	4404	310	3	444.
Démétrius de Phalère, trois cent soixante-quinzième archonte, surpasse tous les autres archontes ses devanciers par son génie et par ses connaissances.	4405	309	4	445.
Aréus I, fils d'Acrotatus et petit-fils de Cléomène, roi de Lacédémone, de la première maison, succède à son grand-père : il règne 41 ans.	4405	309	4	445.
Épicure, âgé de 32 ans, tient une école de philosophie à Mitylène et à Lampsaque.	4405	309	4	445.
Charinus, trois cent soixante-seizième archonte.	4406	308	118. 1	446.
Victoire remportée par Agathocles sur les Carthaginois. . .	4406	308	1	446.
Anaxicrates, trois cent soixante-dix-septième archonte.	4407	307	2	447.
Démétrius, fils d'Antigonus, s'embarque à Éphèse, se rend à Athènes et s'en empare : Démétrius de Phalère est chassé de cette ville.	4407	307	118. 2	447.
On élève dans le Céramique une statue de bronze en l'honneur de l'orateur Lycurgue, en vertu d'un décret.	4407	307	2	447.
L'orateur Dinarque est exilé à Chalcis en Eubée.	4407	307	2	447.
Corœbus, trois cent soixante-dix-huitième archonte.	4408	306	3	448.
Sophocle, fils d'Amphiclides, porte une loi qui défend, sous peine de mort, à aucun philosophe de présider aux écoles de philosophie, à moins qu'il n'y soit autorisé par un décret du sénat et du peuple.	4408	306	3	448.
Euxénippus, trois cent soixante-				

	Pér. julien.	Années av. J.-C.	Olymp. de Corœbus.	Années de Rome.
dix-neuvième archonte.	4409	305	4	449.
Philon, disciple d'Aristote, fait abroger la loi portée l'année précédente contre les philosophes, intente une affaire à Sophocle, auteur de cette loi, et le fait condamner à une amende de 5 talents (27,000 liv.), quoiqu'il eût été défendu par Démocharès, cousin de Démosthène.	4409	305	4	449.
Phéréclès, trois cent quatre-vingtième archonte.	4410	304	119. 1	450.
Épicure retourne à Athènes, où il établit une école de philosophie.	4410	304	1	450.
Archidamus IV, fils d'Eudamidas, de la seconde maison des rois de Lacédémone, monte sur le trône : il règne 46 ans.	4410	304	1	451.
Léostrate, trois cent quatre-vingt-unième archonte. . . .	4411	303	2	451.
Démétrius, s'étant emparé de Sicyone et de sa citadelle, rend la liberté aux habitants : ils lui accordent, par reconnaissance, les honneurs que l'on fait aux fondateurs des villes, et appellent la leur Démétriade, du nom de leur bienfaiteur ; mais, après sa mort, elle reprit son premier nom. . . .	4411	303	2	451.
Nicoclès, trois cent quatre-vingt-deuxième archonte.	4412	302	3	452.
Calliarchus, trois cent quatre-vingt-troisième archonte. . . .	4413	301	4	453.
Hégémachus, trois cent quatre-vingt-quatrième archonte. . . .	4414	300	120. 1	454.
Arcésilas, qui avait été disciple de Théophraste et ensuite de Crantor, fleurit.	4414	300	120. 1	454.
Euctémon, trois cent quatre-vingt-cinquième archonte. . . .	4415	299	2	455.
Mnésidémus, trois cent quatre-vingt-sixième archonte.	4416	298	3	456.
Antipathès, trois cent quatre-vingt-septième archonte. . . .	4417	297	4	457.
Cléonyme, fils cadet de Cléomène, roi de Lacédémone, de la première maison, épouse Chélidonis, princesse du sang royal.	4417	297	4	457.
Nicias, trois cent quatre-vingt-huitième archonte.	4418	296	121. 1	458.

	Pér. julien.	Années av. J.-C.	Olymp. de Corœbus.	Années de Rome.
Acrotatus, fils d'Aréus, roi de Lacédémone, de la première maison, devient amoureux de Chélidonis, et l'enlève à Cléonyme....	4418	296	1	458.
Nicostrate, trois cent quatre-vingt-neuvième archonte....	4419	295	2	459.
Olympiodore, trois cent quatre-vingt-dixième archonte...	4420	294	3	460.
Démétrius s'empare de la Macédoine et en jouit pendant sept ans.	4420	294	3	460.
Philippe, trois cent quatre-vingt-onzième archonte........	4421	293	4	461.
Dinarque rappelé de son exil par Démétrius, ainsi que les autres exilés............	4421	293	4	461.
Démétrius porte la guerre en Étolie : il y laisse Pantauchus pour marcher contre Pyrrhus : ces deux princes s'égarent : Démétrius ravage l'Epire, et Pyrrhus remporte une victoire complète sur Pantauchus ; cette victoire fut la cause de la décadence des affaires de Démétrius.	4423	291	122. 2	463.
Philippe, trois cent quatre-vingt-quatorzième archonte.....	4424	290	3	464.
Mort de Ménandre, célèbre poëte comique..........	4424	290	3	464.
Diphilus, trois cent quatre-vingt-seizième archonte.......	4426	288	123. 1	466.
Démétrius est chassé de la Macédoine par Lysimachus et Pyrrhus, après un règne de 7 ans. Pyrrhus règne en sa place 7 mois....	4426	288	1.	466.
Dioclès, trois cent quatre-vingt-dix-septième archonte.....	4427	287	2	467.
Mort de Théophraste : Strabon lui succède.........	4428	286	2	468.
Fondements de la ligue des Achéens jetés par les habitants de Patres, de Dyme et de Phares...	4430	284	124. 1	470.
Version des livres saints de l'hébreu en grec, faite par ordre de Ptolémée, fils de Lagus, et par celui de Ptolémée Philadelphe, son fils, qu'il avait élevé au trône deux ans avant sa mort. Il n'y eut d'abord que les cinq livres de la loi de traduits. Les Juifs sont d'accord là-dessus, comme nous l'apprenons de saint Jérôme. Cette version,				

CHRONOLOGIE. 407

	Pér. julien.	Années av. J.-C.	Olymp. de Corœbus.	Années de Rome.
commencée sous Ptolémée Soter, fut achevée sous Ptolémée Philadelphe; on ignore en quel temps se fit celle du reste des livres saints : ce que l'on dit de l'accord de ces soixante-dix versions, non-seulement quant au sens, mais encore quant aux termes mêmes, n'est qu'une fable qu'on est fâché de trouver dans Philon, Juif. La plupart des Pères ont répété cette fable, comme saint Irénée, saint Clément d'Alexandrie, saint Justin, martyr.	4430	284	1	470.
La même année on construisit, par ordre de Ptolémée, la tour du Phare; Sostrate de Cnide en fut l'architecte : cette tour était carrée; chacun de ses côtés avait un stade; sa hauteur était de 900 coudées (1,275 pieds). On apercevait son fanal de cent milles, c'est-à-dire d'un peu plus de 30 lieues. . . .	4430	284	1	470.
Gorgias, quatre cent quatrième archonte.	4434	280	125. 1	474.
Statue élevée à Démosthène sur la place publique : décret qui ordonne que ses parents seront nourris aux dépens du public. . . .	4434	280	1	474.
Environ cinq ans après que les villes de Dyme, de Patres et de Phares eurent posé les premiers fondements de la ligue des Achéens, le reste des villes de l'Achaïe chassa ses tyrans et entra dans la ligue. Cette république se gouverna par deux stratéges.	4434	280	1	474.
Pyrrhus, appelé en Italie par les Tarentins, bat les Romains commandés par le consul Lævinus. Fabricius est envoyé par les Romains à Pyrrhus pour le rachat des prisonniers.	4434	280	1	474.
Phintias, tyran d'Agrigente, fonde la ville de Phintiade, et y transporte les habitants de celle de Géla, qu'il venait de détruire. . .	4434	280	125. 1	474.
Anaxicrates, quatre cent cinquième archonte.	4435	279	2	475.
Expédition des Celtes ou Gau-				

	Pér. julien.	Années av. J.-C.	Olymp. de Corœbus.	Années de Rome.
lois dans la Grèce, ayant Brennus à leur tête ; ils sont battus près des Thermopyles. Un détachement de leur armée, composé de 40,000 hommes, passe en Étolie, égorge tous les hommes, les vieillards et les enfants à la mamelle ; ils assouvissent avec les femmes leur brutalité : les mourantes, les mortes même, rien ne peut les en mettre à couvert. Les Étoliens les battent, de manière qu'il en revient à peine 20,000 au gros de leur armée près des Thermopyles. Ils vont des Thermopyles à Delphes ; là ils sont battus par les Grecs et prennent la fuite : Brennus meurt quelques jours après de ses blessures.	4435	279	2	475.
Démoclès, quatre cent sixième archonte.	4436	278	3	476.
Les Celtes passent en Asie.	4436	278	3	476.
Pyrrhus renvoie sans rançon aux Romains les prisonniers qu'il avait faits sur eux : bataille de Pyrrhus contre le consul Fabricius ; l'événement en est douteux.	4436	278	3	476.
Pyrrhus passe en Sicile et bat les Carthaginois.	4437	277	4	477.
Naissance d'Ératosthènes, fils d'Aglaüs.	4438	276	126. 1	478.
Naissance du poëte Euphorion.	4439	275	2	479.
Pyrrhus, de retour en Italie, est battu par les Romains.	4439	275	2	479.
Pyrrhus se rend maître de la plupart des villes de Macédoine : il y met en garnison les Gaulois de son armée.	4441	273	4	481.
Cléonyme, irrité contre Acrotatus, se retire auprès de Pyrrhus, et engage ce prince à faire la guerre aux Lacédémoniens.	4442	272	4	482.
Pyrrhus entre en Laconie : près de s'emparer de Lacédémone, il est repoussé par Aréus, roi de Lacédémone, qui arrive sur ces entrefaites de l'île de Crète. Pyrrhus se retire vers la ville d'Argos, pénètre dans la place publique, et est tué par une tuile que lui lance sur la tête une femme.	4442	272	127. 1	482.

CHRONOLOGIE. 409

	Pér. julien	Années av. J.-C.	Olymp. de Corœbus.	Années de Rome.
Pytharatus, quatre cent treizième archonte.	4443	271	2	483.
On élève sur la place d'Athènes une statue à Démocharès, neveu de Démosthène, et il est ordonné par un décret qu'il serait nourri dans le Prytanée, lui et son fils aîné, et ainsi d'aîné en aîné dans toute la suite des temps, et qu'ils jouiraient à perpétuité de la première place dans tous les jeux publics.	4443	271	2	483.
Ptolémée Évergète monte sur le trône d'Égypte. Il paraît que Suidas se trompe et qu'il faut placer l'avénement de ce prince au trône 24 ans plus tard.	4443	271	2	483.
Épicure meurt dans sa soixante-douzième année, le 13 janvier. . .	4444	270	2	484.
Pronomus et Lysippe, poëtes tragiques, donnent des pièces de théâtre.	4444	270	2	484.
Hiéron, qui avait été archonte à Syracuse pendant quelque temps, est proclamé roi.	4445	269	4	485.
Aréus, roi de Lacédémone, de la première maison, battu par Démétrius, est tué dans le combat : Acrotatus, son fils, lui succède.	4446	268	128. 1	486.
Acrotatus, roi de Lacédémone, de la première maison, périt dans un combat près de Mégalopolis. .	4447	267	2	487.
Aréus II, son fils, lui succède sous la tutelle de Léonidas, fils de Cléonyme.	4447	267	2	487.
Mort du philosophe Strabon. .	4447	267	2	487.
Diognète, quatre cent vingtième archonte. C'est de cet archonte que les Marbres de Paros, communément appelés Marbres d'Oxford, commencent à compter toutes les époques.	4450	264	129. 1	490.
Zénon le stoïcien meurt : Cléanthe lui succède. Le savant Corsini met sa mort en 4446 et en 4454. .	4450	264	1	490.
Hiéron, roi de Syracuse, fait la paix avec les Romains.	4452	262	3	492.
Arrhénides, quatre cent vingt-quatrième archonte.	4454	260	130. 1	494.
Aréus II meurt âgé de 8 ans. .	4454	260	1	494.

II.   39

	Pér. julien.	Années av.J.-C.	Olymp. de Corœbus.	Années de Rome.
Léonidas, fils de Cléonyme, fils cadet de Cléomène, lui succède.	4454	260	130. 1	494.
Eudamidas II, roi de Lacédémone, de la seconde maison, succède à son père Archidamus IV : il règne 14 ans.	4456	258	130. 3	496.
Les Romains battent sur mer les Carthaginois : ils passent en Afrique et les battent sur terre. Amilcar et les deux Asdrubal sont vaincus par le consul Régulus.	4459	255	131. 2	499.
Léonidas, roi de Lacédémone, de la première maison, est chassé du trône par Cléombrote, son gendre. Cléombrote règne en sa place.	4460	254	3	500.
Marcus de Cérynée, premier stratége unique des Achéens.	4460	254	3	500.
Xantippe de Lacédémone vient avec des Grecs au secours des Carthaginois : il bat le consul Régulus et le fait prisonnier.	4460	254	3	500.
Les Carthaginois renvoient dans leur patrie Xantippe avec les Lacédémoniens qui l'avaient accompagné, après les avoir comblés d'honneurs ; mais ils donnent en secret ordre à leur amiral de les faire périr sur mer.	4461	253	4	501.
Aratus, âgé de 20 ans, est élu stratége des Achéens, quatre ans après la stratégie de Marcus de Cérynée.	4464	250	132. 2	504.
L'élection du stratége se faisait au printemps : on était donc encore dans la seconde année de l'olympiade CXXXII.				
Ptolémée Philadelphe, roi d'Égypte, meurt : Ptoléméc Évergète, son fils, lui succède.	4467	247	133. 2	507.
Agis III succède à Eudamidas II, roi de Lacédémone, de la seconde maison.	4468	246	3	508.
Léonidas, qui avait été chassé par Cléombrote, remonte sur le trône.	4470	244	134. 1	510.
La corruption, qui s'était insensiblement introduite à Sparte, infecte toutes les classes de la société : on permet aux citoyens d'aliéner leur patrimoine : les héritages passent entre les mains d'un petit nom-				

	Pér. julien.	Années av.J.-C.	Olymp. de Corœbus.	Années de Rome.
bre de citoyens, les autres languissent dans la plus affreuse misère; l'éducation de la jeunesse est négligée; les lois sont méprisées : Agis, le vertueux Agis, veut rétablir les lois de Lycurgue et rendre à sa patrie son éclat primitif.	4475	239	135. 2	515.
Agis marche au secours des Achéens contre les Ætoliens; il chasse les Ætoliens de Pellène, dont ils s'étaient emparés : Aratus étant survenu, il s'éleva une querelle entre les Achéens et les Lacédémoniens, qui fut suivie d'un combat où Agis eut du dessous.	4476	238	135. 3	516.
Agésilaüs, oncle d'Agis, et qui était éphore, homme riche, mais très-endetté, persuade à Agis de commencer la réforme de l'État par l'abolition des dettes, ajoutant que par là on gagnerait les possesseurs des terres, qui en seraient plus portés à consentir au partage. . .	4477	237	7	517.
Les dettes abolies, on ne voulut plus entendre parler du partage des terres : les pauvres se mutinent contre les riches : l'esprit de révolte s'empare de toutes les têtes : Agis est mis en prison, jugé et mis à mort par les éphores; sa mère et sa grand'mère subissent aussi le même sort.	4479	235	136. 2	519.
Cléomène, fils de Léonidas, roi de Lacédémone, de la première maison, succède à son père : il fait la guerre à Aratus.	4490	224	139. 1	530.
Cléomène, battu par Antigonus, s'enfuit en Égypte : ayant excité des troubles dans ce pays et craignant d'en être puni, il se tue.	4493	221	4	533.
En lui finit la première maison des rois de Lacédémone, comme la seconde avait fini par Agis.				

Le gouvernement légitime de Lacédémone fut alors détruit. On pourrait même le regarder comme l'ayant été à l'avénement de Cléomène au trône; car de graves auteurs assurent que ce prince en fut le premier tyran, parce qu'au lieu de gouverner selon les maximes de l'État, il ne suivit

que son caprice. « Cléomène, dit Polybe, détruisit le gou-
» vernement de sa patrie, et changea une royauté légitime
» en tyrannie. » Tite-Live confirme le témoignage de cet
historien. *Antigonus, Macedonum rex, cum Cleomene,
Lacedæmoniorum tyranno, signis collatis dimicasse dice-
batur.* Le même Tite-Live s'était expliqué avec encore plus
de clarté. *Pulsus (Agesipolis) infans ab Lycurgo* tyranno*,
post mortem Cleomenis,* qui primus tyrannus *Lacedæmone
fuit.* Agésipolis succéda à Cléomène; mais il fut chassé dans
son enfance par Lycurgue, qui s'était emparé de la tyrannie. Ce jeune prince ayant été député peu après à Rome
par les exilés de Lacédémone, afin de réclamer la protection du sénat, le vaisseau qu'il montait fut pris par les
corsaires, et il périt avec tous ceux dont il était accompagné. Lycurgue lui-même ne jouit pas longtemps de la tyrannie : on ignore s'il mourut de maladie, ou s'il fut
chassé. Quoi qu'il en soit, le tyran Machanidas lui succéda :
sa tyrannie ne fut pas longue; il périt dans une action
contre les Achéens. Nabis n'eut pas plutôt appris sa mort,
qu'il s'empara de la tyrannie. Il fut tué dans la suite par
les Ætoliens.

Quant à la seconde maison des rois de Lacédémone,
Eurydamidas, fils de l'infortuné Agis, qui avait été condamné à mort par les éphores, succéda, quoique enfant, à
son père. Le tyran Cléomène, dont nous venons de parler,
le fit empoisonner par les éphores. Après cette atrocité, il
mit, contre toutes les lois, en la place de ce prince, son
propre frère Épiclidas, comme l'appelle Pausanias, ou
plutôt Euclidas, dont il connaissait l'incapacité. Cet Euclidas en donna des preuves à la bataille de Sellasie. S'étant
laissé envelopper par les Acarniens et les Illyriens, il fut
tué avec tous ceux qui étaient sous ses ordres. Les deux
frères avaient auparavant cassé le sénat, et avaient substi-
tué à ce corps respectable des hommes dévoués à leurs volontés sous le nom de patronomes, c'est-à-dire législateurs
de la patrie, terme jusqu'alors inconnu, qui ne pouvait
en imposer qu'à la tourbe, qui se contente plus de mots
que de raisons.

Nous avons vu Agésipolis, Eurydamidas, Euclidas, Lycurgue, Machanidas et Nabis se succéder rapidement. Les Lacédémoniens passèrent ensuite sous la domination des Achéens, qui leur ordonnèrent d'abattre leurs murs, de faire sortir de leur pays les troupes étrangères qu'ils avaient à leur solde, de renvoyer dans un terme préfixe tous les esclaves affranchis par les tyrans, enfin d'abroger toutes les lois de Lycurgue et de suivre celles des Achéens. Enfin ils furent soumis aux Romains lorsque ceux-ci eurent asservi la Grèce.

Quelles furent les causes de cette terrible révolution? Le luxe, la corruption des mœurs, le mépris des lois. Le luxe se glissa dans l'État à la prise d'Athènes, et pénétra peu à peu dans toutes les classes de la société. On rougit alors de l'antique simplicité, de l'antique frugalité. Les mœurs se corrompirent; le vice marcha tête levée, on s'en fit gloire, on s'en fit honneur : les lois furent méprisées. De là les dissensions, les troubles, les crimes de toute espèce, tristes avant-coureurs de la destruction des États! Ces choses s'étaient vues dans tous les temps, dans tous les pays; mais ce qui ne s'était vu dans aucun temps, dans aucun pays, c'était un roi jugé, condamné et mis à mort par ses sujets. Les Lacédémoniens donnèrent ce terrible exemple à l'univers. Agis, leur roi, tenait une conduite irréprochable; il voulait faire revivre les lois anciennes. Ses sujets n'étaient pas dignes d'un tel prince. Sa conduite vertueuse leur reprochait sans cesse leurs crimes. Cette censure muette les irritait. Ils crurent s'en débarrasser en le faisant mourir. Ce crime affreux, qui révolte l'humanité, précipita la vengeance du ciel. De cruels tyrans proscrivirent la vertu. On ne vit plus sous leurs règnes que concussions, que brigandages, que délations, que meurtres, que proscriptions, jusqu'à ce qu'enfin cet État, qui avait été si florissant tandis que ses citoyens avaient été vertueux, passa, comme nous l'avons observé, sous une domination étrangère.

FIN D'HÉRODOTE.

TABLE
DU SECOND VOLUME.

LIVRE SIXIÈME.

ÉRATO.

Pages.

Darius s'empare de Milet. — Le poëte Phrynicus. — Darius envoie demander la terre et l'eau aux peuples de la Grèce. — Prérogatives des rois de Sparte. — Prise d'Érétrie par les Perses. — Cléomène. — Sa mort. — Les Perses attaquent Athènes. — Bataille de Marathon. — Miltiade. — Les Spartiates n'arrivent qu'après la victoire. — Miltiade devant Paros. — Il échoue dans son expédition. — Condamné à une amende. — Les Pélasges. — Lemnos. 5

LIVRE SEPTIÈME.

POLYMNIE.

Mort de Darius. — Xerxès lui succède. — Il soumet l'Égypte. — Il veut se venger des Grecs et faire de la terre un seul empire. — Songe de Xerxès. — Il tient conseil. — La guerre contre la Grèce est résolue. — Il fait percer le mont Athos. — Pythius. — Pont jeté sur la mer. — L'armée défile devant Xerxès pendant sept jours et sept nuits sans repos. — Dénombrement à la manière d'Homère. — Revue de la flotte. — Xerxès consulte Démarate. — Le héraut de Sparte devant Xerxès. — Thémistocles. — Ambassade à Gélon. — Les Thermopyles. — Léonidas. — Diénecès. — Inscription aux Thermopyles. 70

LIVRE HUITIÈME.

URANIE.

Thémistocles. — Combat naval près d'Artémisium. — Les Grecs se retirent. — Les Perses sont frappés de la foudre près du temple de Delphes. — Bataille navale de Salamine. — Xerxès spectateur de la bataille. — Aristide sur la flotte. — Courage d'Artémise. — Discours de Mardonius à Xerxès. — Désastres des Perses. — Thémistocles s'arrête dans la poursuite des ennemis. — Xerxès gagne l'Hellespont et s'arrête en Asie. — Il laisse Mardonius avec trois cent mille hommes. — Athènes et Sparte refusent la paix.. 177

LIVRE NEUVIÈME.

CALLIOPE.

Mardonius s'empare une seconde fois d'Athènes. — Les Athéniens envoient des députés à Sparte. — Lycidas est lapidé. — Mort de Masistus, général perse. — Tisamène devient citoyen de Sparte. — Bataille de Platées. — Mort de Mardonius. — Pillage du camp. — Les Grecs marchent sur Thèbes pour se venger de sa trahison. — Bataille navale de Mycale, gagnée le même jour que la bataille de Platées. — Siége de Sestos. — Fuite des Perses. — Artayctès est mis à mort. 243

VIE D'HOMÈRE ATTRIBUÉE A HÉRODOTE. 302

CANON CHRONOLOGIQUE D'HÉRODOTE. 321

FIN DU SECOND ET DERNIER VOLUME.

Poitiers. — Typ. de A. Dupré.

www.ingramcontent.com/pod-product-compliance
Lightning Source LLC
Chambersburg PA
CBHW052129230426
43671CB00009B/1181